数智时代下
财务BP决策分析与业务建模实战

潘士荣 编著

图书在版编目(CIP)数据

数智时代下财务 BP 决策分析与业务建模实战 / 潘士荣编著. —上海：立信会计出版社，2023.3
ISBN 978-7-5429-7000-8

Ⅰ.①数… Ⅱ.①潘… Ⅲ.①企业管理—财务管理—系统建模 Ⅳ.①F275

中国国家版本馆 CIP 数据核字(2023)第 038599 号

责任编辑　毕芸芸

数智时代下财务 BP 决策分析与业务建模实战

出版发行	立信会计出版社
地　　址	上海市中山西路 2230 号　邮政编码　200235
电　　话	(021)64411389　传　真　(021)64411325
网　　址	www.lixinaph.com　电子邮箱　lixinaph2019@126.com
网上书店	http://lixin.jd.com　http://lxkjcbs.tmall.com
经　　销	各地新华书店
印　　刷	固安华明印业有限公司
开　　本	787 毫米×1092 毫米　1/16
印　　张	21.5
字　　数	510 千字
版　　次	2023 年 3 月第 1 版
印　　次	2023 年 3 月第 1 次
书　　号	ISBN 978-7-5429-7000-8/F
定　　价	118.00 元

如有印订差错,请与本社联系调换

前　言

从一家企业"出生"的那一刻开始，决策就一直伴随着其各项业务活动。企业不同战略层级涉及的业务活动，有总体战略实施的决策，比如发展战略的实施需要进行项目投资或并购的决策；有业务层战略实施的决策，比如选择成本领先或差异化的战略决策；有职能层战略实施的决策，比如市场营销、研发和生产、采购、人力资源等决策。

本书以虚拟的华辰健康有限责任公司（以下简称华辰公司）为背景。该公司是一家专业从事自行车零配件和运动健身器材的研发、生产及销售的企业。近年来，随着政府对低碳环保绿色发展的倡导，该公司发现运动自行车项目是一个新的投资热点。该公司经过战略分析，选择前向一体化战略，即从自行车零配件生产进入运动自行车生产领域。基于华辰公司的该项目，本书从不同战略层面，通过十二大业务模块的决策分析和业务建模的实战案例，渗透到每个核心业务的重要决策环节，基本上涵盖了该项目的全部业务活动，比如：新的投资项目既可以并购现有企业，也可以自建生产线，需要分别对拟并购的企业进行估值以及对自建生产线项目进行项目可行性评价；项目资金的筹措包括向原股东增资、吸收新股东、向银行借款以及发行债券等渠道，需要考虑融资成本最低的最佳资本结构；新项目投产前，需要对销售量进行预测，然后编制经营预算和财务预算；新项目投产后，在采购材料、生产制造、存货管理、销售管理等经营活动中，需要对一系列的具体业务活动进行决策分析，支持日常运营的决策，以及对于经营情况进行定期和不定期的财务分析与和评价，等等。

本书不是专门介绍 Excel 技术的教材，本书的目标是将财务知识和 Excel 工具相结合，通过案例的形式具体介绍如何使用 Excel 构建决策业务模型，指导建立各种业务模型的操作，帮助建立更专业、更精良、更强大、更有活力的工作表，从而在实践中更为专业和高效地工作。

为了更有效地学习本书的内容，在学习之前，希望您已经掌握了 Excel 的大部分基本功能，对一些基本操作和技术都比较熟悉。另外，本书特别编排了 Excel 建模必备的基本技术和关键技术的内容，这些内容均附有案例文件和部分教学视频。对于 Excel 应用不熟悉的读者，可以学习和参考。

本书组织结构上分为上下两编，共 16 章内容：上编"决策分析的内容、方法和工具",共分为4章,主要是关于决策基础知识和工具的介绍,包括决策与决策分析的概念和方法、如何构建决策分析模型、建模必备的Excel三大基本技术,以及建模必备的Excel六项关键技术。下编"决策分析与业务建模实战",共分为12章,围绕不同战略层级的决策分析进行阐述,具体包括市场和销售决策分析,生产研发环节决策分析,营运资本管理决策分析,利润分析与定价决策,成本预测、分析与控制,全面预算报表设计与编制,资金需求测算与最优资本结构决策,长期筹资决策分析,并购与价值管理决策分析,投资项目决策分析,金融资产投资决策和财务报表分析等12个业务领域决策分析实战模型。

本书紧扣企业实际业务的决策内容进行分析,以易学、易用、实用为宗旨,列示的模型操作步骤详细易懂、案例素材完整易用、实务中可扩展性强。本书的特点可以概括为四个字,即"专、精、实、全":

"专",是指决策分析专业性强。决策分析是一门边缘科学,涉及财务管理、管理会计、运筹学和统计学等知识。本书对不同业务模型涉及的重要知识点附有"知识链接",帮助读者进一步了解相关的理论知识。

"精",是指本书在谋篇布局上精心设计,分为上下两编,上编为决策理论、概念和工具应用等基础知识,下编为十二大模块业务建模的实战应用,在案例的选取上,精选代表性强的核心业务案例,内容体系全面完整。

"实",是指模型的实用性强。本书所附的全部决策分析模型是一个完整的模型库,许多案例来源于实践,实用性较强,所有模型均以解决实际问题为导向。通过本书的学习,读者遇到特定的业务场景时,可以对相应的模型进行直接使用或拓展应用。

"全",是指模型案例全面且配套资源丰富。本书以华辰公司投融资和生产运动自行车的整个经营活动为主线,拟定了十二大模块共108个业务问题,基本上涵盖了企业经营管理和业务活动中的大部分决策问题。另外,本书配套有丰富的资源,包括108个决策模型的电子文件、56个Excel学习案例文件,以及41个共330分钟的视频教学文件。

在大数据、智能化转型背景下,财务管理领域呈现出更多元、更专业的发展景象,单纯的核算型财务已经无法满足企业快速发展的需要,财务部门的定位正在由核算型向业务支持型、价值创造型和战略决策型转变,扮演的角色也越来越丰富。财务业务伙伴(Business Partner,BP)岗位也应运而生,作为财务和业务之间的桥梁纽带,承担起融合各部门的重要角色。根据企业不同的业务活动场景,财务BP人员应深入每个核心业务的决策环节,运用财务管理和管理会计的方法、工具和技术,整合财务数据和业务数据,借助决策分析技术与方法,针对各有关业务活动所涉及的主要决策问题,建立适配的决策分析模型,输出分析方案,以支持企业的经营决策,实现业务和财务有机融合。

通过本书的学习和案例的拓展应用,财务 BP、财务决策和分析人员可以真正成为业财融合的"执行者"和"实施者",在提升个人能力的同时,为企业创造价值。

在本书的编写过程中,得到了立信会计出版社的指导和帮助,在此表示衷心的感谢!此外,在编写过程中,笔者参考和借鉴了书后所列参考文献的部分内容,在此也对这些文献的作者表示崇高的敬意和真诚的感谢。

由于编者水平有限,书中难免存在不足之处,敬请广大读者批评指正。

编者
2023 年 3 月 20 日

扫一扫 获取

108 个决策模型的电子文件
56 个 Excel 案例文件
41 个共 330 分钟的视频教学

目 录

上编　决策分析的内容、方法和工具

第一章　决策与决策分析 3
　第一节　企业经营决策概述 3
　　一、企业经营决策与决策分析 3
　　二、决策的6个阶段 4
　第二节　决策分析技术与方法 5
　　一、定性分析的技术与方法 5
　　二、定量分析的技术与方法 6
　第三节　财务BP如何参与企业的经营决策 7
　　一、财务转型与财务BP 7
　　二、财务BP参与企业经营决策的思路 8
　　三、财务BP参与企业经营决策的场景 8

第二章　构建决策分析模型 10
　第一节　决策分析模型概述 10
　　一、决策分析模型的概念 10
　　二、构建决策分析模型的好处 11
　　三、常用的决策分析软件 13
　第二节　构建决策分析模型的步骤和要领 14
　　一、构建决策分析模型的步骤 14
　　二、构建决策分析模型的要领 16
　第三节　经营数据分析方法 18
　　一、经营数据常用的分析方法 18
　　二、数据分析方法的选择 21

第三章　建模必备的Excel三大基本技术 23
　第一节　数据处理技术 23
　　一、数据的输入方法 23
　　二、数据的排序和分类汇总 27
　　三、筛选和高级筛选 29
　　四、合并计算功能的应用 31

五、数据的行列转置操作 ·· 31
　　六、Excel 高频操作技巧 ·· 32
　　七、自定义单元格格式 ·· 34
　　八、工作表处理数据的三大不良习惯 ································ 36
　　九、Excel 文件管理 ·· 36
第二节　Excel 函数应用技术 ·· 36
　　一、在单元格建立公式和单元格引用 ································ 36
　　二、给单元格（区域）定义名称 ···································· 40
　　三、函数应用基础知识 ·· 42
　　四、决策分析模型中常用的 Excel 函数 ······························ 43
　　五、单元格返回 8 种错误及解决方法 ································ 59
第三节　图表应用技术 ·· 60
　　一、Excel 图表类型介绍 ·· 60
　　二、常见图表应用和制作 ·· 63
　　三、10 种特殊图表的制作 ··· 66
　　四、用迷你图表展示数据 ·· 71
　　五、用动态图表展示数据 ·· 72

第四章　建模必备的 Excel 六项关键技术 ································· 76
　第一节　数据透视表的应用 ·· 76
　　一、数据透视表及其优越性 ·· 76
　　二、创建数据透视表 ·· 76
　　三、数据透视表的设置与操作技巧 ·································· 77
　　四、数据透视表应用实操案例 ······································ 78
　第二节　模拟分析功能的应用 ·· 79
　　一、方案管理器的应用 ·· 79
　　二、单变量求解的应用 ·· 82
　　三、模拟运算表的应用 ·· 83
　第三节　规划求解工具的应用 ·· 85
　　一、规划求解工具加载 ·· 85
　　二、规划求解工具参数设置 ·· 85
　　三、规划求解工具应用案例 ·· 87
　　四、规划求解结果及问题处理 ······································ 89
　第四节　数据分析工具的应用 ·· 91
　　一、数据分析工具加载与内容 ······································ 91
　　二、数据分析工具的应用 ·· 91
　第五节　条件格式的设置与应用 ·· 93
　　一、条件格式的设置 ·· 93

二、条件格式的应用 …………………………………………………………………… 94
第六节 控件的应用 …………………………………………………………………… 96
一、Excel 中的控件 …………………………………………………………………… 96
二、常用表单控件的设置与应用 ……………………………………………………… 97

下编　决策分析与业务建模实战

第五章　市场和销售决策分析 ………………………………………………………… 105
第一节　市场调查分析模型 …………………………………………………………… 105
第二节　销售量预测分析 ……………………………………………………………… 106
一、销售量移动平均预测模型 ………………………………………………………… 106
二、销售量回归预测模型 ……………………………………………………………… 108
三、季节性销售量回归预测模型 ……………………………………………………… 109
第三节　销售区域选择和配送中心选址决策分析 …………………………………… 112
一、销售区域选择决策分析模型 ……………………………………………………… 112
二、配送中心合理选址决策分析模型 ………………………………………………… 113
第四节　销售业绩滚动和多维分析 …………………………………………………… 115
一、销售业绩滚动分析模型 …………………………………………………………… 115
二、销售业绩多维分析模型 …………………………………………………………… 117

第六章　生产研发环节决策分析 ……………………………………………………… 120
第一节　产品研发环节决策分析 ……………………………………………………… 120
一、新产品目标成本分析与决策模型 ………………………………………………… 120
二、价值工程法优化新产品成本决策分析模型 ……………………………………… 122
第二节　生产决策分析 ………………………………………………………………… 125
一、亏损产品是否停产决策分析模型 ………………………………………………… 125
二、零配件自制还是外购决策分析模型 ……………………………………………… 126
三、特殊订单是否接受决策分析模型 ………………………………………………… 129
四、产品是否进一步深加工决策分析模型 …………………………………………… 130
五、约束资源利润最大化生产排产决策模型 ………………………………………… 131
第三节　质量管理决策分析 …………………………………………………………… 133
一、质量管理帕累托分析图模型 ……………………………………………………… 133
二、最优质量成本决策分析模型 ……………………………………………………… 136

第七章　营运资本管理决策分析 ……………………………………………………… 138
第一节　现金管理决策分析 …………………………………………………………… 138
一、最佳现金持有量存货模式分析模型 ……………………………………………… 138
二、最佳现金持有量随机模式分析模型 ……………………………………………… 139
第二节　存货管理决策分析 …………………………………………………………… 141

一、经济订货批量及其扩展决策分析模型 ……………………………………… 141
　　　二、保险储备决策模型 …………………………………………………………… 144
　　　三、存在商业折扣的最优订货量模型 …………………………………………… 147
　　　四、仓库容量受限时的最优采购量决策分析模型 ……………………………… 148
　　　五、产品最优生产量的报童问题决策分析模型 ………………………………… 150
　　　六、存货最优采购量的蒙特卡罗决策分析模型 ………………………………… 152
　　　七、建立存货 ABC 分类管理体系 ……………………………………………… 154
　第三节　应收账款管理决策分析 ………………………………………………………… 156
　　　一、应收账款信用标准决策模型 ………………………………………………… 156
　　　二、应收账款信用条件决策模型 ………………………………………………… 159
　　　三、应收账款收账政策决策模型 ………………………………………………… 162
　　　四、应收账款账龄分析模型 ……………………………………………………… 164
　第四节　短期债务管理决策分析 ………………………………………………………… 166
　　　一、应付账款筹资决策分析模型 ………………………………………………… 166
　　　二、短期借款决策分析模型 ……………………………………………………… 167

第八章　利润分析与定价决策 ……………………………………………………………… 170
　第一节　本量利分析 ……………………………………………………………………… 170
　　　一、单产品本量利分析模型 ……………………………………………………… 170
　　　二、多产品本量利分析模型 ……………………………………………………… 172
　　　三、非线性本量利分析模型 ……………………………………………………… 175
　　　四、随机本量利分析模型 ………………………………………………………… 177
　第二节　利润敏感分析 …………………………………………………………………… 179
　　　一、单因素敏感性分析模型 ……………………………………………………… 179
　　　二、多因素敏感性动态分析模型 ………………………………………………… 180
　第三节　定价决策分析 …………………………………………………………………… 182
　　　一、成本加成定价决策分析模型 ………………………………………………… 182
　　　二、盈亏平衡定价决策分析模型 ………………………………………………… 183
　　　三、基于作业成本法定价决策分析模型 ………………………………………… 184
　　　四、收入最大化定价决策 ………………………………………………………… 188
　　　五、降价决策分析 ………………………………………………………………… 188

第九章　成本预测、分析与控制 …………………………………………………………… 192
　第一节　成本预测 ………………………………………………………………………… 192
　　　一、高低点法预测成本模型 ……………………………………………………… 192
　　　二、因素成本法预测成本模型 …………………………………………………… 193
　　　三、目标利润法预测成本模型 …………………………………………………… 195
　　　四、多元回归预测多产品成本模型 ……………………………………………… 196

第二节　成本分析 ·········· 198
　　一、生产成本结构分析模型 ·········· 198
　　二、生产成本趋势分析模型 ·········· 201
　　三、变动成本法与完全成本法对比模型 ·········· 203
　　四、标准成本及其差异分析模型 ·········· 205
　　五、作业成本法与完全成本法对比模型 ·········· 209
第三节　成本控制 ·········· 214
　　一、基本电费的计费方式决策分析模型 ·········· 214
　　二、材料利用最优下料模型 ·········· 217
　　三、最短项目工期人员调配分析模型 ·········· 219
　　四、最优人力成本排班决策分析模型 ·········· 221

第十章　全面预算报表设计与编制 ·········· 224
　第一节　预算报表填报体系设计 ·········· 224
　第二节　营业预算的编制 ·········· 225
　　一、销售预算的编制 ·········· 225
　　二、生产预算的编制 ·········· 226
　　三、直接材料预算的编制 ·········· 227
　　四、直接人工预算的编制 ·········· 228
　　五、制造费用预算的编制 ·········· 229
　　六、产品成本预算的编制 ·········· 231
　　七、销售费用和管理费用预算的编制 ·········· 231
　第三节　财务预算的编制 ·········· 233
　　一、现金预算的编制 ·········· 233
　　二、利润表预算的编制 ·········· 234
　　三、资产负债表预算的编制 ·········· 235

第十一章　资金需求测算与最优资本结构决策 ·········· 237
　第一节　资金需求测算分析 ·········· 237
　　一、资金需求销售百分比法分析模型 ·········· 237
　　二、资金需求高低点法分析模型 ·········· 239
　第二节　资本成本估计 ·········· 240
　　一、风险调整法估计债务资本成本模型 ·········· 240
　　二、股利增长模型估计股权成本 ·········· 242
　　三、可比公司法估计项目资本成本模型 ·········· 244
　第三节　最优资本结构决策 ·········· 246
　　一、资本成本比较法分析模型 ·········· 246
　　二、每股收益无差别点分析模型 ·········· 247

三、企业价值比较法分析模型 ··· 249

第十二章　长期筹资决策分析 ··· 252
第一节　长期债务筹资 ··· 252
一、长期借款筹资动态分析模型 ··· 252
二、债券发行定价决策模型 ··· 253
第二节　混合筹资 ··· 254
一、附认股权证债券筹资成本分析模型 ··· 254
二、可转换债券筹资成本分析模型 ··· 255
第三节　租赁筹资 ··· 256
一、租赁筹资与长期借款比较分析模型 ··· 256
二、固定资产租赁与购买比较分析模型 ··· 258

第十三章　并购与价值管理决策分析 ·· 260
第一节　现金流量折现模型 ··· 260
一、现金流量预测分析模型 ··· 260
二、现金流量折现模型 ··· 262
第二节　相对价值评估模型 ··· 265
一、市盈率模型 ··· 265
二、市净率模型 ··· 268
三、市销率模型 ··· 269

第十四章　投资项目决策分析 ·· 271
第一节　投资项目工程造价分析 ··· 271
一、投资项目建筑工程费用造价分析模型 ··· 271
二、国产非标设备造价分析模型 ··· 273
三、进口设备造价分析模型 ··· 275
第二节　投资项目决策分析 ··· 279
一、投资项目盈利能力评价指标测算 ··· 279
二、互斥项目优选共同年限法决策分析模型 ······································· 285
三、互斥项目优选等额年金法决策分析模型 ······································· 286
四、总量有限时资本分配模型 ··· 287
五、存在互斥项目的总量有限时资本分配模型 ····································· 289
六、固定资产更新投资决策模型 ··· 291
第三节　投资项目风险分析与控制 ··· 293
一、投资项目敏感性分析模型 ··· 293
二、基于挣值管理技术的项目进度和成本控制模型 ································· 296

第十五章　金融资产投资决策 ... 300
第一节　普通股投资价值评估 ... 300
一、固定增长的股票价值的评估模型 ... 300
二、两阶段增长的股票价值的评估模型 ... 302
三、股票收益率测算模型 ... 303
四、股票投资最优组合决策模型 ... 304
第二节　债券投资价值评估 ... 306
一、平息债券价值的评估模型 ... 306
二、纯贴现债券价值的评估模型 ... 307
三、债券收益率测算模型 ... 308

第十六章　财务报表分析 ... 311
第一节　财务报表分析 ... 311
一、财务报表比率分析 ... 311
二、财务报表结构分析 ... 318
第二节　财务综合分析 ... 320
一、杜邦分析体系模型 ... 320
二、沃尔比重评分法模型 ... 323

附录　108 个模型明细表 ... 326

参考文献 ... 330

上编

决策分析的内容、方法和工具

第一章　决策与决策分析

第一节　企业经营决策概述

一、企业经营决策与决策分析

1. 什么是企业经营决策

在生活和工作中，每个人都需要做决策，决策活动无所不在。我们会对所面临的问题持续不断地做出决策，以便为自己或组织提供合适的或最优的方法或机会。

比如在个人的生活中，每个人都面临一些涉及个人事务的决策，比如选择哪所大学就读、逛街时买哪些东西、假期去哪个旅游景点游玩，以及选择哪家银行购买理财产品，等等。

企业经营管理人员每天更要做出大量的决策，这些决策包括在哪里开设工厂、在哪家供应商采购原材料、生产什么样的产品、该不该接受某个客户的订单、如何给产品定价、在哪家媒体上投放广告，以及怎样进行生产计划安排，等等。这些决策的结果大多数与企业的利益密切相关且十分重要，我们将这些决策称为企业经营决策。

企业经营决策是指企业为解决某个问题或者实现某种目标，在对企业内外部环境以及资源进行分析的基础上，借助各种科学管理理论、方法和工具，综合考虑人力、物力、信息与财力等影响因素，结合企业的实际情况和决策者的经验，制订多种行动方案进行研究、分析、计算、对比和评价，从中选择一个优化方案，并加以组织、实施的过程。

2. 什么是决策分析

决策分析就是帮助决策者在多变的环境中进行正确决策而提供的一系列的推理方法、逻辑步骤和具体技术，以及利用这些方法和技术规范地选择满意的行动方案的过程。

根据不同的决策问题及不同的情况，可以采用定量分析和定性分析的方法，或者定量分析与定性分析相结合的方法。

定量分析又叫量化分析或量化研究，是对社会现象的数量特征、数量关系与数量变化进行分析的方法。在企业管理上，定量分析法是依据企业的财务、营销、生产等可量化的运营数据，通过统计分析、信息技术、数学或基于计算机的模型，帮助企业经理人员深入洞察他们的企业运营，做出相关的最优决策。

定性分析法是依据预测者的主观判断分析能力来推断事物的性质和发展趋势的分析方法。这种方法可充分发挥管理人员的经验和判断能力，但预测结果的准确性较差。它一般是在企业缺乏完备、准确的历史资料的情况下，首先邀请熟悉该企业的经济业务和市场情况的专家，根据他们过去所积累的经验进行分析判断，提出初步意见，然后通过召开调查会、座谈会的方式，对上述初步意见进行修正、补充，并作为预测分析的最终依据。

二、决策的 6 个阶段

一家企业从"出生"的那一刻开始,决策就一直伴随着其各项业务活动。根据企业不同战略层级涉及的业务活动,有总体战略实施的决策,比如发展战略的实施需要进行投资项目或并购项目的决策;有业务层战略实施的决策,比如选择成本领先或差异化的战略决策;有职能层战略实施的决策,比如市场营销、研发和生产、采购、人力资源等决策。

企业的决策按照时间长短又可以分为长期决策和短期决策。长期决策一般与企业的战略相关,长期决策的主要特点是关系到企业全局性、方向性的问题,比如企业实施发展战略,扩大规模和生产经营的决策;短期决策是指在企业一年以内或者维持当前经营规模的条件下所进行的经营活动决策,短期决策的主要特点是在既定的规模条件下决定如何有效地进行资源的配置,以获得最大的经济效益。

不论是长期决策还是短期决策,一旦决策出现差错,都会导致许多严重的后果。因此,决策并不是一个立即做出决定的问题,而是为了解决某个问题,实现某种目标,收集信息,拟订方案,分析、评价及选择方案等一个完整的活动过程。不论是长期决策还是短期决策,其决策的过程一般分为以下 6 个阶段。

1. 明确决策问题和目标

制定决策首先必须明确决策的问题和目标,例如,是否接受某一客户的特殊订单,或者生产何种产品。在一项决策做出之前,必须首先弄清楚该问题。弄清楚问题以后,企业就应该对决策的标准进行界定,目标是利润最大化,是尽可能扩大市场的份额,还是使成本最小化?在决策之前,企业必须清晰界定决策的标准,作为选择最优方案的依据和准绳。

2. 考虑影响行动选择的各种因素

这个阶段主要是各种信息的收集,所收集的信息用于比较那些在明确目标之后产生的各种可选方案。对决策问题进行明确之后,应该收集相关资料和数据,并充分考虑现实与可能,设计制订各种可能实现目标的备选方案。

3. 拟订备选方案

拟订备选方案就是针对已确定的决策目标,制订出多套可行方案以供选择。这些方案都务必使现有的人力、物力和财务资源得到最合理、最充分的使用。备选方案的制订要集思广益,充分考虑各种可能的情况和因素。各种备选方案要尽可能详细,以有利于分析各方案的优劣。对各备选方案的成本、效益进行定量分析,汇集各个备选方案下的相关成本和相关收入,确定相应的经济效益或社会效益,然后通过对比、排列各方案的优劣次序,以供决策者选择。

4. 确定最优方案

在定量分析的基础上,决策人员应根据自身的经验,结合国内外经济形势变化、消费者心理和消费结构改变、市场新潮流动向等各种非定量因素的影响和限制,进行定性分析,将定量计算和定性分析结合起来,权衡各种备选方案的利弊得失,最后确定最优方案。

5. 决策验证

将最优方案在小范围内实施,该阶段主要是验证其运行的可行性和可靠性。比如新产品研发的小试和中试阶段,是研发到生产的必由之路,也是降低产业化风险的有效措施。

6. 决策执行及优化

通过对决策方案的小范围验证后，企业就该全面执行方案。实施过程中，可能会出现不曾预料到的新情况，根据新情况可能要调整和修改原方案，对方案实施过程的监控，要进行追踪检查，保证决策的顺利实施，同时能够积累经验和数据，为之后的类似决策提供指导。对出现的偏差，企业要及时控制；如发现该方案不能实现决策目标，企业要进行决策优化或重新决策。

任何一个科学的决策过程都是一个动态的过程，不可能一次完成，而是需要在各个阶段之间进行多次的往返循环，才能得到较为理想的决策效果。

第二节 决策分析技术与方法

决策分析的技术与方法有很多，我们前述介绍过定量分析和定性分析。定性分析往往带有较强的主观性，需要凭借分析者的经验和直觉，或者以行业标准和惯例进行参照，虽然看起来比较容易，但实际上要求分析者具备较高的经验和能力，否则会因分析人员的经验和直觉的偏差而使分析结果失准。定量分析是对构成决策的各个因素要素赋予数量或货币金额，决策分析和评估过程及结果就得以量化。定量分析比较客观，但对数据的要求较高，同时还需借助数学工具和计算机程序，有一定的难度。

运用什么技术与方法取决于企业需要具体解决的决策问题。下面分别介绍几种常用的定性分析和定量分析的技术与方法。

一、定性分析的技术与方法

常用的定性分析的技术与方法有头脑风暴法和德尔菲法等。

1. 头脑风暴法

头脑风暴法又称为智力激励法、BS法、自由思考法，它是指刺激并鼓励一群知识渊博、知悉风险情况的人员畅所欲言，开展集体讨论，充分发挥专家的意见。可以分为直接头脑风暴法和质疑头脑风暴法两类。

实施步骤如下：

（1）会前准备：参与人、主持人和课题任务落实要讨论的决策问题。

（2）展开探讨：由主持人公布决策问题并介绍相关的情况；突破思维惯性，大胆进行联想；主持人控制好时间，力争在有限的时间内获得尽可能多的创意性设想。

（3）风险主题探讨意见分类与整理。

2. 德尔菲法

德尔菲法又称为专家意见法，是在一组专家中取得可靠共识的程序，其基本特征是专家单独、匿名表达各自的观点，随着过程的进展，有机会了解其他专家的观点。

德尔菲法采用背对背通信方式征询专家小组成员的意见，专家之间不得互相讨论，不发生横向联系，只能与调查人员发生联系。通过反复填写问卷，收集各方意见，以形成专家之间的共识。

实施步骤如下：

（1）组成专家小组，一般为 10～20 人。

（2）向所有专家提出所要决策的问题，并附上相关背景材料，由专家做书面答复。

（3）各个专家提出自己的意见，并说明是怎样利用材料并形成意见的。

（4）第一次意见汇总，列成图表进行对比，再分发给各位专家，让专家比较自己同他人的不同意见，修改自己的意见和判断，也可以把各位专家的意见加以整理，或请身份更高的其他专家评论，然后再分送给各位专家，以便他们参考后修改自己的意见。

（5）将所有专家的修改意见收集起来，汇总，再次分发给各位专家，以便做第二次修改。逐轮收集意见并反馈信息是德尔菲法的主要环节。一般要经过三四轮。反馈的时候，只给出各种意见，但并不说明发表各种意见的专家的具体姓名。这一过程重复进行，直到每一个专家都不再改变自己的意见为止。

（6）对专家的意见进行综合处理。

以上 6 个步骤并非一定都发生，如果在第 4 步专家意见就已经达成一致，则不需要进行第 5 步、第 6 步。

二、定量分析的技术与方法

常用的定量分析的技术与方法有马尔可夫分析法、敏感性分析法、决策树法、价值工程法、蒙特卡罗法、本量利分析法及财务指标分析法等。

1. 马尔可夫分析法

马尔可夫分析法又称为马尔可夫转移矩阵法，是指在马尔可夫过程的假设前提下，通过分析随机变量的现时变化情况来预测这些变量未来变化情况的一种预测方法。

马尔可夫分析起源于俄国数学家安德烈·马尔可夫对成链的试验序列的研究，已成为市场预测的有效工具，用来预测顾客的购买行为和商品的市场占有率等，同时应用在企业的人力资源管理上。

2. 敏感性分析法

敏感性分析法是一种动态不确定性分析，是项目评估中不可或缺的组成部分，在项目投资决策分析时，用以分析项目经济效益指标对各不确定性因素的敏感程度，找出敏感性因素及其最大变动幅度，据此判断项目承担风险的能力。

敏感性因素一般可以选择主要参数（如销售收入、经营成本、生产能力、初始投资、寿命期、建设期、达产期等）进行分析。

3. 决策树法

决策树法是常用的风险分析决策方法。该方法是一种用树形图来描述各方案在未来收益的计算。比较及选择的方法，其决策是以期望值为标准的。人们对未来的预测可能会遇到好几种不同的情况，每种情况均有出现的可能，人们现在无法确知，但是可以根据以前的资料来推断各种自然状态出现的概率。在这样的条件下，人们计算的各种方案在未来的经济效果只能是考虑到各种自然状态出现的概率的期望值，与未来的实际收益不会完全相等。

根据决策点不同分为单级决策和多级决策：如果一个决策树只在树的根部有一决策点，则称为单级决策；若一个决策不仅在树的根部有决策点，而且在树的中间也有决策点，则称为多级决策。

4. 价值工程法

价值工程（Value Engineering，VE），也叫价值分析（Value Analysis，VA），是一种技术与经济相结合的分析方法，也是一项控制成本、推动新产品开发的行之有效的管理技术。价值工程是美国通用电气公司工程师麦尔斯在1947年首先提出的。麦尔斯是从研究材料的作用问题中，总结出了一套在保证获得同样功能的前提下降低成本的科学分析方法，当时称为价值分析（VA）。后来该方法被广泛应用于新产品开发、老产品改进、材料选用和工程建设等许多领域，取得了显著效果。1954年美国海军舰船局制定了一套价值分析程序，并命名为价值工程（VE）。价值工程涉及价值、功能和寿命周期成本等三个基本要素。

5. 蒙特卡罗法

蒙特卡罗法也称统计模拟法、统计试验法，是把概率现象作为研究对象的数值模拟方法，是按抽样调查法求取统计值来推定未知特性量的计算方法。蒙特卡罗是摩纳哥的著名赌城，该法为表明其随机抽样的本质而命名，故适用于对离散系统进行计算仿真试验。在计算仿真中，通过构造一个和系统性能近似的概率模型，并在数字计算机上进行随机试验，可以模拟系统的随机特性。

6. 本量利分析法

本量利分析法就是利用成本、数量（产量、销售量）和利润三者之间的有机联系，互为因果关系和变量关系，对数量、成本和利润进行分析的一种基本方法（本量利分析法又叫盈亏平衡点分析法、盈亏临界点分析法等）。本量利分析法主要通过对盈亏平衡点的分析、影响利润各因素的分析、不同生产方式盈利性对比分析和实现目标利润的措施分析，达到预测利润，控制成本，掌握企业的盈亏界限，从而合理地制定产量（或销售量）、成本目标，规划生产发展水平，合理安排生产能力，及时了解企业经营状况，以达到提高企业利润的目的。

7. 财务指标分析法

财务指标分析，是指总结和评价企业财务状况与经营成果的分析指标，包括偿债能力指标、运营能力指标、盈利能力指标和发展能力指标。

以上简要介绍了常用的决策分析技术与方法，在构建业务模型进行决策分析时，主要还是量化分析的方法，后续在应用这些技术与方法时，具体内容将会进一步说明和解析。

第三节　财务 BP 如何参与企业的经营决策

一、财务转型与财务 BP

在大数据、智能化转型背景下，财务管理领域呈现出更多元、更专业的发展，单纯的核算型财务已经无法满足企业快速发展的需要，财务部门的定位正在由核算型向业务支持型、价值创造型和战略决策型转变，扮演的角色也越来越丰富。财务 BP 的岗位也应运而生，在百度百科上搜索关键字"财务 BP"，得到如下解释：

财务 BP 是一种财务组织模式创新形式，是财务转型的模式之一，同时也是新模式下的一个新兴财务岗位。作为当代企业 BP 模式下的一个分支,财务 BP 模式下的财务组织,主动将财务管理的触觉前置到业务活动中,深入了解业务模式,追踪业务动态,积极促进业务财务的信息流动;用组织模式的改变,推进财务跨部门合作的深度,细化财务管理的颗粒度。在经营活动流程的建立、完善、业务经营决策等各项管理活动中,财务 BP 既能理解业务的商业逻辑又能给到专业的财务评估,让财务业务化,业务理性化,努力促成业务财务双向融合,促进组织健康快速成长。新模式的价值实现离不开人才的支持,财务 BP 作为新兴财务岗位,发展前景大,市场需求多,岗位薪资高,是市场的热门职业对象。

上述解释中最主要的关键字是"业务财务双向融合",所以提起财务 BP 就不得不提起"业财融合"这个词。业财融合是近年来财经领域一个非常热门的话题,大家都在探讨如何进行业财融合,不管是理论界还是实务界,一些专家也提出各种各样的理论和方法。财政部于 2016 年印发的《管理会计基本指引》中明确提出管理会计应遵循业财融合的原则,原文是"管理会计应嵌入单位相关领域、层次、环节,以业务流程为基础,利用管理会计工具方法,将财务和业务等有机融合"。

作为财务和业务之间的桥梁纽带,财务 BP 是业财融合的"执行者"和"实践者",承担起融合各部门的重要角色,通过促成财务与业务的全面协同,提升内部沟通的效率和组织运作的敏捷性,实现企业内部信息的互通与增值。

二、财务 BP 参与企业经营决策的思路

财务 BP 人员应秉持"理论与实践高度结合,业务与财务深度融合"的思路,沿着企业经营活动的轨迹,根据企业不同的业务活动场景,深入每个核心业务的决策环节,运用财务管理和管理会计的方法、工具和技术,整合财务数据和业务数据,借助决策分析技术与方法,针对各有关业务活动所涉及的主要决策问题,建立适配的决策分析模型,输出分析方案,以支持企业的经营决策,实现业务和财务有机融合。

三、财务 BP 参与企业经营决策的场景

企业生产经营的过程,从财务管理的角度来看主要包括筹资活动(长期)、投资活动(长期)和日常的经营活动(营运资金的管理);从管理会计角度,涉及战略管理、预算管理、成本管理、营运管理和风险管理等。

生产企业典型的业务活动如图 1-1 所示。

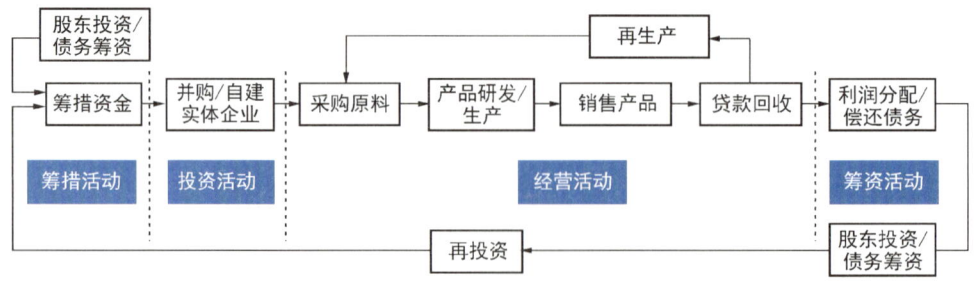

图 1-1 生产企业典型的业务活动

财务管理和管理会计协同与业务活动的融合如表 1-1 所示。

表 1-1　财务管理和管理会计协同与业务活动的融合

财务管理的内容	具体业务活动	管理会计模块						
		战略管理	预算管理	成本管理	营运管理	风险管理	绩效管理	管理会计报告
长期筹资	筹措资金	✓	✓	✓		✓	✓	
长期投资	并购或自建实体	✓	✓	✓		✓	✓	
营运资本	购买原材料		✓	✓	✓	✓	✓	✓
营运资本	生产产品		✓	✓	✓	✓	✓	✓
营运资本	销售产品		✓	✓	✓	✓	✓	
营运资本	回收货款		✓		✓	✓	✓	✓
长期筹资	利润分配/偿还债务	✓	✓					

因此，财务 BP 参与企业经营决策的场景，贯穿于企业的经营活动的全过程。

新企业筹建或企业在扩大生产经营规模时，需要投资新项目。新项目既可以并购现有企业，也可以自建生产线。在进行投资决策分析时，企业需要对拟并购的企业进行价值评估或者对自建的生产线项目进行项目可行性分析与评价。

项目资金的筹措包括向原股东增资、吸收新股东投资、向银行借款以及发行债券等渠道，需要决策分析具体采用什么方式筹资，以及各种方式筹资多少，能使企业以最低的资金成本获得最佳的资本结构。

在项目投产前，企业在对市场需求和市场占有率分析的前提下，对销售量进行预测，然后编制经营预算和财务预算。

项目投产后，在采购材料、产品研发、产品制造、存货管理和销售管理等经营活动中，企业需要对一系列的具体业务活动进行决策分析，支持经营决策，同时对于经营情况进行定期和不定期的业绩报告和评价。

完成一个生产经营周期后，企业进行再生产，或者投资新项目时，将不断重复上述的决策分析活动，周而复始，循环往复。

第二章　构建决策分析模型

第一节　决策分析模型概述

一、决策分析模型的概念

决策分析模型是为企业的决策服务的,是决策的量化分析。要问起什么是决策分析模型,给一个标准的概念确实很难,不同的人站在各自决策问题的角度考虑,给出的答案也可能不尽相同。因此,决策分析模型是一个比较宽泛的概念。

一般来说,决策分析模型是基于某种经营场景,针对某个问题或需要达成的目标,运用各种决策技术与方法,以特定的结构化形式,通过数学或逻辑的表述,使得决策者能够根据某一模型,判断可能会发生什么结果,从而给决策者提供参考依据,帮助他们推动决策。

从应用场景来看,决策分析模型包括并购估值模型、项目投资决策分析模型、销售预测模型、信用分析模型、采购决策模型、定价决策模型、生产决策模型等。

从展现形式来看,决策分析模型包括简单费用汇总或公式计算模型、同时带有图表展现的模型、各种不确定情况下的预测模型、多个关联的模型(板)组成的分析系统等。

下面我们来看两个模型的示例。

图 2-1 所示是一个含有简单公式计算的基本经济订货批量(EOQ)模型。

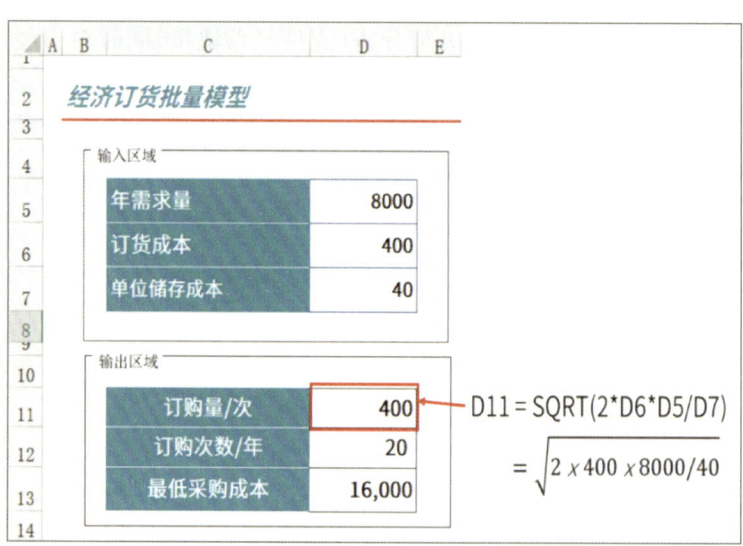

图 2-1　基本经济订货批量模型示例

图 2-2 所示是一个带有图表展现以及多种不确定情况的基本经济订货批量(EOQ)模型,其中年采购量、采购成本和单位储存成本这三个变量存在多种不确定情况。

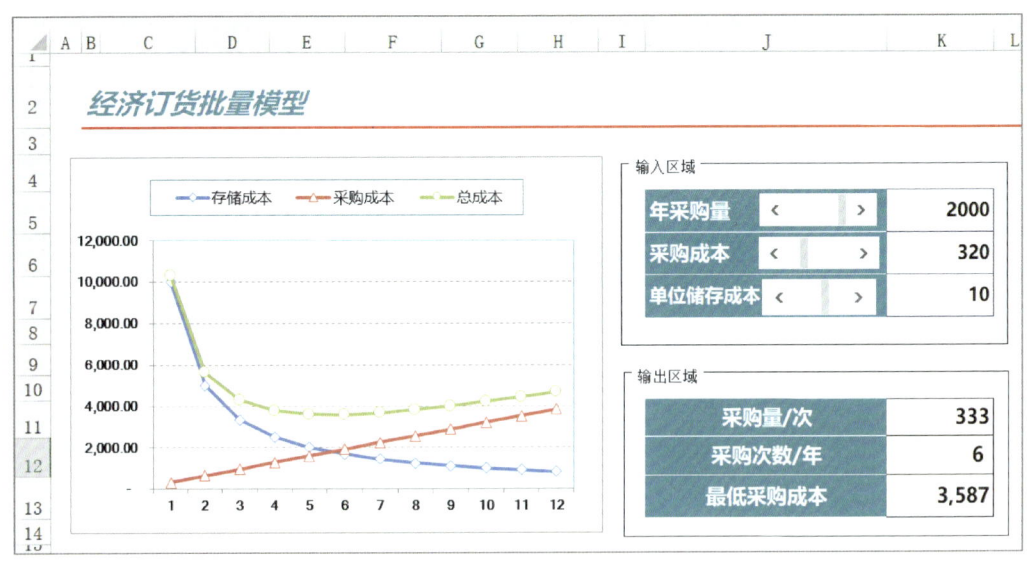

图 2-2 带有图表展现的基本经济订货批量模型示例

二、构建决策分析模型的好处

下面我们来看以下案例。

【案例 2-1】 为分析 A 项目的投资可行性,某企业通过计算项目的净现值进行判断。A 项目初始投资为 1 000 万元,未来 5 年每年年末现金流入为 3 270 万元,现金流出为 3 000 万元,在折现率分别为 8%,8.5%,9%,9.5%,…,12% 情况下,分别计算第 5 年年末 A 项目的净现值。

针对这个问题,一般我们会在 Excel 中构建类似于图 2-3 样式的计算表格。

	A项目现值计算表						
项目	0	1	2	3	4	5
现金流入		3,270.00	3,270.00	3,270.00	3,270.00	3,270.00
现金流出	1,000.00	3,000.00	3,000.00	3,000.00	3,000.00	3,000.00
净现金流量	(1,000.00)	270.00	270.00	270.00	270.00	270.00
折现系数	1.00	0.93	0.86	0.79	0.74	0.68
折现净现金流量	(1,000.00)	250.00	231.48	214.33	198.46	183.76
净现值	78.03					

图 2-3 A 项目现值计算表

图 2-3 中 A 项目按折现率 8% 计算的净现值为 78.03 万元。如果要计算折现率为 8.5% 或 9% 等情况，我们要不断地手动改动，计算出新的折现系数，以便计算出与折现率对应情况下的净现值。并且在项目初始投资、现金流入或现金流出这些参数发生变化时，也需要对表格不断进行手动更新，但一方面容易出错，另一方面也比较烦琐。

> **提示**
> 在图 2-3 的表格中：
> 计算"折现系数"的单元格"= 1/(1 + 折现率)^{期数}"，折现率为 8%，期数 $n = 0 \sim 5$；
> 计算"折现净现金流量"的单元格"= 各期净现金流量 × 各期折现系数"；
> 计算"净现值"的单元格"= SUM(各期折现净现金流量)"。

下面我们应用构建模型的方法来解决这个问题，如图 2-4 所示。

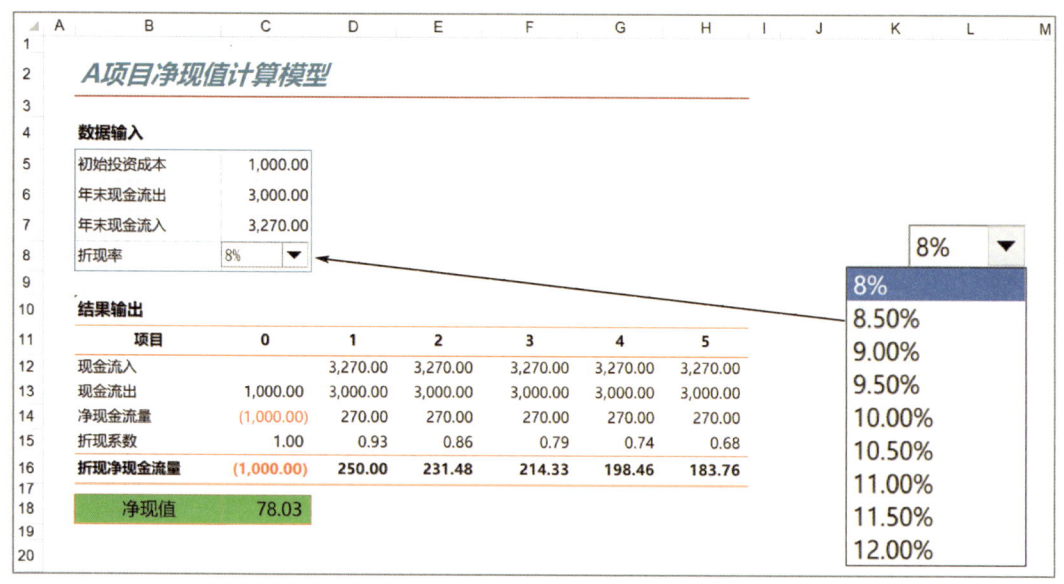

图 2-4　A 项目净现值计算模型示例

上述 A 项目净现值计算模型，可以通过组合框控件的下拉菜单方便选择不同的折现率，随着折现率切换显示出对应情况的净现值计算结果。如果初始投资额、现金流出和现金流入等参数发生变化，只要在"数据输入"区域一次性输入变更值即可，而不需要每个单元格都手动输入。

通过分析上述案例，普通工作表存在的问题和构建模型的好处显而易见。

普通工作表存在的问题：布局设计没有清楚标明输入、输出区域；不知道输入部分的变量有哪些；变量的切换需要手动输入；频繁切换时容易出现差错；等等。

构建模型的好处：界面友好，易于理解；易于使用、维护和修改；减少手动硬输入；控件的恰当使用更显专业性；等等。

三、常用的决策分析软件

决策分析软件常用的有 LINGO、MATLAB、SPSS、Python,以及 Excel 等,这些软件的主要功能详见表 2-1。

表 2-1 常用决策分析软件及其主要功能

软件名称	主要功能
LINGO	交互式的线性和通用优化求解器,快速、方便和有效地构建和求解线性、非线性和整数最优化模型的功能全面的工具
MATLAB	用于数据分析、无线通信、深度学习、图像处理与计算机视觉、信号处理、量化金融与风险管理、机器人控制系统等领域的商业数学软件
SPSS	组合式软件包,集数据录入、整理、分析功能于一身,基本功能包括数据管理、统计分析、图表分析、输出管理等
Python	Python 是一种解释型脚本语言,功能非常强大,可以应用 Web 和 Internet 开发、科学计算和统计、人工智能、桌面界面开发、软件开发、后端开发、网络接口等方面

从表 2-1 可以看出,不同的决策分析软件具有不同的分析功能,有些还有一些独特的功能。但这些软件价格比较昂贵,需要经过专门的培训才能理解和运用。这些软件在进行决策分析时,有的需要编程,有的应用到特定的数理统计公式,因此,决策分析与计算过程不容易理解。

而 Excel 软件已经成为财务人员电脑中的标配,界面友好,易于理解,功能非常强大,从普通表格的制作、数据记录、数据整理和商业图表的制作,到运用内置函数进行数据计算、数据分析,而且通过内置的规划求解和分析工具库加载项或者加载外部分析插件(比如水晶球软件 Crystal Ball),可以实现更强大的数据分析功能。

企业经营管理过程中的大多数决策问题,都可以通过 Excel 软件建模进行来解决。因此,本教材以 Excel 作为构建决策分析模型的工具。建模必备的 Excel 技术主要有(不限于)以下几种。

1. 数据处理技术

决策分析模型属于量化分析,各种不同的数据是分析模型最主要的依据,数据处理技术尤其重要,因此,要熟练掌握 Excel 中的数据处理技术,比如查找、替换、排序、筛选、分类汇总、合并计算,以及数据透视表的应用。

2. 函数的应用

准确在 Excel 模型单元格中根据不同的决策问题,按照所选择函数的特定顺序或结构编写符合逻辑的函数计算公式,进行计算和分析。

3. 模拟分析工具的应用

模拟分析工具包括方案管理器、单变量求解和模拟运算表,这些工具都具有一些特定的分析功能。

4. 控件或数据有效性

利用控件或数据的有效性可以进行变量输入的切换或控制。

5. 图表和条件格式的应用

在模型中插入适当的图表和应用条件格式,可以增增数据可视化的效果,如果添加适配的动态图表,可以使模型更具活力。

6. 规划求解和数据分析工具

规划求解工具可以解决线性规划、非线性规划以及演化规划问题;数据分析工具,可以实现方差、抽样统计、移动平均、相关系数、回归等分析功能。

上述 Excel 技术和方法,本教材将分别在"第三章 建模必备的 Excel 三大基本技术"和"第四章 建模必备的 Excel 六项关键技术"中介绍。

第二节 构建决策分析模型的步骤和要领

一、构建决策分析模型的步骤

正确构建决策分析模型,包括 5 个步骤,如图 2-5 所示。

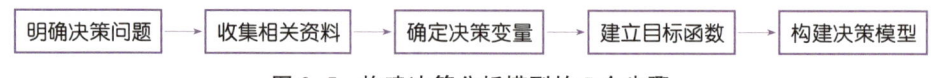

图 2-5 构建决策分析模型的 5 个步骤

1. 明确决策问题

明确决策问题是求解过程的第一步,这一步是最重要的。如果没有准确地确定问题,接下来所有工作都是浪费精力和时间。

2. 收集相关资料

根据决策问题的不同,企业需要收集内外部的数据资料,比如企业内部的产品销售收入、成本费用等数据为内部数据;而银行利率、通货膨胀率等为外部数据;数据资料根据时期的不同,可分为历史数据、当前数据和预测数据。

3. 确定决策变量

建立决策模型的关键一步就是在决策过程中找出决策者可以控制的范围,也就是通过模型想要确定的未知的值,可能是将要生产产品的数量、从仓库发货给客户的数量,或者用于项目投资的金额。确定模型决策变量的快捷方法是决策者通过决策模型解决问题想了解什么。

4. 建立目标函数

决策问题可能是利润或者收入最大化,或者使成本或某种风险最小化,则需要针对决策问题建立目标函数。

在应用规划求解建立的优化模型中,决策问题是找出利用现有的有限资源做到最好的方法,因此,对此类问题在建立目标函数时还需要找出相应的约束条件。例如,总收入最大(总收入 = 销售数量×销售单价)是决策模型最常见的目标。每种产品的市场需求量都是有限的,每个企业的市场占有率也是有限的,因此保证收入最大化的有限数量就是相应的约束条件。

5. 构建决策模型

本步骤是在计算机决策分析软件中(以 Excel 为例)根据目标函数,以结构化的形式,设置一系列符合逻辑关系和勾稽关系的分析计算表,建立经济关系模型公式,输入相关参数,运用 Excel 的数据处理功能、内置函数功能或加载项功能,最终输出决策分析计算结果。

【案例 2-2】 建立我的第一个决策分析模型

本案例以前述计算 A 项目的净现值为例,按照构建决策分析模型步骤,建立决策分析模型。

【背景资料】 为分析 A 项目的投资可行性,某企业通过计算项目的净现值进行判断。A 项目初始投资为 1 000 万元,未来 5 年每年年末现金流入为 3 270 万元,现金流出为 3 000 万元,在折现率分别为 8%、8.5%、9%、9.5%、…、12% 情况下,分别计算第 5 年年末 A 项目的净现值。

第 1 步:明确决策问题。

通过计算不同折现率情况下的净现值来分析判断 A 项目的投资可行性。

第 2 步:收集相关资料。

(1) 初始投资 1 000 万元。
(2) 年末现金流入 3 270 万元。
(3) 年末现金流出 3 000 万元。
(4) 计算期 5 年。
(5) 折现率分别为 8%、8.5%、9%、9.5%、…、12%。

第 3 步:确定决策变量。

决策变量是在折现率分别为 8%、8.5%、9%、9.5%、…、12% 时 A 项目的净现值。

第 4 步:建立目标函数。

本案例的目标函数是建立净现值计算公式,如下式所示。

净现值(NPV)= 第 1 年折现现金流量 + 第 2 年折现现金流量 + … + 第 5 年折现现金流量

净现值也可以通过 Excel 的 NPV 函数计算。

上式中的折现净现金流量为

$$折现现金流量 = 各期净现金流量 \times 各期折现系数$$

$$各期净现金流量 = 各期现金流入 - 各期现金流出$$

$$各期折现系数 = \frac{1}{(1+折现率)^{期数}}$$

其中:折现率分别为 8%、8.5%、9%、9.5%、…、12%;期数 $n = 0 \sim 5$。

第 5 步:构建决策模型。

在 Excel 中以结构化的形式设置相应的分析计算表格,输入相关参数和变量,建立目标函数公式,最终输出决策分析计算结果。

> 提示
> 本案例实操演示详见配套视频文件"2-1 建立我的第一个决策分析模型"。

二、构建决策分析模型的要领

下面列出构建决策分析模型的 4 个要领,即布局合理、保持简单、各自独立和留有余地。

1. 布局合理

良好的模型一定是布局合理的,主要包括界面设计、添加对象及颜色、线条与边框等设置。

(1) 界面设计。Excel 模型界面的设计应该能让使用者阅读直观、清晰和便于操作。一个模型一般包括三个部分:模型标题、输入区域和输出区域。它们可能在一张工作表,也可能不在一张工作表。对于复杂的模型还要设计控制菜单,以及多个输入区域和输出区域。图 2-6 是在一张工作表呈现的模型示例。

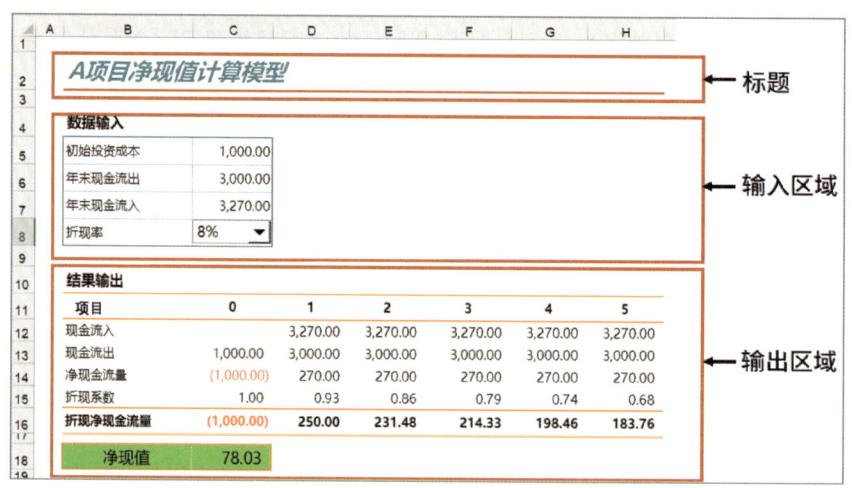

图 2-6　模型界面设计示例

(2) 添加对象。在模型中可以根据需要添加控件和图表。

添加控件。计算机软件的操作界面是通过设计对话框,然后对按钮赋予一段操作程序,对它进行控制并使之工作。对 Excel 模型来说,可以借鉴这一做法,在 Excel 模型中添加控件,不仅可以更好地理解、应用和操作模型,模型中涉及一些变量输入时,也可以用控件选择不同的变量。控件的应用也使得模型看起来更专业。

添加图表。一图胜千言,在模型中添加图表在管理报告和在向用户显示重要结果的时候是很有帮助的,可以增强数据可视化的效果,突出结果的显示能更快引起模型使用者的注意。

(3) 颜色、线条与边框等设置。框线和边框有助于打破单元格的限制,而且使界面显示看起来更吸引人。颜色和图案的使用也可以被用来帮助定义输入和输出,适当应用颜色和图案可以美化模型界面。颜色的使用是个性化的,但重要的是要保持颜色和格式的协调,在模型中不宜使用太过于炫耀的颜色。

2. 保持简单

决策分析模型的"保持简单"并不是指"简单化",也不意味着一个模型就应该是简单的,比如可能为了数据分析的需要,会用到一些复杂的 Excel 函数或加载项(比如数据分析工具加载项)。这里的"简单化"是指模型中消除不必要、不相关的信息或数据;Excel 最新版本的新功能尽量少用(模型的使用者不一定用的是 Excel 最新版本);文字、数字和日期的字体、大小和格式统一，行列的宽、高比例协调。

3. 各自独立

一个工作簿尽量存放一个独立的模型，除非多人协作的大型模型。在一个模型中，通过界面设计将标题、输入区域和输出区域等设置成各自独立的区域。

有的模型的输入参数、前提条件数据或基础数据较多，还需要设置一个独立的工作表放置这些参数或基础数据。比如在编制全面预算模型时，参数、前提条件和基础数据较多，需要另行设置独立的工作表来填列这些数据。

模型中涉及报告工作表和基础数据表时，也要相互独立，基础数据表中的数据会反复使用，不宜使用"合并单元格"功能，否则会影响公式和函数等功能的应用。

4. 留有余地

在设计模型草稿时，从顶端和左端预留若干空白行和空白列以便修改和调整，如图 2-7 所示。在模型正式形成后，可将工作表的第一行与第一列留置，模型从 B2 单元格开始，如图 2-8 所示。

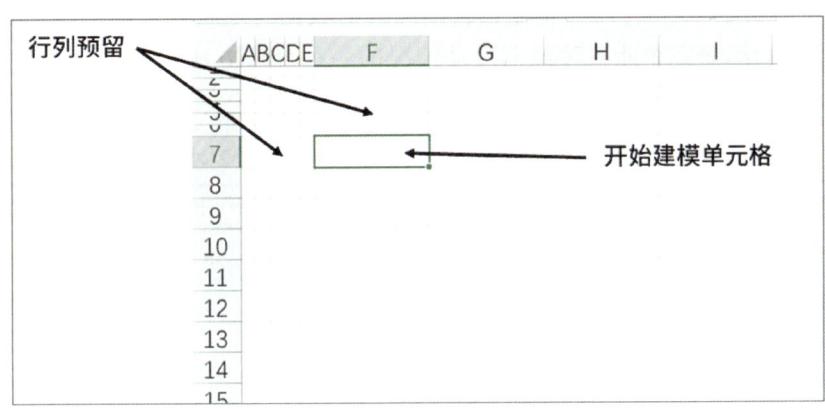

图 2-7　预留若干行和列

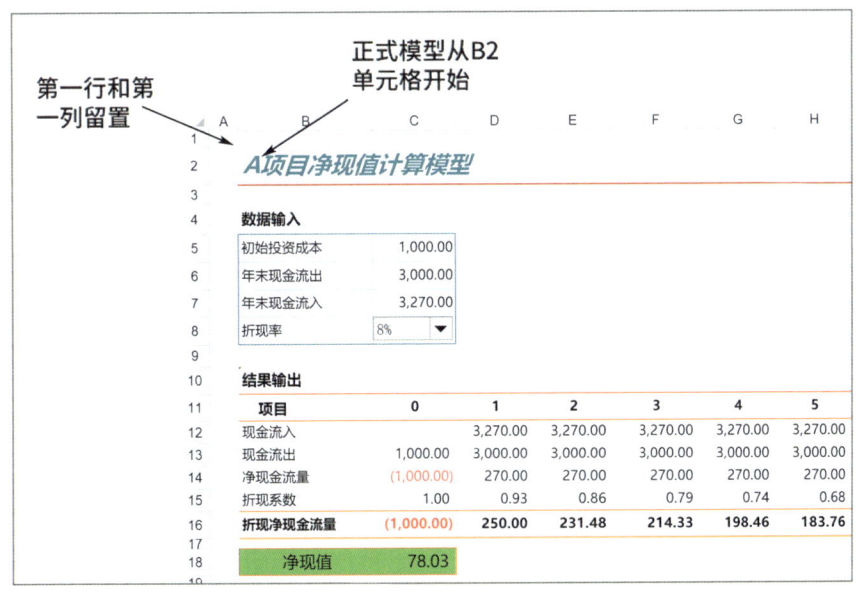

图 2-8　正式模型从 B2 单元格开始

另外,在模型设计时,要有很好的开放性和可扩展性,以便未来模型功能的扩展、条件的变化以及调整的需要。

第三节 经营数据分析方法

一、经营数据常用的分析方法

经营数据常用的分析方法主要有比较分析法、比率分析法、趋势分析法、因素分析法、数理统计法、运筹学方法。

1. 比较分析法

比较分析法是最常用的一种分析方法,比较简单,应用范围广泛,分析结果也好理解。比较分析法根据分析的视角不同,又分为水平分析法和垂直分析法。

(1) 水平分析法,是指将反映企业报告期经营的数据与反映企业前期或历史某一时期经营数据进行对比,研究企业各项经营变动情况的一种分析方法。表 2-2 反映了 ABC 公司营业收入 20×1 年与 20×2 年比较(水平)分析情况。

表 2-2 ABC 公司营业收入 20×1 年与 20×2 年比较(水平)分析表　　金额单位:万元

营业收入项目	20×1 年	20×2 年	增减额	增减比例
房屋建筑工程	62 508.42	72 432.66	9 924.24	15.88%
基础设施建设与投资	23 092.87	27 667.51	4 574.64	19.81%
房地产开发与投资	17 920.36	18 411.25	490.89	2.74%
其他	1 889.79	1 430.60	−459.19	−24.30%
合计	105 411.44	119 942.02	14 530.58	13.78%

(2) 垂直分析法,是指在一张报表中,用表中各项目的数据与总体(或称报表合计数)相比较,以得出该项目在总体中的位置、重要性与变化情况。有时可以将水平分析法与垂直分析法结合起来应用。表 2-3 反映了 ABC 公司营业收入 20×1 年与 20×2 年比较(垂直)分析情况。

表 2-3 ABC 公司营业收入 20×1 年与 20×2 年比较(垂直)分析表　　金额单位:万元

营业收入项目	20×1 年		20×2 年	
	金额	占比	金额	占比
房屋建筑工程	62 508.42	59.30%	72 432.66	60.39%
基础设施建设与投资	23 092.87	21.91%	27 667.51	23.07%
房地产开发与投资	17 920.36	17.00%	18 411.25	15.35%
其他	1 889.79	1.79%	1 430.60	1.19%
合计	105 411.44	100.00%	119 942.02	100.00%

2. 比率分析法

比率分析法是指利用两项相关数值的比率来揭示企业经营情况的一种分析方法。根据分析的目的和要求的不同,比率分析主要有构成比率、效率比率和相关比率三种。

构成比率,又称结构比率,是某个经济指标的各个组成部分与总体的比率,反映部分与总体的关系。前述垂直分析法就应用到构成比率。

效率比率,是指某项经济活动中所费与所得的比率,反映投入与产出的关系。比如计件工资 2 元/件,就是一种效率比率,表示投入 2 元产出 1 件产品。再比如某型号小轿车在高速公路上行驶的油耗是 7 升/百公里,表示投入 7 升汽油产出的是行驶百公里路程。

相关比率,是根据经济活动客观存在的相互依存、相互联系的关系,以某个项目和与其有关但又不同的项目加以对比所得的比率,反映有关经济活动的相互关系。比如在财务比率分析中,资产负债率=总负债/总资产,流动比率=流动资产/流动负债,应收账款周转次数=赊销收入/应收账款平均余额……这些财务比率都是相关比率。

3. 趋势分析法

趋势分析法是将连续数期相同的指标进行对比来分析该指标的变动趋势。趋势分析法可以评价一段时间的运行轨迹,寻找运行规律;及时发现苗头改变;推测偏差演变,警示未来结果。某公司销售额和每股收益在 20×1 年和 20×5 年的变动趋势,如图 2-9 所示。

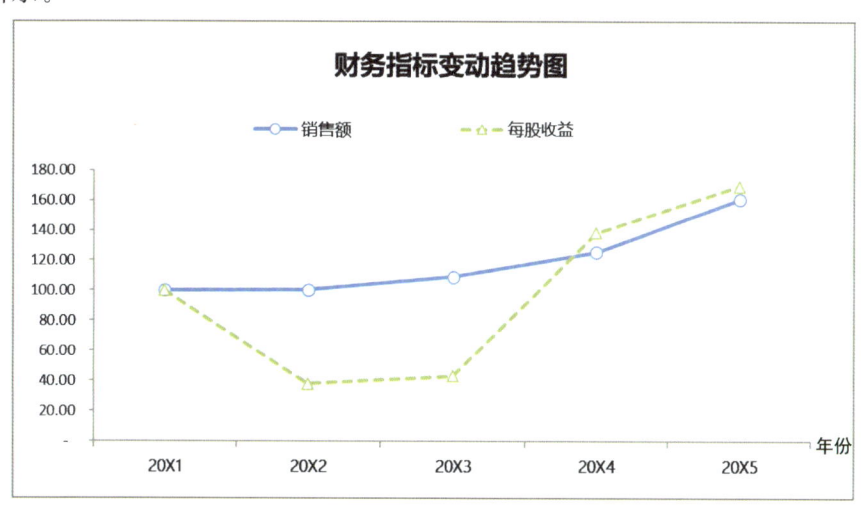

图 2-9 趋势分析法示例

4. 因素分析法

因素分析法也称因素替换法、连环替代法,它是用来确定几个相互联系的因素对分析对象影响程度的一种分析方法。根据分析特点,因素分析法可分为连环替代法和差额分析法。

以连环替代法为例,比如分析各因素变动对分析指标 Q 的影响程度时,按顺序替代。

计划指标: $\qquad Q_0 = A_0 \times B_0 \times C_0 \qquad$ (1)

第一次替代(替代 A_0): $\qquad A_1 \times B_0 \times C_0 \qquad$ (2)

第二次替代(替代 B_0): $\qquad A_1 \times B_1 \times C_0 \qquad$ (3)

第三次替代(替代C_0)：　　　　$Q_1 = A_1 \times B_1 \times C_1$　　　　　　　　　　　　　　(4)

分析各因素的影响：

(2)—(1)→A 因素变动对 Q 的影响；

(3)—(2)→B 因素变动对 Q 的影响；

(4)—(3)→C 因素变动对 Q 的影响；

把各因素变动综合起来,总影响：$\Delta Q = Q_1 - Q_0$。

各因素的替代顺序排序有 2 个要点,即：①先实物量指标,再质量(效率)指标,最后是价值量指标；②同类指标中,影响大的排前,影响小的排后。

例如,如表 2-4 所示,某公司本月 M 材料总费用比计划超支 146 355 元,是哪些因素影响的？各因素影响程度是多少？

表 2-4　M 材料超支总差异

项目	产量	M 材料单耗(千米)	材料单价(元/千米)	M 材料总费用(元)
本月计划	5 000.0	2.30	170.43	1 959 945.00
本月实际	5 015.0	2.10	200.00	2 106 300.00
费用总差异				146 355.00

影响 M 材料超支的三个因素中,产量为实物量指标,单耗为质量(效率)指标,单价为价值量指标。按照产量、单耗和单价的顺序,通过连环替代法分析各因素的影响金额,如表 2-5 所示。

通过表 2-5 分析,产量变动的影响为 5 879.83 元,单耗变动的影响为 −170 941.29 元,单价变动的影响为 311 416.46 元。

表 2-5　连环替代法分析各因素的影响

项目	产量	M 材料单耗(千克)	材料单价(元/千克)	M 材料总费用(元)
本月计划	5 000.0	2.30	170.43	1 959 945.00
本月实际	5 015.0	2.10	200.00	2 106 300.00
费用总差异				146 355.00

```
计划总费用      = 计划产量×计划单耗×计划单价 =      1 959 945.00    ①
替换产量        = 实际产量×计划单耗×计划单价 =      1 965 824.84    ②
替换单耗        = 实际产量×实际单耗×计划单价 =      1 794 883.55    ③
替换单价        = 实际产量×实际单耗×实际单价 =      2 106 300.00    ④
产量变动影响    = ②−① =                            5 879.83    S1
单耗变动影响    = ③−② =                         −170 941.29    S2
单价变动影响    = ④−③ =                          311 416.46    S3
费用总差异      = S1＋S2＋S3 =                     146 355.00
```

5. 数理统计法

数理统计法,是数学的一门分支学科。它是以概率论为基础,运用统计学方法中样本的平均数、标准差、标准误、变异系数率、均方、检验推断、相关、回归等统计量的计算对数据进行分析、研究得到所需结果的一种分析方法。

6. 运筹学方法

运筹学方法主要是通过把管理问题抽象成一个模型，求解模型来获得解决问题的最优解。

运筹学方法目前已经在市场销售、生产计划、库存管理、运输问题、财政与会计、人事管理、设备维修等方面得到广泛应用。

二、数据分析方法的选择

决策分析的类型包括描述性分析、预测性分析和规定性分析三种类型。在数据分析时，应根据决策分析的类型，采用适当的分析方法。

1. 描述性分析

描述性分析是运用最多的、最基本形式的分析类型，也是最容易为人们所理解的分析类型。大多数业务分析是从描述性分析开始的，通过对经营业绩进描述性分析可以评价过去和反映现状。例如，以下问题一般是描述性分析解决的：

（1）我们完成预算指标了吗？每个部门预算执行情况怎么样？

（2）本月的营业收入和利润情况怎样？与上月比或上年同期相比增减情况如何？

（3）本季度销售增长最快的是哪款产品？

（4）我们接到多少客户的投诉？主要反映的是哪些问题？

常用的描述性分析方法有比较分析法（水平、垂直比较）、趋势分析法、因素分析法等。

2. 预测性分析

预测性分析是指根据历史的数据，找出这些数据存在的规律或内在逻辑关系，并结合目前的状况，对未来的情况做出研判，以提前做出相应的准备或应对措施，从而减少对未来事物认识的不确定性，以指导我们的决策行动，增强决策的有效性。例如，以下问题一般是预测性分析解决的：

（1）根据最近3年的销售量数量，预测下一年度的销售量是多少？

（2）如果市场需求下降了10%，对我们的利润影响有多大？

（3）在新的地区新开一家门店，亏损的风险有多大？

常用的预测性分析方法有移动平均法、平滑指数法、回归分析法等。

3. 规定性分析

规定性分析也叫规范性分析，也是最难理解的一种分析类型。很多问题，如生产计划的排产、原材料的下料、合金的配料以及运输路径的规划，同时存在一个或多个约束条件，包含了太多的选择或替代方案，对于一个决策者来说，不可能全都加以考虑。为了更好地实现某些目的，比如利润最大化或成本最小化，规定性分析常常使用模拟和优化分析方法来辨别最佳选择方案或替代方案，以指导"企业应该做什么"。例如，以下问题一般是规定性分析解决的：

（1）产品如何定价将获得最大利润？

（2）如何下料最节省？

（3）供应地如何向目的地安排数量，运输成本最低？

（4）如何合理布局生产、配送中心等的选址？

常用的规定性分析方法需要运用到管理科学（运筹学）中的线性规划、非线性规划、排队理论、网络规划等。

第三章　建模必备的 Excel 三大基本技术

第一节　数据处理技术

一、数据的输入方法

数据输入是使用 Excel 进行数据处理和分析必不可少的工作，准确而快速的数据输入可以大大提高工作效率。

Excel 工作表的单元格内存放的数据资料可以分为两大类：可计算的数字和不可计算的文字资料。

可计算的数字资料由阿拉伯数字和一些数学符号（如小数点、+、-、%等）组成，例如 3.14、-86、10 000、35.25% 等都是数字资料。日期与时间也是属于数字资料，有时为了显示的需要，可以设置为含有文字或符号的格式，如 2022/12/20、10:30AM、3 月 25 日等。在量化决策分析中，更多的是使用可计算的数字资料，一般用来表示货币金额或实物数量。

不可计算的文字资料包括英文字母、中文字符、文字或字母与数字的组合。数字资料，如邮政区号、门牌号、身份证号码、电话号码等有时也会被当成文字输入。另外，文字资料虽然不可计算，但 Excel 中有专门的字符处理函数可以根据需要对文字资料进行处理。

在单元格中输入数据资料，最常用的方法是鼠标光标在某个单元格输入数据后按回车键后光标（纵向）移动至下一行继续录入。下面介绍几种比较有用的数据输入方法。

1. 利用 Tab 键光标横向移动录入数据

图 3-1 显示了光标横向移动示意图。首先光标在 D3 单元格录入刘备的英语成绩，按 Tab 键则光标横向移到 E3 单元格，每按一次 Tab 键光标横向移动一个单元格。在 F3 单元格中录入刘备的高等数学成绩后，按回车键，则光标自动转到 D4 单元格，可以录入关羽的

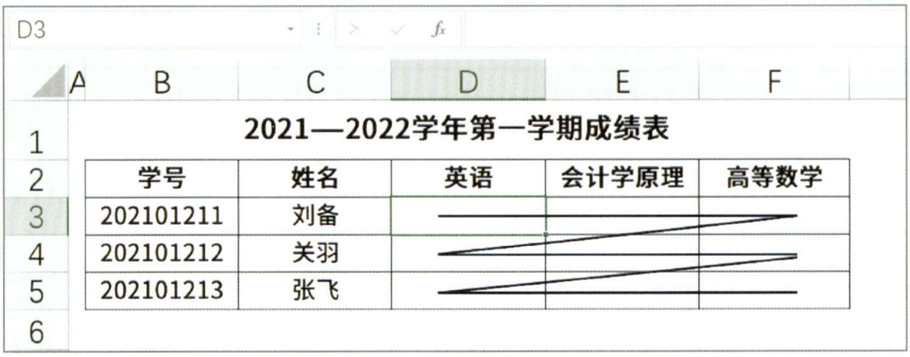

图 3-1　光标横向移动示例

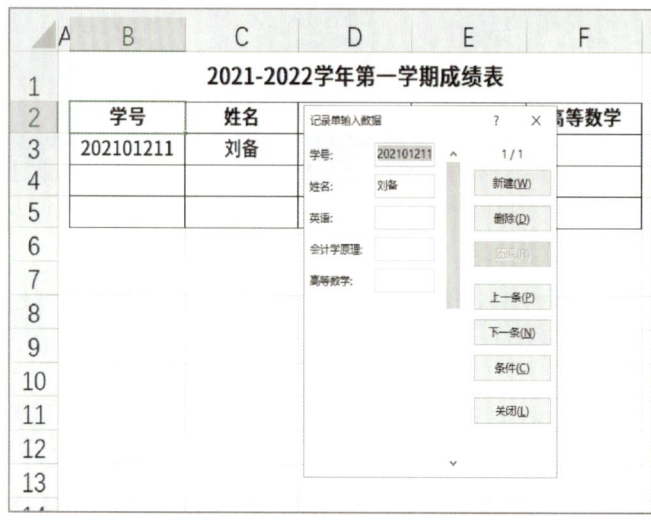

英语成绩,然后继续按 Tab 键则光标横向移动。需要换行时,按回车键则光标返回到下一行横向录入的起点单元格。

2. 使用记录单输入数据

使用记录单输入数据,通过显示的完整记录的对话框,可以方便地录入数据、核对数据、按条件查找数据、修改及删除数据等,如图 3-2 所示。

在 Excel 2016 中将记录单添加到主选项卡的方法如下:【文件】→【选项】→【自定义功能区】→【不在功能区命令】,找到

图 3-2 记录单录入数据示例

"记录单"命令,然后添加到主选卡即可。

3. 使用"数据验证"下拉选项输入数据

利用"数据"选项卡中的"数据验证"功能可以控制一个范围内的数据类型、范围等,还可以快速、准确地输入一些数据。比如录入身份证号码、手机号这些数据长、数量多的数据,操作过程中容易出错,数据有效性可以帮助防止、避免错误的发生。

对于需要多次重复输入的数据,用下拉式选项输入数据,能提高输入效率,如图 3-3 所示,鼠标依次点击【数据】→【数据验证】,可以调出数据验证框。

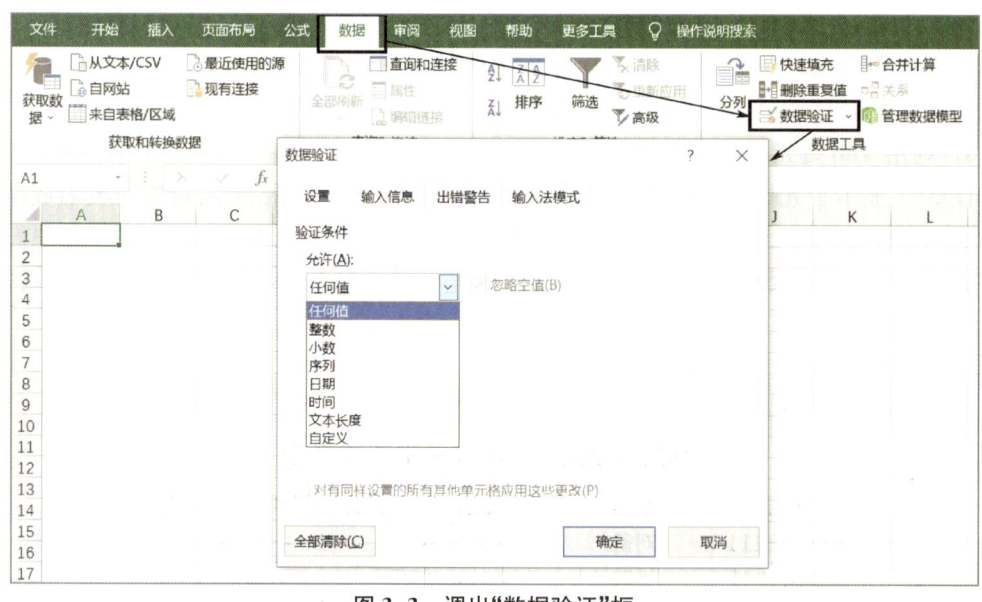

图 3-3 调出"数据验证"框

在图 3-4 所示的表中,可以在"品名""规格""单位"所在列建立下拉菜单,方便单击选择输入。

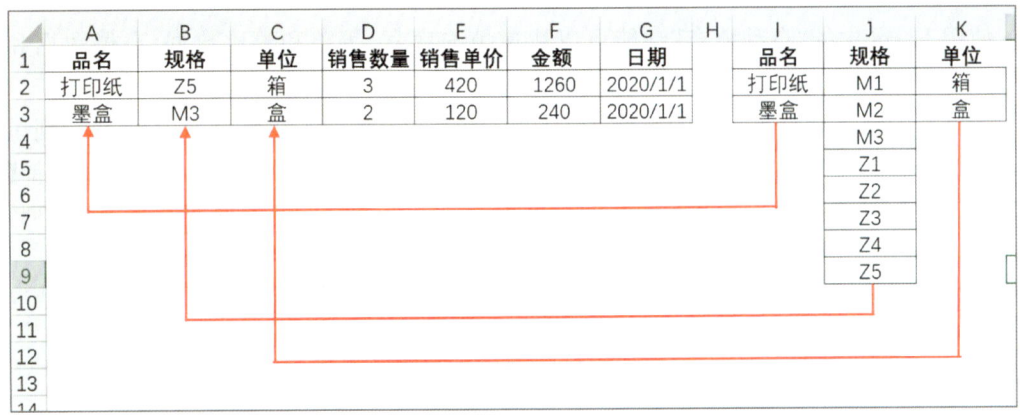

图 3-4　多次重复输入的数据建立下拉菜单

例如,在"规格"所在列使用"数据验证"功能建立下拉菜单的操作如图 3-5 和图 3-6 所示。

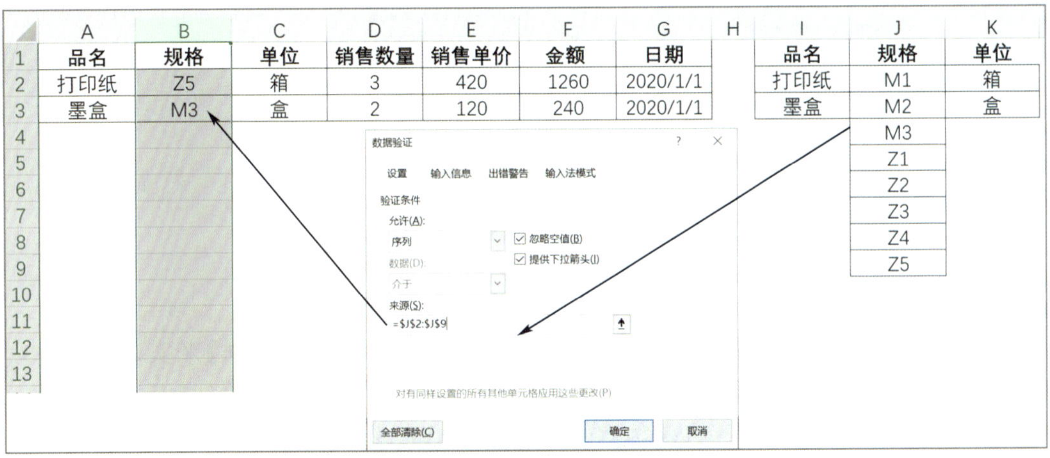

图 3-5　调出"数据验证"设置下拉菜单

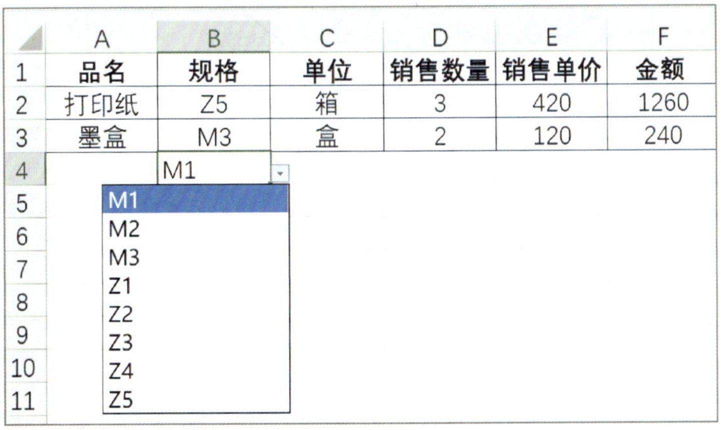

图 3-6　使用下拉菜单输入数据

4. 使用"自动填充"和"自定义序列"提高工作效率

使用 Excel 中的"自动填充"功能可以快速填充序号、等差和等比数据、奇偶数据和日期等。

如果有一组需要重复输入的数据通过"自动填充"功能不能实现,比如从星期一到星期日,调出"自定义序列"框进行设置后即可自动填充。"自定义序列"设置步骤如下:选择【文件】→【选项】→【高级】→【常规】→【编辑自定义列表】。调出如图 3-7 所示"自定义序列"对话框,即可自定义设置需要的填充序列。

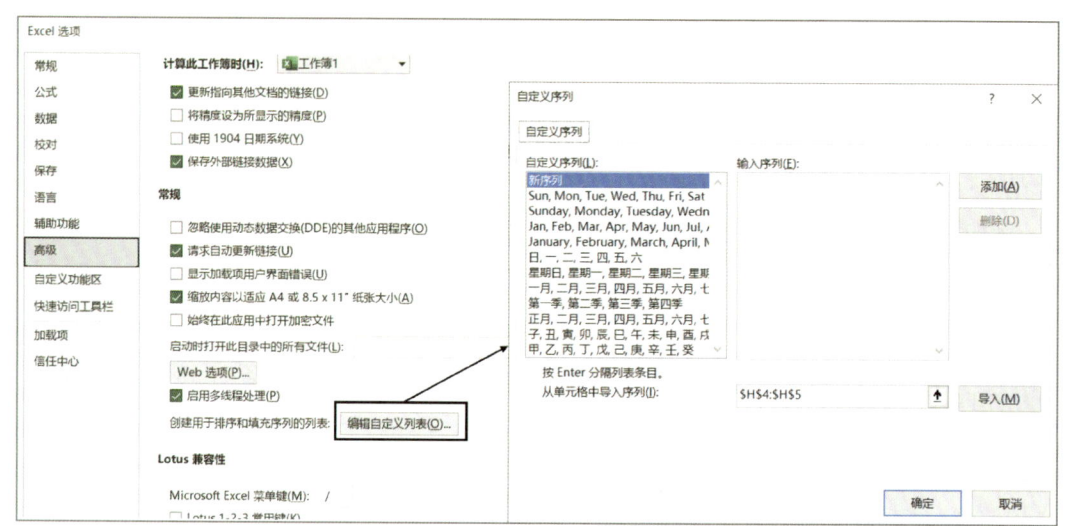

图 3-7 "自定义序列"对话框

5. 获取外部数据

当需要的数据是外部数据时,可以通过【数据】→【获取外部数据】来实现,如图 3-8 所示。

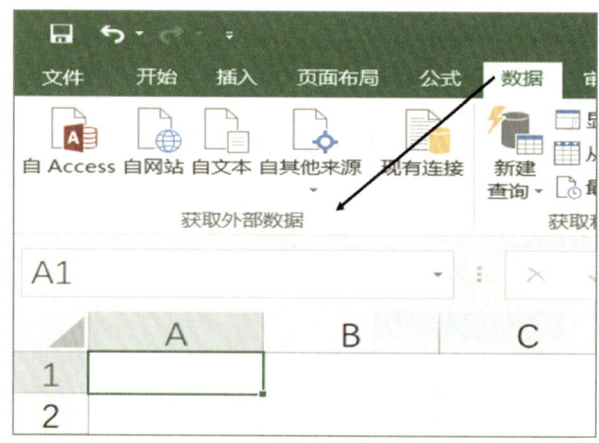

图 3-8 获取外部数据示例

获取的外部数据可以是 SQL、Oracle 或 Access 数据库文件中的数据,也可以是网站数据,或者文本(txt)文件、Excel 文件中的数据。

二、数据的排序和分类汇总

1. 数据的排序

在分析工作中,经常需要对数据进行排序,依次点击【数据】→【排序】,出现如图 3-9 所示的排序对话框。

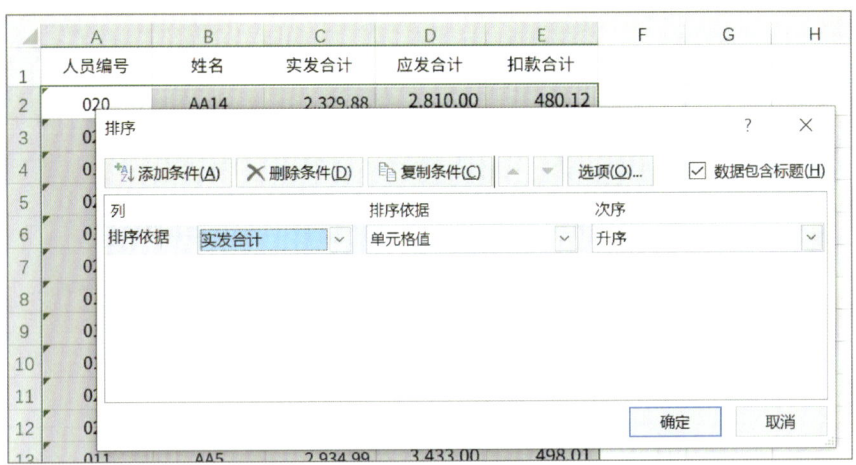

图 3-9　排序对话框

可以根据数据排序分析的需要进行选择和设置,可以按单条件、多条件排序,排序方向可以按列排序或按行排序。

当点击"排序"对话框的"添加条件"功能时,可以添加"次要关键字"设置多条件排序,如图 3-10 所示。需要注意的是,在进行多条件排序时,排序框中的复选框"数据包含标题"应勾选上。

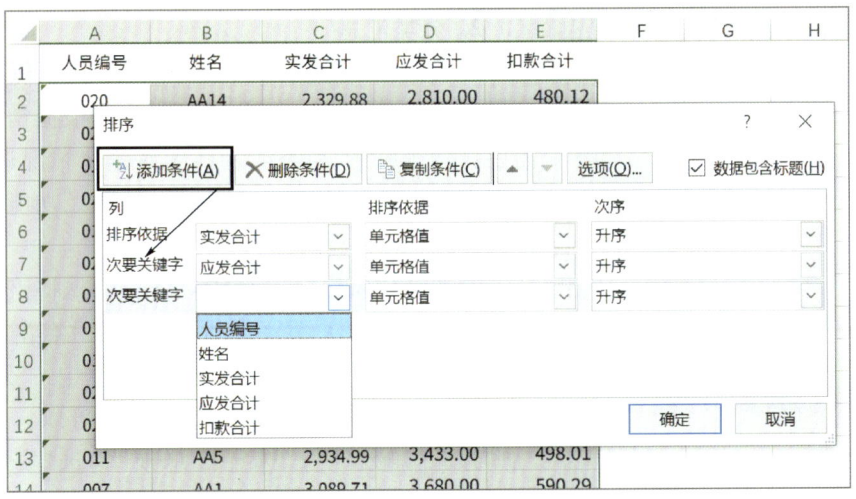

图 3-10　设置多条件排序

当点击"排序"对话框的"选项"功能时,可以调出"排序选项"对话框,对排序方向"按列排序"或"按行排序"进行设置,如图 3-11 所示。

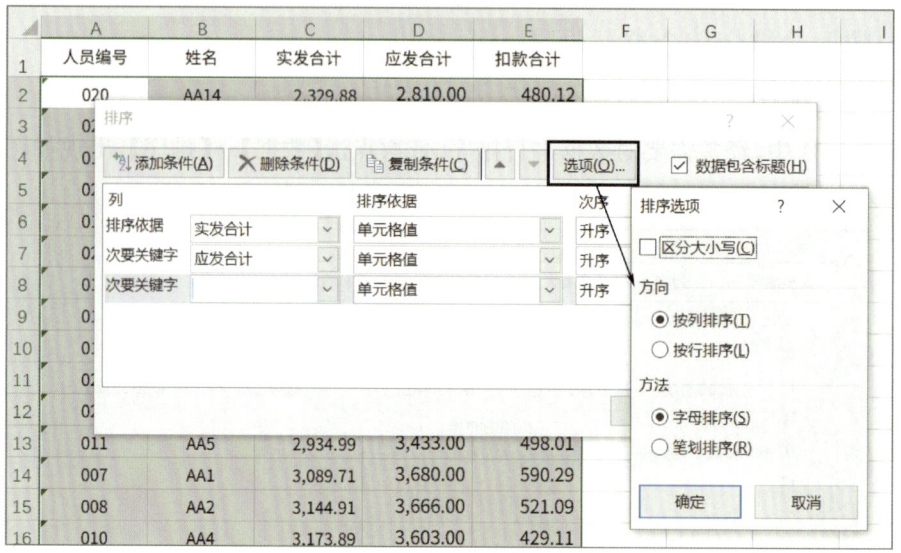

图 3-11 排序方向的设置

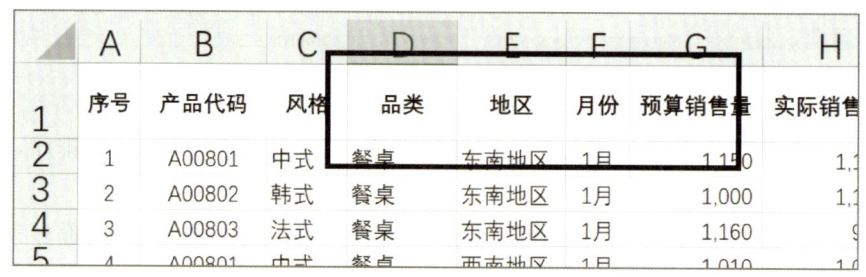

图 3-12 某家具制造公司销售明细表

2. 分类汇总

当数据源的数据量较大,并且需要分析的数据对象类别较多时,比如,某家具制造公司根据销售明细表需要分别按风格、品类或者地区对销售情况进行分析,如图 3-12 所示,则可以通过"分类汇总"功能快速对销售情况进行汇总计算。

例如,以"风格"作为分类字段,首先将该销售明细表以"风格"作为关键字进行排序,然后点击【数据】→【分类汇总】,在弹出"分类汇总"对话框中:"分类字段"选"风格";"汇总方式"根据分析需要可以选择"求和""平均数""计数"等;"选定汇总项"勾选"实际销售额(万元)"。然后分别勾选"替换当前分类汇总"和"汇总结果显示在数据下方",点击确定后完成"风格"字段的分类汇总操作,可以选择分级显示汇总结果,如图 3-13、图 3-14 所示。

图 3-13 分类汇总对话框

	A	B	C	D	E	F	G	H	I	J	K
1	序号	产品代码	风格	品类地区月份销售销售					单价(	预算销	实际销售额(万元)
146			法式 汇总								33,997.98
291			韩式 汇总								34,088.82
436			中式 汇总								31,748.78
437			总计								99,835.58
438											

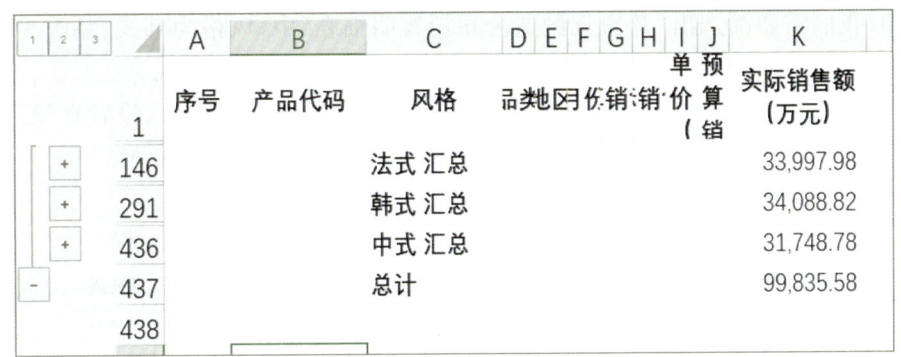

图 3-14　"风格"作为分类汇总字段

三、筛选和高级筛选

1. 筛选

当需要从工作表的众多数据中选出符合条件的数据时，可以使用"筛选"功能。在进行筛选操作时，光标选中需要筛选的区域，点击【数据】→【筛选】，筛选区域表头的每个单元格都出现了一个倒三角形，点击这个倒三角形，根据出现的下拉菜单，即可进行筛选操作，如图 3-15 所示。

	A	B	C	D	E	F	G	H
1	序号	产品代码	风格	品类	地区	月份	预算销售量	实际销售量
2	1	A00801	中		东南地区	1月	1,150	1,108
3	2	A00802	韩		东南地区	1月	1,000	1,172
4	3	A00803	法		东南地区	1月	1,160	992
5	4	A00801	中		西南地区	1月	1,010	1,015
6	5	A00802	韩		西南地区	1月	1,020	1,055
7	6	A00803	法		西南地区	1月	940	1,066
8	7	A01001	中		东南地区	1月	1,010	1,197
9	8	A01002	韩		东南地区	1月	1,180	1,200
10	9	A01003	法		东南地区	1月	1,100	1,104
11	10	A01001	中		西南地区	1月	980	1,100
12	11	A01002	韩		西南地区	1月	980	1,038
13	12	A01003	法式	餐桌椅	西南地区	1月	1,000	943
14	13	A00601	中式	茶几	东南地区	1月	1,010	1,052
15	14	A00602	韩式	茶几	东南地区	1月	1,030	1,030

图 3-15　筛选操作及下拉选项

根据筛选的下拉框，既可以按升序、降序和颜色排序，又可以按"颜色""文本""数字""搜索"进行筛选。

2. 高级筛选

Excel"高级筛选"功能是"筛选"功能的升级，可以设置更多、更复杂的筛选条件，而且可以将筛选出的结果输出到指定位置，具有强大的数据处理功能。

比如,我们需要筛选出"某家具制造公司销售明细表"中,风格为韩式、品类为茶几、地区为东南地区,以及月份为3月的销售记录,并将结果复制到其他区域。

首先,建立筛选条件区域,由于要将结果复制到其他区域,所以可以设置在该区域所在的工作表,筛选条件区域的表头与数据源区域的表头一致,如图3-16所示。

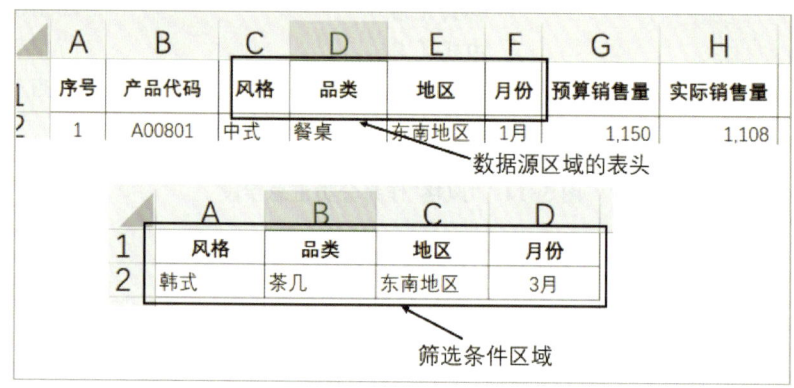

图 3-16　设置高级筛选的条件区域

然后,鼠标光标移到结果复制到其他区域的工作表,单击选择【数据】→【高级筛选】后,调出"高级筛选"对话框,如图3-17所示。

在"高级筛选"对话框选择"将筛选结果复制到其他位置",然后在"列表区域"输入筛选数据源,在"条件区域"输入已设置好的条件区域,在"复制到"输入放置筛选结果位置所在单元格,点击确认即可。

> **提示**
> 上述高级筛选实操演示详见视频文件"3-1 高级筛选实操演示(1)"。

"高级筛选"功能还可以提取两张表的重复数据,如图3-18中的表1和表2中的重复数据可以提取出来。

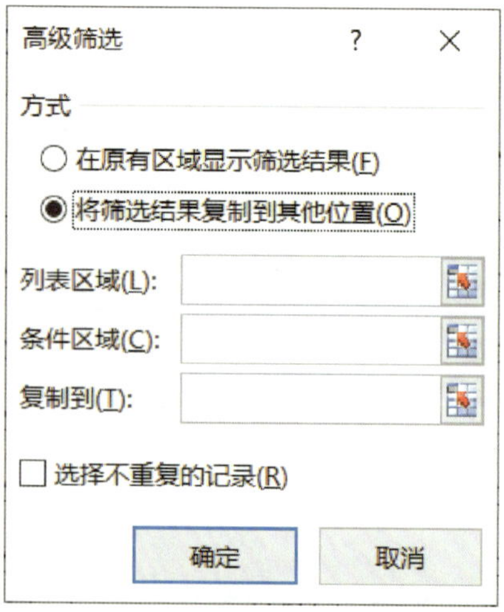

图 3-17　高级筛选对话框

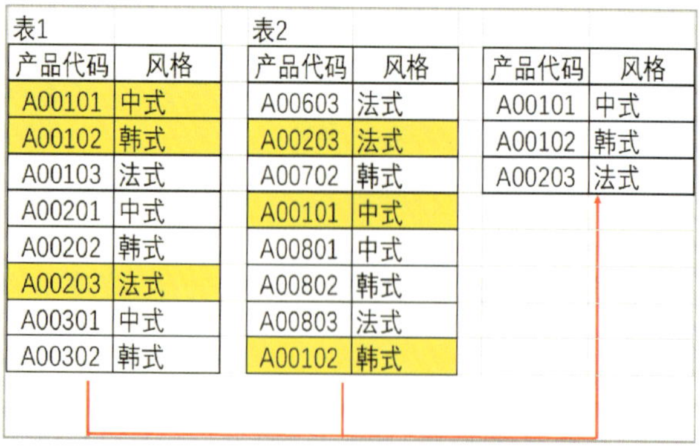

图 3-18　提取表1和表2中的重复值

运用"高级筛选"功能提取两张表的重复数据时,将其中一张表作为"列表区域",另一张表作为"条件区域"。

> 提示　上述高级筛选实操演示详见视频文件"3-2 高级筛选实操演示(2)"。

四、合并计算功能的应用

有时我们需要将不同工作表中的项目进行合并计算,如果需要合并计算的工作表的表头结构一样,可以利用 Excel 中的合并计算功能进行快速计算。合并计算的功能非常强大,可以根据需要选择求和、平均值、计数、最大值、最小值、标准差、方差等不同的功能。

某公司三个分店的销售日报表,需要合并求和计算汇总到一张表中,就可以使用合并计算功能实现,如图 3-19 所示。

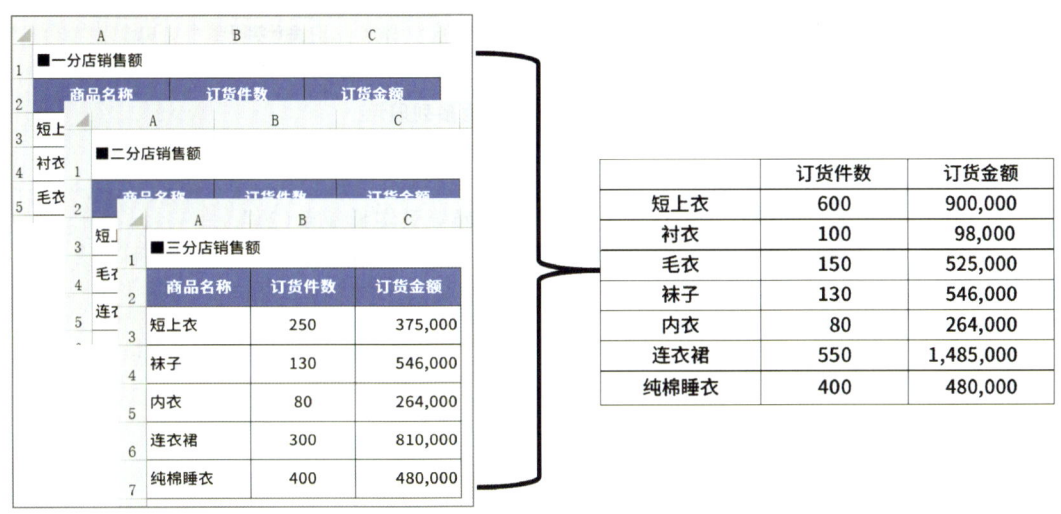

图 3-19　合并计算的需求

> 提示　上述合并计算实操演示详见视频文件"3-3 合并计算实操演示"。

五、数据的行列转置操作

在数据整理时,行和列互相转换的操作是必不可少的。一般的行列转换操作可以通过"选择性粘贴"中的"转置"功能或者使用 TRANSPOSE 函数来实现。但一些特殊的行列转置需求则需要通过一些特殊的技巧解决。

如图 3-20 所示,将原数据区域 3 行 3 列转置为 9 行 1 列。

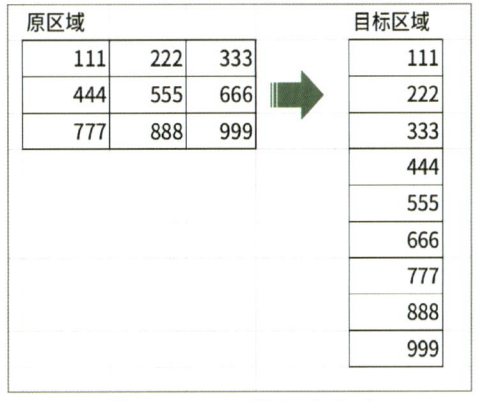

图 3-20　多列转置为单列

> **提示** 上述行列转置实操演示详见视频文件"3-4 行列转置实操演示(1)"。

而图 3-21 是将每个人成绩的按行显示转置为多列显示。

原数据						目标数据		
姓名	英语	会计学原理	高等数学	计算机		姓名	科目	分数
刘备	87	93	82	81		刘备	英语	87
关羽	91	82	78	84		刘备	会计学原理	93
张飞	76	81	56	92		刘备	高等数学	82
赵云	85	91	74	78		刘备	计算机	81
马超	67	78	79	79		关羽	英语	91
黄忠	85	90	72	56		关羽	会计学原理	82
曹操	82	88	78	92		关羽	高等数学	78
张辽	56	77	74	77		关羽	计算机	84
张郃	88	78	78	55		张飞	英语	76
孙权	58	79	95	73		张飞	会计学原理	81
周瑜	66	79	77	68		张飞	高等数学	56

图 3-21 行显示转置为多列显示

> **提示** 上述行列转置实操演示详见视频文件"3-5 行列转置实操演示(2)"。

六、Excel 高频操作技巧

1. 工作表和单元格高频操作技巧

（1）工作表的插入和删除。

（2）工作表移动与复制。

（3）工作表显示与隐藏。

（4）改变工作表标签颜色。

（5）选中多个工作表。

（6）清除单元格的内容。

（7）调整单元格的宽度或高度。

（8）选取多个不连续单元格的方法。

（9）选取整行、整列或整个工作表。

（10）隐藏整行、整列。

（11）快速移动或复制单元格。

（12）删除单元格里的重复项。

（13）快速调整行列位置。

> **提示** 上述实操演示详见视频文件"3-6 工作表和单元格高频操作技巧"。

2. 双击鼠标的 15 种用法

在 Excel 操作中可别小看鼠标双击，虽然单击是绝对有用的最常见的操作，但是如果离开了双击,有时很多操作是无法完成的。双击可以大大提高工作效率,下面介绍双击鼠标的 15 种用法。

(1) 单元格内容编辑与修改。如果只单击选定单元格,直接输入数据就把原数据覆盖了,只有双击单元格才能对单元格内容进行修改。

(2) 快速定位到表格边缘区域。选定一个工作表中的单元格,双击该单元格的上(或下、左、右)边框线,可以快速定位到该列或该行的最上(或下、左、右)单元格。注:要求表格中没有空白单元格。

(3) 自动调整行宽列高。双击工作表两相邻单元格两列字母或两行数字的中线,可以自动调整单元格的行宽列高。

(4) 快速填充公式。在第一个单元格内输入公式回车,选中该单元格,把鼠标移到右下角,待光标变成十字形后双击,即可往下快速填充公式。

(5) 关闭文件。双击 Excel 窗口左上角最边缘区域,可以关闭 Excel 文件。

(6) 直接求和。双击功能区中的∑按钮,可对其上方和左方数据直接求和。

(7) 格式刷多次使用。单击只能使用一次格式刷。双击格式刷,可以一直保留格式刷状态,从而可以多次使用格式刷,解除时单击格式刷或按 ESC 键即可。

(8) 查看数据透视表汇总值明细。双击数据透视表汇总值可生成组成该汇总值的明细表。

(9) 图表中对象(元素)的设置。双击图表中任一对象(元素),可打开该对象的格式设置窗口。

(10) 函数快速输入。输入函数时,在提示函数列表中选择需要的函数,双击快速完成函数输入。

(11) 功能区的显示或隐藏的切换。双击任意选项卡标签即可对功能区进行显示或隐藏切换。

(12) 显示隐藏行列。把鼠标放在隐藏区域的列标或行号边线上,待光标变成双向箭头时,双击鼠标即可。

(13) 操作界面最大化与浮动的切换。双击窗口标题区,即可进行操作界面最大化或者浮动的切换。

(14) 取消窗口拆分状态。双击拆分窗口的分隔条,即可快速取消窗口拆分。

(15) 工作表重命名。双击工作表标签,便可进行重命名。

提示
上述实操演示详见视频文件"3-7 双击鼠标的 15 种用法"。

3. 常用符号的快速输入

Excel 中一些常用符号可以按【Alt】+【小键盘数字】快捷键快速输入,如:

对号"√"的输入:Alt + 小键盘数字 41420

错号"×"的输入:Alt + 小键盘数字 41409

平方"M^2"的输入:Alt + 小键盘数字 178

立方"M^3"的输入:Alt + 小键盘数字 179

七、自定义单元格格式

Excel单元格是数据信息存储的最基本的单位,在单元格里输入数据后,需要根据数据类型设置不同的数据格式,因此Excel已经预置了一些可供选择的常用格式,如日期、时间、文本、货币、会计专用等。

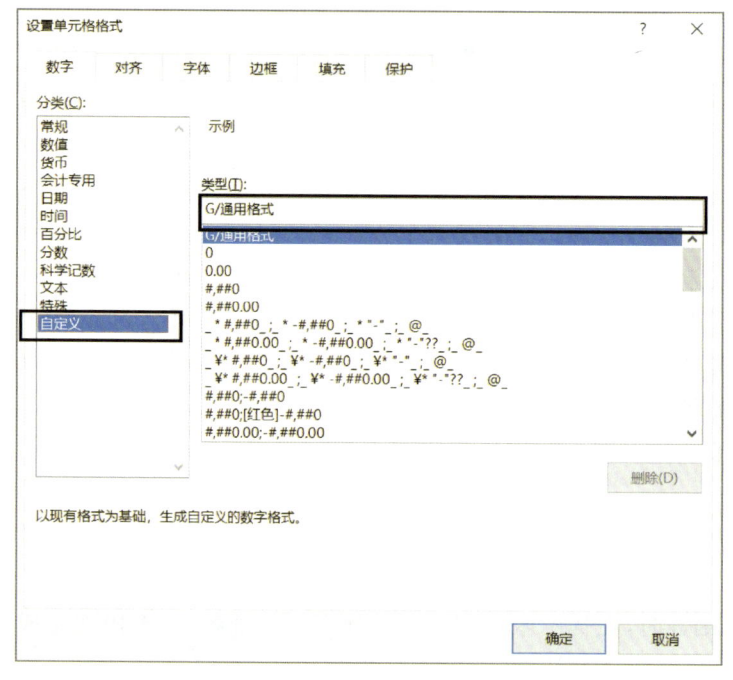

对于一些特殊的处理和显示的需要,比如给数值添加显示单位、隐藏单元格内容,以及批量添加字符和数字等,可以通过"自定义单元格格式"的功能实现。选中单元格或单元格区域,点击鼠标右键,在出现的快捷菜单选择"设置单元格格式"选项,可以调出"设置单元格格式"对话框(或者通过"Ctrl+1"快捷键),选择"数字",在"分类"框中最下方的选项就是自定义选项,即可自定义单元格格式,如图3-22所示。

以下举例说明自定义单元格格式的3种用法。

图3-22 自定义单元格格式

用法1:隐藏单元格数据

选中图3-23所示单元格区域B2:B4,将自定义类型设置为三个半角的分号,即";;;"时,选中区域的数据将被隐藏,区域B2:B4显示为空白。

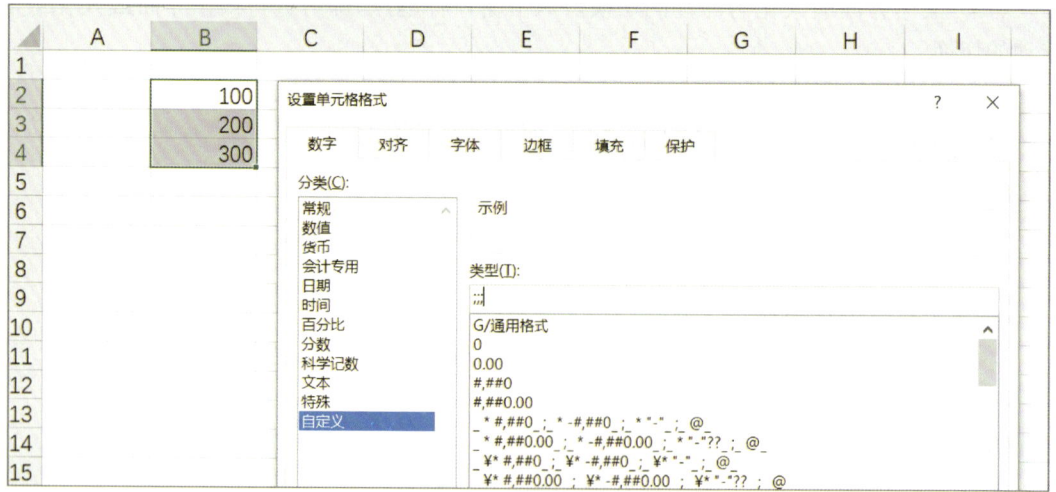

图3-23 隐藏单元格数据

用法 2：批量添加字符

选中图 3-24 所示单元格区域 B2:B5，将自定义类型设置为""浙江省"@"时，选中单元格区域的字符前全部加上"浙江省"，如单元格区域 C2:C5。

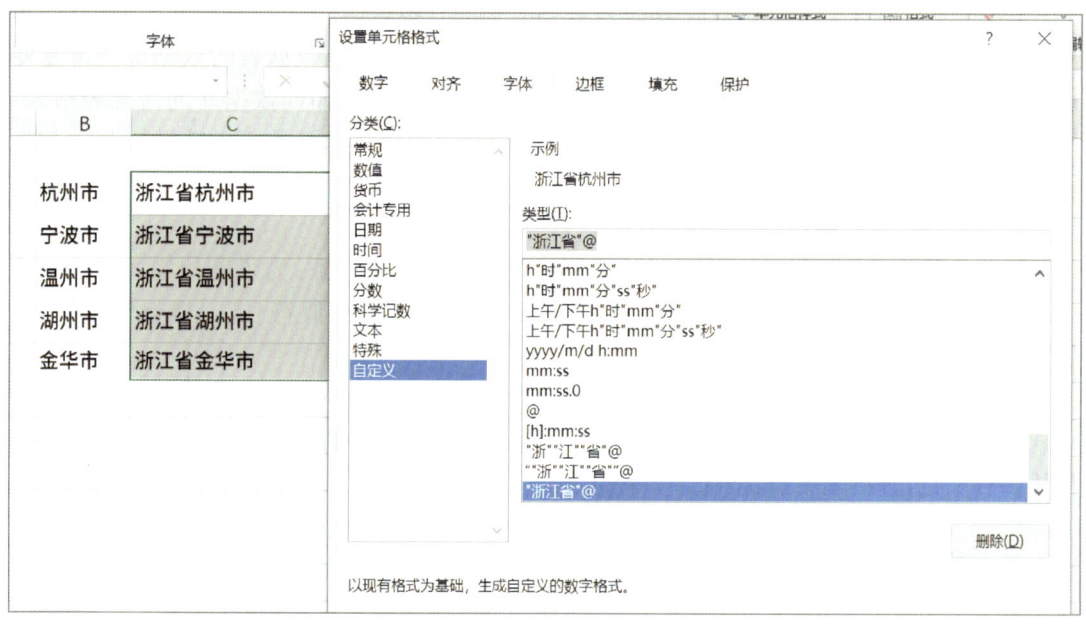

图 3-24　批量添加字符

用法 3：给数字添加计量单位

在图 3-25 中，当 D3 单元格输入公式"=B3*C3"，显示的是错误符号"#VALUE!"，原因是 C3 单元格的数据"35 吨"在常规格式下，Excel 默认为"文本字符"，所以计算时会出现错误。但是如果将单元格格式设置自定义类型为"0"吨""，如 C4 单元格，当在 D4 单元格输入公式"=B4*C4"，则显示正确的计算结果 105 000.00。

上述对自定义单元的用法举例仅略见一斑，更多用法可以查阅相关参考资料。

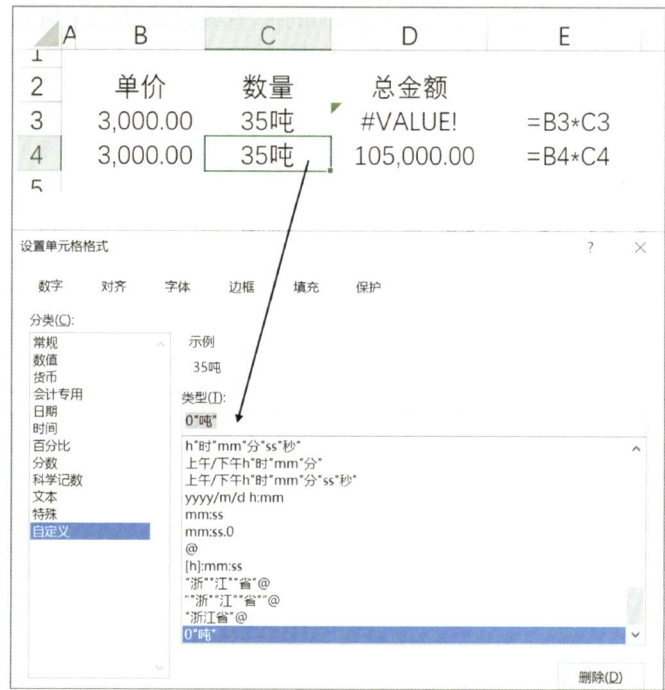

图 3-25　给数字添加计量单位

八、工作表处理数据的三大不良习惯

1. 报告工作表和基础数据表划分不清

Excel 中的报告工作表和基础数据表是有区别的。报告工作表是最终输出的表格，出于格式及美观的考虑，有时需要应用"合并单元格"功能；但基础数据表的数据源会重复使用，而且有时也用于多个报告工作表，因此，基础数据表应设计如同数据库的二维表格式，不宜使用"合并单元格"功能，否则会影响报告工作表应用公式和函数等功能调用基础数据表的数据源。

2. 输入不一致，错误符号不处理

输入内容有错字且不同表格之间输入同一内容不能保持一致；为了美化格式或由于输入手误，在字符串中间、前后使用空格；公式计算结果如为错误值符号，一概保留，不加以处理。

3. 格式不统一，颜色搭配失当

文字、数字和日期的字体、大小、格式不合适、不统一，行列的宽、高不适合，字体或行列使用多种颜色，且搭配失当、杂乱。

九、Excel 文件管理

文件数据的管理总是伴随在我们的身边，生活中的个人隐私数据、工作中的合同数据或敏感信息等需要保密；有时 Excel 中设置的公式和输入的数据需要防止随意更改或破坏；对于在工作表中设置或应用到的一些参数或辅助区域可能需要隐藏……

以下列出 6 种常见的文件管理需要：

（1）加密与备份工作簿。
（2）对工作表或单元格进行保护。
（3）保护工作簿。
（4）保护共享工作簿。
（5）隐藏公式。
（6）隐藏工作簿。

> **提示**
> 上述实操演示详见视频文件"3-8 Excel 文件管理"。

第二节　Excel 函数应用技术

一、在单元格建立公式和单元格引用

1. 在单元格建立公式

在 Excel 工作表的单元格内可以建立公式对数字数据做加、减、乘、除等运算。当计算

引用的单元格数据有变化时，公式计算的结果将随之更新。

Excel 中的公式和一般数学公式差不多，如果 A1 单元格有数字"200"，A2 单元格有数字"300"，则在 A3 单元格里输入公式"＝A1＋A2"，则 A3 单元格将显示计算结果"500"。

如果将 A2 单元格数字改为"400"，A3 单元格将随之自动更改计算结果"600"。

在 Excel 公式中，运算符是用来对公式中的元素进行运算而规定的特殊符号。Excel 有四种运算符类型：算术运算符、比较运算符、文本运算符和引用运算符，如表 3-1 所示。

表 3-1　Excel 中的四种运算符类型

类别	运算符及含义	含义	示例
算术	＋（加号）	加	1＋2
	－（减号）	减	2－1
	－（负号）	负数	－1
	＊（星号）	乘	2＊3
	／（斜杠）	除	4／2
	％（百分比）	百分比	10％
	^（乘方）	乘幂	3^2
比较	＝（等号）	等于	A1＝A2
	＞（大于号）	大于	A1＞A2
	＜（小于号）	小于	A1＜A2
	＞＝（大于等于号）	大于等于	A1＞＝A2
	＜＝（小于等于号）	小于等于	A1＜＝A2
	＜＞（不等号）	不等于	A1＜＞A2
文本	＆（连字符）	将两个文本连接起来产生连续的文本	比如："祝你"&"快乐、开心！"会生成"祝你快乐、开心！"
引用	：（冒号）	区域运算符，对两个引用之间包括这两个引用在内的所有单元格进行引用	A1：D4（引用 A1 到 D4 范围内的所有单元格）
	，（逗号）	联合运算符，将多个引用合并为一个引用	SUM(A1：D1，A2：C2)将 A1：D1 和 A2：C2 两个区域数字合计

Excel 对运算符的优先顺序的规定：

（1）四类运算符的优先顺序：引用运算符、算术运算符、文本运算符、比较运算符。

（2）数学运算符从高到低分为 3 个级别：％和^、＊和／、＋和－。

（3）比较运算符优先级相同。

2. Excel 中单元格的引用

在 Excel 的单元格中有相对引用、绝对引用和混合引用。相对引用、绝对引用和混合引用是指在公式中使用单元格或单元格区域的地址时,当用鼠标向旁边单元格拖动复制公式时,单元格的地址是如何变化的。

(1) 单元格的相对引用。如果复制公式时地址跟着发生变化,如 C1 单元格有公式"= A1 + B1",当将公式用鼠标拖动复制到 C2 单元格时变为"= A2 + B2",当将公式用鼠标拖动复制到 D1 单元格时变为"= B1 + C1",如图 3-26 如示。

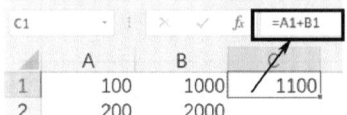 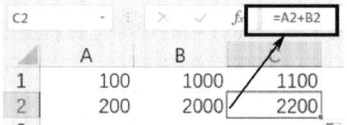 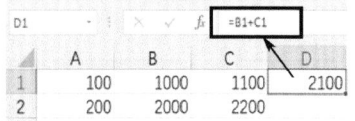

图 3-26　单元格相对引用示例

(2) 单元格的绝对引用。复制公式时地址不会跟着发生变化,如 C1 单元格有公式"= ＄A＄1 + ＄B＄1",当将公式用鼠标拖动复制到 C2 单元格时仍为"= ＄A＄1 + ＄B＄1",当将公式用鼠标拖动复制到 D1 单元格时仍为"＄A＄1 + ＄B＄1",如图 3-27 所示。

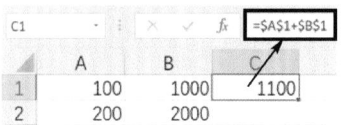 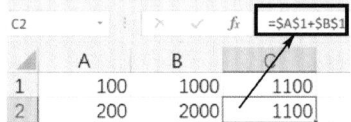 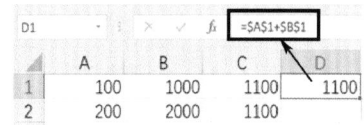

图 3-27　单元格绝对引用示例

(3) 单元格的混合引用。复制公式时地址的部分内容跟着发生变化,如 C1 单元格有公式"= ＄A1 + B＄1",当将公式用鼠标拖动复制到 C2 单元格时变为"= ＄A2 + B＄1",当将公式用鼠标拖动复制到 D1 单元格时变为"= ＄A1 + C＄1",如图 3-28 所示。

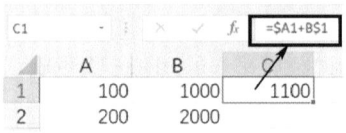 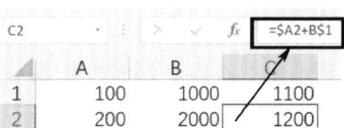 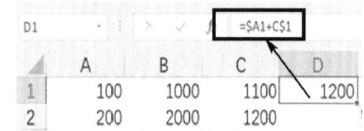

图 3-28　单元格混合引用示例

> **提示**
>
> 单元格地址相对引用、绝对引用和混合引用可以按快捷键 F4 进行互相切换,具体切换规则如表 3-2 所示。
>
> 表 3-2　单元格切换规则
>
> | F4 | 单元格 | 引用类型 | F4 | 单元格 | 引用类型 |
> | --- | --- | --- | --- | --- | --- |
> | 第 1 次 | ＄E＄3 | 从相对引用变为绝对引用 | 第 3 次 | ＄E3 | 只有列编号是绝对引用 |
> | 第 2 次 | E＄3 | 只有行编号是绝对引用 | 第 4 次 | E3 | 还原为相对引用 |

【案例 3-1】 给正在上小学的孩子制作九九乘法表，如图 3-29 所示。

九九乘法表	1	2	3	4	5	6	7	8	9
1	1	2	3	4	5	6	7	8	9
2	2	4	6	8	10	12	14	16	18
3	3	6	9	12	15	18	21	24	27
4	4	8	12	16	20	24	28	32	36
5	5	10	15	20	25	30	35	40	45
6	6	12	18	24	30	36	42	48	54
7	7	14	21	28	35	42	49	56	63
8	8	16	24	32	40	48	56	64	72
9	9	18	27	36	45	54	63	72	81

图 3-29　九九乘法表

制作上述九九乘法表用了单元格的混合引用。首先在单元格 C3 输入公式“= $ B3 * C $ 2”，然后将 C3 单元格公式用鼠标拖动复制到 K3 单元格，接着用选中单元格区域 C3：K3，向下拖动复制一直到单元格区域 C11：K11，单元格区域 C3：K11 则填充了相应的公式，完成九九乘法表的制作，如图 3-30 所示。

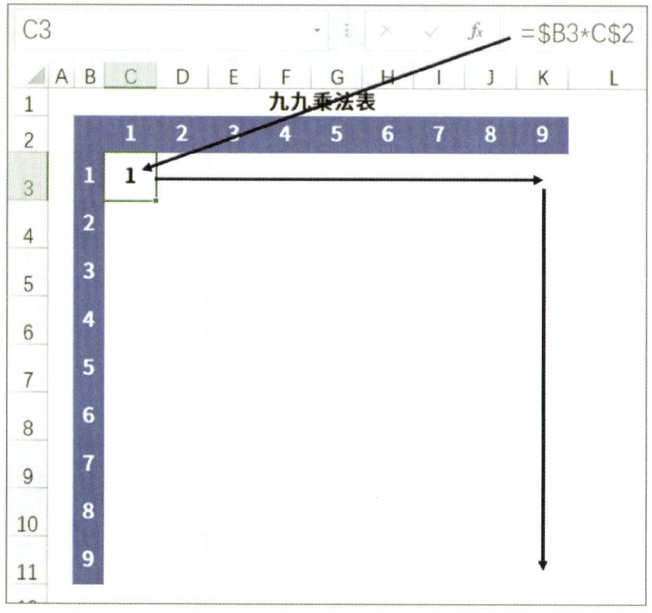

图 3-30　制作九九乘法表

提示　上述实操演示详见视频文件“3-9 给正在上小学的孩子制作九九乘法表”。

二、给单元格(区域)定义名称

1. 什么是定义名称

当我们新建工作簿时,如果不命名,会默认文件名为 book1、book2、book3、……,当新建工作表时,如果不命名,会默认文件名为 sheet1、sheet2、sheet3、……,单元格或单元格区域也一样,会默认为如 B2 或 D3:E5,定义名称就是给单元格或单元格区域重新起一个名字,并用此名称代替单元格或单元格区域的地址。合理使用名称可以实现很多功能,比如名称可以带入公式计算,名称可以快速定位到你想找到的数据行,可以使数据处理和分析更加快捷和高效。

2. 定义名称的方法

Excel 定义名称的方法可以利用"公式选项卡"中的"定义名称"选项、利用"名称框"直接填写或者利用"数据选项卡"的"名称管理器"选项等三种方法,下面以利用"数据选项卡"的"定义名称"选项为例。

比如需要将 sheet1 工作表的 C2:E8 单元格区域定义名称为"数据源",首先,拖动鼠标,选中需要定义名称的 C2:E8 单元格区域,然后鼠标依次点击【公式】→【定义名称】,在弹出的"新建名称"对话框的"名称"框中输入"数据源","引用位置"框中会自动显示鼠标选中的区域"=Sheet1!＄C＄2:＄E＄8","新建名称"对话框的"范围"默认的选项是"工作簿",表示定义的名称可以在整个工作簿中的任意一张工作表中使用,也可以将定义的名称应用范围选择仅仅在某一张工作表中使用,最后点击确定按钮,完成名称设置,如图 3-31 所示。

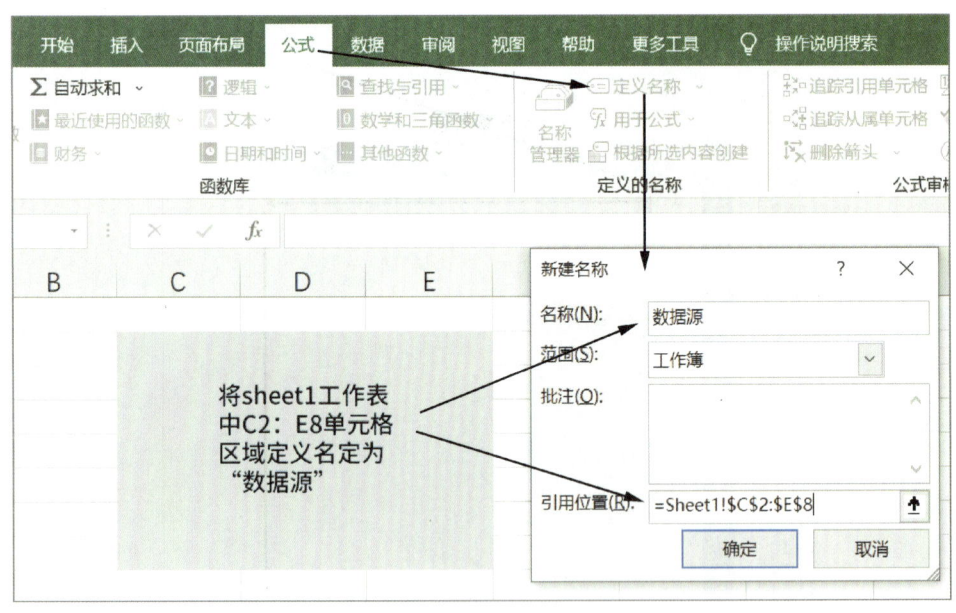

图 3-31 利用"定义名称"选项设置名称

批量快速定义名称的方法按以下步骤操作:

(1)拖动鼠标,选中要定义名称的区域。

(2)鼠标依次点击【公式】→【根据所选内容创建】。

（3）在弹出的对话框中，可以将选中区域的首行、最左列、末行或者最右列的单元格内容设置为名称。

3. 给常量定义名称

在 Excel 中不仅可以为单元格或单元格区域定义名称，也可以为常量定义名称。如果需要在工作表里的公式中经常使用 6% 税率，则可以将 6% 定义为一个比作"税率"的名称，定义的"税率"名称就代表 6%，可以在工作表中反复使用。

具体操作是在弹出的"新建名称"对话框的"名称"框中输入"税率"，"引用位置"框中输入公式"= 0.06"，点击确定按钮，完成名称设置，如图 3-32 所示。

图 3-32　给常量定义名称

4. 名称的管理和调用

名称的管理可以通过选择【公式】→【名称管理器】，调出如图 3-33 所示的"名称管理器"选项框，在框内出现了刚刚新命名的两个名称。通过"名称管理器"选项框，既可以新建名称，又可以对名称进行编辑或删除的操作。

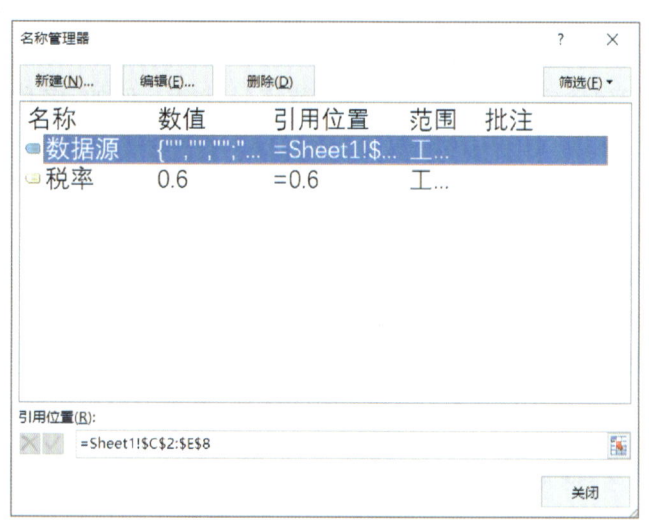

图 3-33　"名称管理器"选项

名称的调用可以直接在单元格中输入该名称，或者按 F3 快捷键。比如 C1 单元格需要用 B1 单元格的数字乘以已定义好的名称"税率"，如图 3-34 所示，则可以在 C1 单元格录入"= B1 *"后，接着输入"税率"，按回车即可。

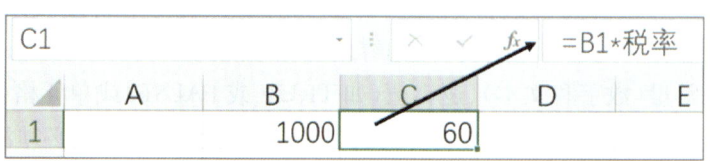

图 3-34　输入名称

另外，在 C1 单元格录入"= B1 *"后，接着按 F3 键可以调出"粘贴名称"对话框，在已定义的名称中，选中"税率"，按确定即可，如图 3-35 所示。

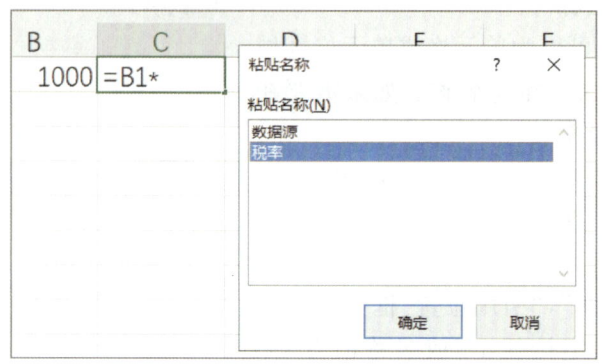

图 3-35　F3 键粘贴名称

5. 定义名称的规则

（1）名称字符不能超过 255 个字符。一般情况下，名称应该便于记忆且尽量简短，否则就违背了定义名称的初衷。

（2）名称可以是任意字符与数字组合在一起，但不能以数字开头，不能以数字作为名称，名称不能与单元格地址相同。如果要以数字开头，可在前面加下划线，如"_8xbct"。

（3）名称中不能包含空格，可以用下划线或点号代替。例如，名称不能是"中国　上海"，但可以用"中国_上海"或"中国.上海"。

（4）不能使用除下划线和点号以外的其他符号，另外，反斜线（/）和问号（?）也可以使用，但不能作为名称的开头，如"name?"可以，但"? name"就不可以。

（5）定义的名称中含有英文字母，在调用时可以不区分大小写。

（6）名称不能和 Excel 中默认的单元格或单元格区域的名称相同。

（7）同一工作簿中定义的名称不能相同。

总之，建议使用简单易记的名称，遇到无效的名称，系统会给出错误提示。

三、函数应用基础知识

Excel 函数是预先设置的，可以执行计算、分析等处理数据任务的特殊公式。

1. 函数的语法格式

每个函数都包含 3 个部分：函数名称、参数和小括号。以常用的求平均数的函数 AVERAGE 为例，它的语法为：

AVERAGE(number1,number2,…)

其中："AVERAGE"称为函数名称，一个函数只有唯一的一个名称，它决定了函数的功能和用途。函数名称后是括号，括号内的内容用逗号分隔的"number1,number2,…"称为参数。参数可以是常量（数字和文本）、逻辑值（如 TRUE 或 FALSE）或单元格引用地址和范围（如 E1:H1）等，甚至可以是另一个或几个函数等。参数的类型和位置必须满足函数语法的要求，否则将返回错误信息。比如：

地址：如 AVERAGE(B1,C3)即要计算 B1 单元格的值和 C3 单元格的值的平均数。

范围：如 AVERAGE(A1:A4)即要对 A1:A4 区域范围的值计算平均数。

函数：如 SQRT(AVERAGE(B1:B4))即先对 B1:B4 区域范围的值计算平均数后,再计算开平方根的值。

在使用函数中,括号里的参数部分出现"[ ]"时,则"[ ]"里的参数是可选项。比如计算终值的函数 FV,语法格式为：

FV(rate,nper,pmt,[pv],[type])

"[ ]"内的"pv"和"type"为可选项,根据函数执行任务的需要进行选择。

2. Excel 中函数的种类

Excel 函数一共有 11 类 300 余个函数,11 类函数分别是数据库函数、日期与时间函数、工程函数、财务函数、信息函数、逻辑函数、查询和引用函数、数学和三角函数、统计函数、文本函数及用户自定义函数。

当单击编辑栏"fx"可以进入选择函数类别窗口,如图 3-36 所示。

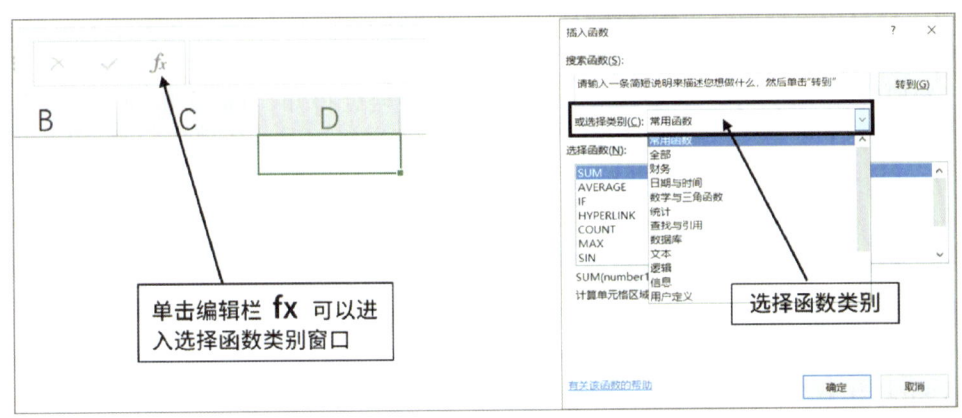

图 3-36 进入选择函数类别窗口

四、决策分析模型中常用的 Excel 函数

1. 常用的财务函数

Excel 的函数有 300 余个,其中财务函数共有 40 多个。下面介绍常用的 6 个财务函数：FV、PV、PMT、NPV、IRR 和 RATE。

1) FV 函数

语法：FV(rate,nper,pmt,[pv],[type])

FV 函数可以计算复利终值和年金终值。

例如：

已知现金求终值：已知当前银行利率为 5%,现在存入 10 000 元,两年后能够取出多少钱?

在 Excel 单元格中录入" = FV(5%,2,,-10000)"即可。

已知年金求终值：已知当前银行利率 5%,两年中每年年末都向银行存入 10 000 元,两年后可能得到多少钱?

在 Excel 单元格中录入"=FV(5%,2,-10000)"即可。

2) PV 函数

语法:PV(rate,nper,pmt,[fv],[type])

PV 函数可以计算复利现值和年金现值。

例如:

已知终值求现值:已知当前银行利率为 5%,两年后想取得 10 000 元,当前需要存入多少钱?

在 Excel 单元格中录入"=PV(5%,2,,10000)"即可。

已知年金求现值:已知当前银行利率为 5%,两年中每年年末想从银行获得 10 000 元,当前需要存入多少钱?

在 Excel 单元格中录入"=PV(5%,2,10000)"即可。

3) PMT 函数

语法:PMT(rate, nper, pv, [fv], [type])

PMT 函数可以根据已知年金现值或终值计算年金。

例如:

已知现值求年金:小王准备购买一套住房,到售楼处得知,目前房价为 1 万元每平方米,贷款利率为 5%,首付三成。按照购买 100 平方米的房子来计算,小王想知道如果贷款 20 年,月供是多少?

在 Excel 单元格中录入"=PMT(5%/12,12*20,10000*100*0.7)"即可。

已知终值求年金:张先生打算在 8 年后准备 100 万元为女儿出国备用,已知当前银行利率为 5%,请问张先生在 5 年内每年年末存入多少钱?

在 Excel 单元格中录入"=PMT(5%,8,,100)"即可。

4) NPV 函数

语法:NPV(rate,value1,[value2],…)

NPV 函数是使用贴现率和一系列未来现金流入和流出值计算净现值。

例如:一处商业地产,能够在每年年底获得稳定且不断增长的租金收益,第一年获得 8,500 元的租金收入,从第二年到第五年每年按 7% 的增长率增长 4 年,如果贴现率是 12%,对该商业地产进行估值,请问价值是多少?

在 Excel 单元格中录入"=NPV(12%,第 1 年租金,第 2 年租金,…,第 5 年租金)"即可。

5) IRR 函数

语法:IRR(values,[guess])

IRR 是内部收益率,也叫内含报酬率,是指能够使未来现金流入量现值等于未来现金流出量现值的折现率,或者说是使投资项目净现值为零的折现率。应用 IRR 函数可以对一系列现金流入和流出值快速计算内部收益率。

例如:有一只偿还期是 5 年的债券,面值为 100 元,票面利率 8%,每年支付一次利息。如果债券的售价是 120 元,则投资此债券的内部收益率是多少?

在 Excel 单元格区域 A1:F1 中分别录入"-120,8,8,8,8,108",然后在单元格 G1 中输入公式"=IRR(A1:F1)",可以计算该债券的内部收益率为 4%。

6）RATE 函数

语法：RATE(nper，pmt，pv，[fv]，[type]，[guess])

RATE 可以根据未来的现金流量计算投资报酬率

例如：有一只偿还期是 5 年的债券，面值为 100 元，票面利率为 8%，每年支付一次利息。如果债券的售价是 120 元，则此债券到期收益率是多少？

在 Excel 单元格中录入"=RATE(5,100*8%，-120,100)"即可。

提示

上述财务函数的实操演示详见视频文件"3-10 财务函数实操演示"。

2. IF/IFERROR 函数

1）IF 函数

语法：IF(logical_test，[value_if_true]，[value_if_false])

即：IF(判断条件，符合条件的结果，不符合条件的结果)

说明：如果指定条件的计算结果为 true，IF 函数将返回某个值；如果该条件的计算结果为 false，则返回另一个值。例如，如果 A1 大于 10，公式"=IF(A1>10,"大于 10","不大于 10")"将返回"大于 10"，如果 A1 小于等于 10，则返回"不大于 10"。

例如，在图 3-37 的表格中，根据 C 列销售额的金额，如果大于 200 万元在业绩评价所在的 D 列返回"优秀"，否则返回"一般"，可以在 D2 单元格输入公式"=IF(C2>200,"优秀","一般")"，然后选中 D2 单元格向下拖动鼠标填充复制公式。

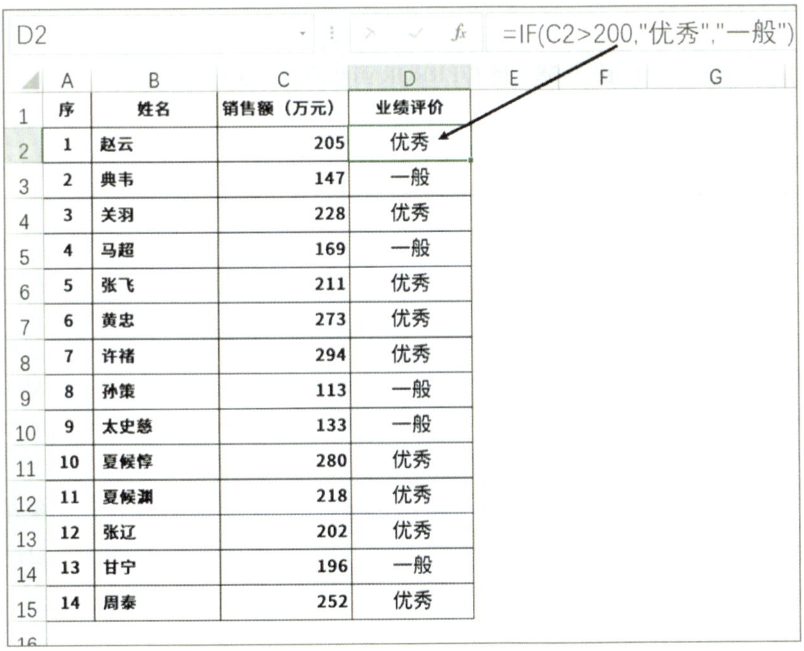

序	姓名	销售额（万元）	业绩评价
1	赵云	205	优秀
2	典韦	147	一般
3	关羽	228	优秀
4	马超	169	一般
5	张飞	211	优秀
6	黄忠	273	优秀
7	许褚	294	优秀
8	孙策	113	一般
9	太史慈	133	一般
10	夏候惇	280	优秀
11	夏候渊	218	优秀
12	张辽	202	优秀
13	甘宁	196	一般
14	周泰	252	优秀

图 3-37　用 IF 函数进行业绩评价

2）IFERROR 函数

语法：IFERROR(value，value_if_error)

即：IFERROR(指定的公式，如果公式为错值时返回指定值)

说明：如果公式的计算结果为错误，则返回指定的值；否则返回公式的结果。计算得到的错误类型有 #N/A，#VALUE!，#REF!，#DIV/0!，#NUM!，#NAME? 或 #NULL!。

例如，图 3-38 是计算销售人员 1 月份销售计划完成率的，但由于李四在 1 月中旬才入职，没有设定计划值，但有实际值，如果在 Excel 表中直接用实际值除以计划值，李四的计划完成率就会显示错误符号“#DIV/0!”，这时可以用 IFERROR 解决这个问题。

销售员	1月份计划	1月份实际	计划完成率	
张三	1,500,000.00	2,000,000.00	133.33%	
李四	-	500,000.00		=IFERROR(D4/C4,"")
王五	3,100,000.00	3,000,000.00	96.77%	

销售员	1月份计划	1月份实际	完成百分比	
张三	1,500,000.00	2,000,000.00	133.33%	
李四	-	500,000.00	#DIV/0!	=D9/C9
王五	3,100,000.00	3,000,000.00	96.77%	

图 3-38 用 IFERROR 函数消除错误符号

3. ROUND/ROUNDDOWN/ROUNDUP 函数

1) ROUND 函数

语法：ROUND(number, num_digits)

即：ROUND(指定数，四舍五入为指定的位数)

说明：ROUND 函数可将某个数字四舍五入为指定的位数。

例如，如果单元格 A1 含有 23.782 5 并且希望将该数字四舍五入为小数点后两位，则可以使用以下公式“=ROUND(A1,2)”，此函数的结果为 23.78。

2) ROUNDDOWN/ROUNDUP 函数

语法与 ROUND 一样，不同的是一个是向下舍入，一个是向上舍入。如果单元格 A2 含有 85.625，则使用公式“=ROUNDDOWN(A1,2)”，此函数的结果为 85.62；如果单元格 A3 含有 32.622，则使用公式“=ROUNDUP(A1,2)”，此函数的结果为 32.63。

4. SUMIF/SUMIFS 函数

1) SUMIF 函数

语法：SUMIF(range, criteria, [sum_range])

即：SUMIF(判断区域，判断条件，对应的汇总域)

说明：使用 SUMIF 函数可以对区域中符合指定条件的值求和。

例如，根据图 3-39 中所列的销售明细表，分别以"产品""销售员""月份"计算销售额的合计金额：在 H3 单元格输入公式"＝SUMIF($C$3:$C$20,G3,$E$3:$E$20)"，然后填充复制到 H4 单元格；在 H6 单元格输入公式"＝SUMIF($B$3:$B$20,G6,$E$3:$E$20)"，然后填充复制到 H8 单元格；在 H10 单元格输入公式"＝SUMIF($D$3:$D$20,G10,$E$3:$E$20)"，然后填充复制到 H12 单元格。

	A	B	C	D	E	F	G	H
1								
2		销售员	产品	月份	销售额			销售额合计
3		张三	A	1月	2,000,000.00		A	16,500,000.00
4		李四	A	1月	500,000.00		B	11,150,000.00
5		王五	A	1月	3,000,000.00			
6		张三	B	1月	1,600,000.00		张三	10,000,000.00
7		李四	B	1月	300,000.00		李四	2,350,000.00
8		王五	B	1月	900,000.00		王五	15,300,000.00
9		张三	A	2月	2,000,000.00			
10		李四	A	2月	500,000.00		1月	8,300,000.00
11		王五	A	2月	3,000,000.00		2月	9,550,000.00
12		张三	B	2月	800,000.00		3月	9,800,000.00
13		李四	B	2月	250,000.00			
14		王五	B	2月	3,000,000.00			
15		张三	A	3月	2,000,000.00			
16		李四	A	3月	500,000.00			
17		王五	A	3月	3,000,000.00			
18		张三	B	3月	1,600,000.00			
19		李四	B	3月	300,000.00			
20		王五	B	3月	2,400,000.00			

图 3-39　用 SUMIF 函数进行销售额合计

2）SUMIFS 函数

语法：

SUMIFS(sum_range,criteria_range1,criteria1,[riteria_range2,criteria2],…)

即：SUMIFS(汇总区域,条件区域 1,条件 1,[条件区域 2,条件 2],…)

说明：SUMIFS 函数的功能十分强大，可以用来多条件求和。

例如，根据图 3-40 中所列的销售明细表，可以同时以"产品""销售员""月份"多条件计算销售额的合计金额。

在 H5 单元格输入公式"＝SUMIFS(E3:E20,C3:C20,H2,B3:B20,H3,D3:D20,H4)"，在 H5 单元格返回"2 月份李四销售 A 产品的合计金额 500 000 元"。

5. SUMPRODUCT/SUBTOTAL 函数

1）SUMPRODUCT 函数

语法：SUMPRODUCT(array1,[array2],[array3],…)

即：SUMPRODUCT(区域 1,[区域 2],[区域 3],…)

	A	B	C	D	E	F	G	H
1								
2	销售员	产品	月份	销售额		产品	A	
3	张三	A	1月	2,000,000.00		销售员	李四	
4	李四	A	1月	500,000.00		月份	2月	
5	王五	A	1月	3,000,000.00		销售额合计		500,000.00
6	张三	B	1月	1,600,000.00				
7	李四	B	1月	300,000.00				
8	王五	B	1月	900,000.00				
9	张三	A	2月	2,000,000.00				
10	李四	A	2月	500,000.00				
11	王五	A	2月	3,000,000.00				
12	张三	B	2月	800,000.00				
13	李四	B	2月	250,000.00				
14	王五	B	2月	3,000,000.00				
15	张三	A	3月	2,000,000.00				
16	李四	A	3月	500,000.00				
17	王五	A	3月	3,000,000.00				
18	张三	B	3月	1,600,000.00				
19	李四	B	3月	300,000.00				
20	王五	B	3月	2,400,000.00				

H5 =SUMIFS(E3:E20,C3:C20,H2,B3:B20,H3,D3:D20,H4)

图 3-40　SUMIFS 函数多条件求和

说明：函数是在给定的几组数组中，将数组间对应的元素相乘，并返回乘积之和。要注意的是参与计算的数组参数必须具有相同的维数，否则，函数 SUMPRODUCT 将返回错误值"♯VALUE!"。如果是非数值型的数组元素，函数 SUMPRODUCT 将作为 0 处理。

在图 3-41 所示的工作表中，计算销售金额合计数时，如果用 SUM 函数，首先将每个品种销售量乘以单价得到每个品种的合计金额，再将每个品种的合计金额用 SUM 函数汇总。但如果在 E14 单元格输入公式"=SUMPRODUCT(C2:C11,D2:D11)"将返回全部品种销售额合计数。

	A	B	C	D	E	F
1	序号	品名	销售量	单价(元)	金额(元)	
2	1	M01	42	168.00	7,056.00	
3	2	M02	37	186.00	6,882.00	
4	3	M03	42	161.00	6,762.00	
5	4	M04	41	138.00	5,658.00	
6	5	M05	30	179.00	5,370.00	
7	6	M06	31	190.00	5,890.00	
8	7	M07	39	172.00	6,708.00	
9	8	M08	30	118.00	3,540.00	
10	9	M09	22	159.00	3,498.00	
11	10	M10	40	129.00	5,160.00	
12	合计				56,524.00	=SUM(E2:E11)
13						
14					56,524.00	=SUMPRODUCT(C2:C11,D2:D11)
15						

图 3-41　SUMPRODUCT 函数计算汇总数

2) SUBTOTAL 函数

语法：SUBTOTAL(function_num,ref1,[ref2],…)

即：SUBTOTAL(功能参数,需要计算的区域)

说明：SUBTOTAL 函数可以返回列表或数据库中的分类计算。其中功能参数为 1~11，常用的为 1 和 9 分别代表平均数、最大值、最小值和分类求和等，主要配合用于数据表的筛选功能，对筛选显示出的项目进行相应的计算。

例如，图 3-42 是项目按日期记录的金额明细表，在 D18 单元格输入公式"=SUBTOTAL(9,D3:D16)"可以对筛选显示出的项目 2 进行金额汇总计算。

图 3-42　SUBTOTAL 函数对筛选项目汇总计算

6. LEFT/RIGHT/MID 函数

1) LEFT 函数

语法：LEFT(text,[num_chars])

即：LEFT(目标字符串,从左边开始选取需要的字符数)

2) RIGHT 函数

语法：RIGHT(text,[num_chars])

即：RIGHT(目标字符串,从右边开始选取需要的字符数)

3) MID 函数

语法：MID(text, start_num, num_chars)

即：MID(目标字符串,开始选取字符的位置数,需要选取的字符数)

说明：LEFT、MID 和 RIGHT 函数都是返回文本字符串中从指定位置开始的特定数目的字符，所不同的是指定位置的不同。

例如，从 B2 单元格的字符"四川省成都市"中提取"四川省""成都市""成都"字符，分别放置到 C2、C3 和 C4 单元格，可以在 C2 单元格输入公式"=LEFT(B2,3)"，C3 单元格输入公式"=RIGHT(B2,3)"，C4 单元格输入公式"=MID(B2,4,2)"，如图 3-43所示。

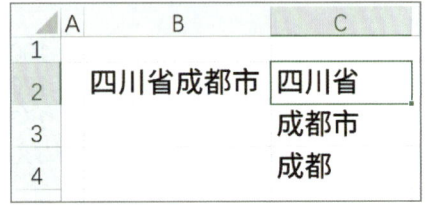

图 3-43　选取目标字符串

7. TEXT/VALUE 函数

1）TEXT 函数

语法：TEXT(value，format_text)

即：TEXT(数值,转换为文本的格式)

说明：TEXT 函数可将数值转换为文本,并可使用户通过使用特殊格式字符串来指定显示格式。

例如,假设单元格 A1 含有数字 23.5。若要将数字格式设置为人民币金额,可以使用以下公式“=TEXT(A1,"人民币 0.00 元")”,Excel 会显示“人民币 23.50 元”。如果需要设置数字格式并将其与其他文本合并,使用 TEXT 函数是最佳选择,例如,C1 单元格是文本“每小时”,则公式“=TEXT(A1,"人民币 0.00 元")& C1”,Excel 会显示“人民币 23.50 元每小时”。

TEXT 函数还可根据身份证号提取出生日期,并返回指定格式。如图 3-44 所示,从 C 列“身份证号”提取“出生日期”至 D 列,显示格式为“00-00-00”,可以在 D2 单元格输入公式“=TEXT(MID(C2,7,8),"00-00-00")”,然后鼠标向下拖动填充复制公式到相应位置。

D2 =TEXT(MID(C2,7,8),"00-00-00")

	A	B	C	D
1	序号	姓名	身份证号	出生日期
2	1	刘二	230402196508214101	1965-08-21
3	2	张五	230402197301251234	1973-01-25
4	3	钱东	230402198506031019	1985-06-03
5	4	赵南	230402199004110514	1990-04-11
6	5	汪西	230402198111122034	1981-11-12
7	6	李北	230402196906213528	1969-06-21

图 3-44 从身份证号提取出生日期

2）VALUE 函数

语法：VALUE(text)

即：VALUE(需要转换文本的单元格)

说明：VALUE 函数将代表数字的文本字符串转换成数字。文本字符串可以是 Excel 中可识别的常数、日期或时间格式。如果不为这些格式,则返回错误值“#VALUE!”。

例如,图 3-45 所示工作表的 B2:B4 数据是文本型字符,在 B5 单元格用 SUM 函数汇总结果是“0”,通过 VALUE 函数在 D2:D4 区域转换后数字后,在 D5 单元格用 SUM 函数汇总正确结果“370”。

	A	B	C	D
1				
2		100		100
3		120		120
4		150		150
5		0		370

	A	B	C	D
1				
2		100		=VALUE(B2)
3		120		=VALUE(B3)
4		150		=VALUE(B4)
5		=SUM(B2:B4)		=SUM(D2:D4)

图 3-45 VALUE 函数将文本数据转为数字

8. COUNT/COUNTA/COUNTIF/COUNTIFS 函数

1) COUNT/COUNTA 函数

语法：COUNT(value1，[value2]，…)

即：COUNT(单元格区域 1,[单元格区域 2],…)

说明：COUNT 函数计算包含数字的单元格以及参数列表中数字的个数。使用函数 COUNT 可以获取区域或数字数组中数字字段的输入项的个数。

例如，输入公式"=COUNT(A1:A20)"可以计算区域 A1:A20 中数字的个数，如果该区域中有 5 个单元格包含数字，则结果为 5。

另外，COUNTA 函数与 COUNT 函数的用法是一样的，区别是其计算包含数字和字符的单元格以及参数列表中数字和字符的个数，而 COUNT 函数仅仅计算包含数字的单元格个数。

2) COUNTIF 函数

语法：COUNTIF(range，criteria)

即：COUNTIF(查找区域,判断条件)

说明：COUNTIF 函数对区域内满足单个指定条件的单元格进行计数。例如，可以对区域 A1:A20 中数字中大于 100 的所有单元格进行计数，输入"=COUNTIF(A1:A20,">100")"，如果该区域中有两个单元格数字大于 100，则结果为 2。

例如，图 3-46 所示工作表的 A1:A10 区域的 10 个单元格，分别用 COUNT 函数、COUNTA 函数和 COUNTIF 函数进行计数，结果为：含有数字字符的单元格有 5 个，含有非空字符的单元格有 7 个，数字大于 100 的单元格有 2 个。

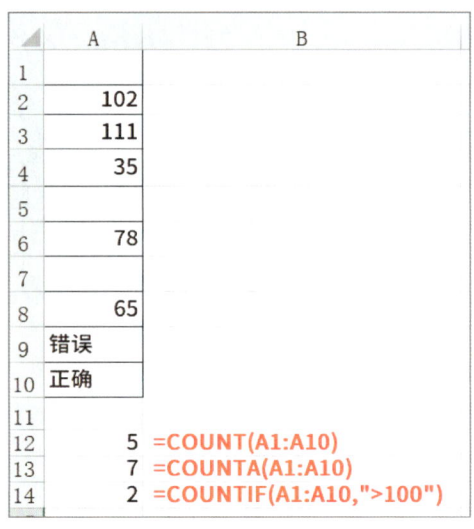

图 3-46　单元格区域计数

3) COUNTIFS 函数

语法：COUNTIFS（criteria_range1，criteria1，[criteria_range2，criteria2]…)

即：COUNTIFS(区域 1,判断条件 1,[区域 2,判断条件 2]…)

说明：将条件应用于跨多个区域的单元格，并计算符合所有条件的次数。

例如，在图 3-47 所示的表中，可以用 COUNTIFS 函数计算英语科目和计算机科目超过 80 分的人数，在 F17 单元格输入公式"=COUNTIFS(D5:D15,">80",G5:G15,">80")"，计算结果为 3。

在图 3-48 所示的表中，单元格区域 A1:C21 有 20 个人的名字和年龄，现在要求在 E1:F5 单元格区域统计不同年龄段的人数，可以利用 COUNTIFS 函数多条件计数。

比如，统计"年龄分段"在"20-30"区间的人数时，可以在 F2 单元格输入公式"=COUNTIFS($C$2:$C$21,">=20",$C$2:$C$21,"<=30")"。

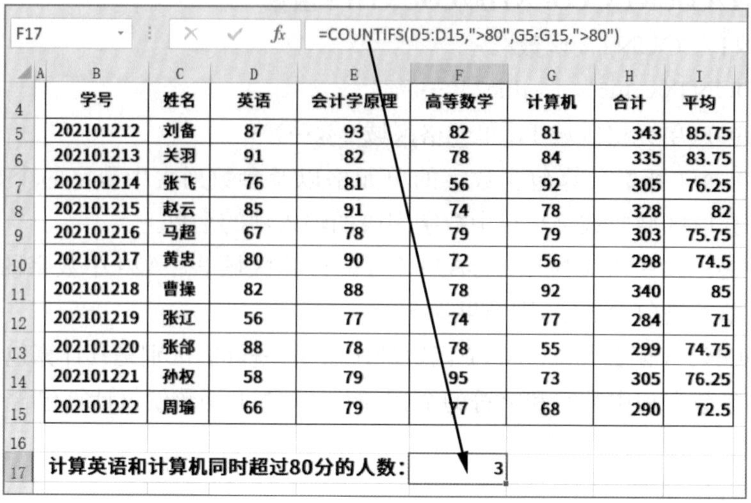

F17 =COUNTIFS(D5:D15,">80",G5:G15,">80")

学号	姓名	英语	会计学原理	高等数学	计算机	合计	平均
202101212	刘备	87	93	82	81	343	85.75
202101213	关羽	91	82	78	84	335	83.75
202101214	张飞	76	81	56	92	305	76.25
202101215	赵云	85	91	74	78	328	82
202101216	马超	67	78	79	79	303	75.75
202101217	黄忠	80	90	72	56	298	74.5
202101218	曹操	82	88	78	92	340	85
202101219	张辽	56	77	74	77	284	71
202101220	张郃	88	78	78	55	299	74.75
202101221	孙权	58	79	95	73	305	76.25
202101222	周瑜	66	79	77	68	290	72.5

计算英语和计算机同时超过80分的人数: 3

图 3-47　利用 COUNTIFS 函数多条件计数

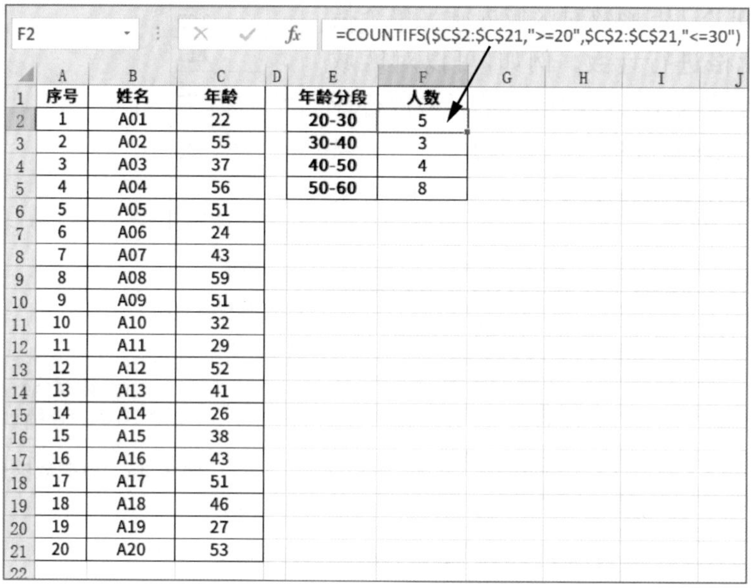

F2 =COUNTIFS($C$2:$C$21,">=20",$C$2:$C$21,"<=30")

序号	姓名	年龄
1	A01	22
2	A02	55
3	A03	37
4	A04	56
5	A05	51
6	A06	24
7	A07	43
8	A08	59
9	A09	51
10	A10	32
11	A11	29
12	A12	52
13	A13	41
14	A14	26
15	A15	38
16	A16	43
17	A17	51
18	A18	46
19	A19	27
20	A20	53

年龄分段	人数
20-30	5
30-40	3
40-50	4
50-60	8

图 3-48　按年龄分段统计人数

9. LEN/LENB 函数

语法：LEN(text)

即：LEN(需要统计的文本)

说明：LEN 函数功能是返回文本字符串中的字符数。

另外，LENB 函数与 LEN 函数的用法是一样的，区别在于 LEN 返回文本字符串中的字符数，而 LENB 返回文本字符串中。

当 LEN/LENB 函数和提取字符串函数 LEFT/RIGHT 组合使用，可以将单元内同时含有全角字符和半角字符的数字(或字母)分别提取出来。如图 3-49 所示的工作表，需要将 A

列单元格显示的城市和区号分别提取到 B 列和 C 列，比如 A1 单元格"北京 010"，提取"北京"到 B1 单元格，提取"010"到 C1 单元格，则可以在：

B1 单元格输入公式"＝LEFT(A1,LENB(A1)－LEN(A1))"

C1 单元格输入公式"＝RIGHT(A1,2＊LEN(A1)－LENB(A1))"

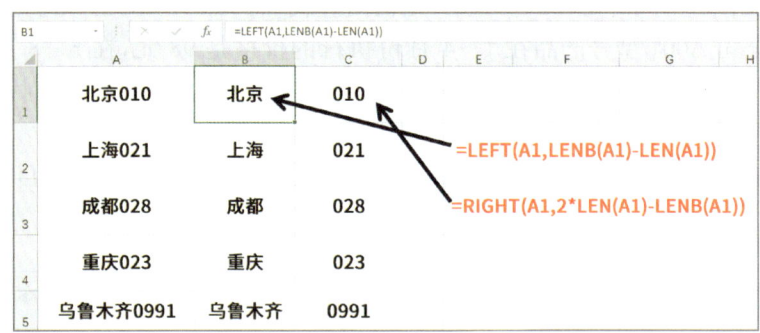

图 3-49　分别提取全角和半角字符

10. VLOOKUP/LOOKUP 函数

1）VLOOKUP 函数

语法：VLOOKUP(lookup_value, table_array, col_index_num, [range_lookup])

即：VLOOKUP(对标值, 含对标值的数据区域, 查找值在区域的列数, [逻辑判断])

说明：利用 VLOOKUP 函数可以将已有的数据表中的特定信息查找和提取出来，可以大大提高工作效率，其中"逻辑判断"参数中选择"False"为精确查找。

例如，如图 3-50 所示，根据员工工号，查询该员工的姓名、部门、职务和联系电话等信息，以查询员工姓名为例。

在单元格 B3 单元格输入公式"＝VLOOKUP(B2,＄D＄2:＄H＄9,2,FALSE)"。

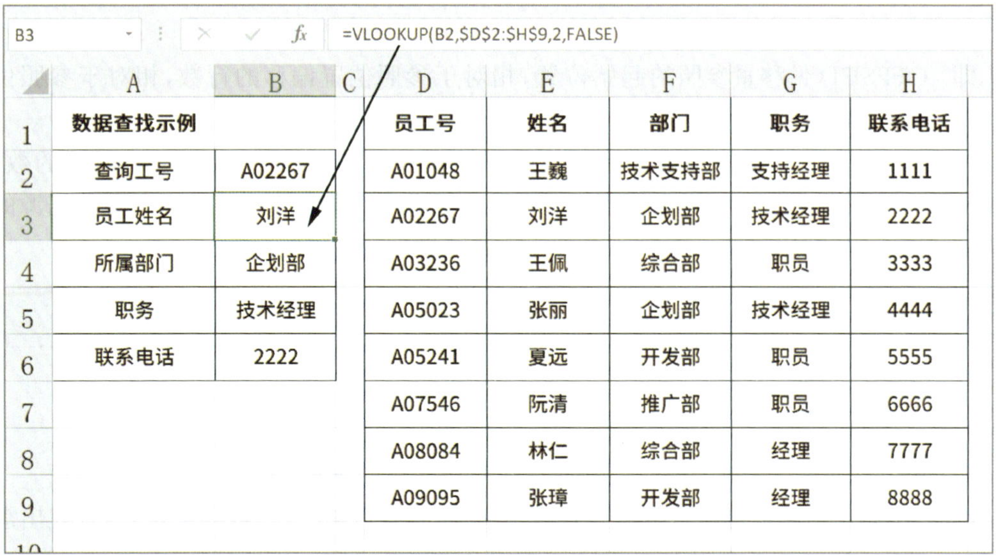

图 3-50　根据工号查询员工信息

2) LOOKUP 函数

语法：LOOKUP(lookup_value，lookup_vector，[result_vector])

即：LOOKUP(对标值，对标值所在行，[查找结果所在行])

说明：LOOKUP 函数与 VLOOKUP 函数功能一样，都是将已有的数据表中的特定信息查找和提取出来，不同的是 VLOOKUP 是横向查找，而 LOOKUP 是纵向查找。

例如，某公司 A001 型号产品在 1—4 月份执行的价格是 98 元，在 5—8 月执行的价格是 105 元，在 9—12 月份执行的价格是 112 元。为了在一年的不同时间随时可以调用对应的价格，可以利用 LOOKUP 函数来实现，如图 3-51 所示。

在 B6 单元格输入公式"＝LOOKUP(A6，＄B＄2：＄D＄2，＄B＄3：＄D＄3)"，然后鼠标向下填充复制即可。

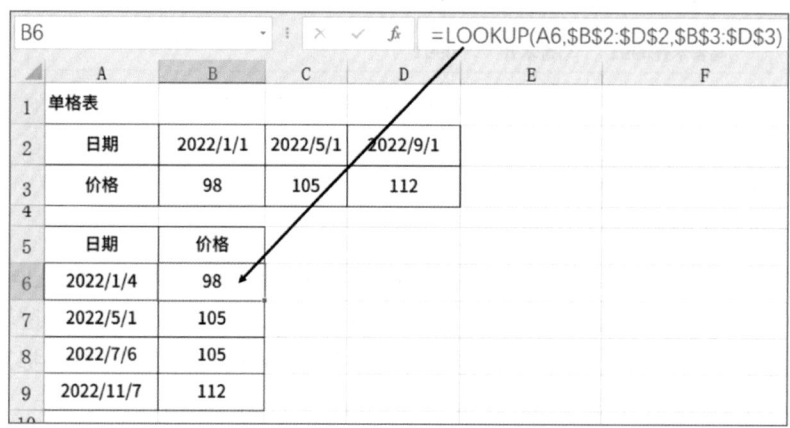

图 3-51　根据日期调用价格

11. OFFSET/INDEX/CHOOSE 函数

1) OFFSET 函数

语法：OFFSET(reference，rows，cols，[height]，[width])

即：OFFSET(偏移量参照的起始位置，相对于参照位置偏移的行数，相对于参照位置偏移的列数，[区域行数]，[区域列数])

说明：OFFSET 函数是一个快速查找引用数据函数，主要用于获取某一区域的数据。如果 OFFSET 函数与 COUNTA 函数组合，可以创建一个动态数据源。当动态数据源的数据增加或减少时，利用该动态数据源进行计算的结果也随之更新。

> 提示
> 上述 OFFSET 函数的实操演示详见视频文件"3-11 OFFSET 函数实操演示"。

2) INDEX 函数

语法：INDEX(array，row_num，[column_num])

即：INDEX(查找区域，对应区域的行数，对应区域的列数)

说明：INDEX 函数可以根据需要查找值所在"查找区域"的行或列的位置，查找出需要的项目。INDEX 函数经常跟 MATCH 函数组合成嵌套函数，可以实现逆向查询功能。

> **提示** INDEX 函数的实操演示详见视频文件"3-12 INDEX 函数实操演示"。

3) CHOOSE 函数

语法：CHOOSE(index_num,value1,[value2],…)

即：CHOOSE(拟选择的参数值序号,参数值1,[参数值2],…)

说明：该函数的功能是在参数列表中选择并返回一个值。简单来说,选取后面参数中的某一个值,比如 CHOOSE(2,100,200,300,400),将返回参数值 200。

> **提示** CHOOSE 函数的实操演示详见视频文件"3-13 CHOOSE 函数实操演示"。

12. DATEDIF 函数

语法：DATEDIF(start_date,end_date,unit)

即：DATEDIF(起始日期,结束日期,"日期单位参数")

说明：DATEDIF 函数是 Excel 隐藏函数,在帮助和插入公式里面没有。返回两个日期之间的年/月/日间隔数,常使用 DATEDIF 函数计算两日期之差。其中"日期单位参数"为 y、m 或 d,分别计算两个日期之间的年、月或日的间隔数。

图 3-52 所示的 A 单元格为日期"2018/1/1",B 单元格为日期"2022/12/1",应用 DATEDIF 函数可以快速计算这两个日期间隔的年数、月数和天数。具体在 B3:B5 单元格录入相应的公式：

计算间隔年数：B3 单元格输入公式"=DATEDIF($A$1,$B$1,"y")"；

计算间隔月数：B4 单元格输入公式"=DATEDIF($A$1,$B$1,"m")"；

计算间隔天数：B5 单元格输入公式"=DATEDIF($A$1,$B$1,"d")"。

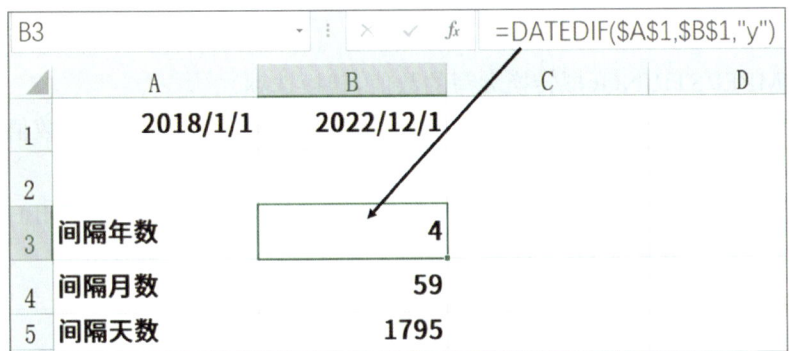

图 3-52　计算两个日期之间的年/月/日间隔数

13. RANK 函数

语法：RANK(number,ref,[order])

即：RANK(参与排名的数值,排名的数值区域,[升降序选项参考])

说明：求某一个数值在某一区域内一组数值中的排名。其中：order——有 1 和 0 两种。0——从大到小排名(降序),1——从小到大排名(升序)。0 默认不用输入,得到的就是从大到小的排名。

如图3-53所示，在D列对销售额由高到低进行业绩排名。

在D2单元格输入公式"＝RANK(C2，＄C＄2:＄C＄15)"，然后鼠标向下填充复制即可。

序号	销售员	销售额（万元）	业绩排名
1	赵云	205	8
2	典韦	147	12
3	关羽	228	5
4	马超	169	11
5	张飞	211	7
6	黄忠	273	3
7	许褚	294	1
8	孙策	113	14
9	太史慈	133	13
10	夏候惇	280	2
11	夏候渊	218	6
12	张辽	202	9
13	甘宁	196	10
14	周泰	252	4

图3-53　业绩排名

14. NUMBERSTRING函数

语法：NUMBERSTRING(value，type)

即：NUMBERSTRING(拟转换大写的数值，转换选项)

说明：该函数可以将数值转换为大写。type选项不得省略，可以设置数值1、2、3三种选项，将显示数值的不同大写形式。

如图3-54所示，B3单元格内容为小写数值"1234567890"，现在用NUMBERSTRING函数将其转化为如单元格区域D2:D4所显示的大写形式：

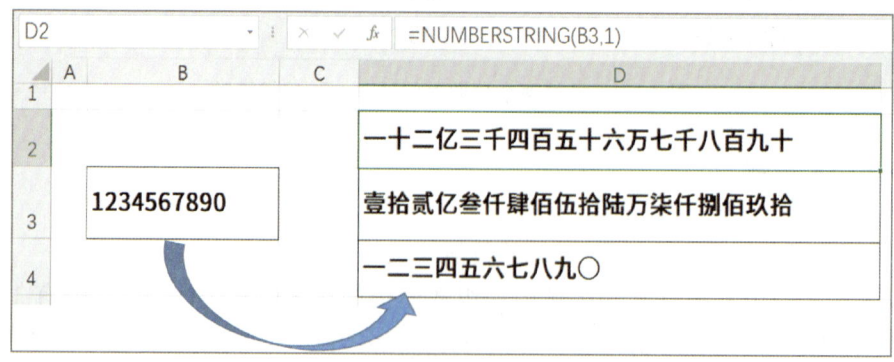

图3-54　小写数值转换为大写的数值

在 D2 单元格输入公式"=NUMBERSTRING(B3,1)";

在 D3 单元格输入公式"=NUMBERSTRING(B3,2)";

在 D4 单元格输入公式"=NUMBERSTRING(B3,3)"。

15. WORKDAY 函数

语法：WORKDAY(start_date,days,[holidays])

即：WORKDAY(开始日期,计划工作的天数,[节假日选项])

说明：该函数返回在某日期(开始日期)之前或之后、与该日期相隔指定工作日的某一日期的日期值。

Days(计划工作的天数)为正值,将生成未来日期；为负值,将生成过去日期。

Holidays([节假日选项])是可选参数。如果选择了一个可选列表,其中包含需要从工作日历中排除的一个或多个日期。

如图 3-55 所示,给定项目计划工作日的天数和开始时间,通过 WORKDAY 函数计算项目结束时间。在 D2 单元格输入公式"=WORKDAY(C2,B2)",向下填充复制即可。

项目名称	计划工作日	开始时间	结束时间
项目1	35	2022/7/1	2022/8/19
项目2	50	2022/9/15	
项目3	60	2022/11/1	
项目4	45	2022/11/15	
项目5	18	2022/12/1	

图 3-55　计算项目结束时间

16. SLN/SYD/VDB 函数(计算固定资产的折旧函数)

1) SLN 函数

语法：SLN(cost,salvage,life)

即：SLN(资产原值,资产残值,资产的使用寿命)

SLN 函数用于计算按直线法(年限平均法)计算固定资产折旧的金额。

2) SYD 函数

语法：SYD(cost,salvage,life,per)

即：SYD(资产原值,资产残值,资产的使用寿命,期数)

SYD 函数用于计算按年数总和法计算固定资产折旧的金额。

参数"期数"是指在"资产使用寿命"期内的某一期,即函数按年数总和法计算该期的折旧的金额。

3) VDB 函数

语法：VDB(cost,salvage,life,start_period,end_period,[factor],[no_switch])

即：VDB(资产原值,资产残值,资产的使用寿命,折旧计算的起始时间,折旧计算的截

止时间,余额递减速率,逻辑判断)

VDB 函数是计算按多倍余额递减法计算固定资产折旧的金额。

当需要计算双倍余额递减法计算固定资产折旧的金额时,函数中的参数"余额递减速率[factor]"和"逻辑判断[no_switch]"可以省略。

下面介绍这三种折旧函数的应用案例。比如某固定资产入账价值 1 000 万元,分别按直线法、年数总和法和双倍余额递减法计算每年的折旧额的对比,如图 3-56 所示。

	A	B	C	D	E	F	G	H	I
1									
2		原始成本(万元)	残值率	残值(万元)	使用年限(年)				
3		1000	3%	30	5				
4									
5		年份		0	1	2	3	4	5	合计
6		直线法			194	194	194	194	194	970
7		年数总和法			323	259	194	129	65	970
8		双倍余额递减法			400	240	144	93	93	970

图 3-56 三种方法计算折旧额的对比

图 3-56 所示的表中计算第 1 年的折旧额 D6、D7 和 D8 单元格中的公式为:

D6 = SLN($B$3,$D$3,$E$3)

D7 = SYD($B$3,$D$3,$E$3,D5)

D8 = VDB($B$3,$D$3,$E$3,C5,D5,2,0)

第 1 年的折旧额计算公式录入后,鼠标向右拖动复制公式到第 5 年,即 H6、H7 和 H8 单元格即可。

将三种折旧方法每年折旧额变化绘制图形进行比较,通过图 3-57 可以直观地看出:

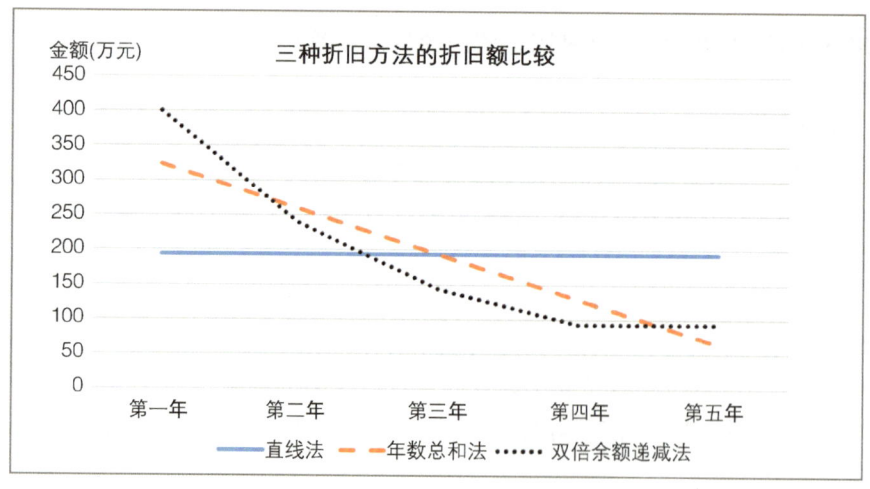

图 3-57 三种折旧方法的折旧额比较

(1)直线法显示一条水平直线,每年折旧额不变。

（2）年数总和法的折旧金额每年呈线性下降，先高后低。

（3）双倍余额递减法的折旧金额也是先高后低，但下降呈非线性变化，而且在折旧期的第一年，折旧金额在三种方法中是高的。

五、单元格返回 8 种错误及解决方法

1. 错误提示"＃＃＃＃＃"

原因：如果单元格所含的数字、日期或时间比单元格宽，或者单元格的日期时间公式产生了一个负值，就会产生"＃＃＃＃＃"错误。

解决方法：如果单元格所含的数字、日期或时间比单元格宽，可以通过拖动列表之间的宽度来修改列宽。

2. 错误提示"＃VALUE！"

原因：在需要数字或逻辑值时输入了文本，Excel 不能将文本转换为正确的数据类型。

解决方法：确认公式或函数所需的运算符或参数正确，并且公式引用的单元格中包含有效的数值。例如，如果单元格 A1 包含一个数字，单元格 A2 包含文本"学籍"，则公式"＝A1＋A2"将返回错误值"＃VALUE！"。

3. 错误提示"＃DIV/0！"

原因：在公式中，除数使用了指向空单元格或包含零值单元格的单元格引用（在 Excel 中，如果运算对象是空白单元格，Excel 将此空值当作零值）。

解决方法：修改单元格引用，或者在用作除数的单元格中输入不为零的值。

4. 错误提示"＃NAME？"

原因：在公式中使用了 Excel 不能识别的文本时或在公式中输入文本时没有使用双引号，产生错误值"＃NAME？"。

解决方法：将公式中的文本括在双引号中。

5. 错误提示"＃N/A"

原因：当在函数或公式中没有可用数值时，将产生错误值"＃N/A"。

解决方法：可以用 IFERROR 函数将其消除。

6. 错误提示"＃REF！"

原因：删除了由其他公式引用的单元格，或将移动单元格粘贴到由其他公式引用的单元格中。

解决方法：重新设置新的引用。

7. 错误提示"＃NUM！"

原因：在需要数字参数的函数中使用了不能接受的参数。

解决方法：确认函数中使用的参数类型正确无误。

8. 错误提示"＃NULL！"

原因：使用了不正确的区域运算符或不正确的单元格引用。

解决方法：使用正确的区域运算符或正确的单元格引用。

> **提示**
>
> 上述实操演示详见视频文件"3-14 单元格返回 8 种错误及解决方法"。

第三节　图表应用技术

一、Excel 图表类型介绍

1. Excel 中的图表类型

一图胜千言，有时我们将数据分析的结果用图表来表达，不仅清楚、易于理解、有说服力，而且有很好的视觉效果，使枯燥的数据变得生动和形象。

Excel 内建了多达 70 余种的图表样式，只要选择适合的样式，马上就能制作出一张具有专业水平的图表。

在 Excel 中用鼠标点击"插入"选项卡，在相应的功能区就可以看到图表区域，如图 3-58 所示。

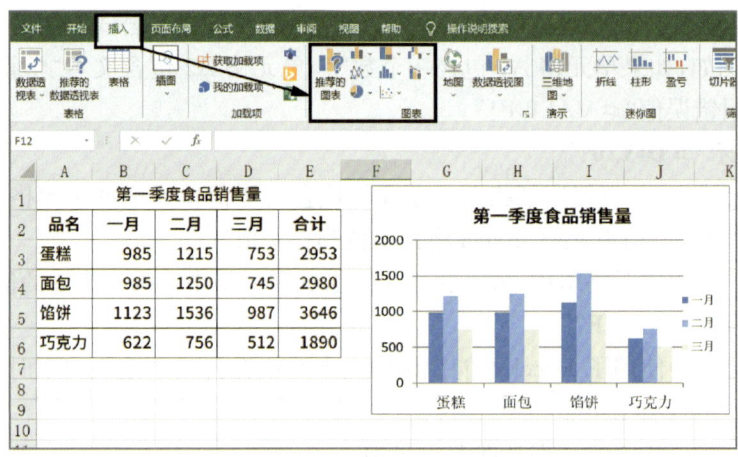

图 3-58　观察图表的类型

鼠标点击绘图功能区向下的小箭头，可以打开"插入图表"窗口，可以看到可供选择的共有 17 类图表，每类图表又有不同的可供选择的样式，如图 3-59 所示。

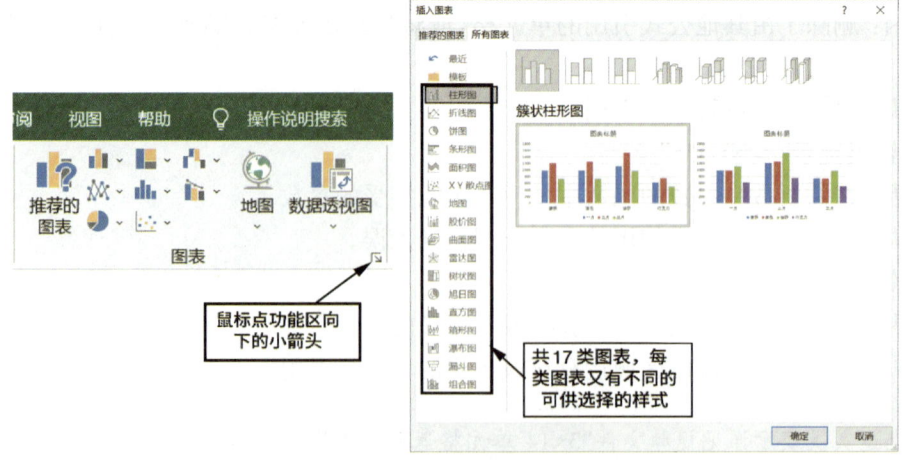

图 3-59　可供选择的图表

2. 认识图表的组成元素

Excel 中的图表由许多元素所组成,包括图表区、图表标题、绘图区、网络线、坐标轴等。不同的图表类型的组成元素多少会有些差异,但大部分是相同的。下面我们就来认识这些图表的元素,如图 3-60 所示。

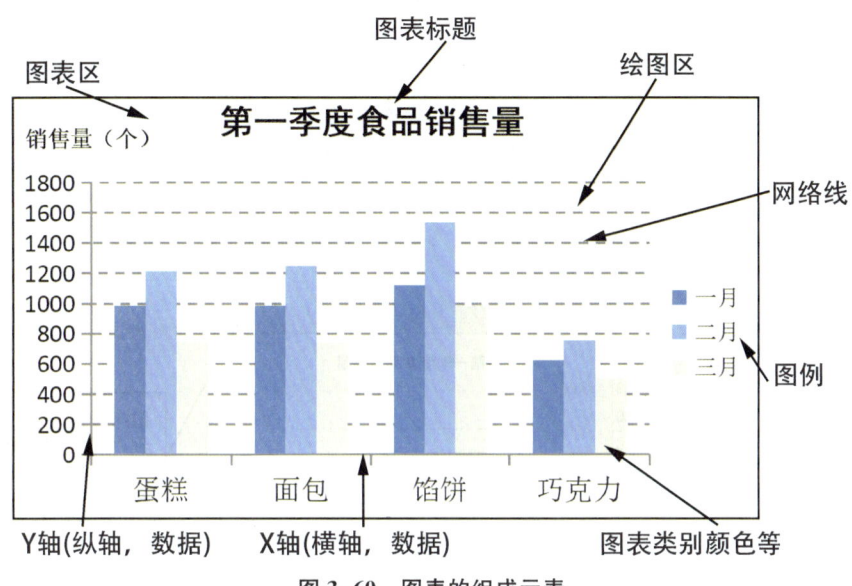

图 3-60　图表的组成元素

图表区：指整个图表及其所涵盖的所有项目。

绘图区：指图表显示的区域,包含图形本身、类别名称、坐标轴等区域。

图例：辨识图表中各组数据系列的说明。图例内还包括图例项标示、图例项目,如图 3-61所示。

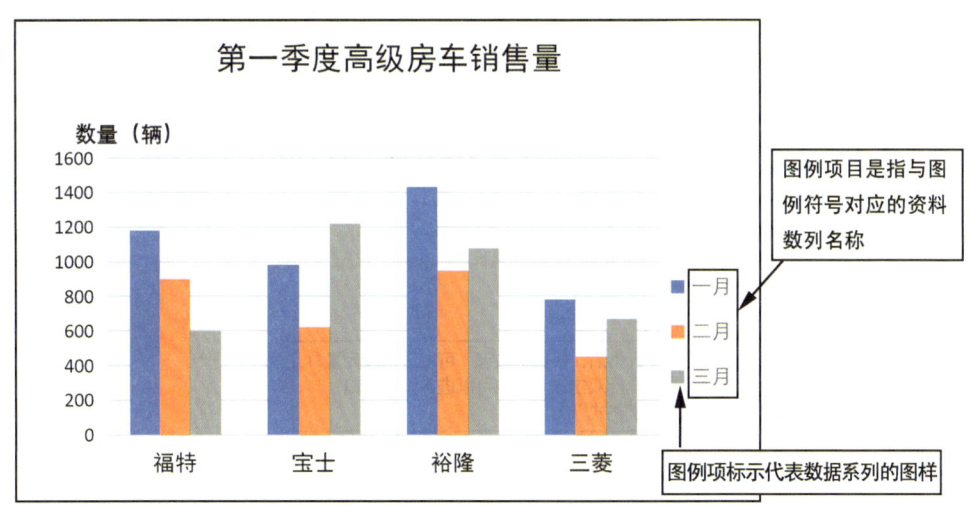

图 3-61　图例项标示和图例项目

坐标轴与网格线：图表通常有两个坐标轴：X 轴和 Y 轴。但并不是每种图表都有坐标轴（如饼图就没有坐标轴）。而由坐标轴的刻度记号向上或向右延伸到整个绘图区的直线便是所谓的网格线。显示网格线比较容易查看图表上数据点的实际数值。

3. 图表元素的设置

鼠标选中图表后，可以看到"图表工具"功能选项卡，可以对图表元素进行设计和格式设置，如图 3-62 所示。

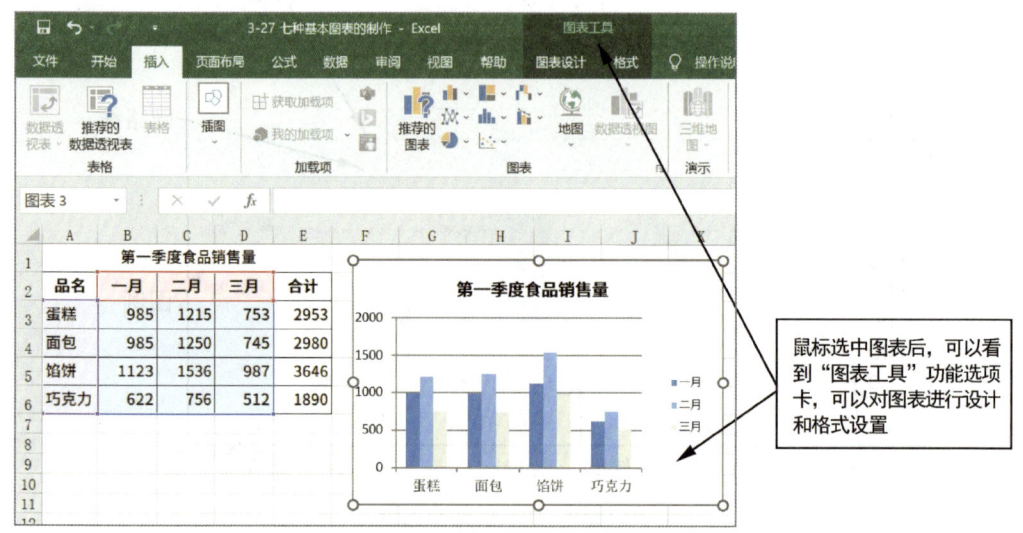

图 3-62 "图表工具"功能选项卡设置图表格式

鼠标选中图表中的某个元素后，按鼠标右键，可以进入该元素具体格式的设计窗口（或在该元素双击鼠标也能进入设计窗口）。图 3-63 为设置图表中的"设置图例格式"窗口。

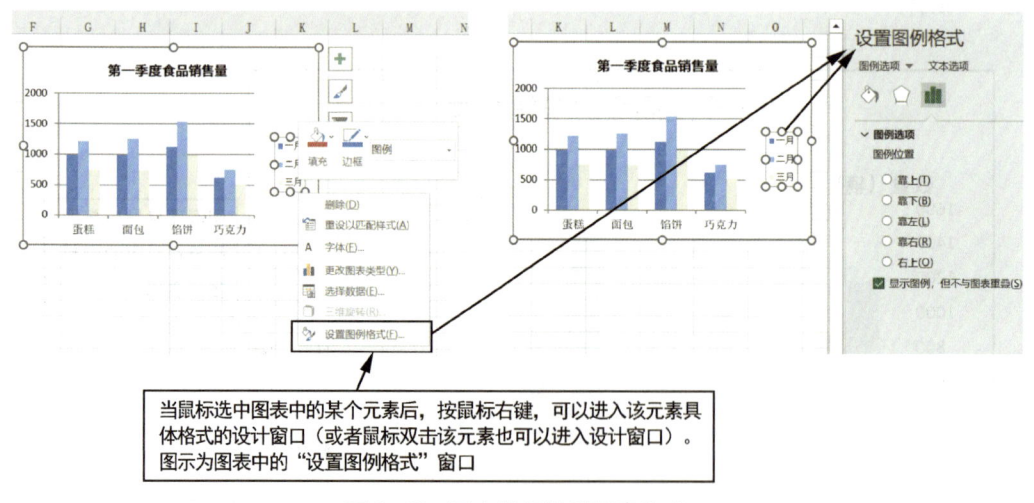

图 3-63 双击鼠标设置图表格式

4. 图表的展示与表达

在数据分析中应用图表时，首先考虑你需要"展示"什么。常见的"展示"有"比较、分布、构成和联系"4 种情况,如图 3-64 所示。

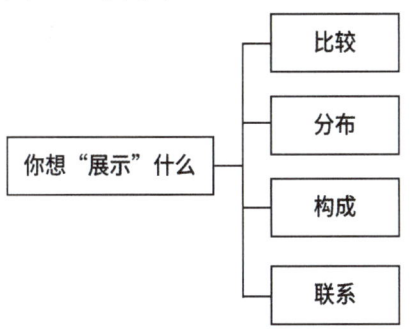

图 3-64　图表展示的四种情况

根据上述 4 种展示需求可以选择适配的图表,如表 3-3 所示。

表 3-3　选择适配的图表

展示需求	表达内容	图表类型
比较	反映数据的发展趋势	折线图
	对象之间直观的对比	柱形图
	对象之间直观的对比	条形图
	对象之间多指标体系比较	雷达图
分布	连续变量(定量变量)的概率分布的估计	直方图
	反映数据的集中程度	正态分布图
	相关数据的分布情况	散点图
构成	反映各组成部分占总体的比例关系	饼图
	分层表达各组成部分的构成	各种堆积图
联系	2 组变量之间的关联	散点图
	3 组变量之间的关联	气泡图

二、常见图表应用和制作

以下介绍 7 种常见的图表类型及制作方法。

1. 柱状图

柱形图是使用最普遍的图表类型,主要通过柱状图形的高低比较对象之间数量的多少。它很适合用来表现一段时间内数量上的变化,或者比较不同项目之间的差异,各种项目放置于水平坐标轴上,而其值则以垂直的长条显示。例如,各类食品在第一季每个月的销售量如图 3-65 所示。

2. 折线图

折线图主要是依靠数据点之间的连接线显示一段时间内的连续数据来展示相关信息,适合用来显示相等间隔(每月、每季、每年等)的资料趋势。例如,反映 1—4 月各种食品的销售趋势,就可以利用折线图来显示,如图 3-66 所示。

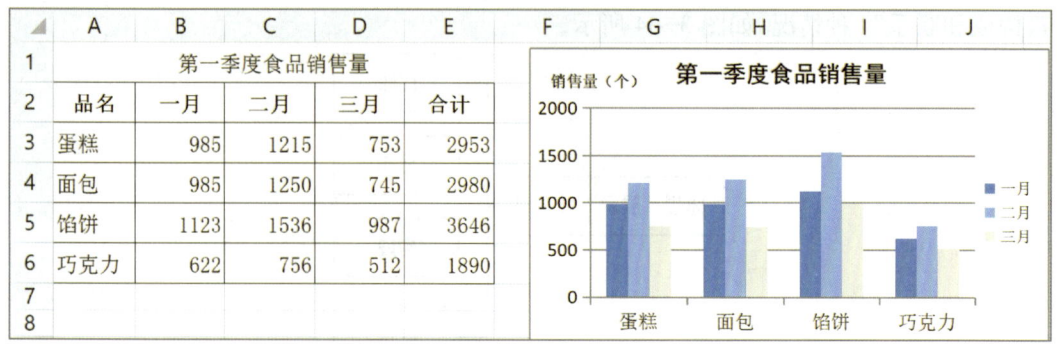

图 3-65 柱状图

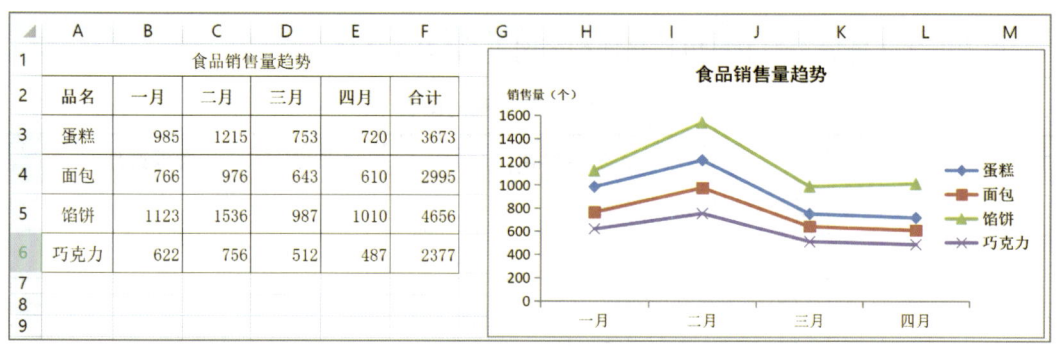

图 3-66 折线图

3. 饼图

饼图通过整个圆形内的各个扇形面积的大小关系来表达各个项目在全体数据中所占的百分比,主要用于构成分析。例如,我们要了解每种食品销售量的构成,就可以使用饼图来表示,如图 3-67 所示。

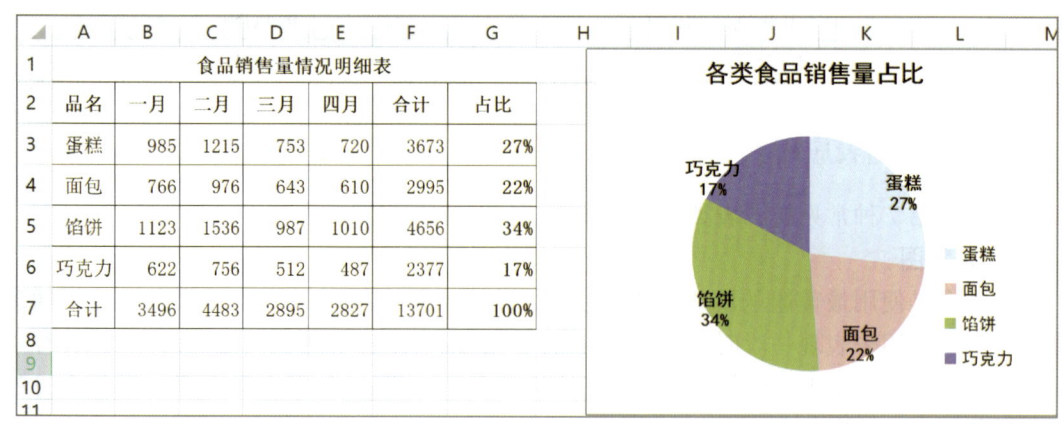

图 3-67 饼图

4. 条形图

条形图从形状上来看是柱形图的转置,它与柱形图表达的信息都是用于数据之间的比较,但条形图主要是强调各项目之间在某个时间总量的比较,不强调具体分段时间。例如,

图 3-68 所示反映的是各种食品 1—4 月的合计销售量。

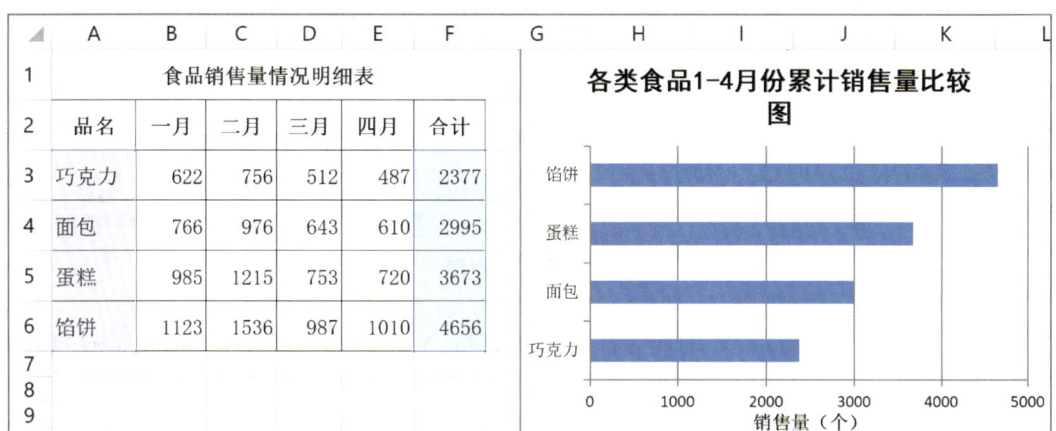

图 3-68　条形图

5. 雷达图

雷达图将多个数据点绘制在与雷达很相似的不同坐标点上,分析数据越大离中心越远,可以直观地表达多个指标的相互比较。如图 3-69 所示,我们可以雷达图来了解每位学生最擅长及最不擅长的科目。

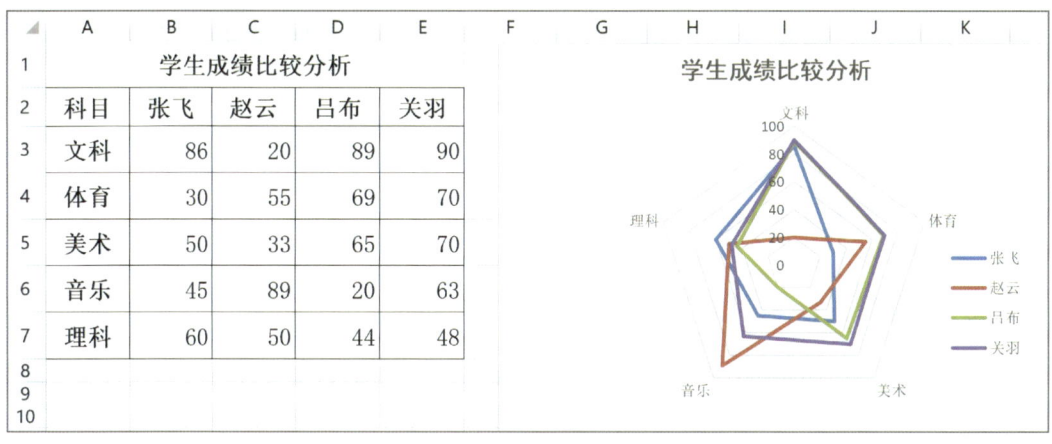

图 3-69　雷达图

6. 散点图

散点图根据两组数据构成多个坐标点,考察坐标点的分布,判断两个变量之间是否存在某种关联或总结坐标点的分布模式。如图 3-70 所示冷热两种饮料的销售量会随着气温变化而变化,气温愈高,冷饮的销量愈好。

7. 气泡图

气泡图和散点图类似,不过气泡图是比较 3 组数值,其数据在工作表中是以栏进行排列的,水平轴的数值(X 轴)在第一栏中,而对应的垂直轴数值(Y 轴)及气泡大小值则列在相

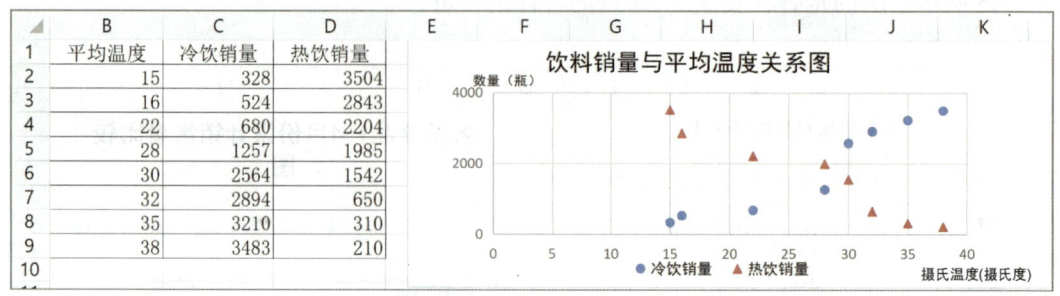

图 3-70 散点图

邻的栏中。如图 3-71 所示，X 轴代表产品的销售量，Y 轴代表产品的销售额，而泡泡的大小则是广告费。

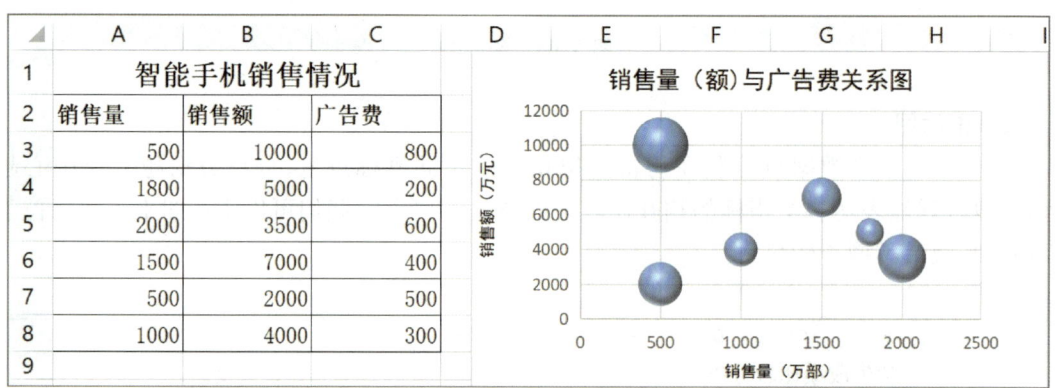

图 3-71 气泡图

> **提示**
> 上述 7 种基本图表制作的实操演示详见"3-15 七种基本图表制作"。

三、10 种特殊图表的制作

有时候会有一些特殊的图形展示需求，比如在图形上添加公司的产品图片，或者项目数据差异太大图形需要调整，或者需要在图形上显示特定的数据(最大值或最小的值)，等等。

下面介绍 10 种常见特殊图表的制作。

1. 给柱形图添加生动的产品图片

图 3-72 显示的是一家水果销售公司 1—4 月草莓销售情况的柱形图，图形中的柱形改为草莓图形，显得形象生动，增强可视化的视觉效果。

> **提示**
> 本图形实操演示详见视频文件"3-16 给柱形图添加生动的产品图片"。

2. 用图表展示两个分析对象(柱形图＋折线图)

有时在一个图形上同时显示两个关联的分析对象，如图 3-73 所示，图中的柱形图显示的是收入，折线图显示的是利润率。

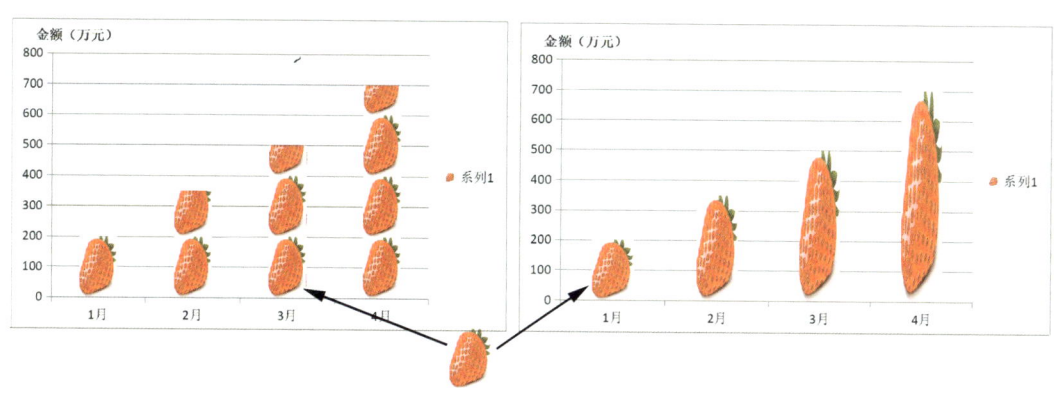

图 3-72 柱形图添加产品图片

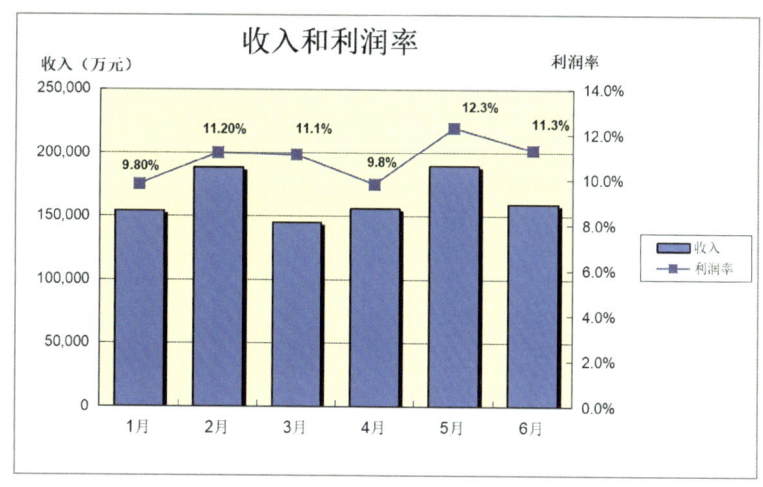

图 3-73 图表展示两个分析对象

> **提示**
> 本图形实操演示详见视频文件"3-17 用图表展示两个分析对象"。

3. 数据大小差异很大的对比处理

有时分析对象之间数据差异较大,较小数据的对象在图形中会很不显眼,达不到分析的效果。如图 3-74 所示,某集团涉及房地产、商业管理、物业服务和酒店运营业务 4 个行业,现在需要在一张图上分析比较 2022 年和 2021 年分行的营业收入增减情况,由于房地产行业的销售额远远高于其他行业,其他 3 个行业在图形中很不起眼,辨别不出比较的情况,所以需要进行特殊处理,达到图 3-74 所示中右边显示的效果。

> **提示**
> 本图形实操演示详见视频文件"3-18 数据大小差异很大的对比处理"。

4. 时间横轴上同时标识月份、季度和年份

通常情况,图形的横轴标示时间时,可以分别按月度、季度和年份显示;如果需要同时标示月份、季度和年份,则需要进行特殊处理,如图 3-75 所示。

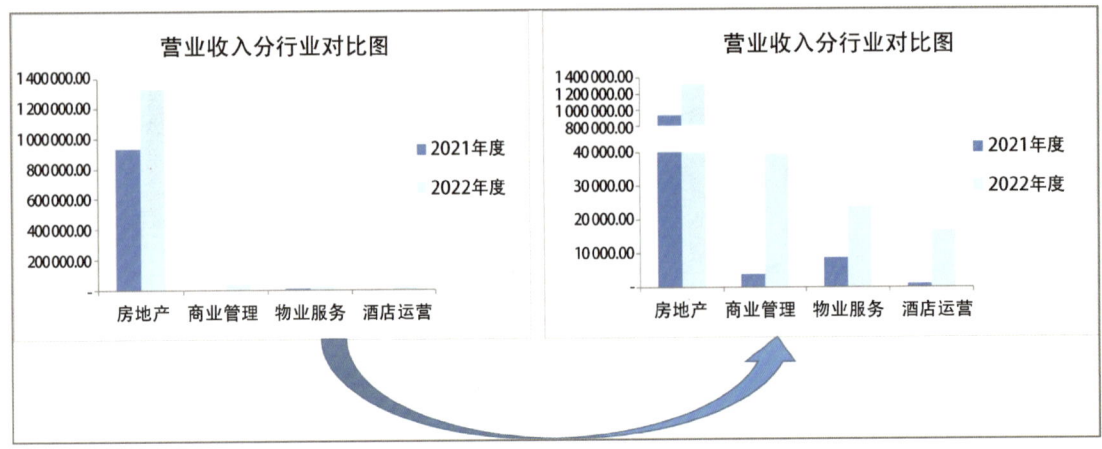

图 3-74 数据大小差异很大的对比处理

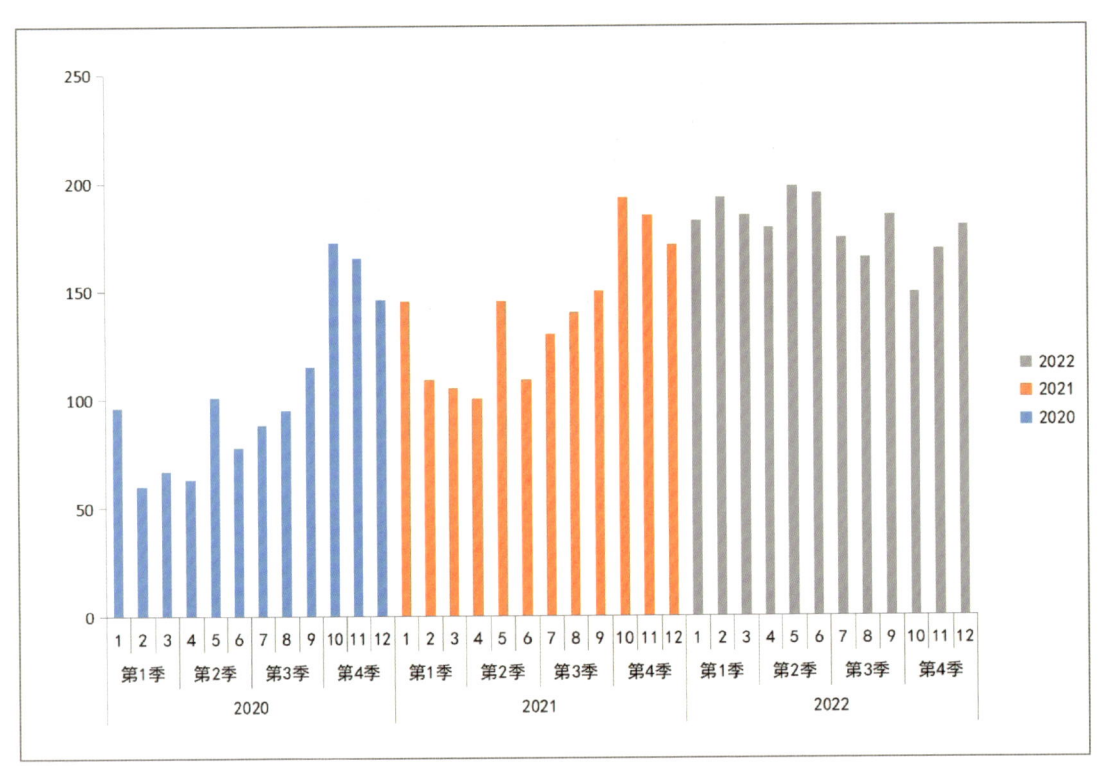

图 3-75 时间横轴上同时标识月份、季度和年份

> 提示　本图形实操演示详见视频文件"3-19 时间横轴上同时标识月份、季度、年份"。

5. 折线图上分段显示实际数与预测数

图 3-76 是用折线图显示的 2022 年 1—12 月实际数和 2023 年 1—6 月的预测数，图中实际数与预测数分段显示，显得既有区别又互相联系。

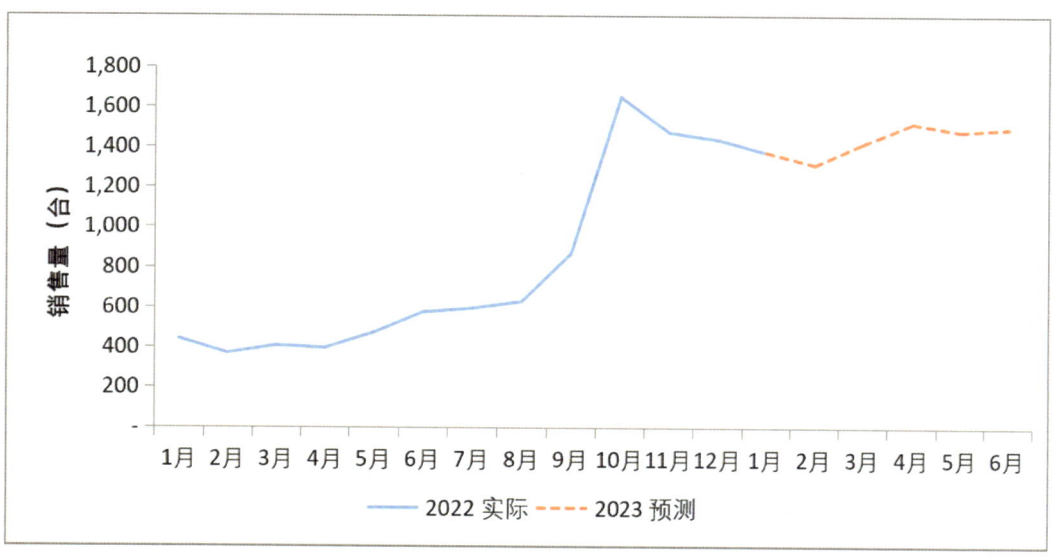

图 3-76　折线图分段显示实际数与预测数

> **提示**
> 本图形实操演示详见视频文件"3-20 折线图分段显示实际数与预测数"。

6. 制作项目甘特图表

图 3-77 是反映项目进度的甘特图,此图形的制作是在条形图的基础上进行特别调整得以实现的。

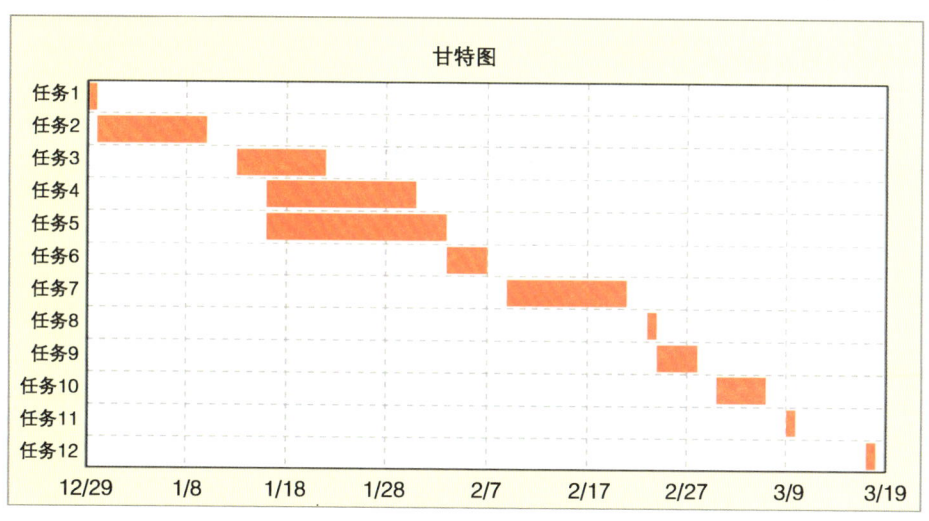

图 3-77　制作项目甘特图表

> **提示**
> 本图形实操演示详见视频文件"3-21 制作项目甘特图表"。

7. 标识图表中的最大值与最小值

图 3-78 是在反映 1—12 月销售趋势的折线图上标识销售额最大月份的金额和最小金额的月份，非常明显和直观。

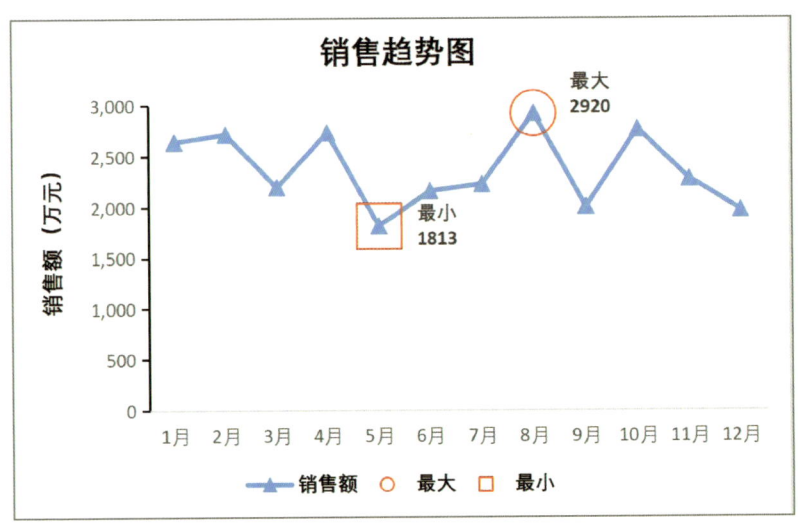

图 3-78　标识图表中的最大值与最小值

> **提示**
> 本图形实操演示详见视频文件"3-22 显示最大值与最小值"。

8. 创建销售预算与实际数差异的对比图

图 3-79 是反映实际销售额和预算销售额对比情况的折线图，图中不仅反映了实际和计划对比结果，还反映了具体差异的金额。

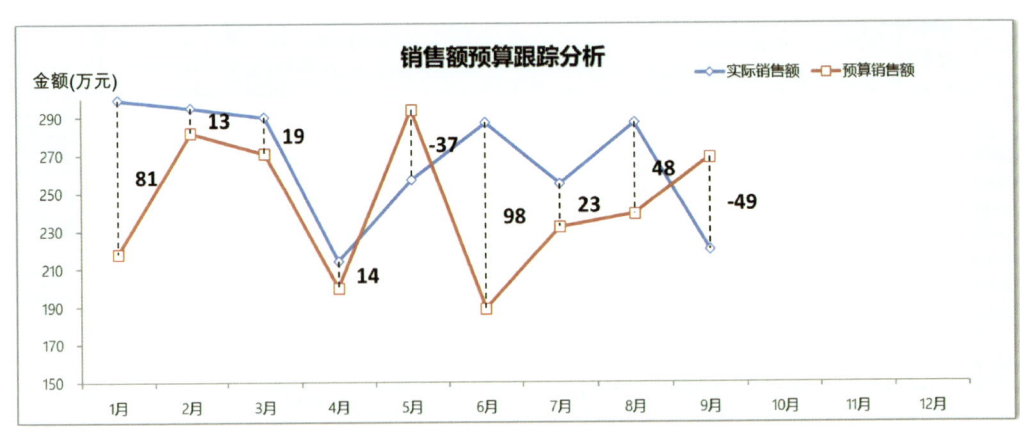

图 3-79　创建销售预算与实际数差异的对比图

> **提示**
> 本图形实操演示详见视频文件"3-23 销售预算与实际数差异对比图"。

9. 制作一个温度计图表

图 3-80 是通过一个温度计的图示来反映发展新客户的目标达成进度,此图形是在柱形图的基础上进行特殊设置,以达到现在的效果。

图 3-80　温度计图表

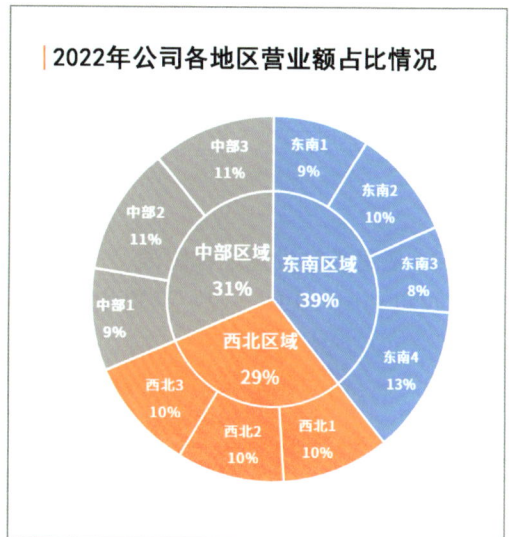

图 3-81　双层分级饼图

> **提示**
> 本图形实操演示详见视频文件"3-24 制作一个温度计图表"。

10. 双层分级饼图的创建

图 3-81 是一个双层饼图,对 2022 年度某公司各地区的营业额占比情况进行分析,图形的内层分别反映东南区域、西北区域和中部区域营业额的占比,外层则反映了这 3 个区域对应的下一线的销售占比情况。

> **提示**
> 本图形实操演示详见视频文件"3-25 双层分级饼图的创建"。

四、用迷你图表展示数据

1. 使用菜单中的迷你图功能选项

迷你图是 Excel 2010 版本开始增加的新功能,可用于设计放置在单元格中的微小图表,以可视化的方式辅助了解数据的变化状态。

点击"插入"选项,可以看到"迷你图"的选项,可以选择适当的"迷你图"。"迷你图"选中后还可以在"迷你图工具"的"设计"选项卡,对迷你图进行丰富的格式化操作,如图 3-82 所示。

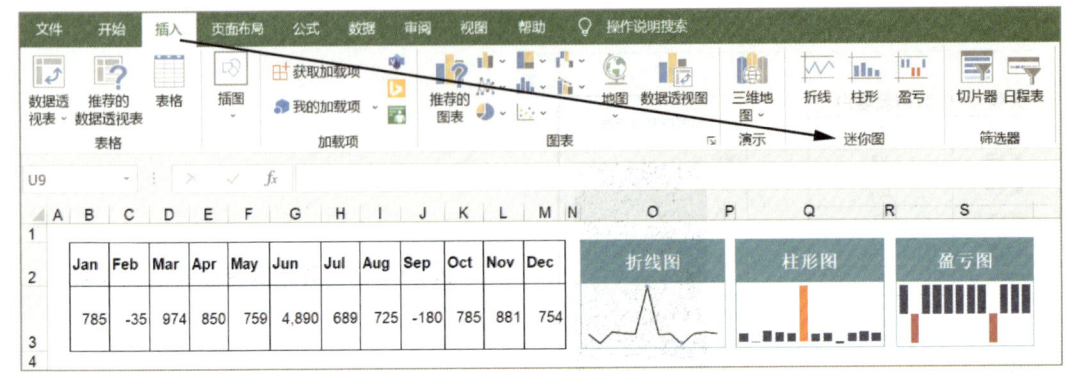

图 3-82　插入"迷你图"

2. 使用函数设置迷你图表

可以利用"REPT 函数"设置相应的迷你图表,如图 3-83 所示。

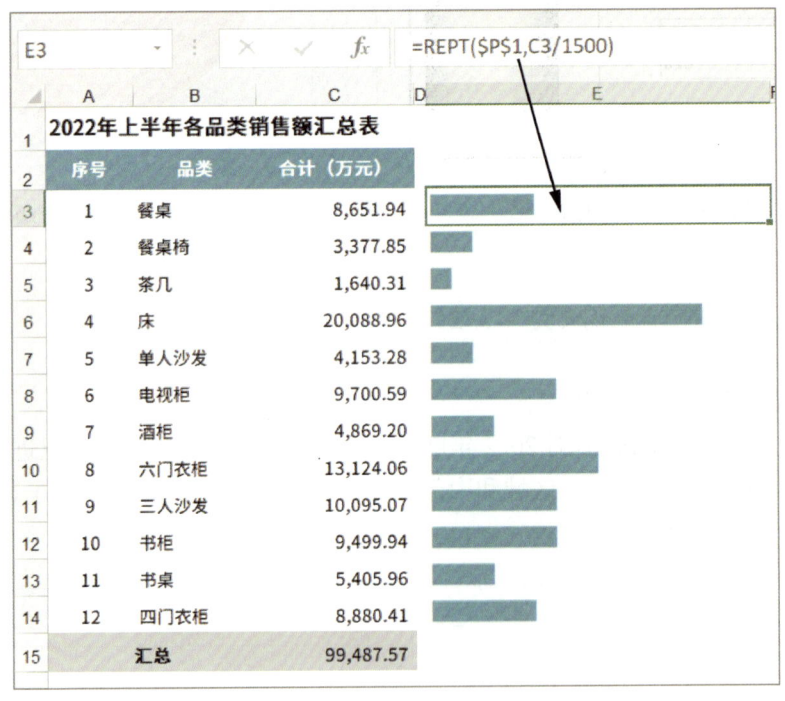

图 3-83　REPT 函数设置迷你图

五、用动态图表展示数据

1. 什么是动态图表

在我们进行数据分析的时候,经常要制作数据图表对分析的对象进行描述,有时候通过图形可以更加清楚直观地表现一些复杂的信息,一张清晰、直观且表达正确的图片会增强分析说服力,它的效果往往胜过大段的文字描述。

通常我们制作的图表都是静态的,动态图表是相对于静态图表而言的。如果数据变化及分析对象更换,同一张图表的表现也会随之变化,灵活地展示变化后的数据,这就是动态图表。

动态图表是一种非常有用的分析工具,是图表分析的较高级形式,一旦从静态图表跨入动态图表,分析的效率和效果都会进入另一个境界,动态图表不管是在表达能力还是在易用性方面都比静态图表更强大。在商业应用中可以高效而灵活地对数据对象进行交互式分析和展示,突破了静态图表对数据的单一分析和展示。动态图表具有以下优势:

(1)突破空间限制,一张图表展示更多数据。
(2)突破维度限制,拆解数据实现多维交互。
(3)突破沟通限制,控件切换实现人机互动。

但是,很多人觉得动态图表很神秘、很高级,制作上有点难,比较复杂。其实,Excel 动态图表中应用到的技术并不复杂,关键是在制作思路和方法上。

图 3-84 所示是一个简单的动态图表示例,当选择控件组内的家具品类时,比如选择"茶几"时,图表(折线图)将显示"茶几"1—6 月的销售变化和趋势。

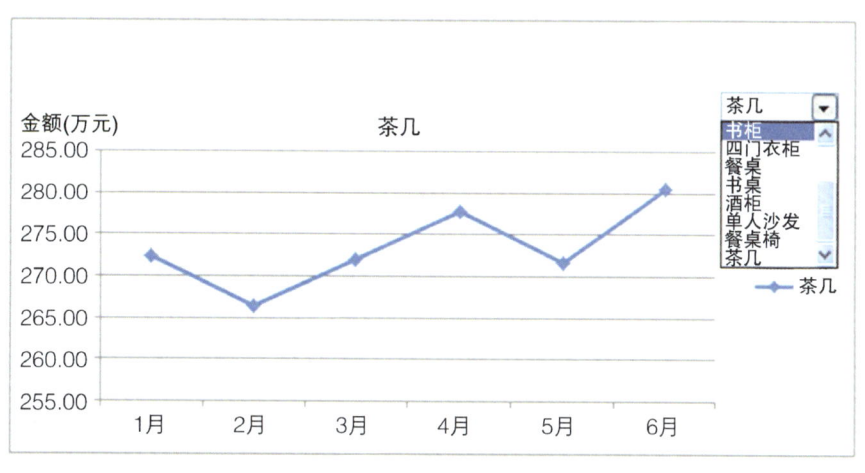

图 3-84 动态图表示例

> **提示**
> 本案例实操演示详见视频文件"3-26 动态图表示例"。

在制作动态图表中,两大基本方法是辅助区域法和定义名称法。

辅助区域法,是最简单和最常用的方法。利用辅助区域创建动态数据源,图表是利用辅助区域绘制的。辅助区域中动态数据的调用是利用查找引用函数或者逻辑函数,利用控件返回的值作为函数的参数,当控件进行选项切换时,将原始数据表的相应数据引用到辅助区域,如图 3-85 所示。

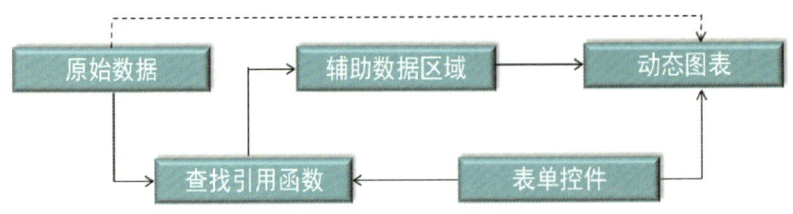

图 3-85　辅助区域法图示

定义名称法，是利用查找引用函数（如 OFFSET 函数、CHOOSE 函数）引用数据区域从而创建动态数据源，然后对创建的动态数据源进行定义名称并创建图表，图表中的数据取自定义的动态数据源区域，如图 3-86 所示。

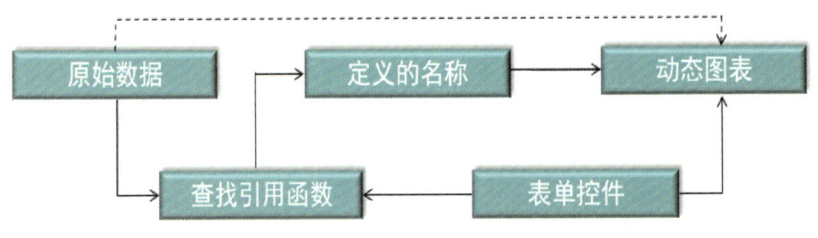

图 3-86　定义名称法图示

动态图表分析和展示的对象交互切换时需要应用 Excel 中的控件工具，关于控件应用的介绍详见本书“第四章第六节控件的应用”。

2. 动态图表应用案例

【案例 3-2】 四季青超市有 10 家分店，现有最近一年四大类商品（电子产品、家用电器、食品饮料、日用百货）各分店的每月销售额资料，如图 3-87 所示。

电子产品

分店	1月	2月	3月	4月	5月	6月	7月	8月	9月	10月	11月	12月
分店01	108	108	188	155	151	182	183	146	104	165	192	195
分店02												
分店03												
分店04												
分店05												
分店06												
分店07												
分店08												
分店09												
分店10												

家用电器

分店	1月	2月	3月	4月	5月	6月	7月	8月	9月	10月	11月	12月
分店01	305	276	393	326	228	303	310	387	373	281	322	369
分店02												
分店03												
分店04												
分店05												
分店06												
分店07												
分店08												
分店09												
分店10												

食品饮料

分店	1月	2月	3月	4月	5月	6月	7月	8月	9月	10月	11月	12月
分店01	145	120	149	150	125	122	141	143	101	124	105	105
分店02												
分店03												
分店04												
分店05												
分店06												
分店07												
分店08												
分店09												
分店10												

日用百货

分店	1月	2月	3月	4月	5月	6月	7月	8月	9月	10月	11月	12月
分店01	80	77	52	69	66	60	70	76	62	62	65	62
分店02	52	51	73	80	59	65	62	50	68	80	61	50
分店03	65	57	51	71	72	63	70	78	54	79	73	76
分店04	66	65	76	75	72	71	66	76	73	74	61	79
分店05	63	74	80	50	59	75	54	62	71	52	69	64
分店06	73	56	69	59	62	75	51	51	51	63	50	61
分店07	69	52	54	79	53	65	79	78	70	71	51	75
分店08	64	56	67	51	75	72	53	77	54	60	57	74
分店09	71	61	79	71	80	58	54	75	64	71	70	59
分店10	79	65	75	76	56	68	59	68	67	59	64	53

图 3-87　四季青超市销售资料

【要求】 请根据这些资料制作销售额多维动态对比分析动态图表，要求在一张图表上能反映每类商品、每个分店的全年销售趋势，以及各个门店销售额的对比情况。

本案例完成的动态分析图表如图 3-88 所示。

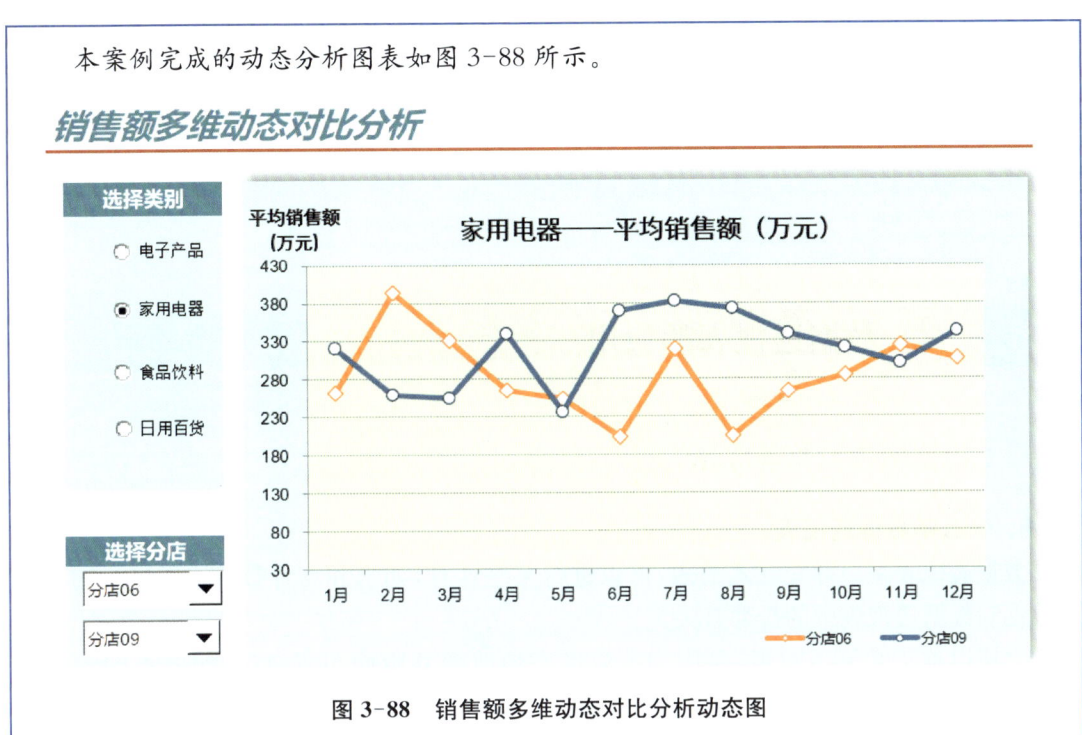

图 3-88　销售额多维动态对比分析动态图

> **提示**
> 本案例实操演示详见视频文件"3-27 销售额多维动态对比分析"。

第四章 建模必备的 Excel 六项关键技术

第一节 数据透视表的应用

一、数据透视表及其优越性

1. 什么是数据透视表

数据透视表是一种交互式的表,可以进行某些计算,如求和与计数等。所进行的计算与数据和数据透视表中的排列有关。

之所以称为数据透视表,是因为可以动态地改变其版面布置,以便按照不同方式分析数据,也可以重新安排行号、列标和页字段。每一次改变版面布置时,数据透视表都会立即按照新的布置重新计算数据。另外,如果原始数据发生更改,则可以更新数据透视表。

2. 数据透视表及其优越性

（1）大量数据的快速汇总。
（2）多维度数据分析。
（3）通过筛选对重点关注内容进行专题分析。
（4）生成动态报表,保持与数据源同步更新。
（5）值显示方式,一步搞定百分比(同比、环比、占比等)。
一张数据透视表仅靠鼠标移动字段位置,即可变换出各种类型的报表。

二、创建数据透视表

1. 如何创建一个数据透视表
创建一个数据透视表,如图 4-1、图 4-2 所示操作。
设置完成后点击"确定"进入数据透视表操作界面。

2. 数据源需注意事项
数据源规则：数据源必须是规则的,不能有合并单元格。
字段不能空：表格的第一行的任何一个字段名称不能为空,否则会导致数据丢失,不能有合并单元格,不能断行、断列。
数据类型统一：每个字段中的数据类型必须一致,如"日期"字段,不能既有日期型数据,又有文本型数据,否则无法按正常日期进行组合;其他字段也一样,只要有一点不一样就不能进行组合。

图 4-1 插入"数据透视表"

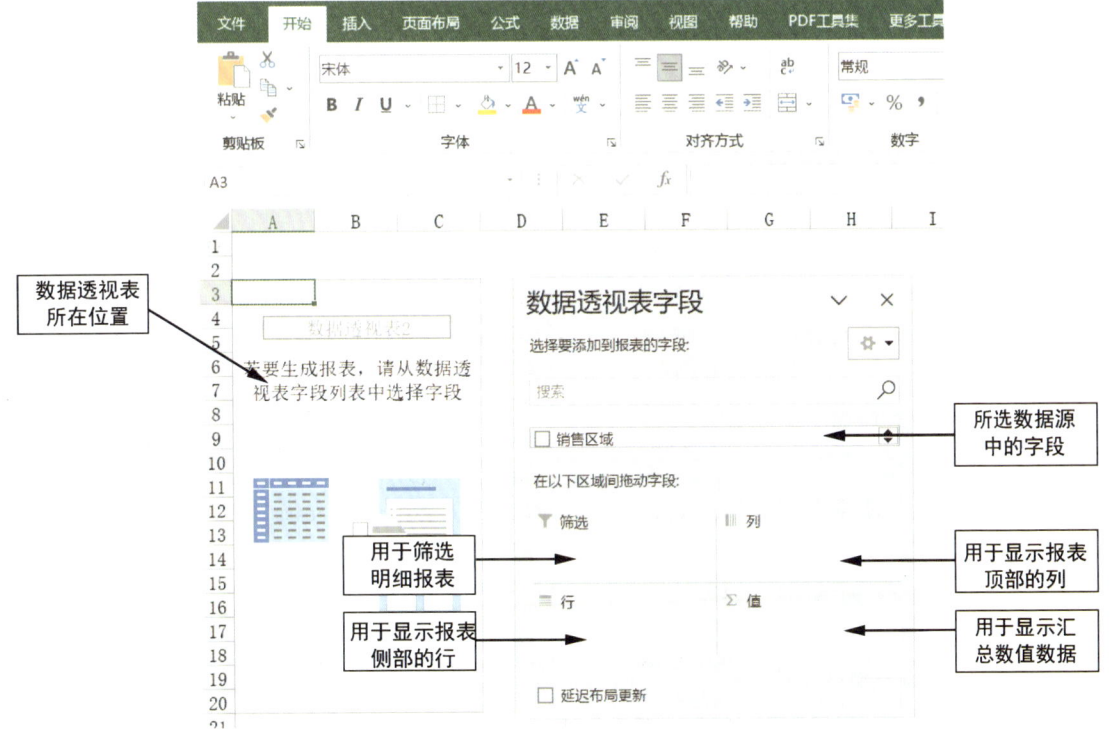

图 4-2 数据透视表操作界面

三、数据透视表的设置与操作技巧

以下是常用的数据透视表的设置与操作技巧：

(1) 透视表的移动。
(2) 分类汇总。
(3) 数字筛选。
(4) 改变布局。
(5) 更改数据源。
(6) 自动更新。
(7) 插入计算字段和计算项。
(8) 删除和修改计算项。
(9) 值显示方式的妙用。
(10) 更方便的筛选——切片器。

> **提示**
> 上述实操演示见视频文件"4-1 数据透视表的设置与操作技巧"。

四、数据透视表应用实操案例

【案例 4-1】 应用数据透视表高效处理 8 项任务。

大华公司在重庆市渝北区和江北区共有 9 家门店,门店的销售台账如图 4-3 所示,请根据销售台账的数据,应用 Excel 数据透视表完成以下 8 项任务。

(1) 每个门店的订购额是多少?
(2) 特定地区的订购额是多少?
(3) 每个门店订购额比重是多少?
(4) 按订购额从高到低排列门店。
(5) 查看某期间(月、季度)门店的业绩。
(6) 排列出每季订购额在前三名的门店。
(7) 特定订购额的明细。
(8) 按购金额 3% 计算,每个门店应得多少提成?

	A	B	C	D	E
1	销售区域	门店	订购日期	定单号	订购额(元)
2	渝北区	门店7	2021/1/1	10392	144,000.00
3	渝北区	门店1	2021/1/3	10393	255,695.00
4	渝北区	门店1	2021/1/3	10394	44,200.00
5	江北区	门店2	2021/1/3	10395	212,292.00
6	渝北区	门店1	2021/1/6	10396	190,380.00
7	江北区	门店6	2021/1/2	10397	71,672.00
8	渝北区	门店7	2021/1/9	10398	250,560.00
9	渝北区	门店3	2021/1/8	10399	176,560.00
10	渝北区	门店1	2021/1/16	10400	306,300.00
385	……	……	……	……	……
386	江北区	门店5	2021/12/26	10775	22,800.00
387	渝北区	门店1	2021/12/18	10776	663,527.00

图 4-3 大华公司销售台账

> **提示**
> 上述实操演示见视频文件"4-2 数据透视表高效处理 8 项任务"。

第二节　模拟分析功能的应用

模拟分析又称假设分析,是数据分析中一种非常有用的数据分析工具。它主要是基于现有的计算模型,在影响最终结果的诸多因素中进行测算与分析,以寻求最接近目标的方案。Excel 附带了 3 种模拟分析工具:方案管理器、单变量求解和模拟运算表。选择【数据】→【模拟分析】,可以调用这 3 种模拟分析工具,如图 4-4 所示。

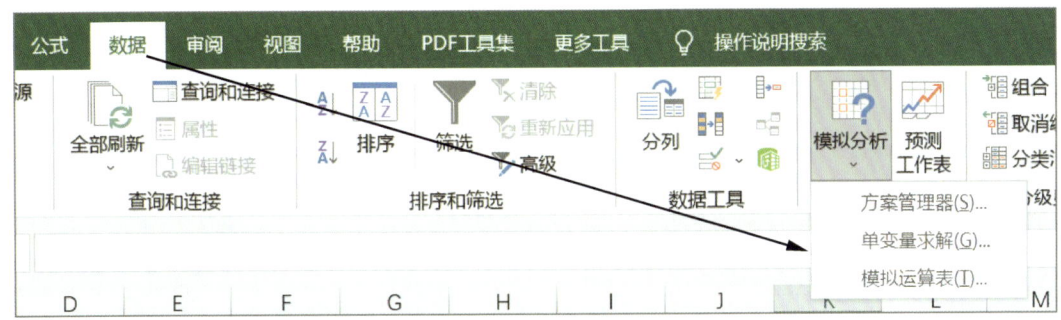

图 4-4　调用模拟分析工具

一、方案管理器的应用

方案管理器是用来保存并可以在工作表单元格中切换的一组值,通过不同组值的切换,引用该单元格数据的结果单元格也随之显示数据切换后的相对应的结果。

假设具有若干个投资方案,可以使用方案管理器在同一工作表中创建若干个方案,然后在各个方案之间切换,在工作表中会反映所切换方案的分析结果。

例如,某投资项目有三个方案:

方案 1:投资本金 100 万元,年长 10 年。

方案 2:投资本金 110 万元,年长 8 年。

方案 3:投资本金 90 万元,年长 12 年。

要求:测算年利率为 4%,4.5%,5%,…,8%时,每个方案的到期本息额(到期一次还本付息)。

步骤 1: 在工作表建立如图 4-5 所示的方案计算表。

	A	B	C	D	E	F	G	H	I	J
1	本金									
2	年长									
3										
4										
5	年利率	4.0%	4.5%	5.0%	5.5%	6.0%	6.5%	7.0%	7.5%	8.0%
6	到期本息									
7										

图 4-5　建立方案计算表

步骤 2：点击【数据】→【模拟分析】→【方案管理器】，出现方案管理器对话框，选择"添加"选项，进入"编辑方案"对话框，在"方案名"框内填写"方案1"，在"可变单元格"框内输入"＄B＄1:＄B＄2"，然后鼠标点"确定"，如图4-6和图4-7所示。

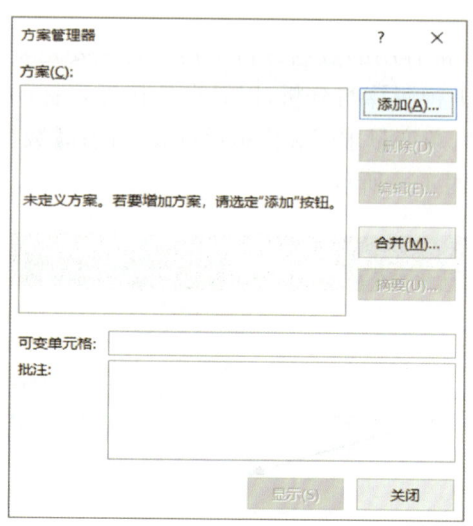

图 4-6　方案管理器

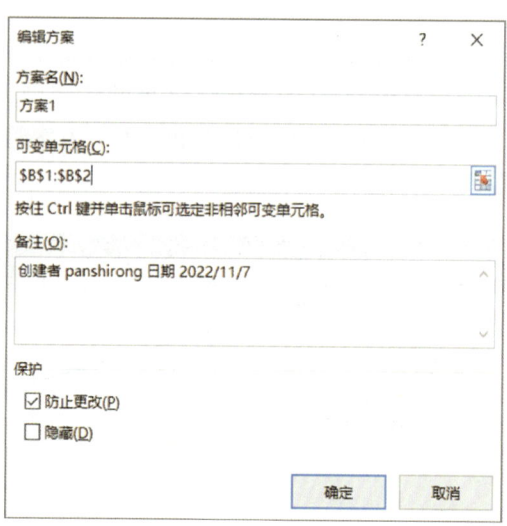

图 4-7　编辑方案

步骤 3：在弹出的"方案变量值"对话框显示的＄B＄1和＄B＄2单元格分别输入变量100和10，然后单击"确定"保存方案1。重复上述步骤2、步骤3，完成方案2和方案3的设置，如图4-8、图4-9和图4-10所示。

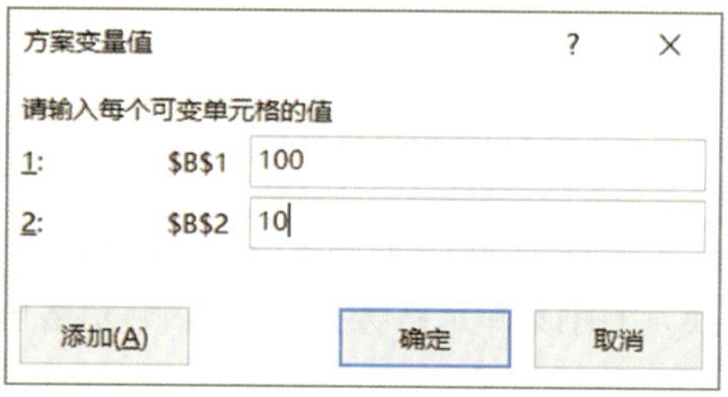

图 4-8　输入变量

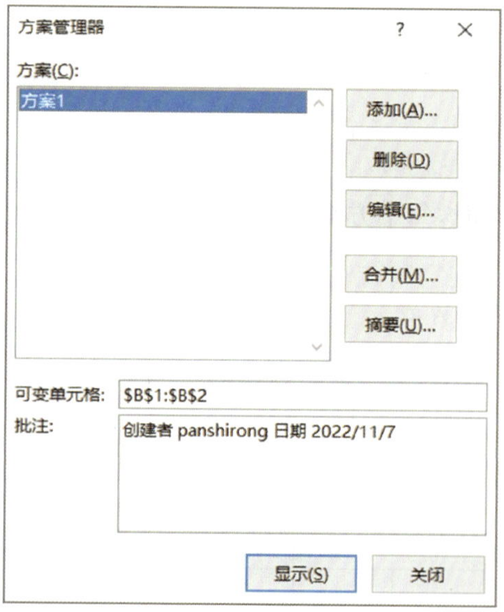

图 4-9　添加方案 1

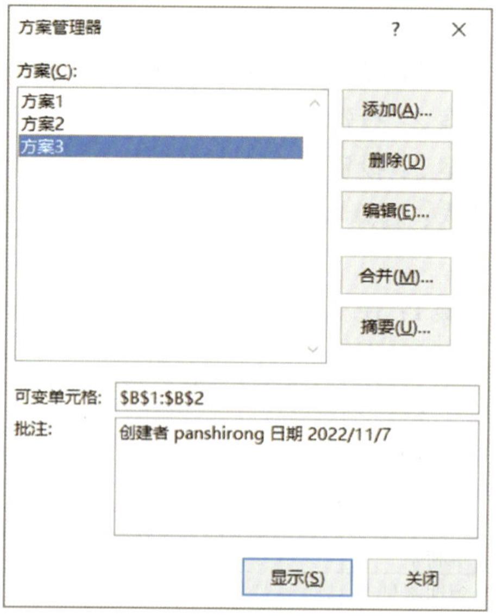

图 4-10　添加方案 2 和方案 3

步骤 4：点击【数据】→【模拟分析】→【方案管理器】，调出已设置好 3 个方案的"方案管理器"，任选一个方案。假设选择"方案 2"，则在 B1:B2 单元格显示"方案 2"的本金 110 万元和年长 8 年，即选择哪个方案，在 B1:B2 单元格将显示该方案的本金和年长，然后在 B6 单元格输入公式"＝＄B＄1＊(1+B5)^＄B＄2"，填充复制到 J6 单元即可完成不同利率情况下到期值的计算，如图 4-11 所示。

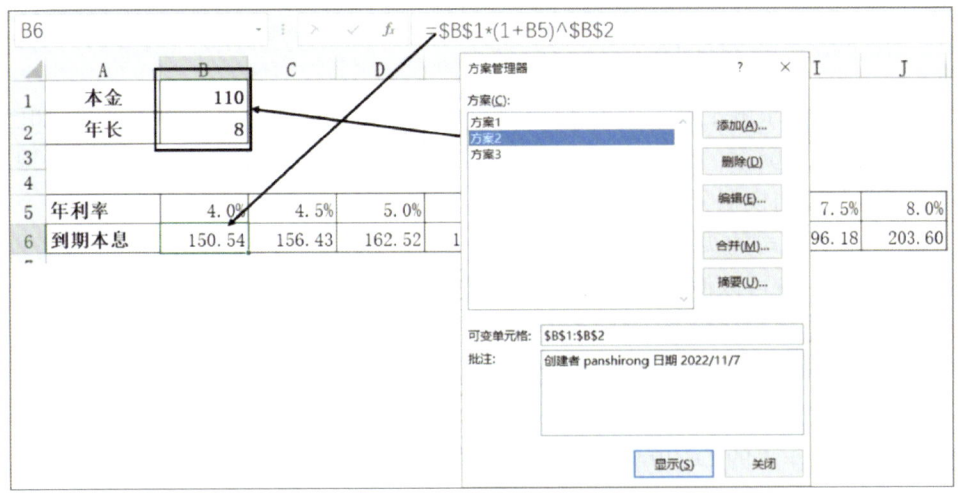

图 4-11　根据方案在工作表编辑计算公式

如果在已设置好方案的"方案管理器"对话框单击"摘要"选项，在出现的"方案摘要"对话框可以选择方案摘要的两种报表类型——方案摘要型和方案数据透视表型，如图 4-12、图 4-13 和图 4-14 所示。

图 4-12　方案摘要

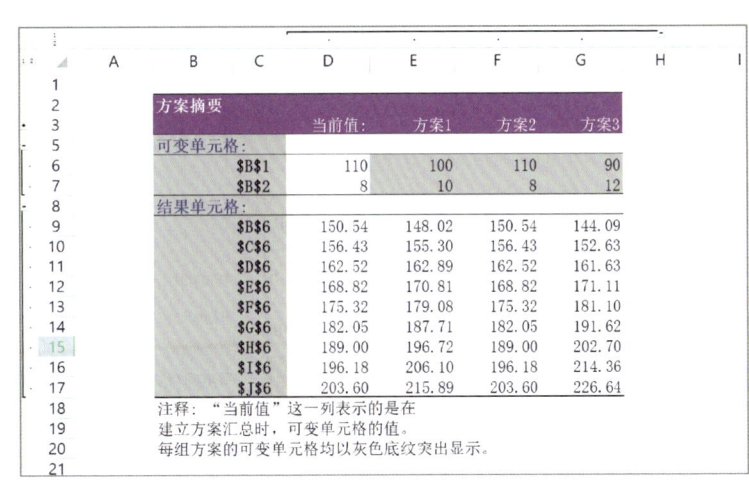

图 4-13　方案摘要型

> **提示**
> 上述实操演示见视频文件"4-3 方案管理器的应用"。

	A	B	C	D	E	F	G	H	I	J
1	$B$1:$B$2 由	(全部)								
2										
3	行标签	$B$6	$C$6	$D$6	$E$6	$F$6	$G$6	$H$6	$I$6	$J$6
4	方案1	148.0244285	155.2969422	162.8894627	170.8144458	179.0847697	187.7137465	196.7151357	206.1031562	215.8924997
5	方案2	150.5425955	156.4310674	162.5200988	168.8155166	175.3232882	182.0495238	189.0004798	196.1825608	203.6023231
6	方案3	144.0928997	152.6293289	161.6270693	171.1086737	181.0976825	191.6186617	202.697243	214.3601639	226.6353105

图 4-14 数据透视表型

二、单变量求解的应用

Excel 的单变量求解工具常用于逆向模拟分析，根据目标或结果求相关变量，如已知税后工资，倒推税前工资等。在使用单变量求解工具之前需要先建立正确的数据模型，这个数据模型通常与正向模拟分析时的模型相同。

例如，某租赁公司购买了一台 100 万元的设备，该租赁公司希望出租这台设备能得到 20% 的收益。该设备可以使用 5 年，目前市场的平均利率是 8%。假设该设备出租 5 年，每年的租金相等且年底支付租金，请问该设备每年的租金应设定为多少？

这是一个已知现值（收益）求年金（设备租金）的问题，可以用年金现值公式计算。在不知道年金现值系数的情况下，用 Excel 单变量求解功能可以快速解出。

步骤 1：在工作表的 D3 单元格、D4 单元格和 D5 单元格分别输入设备购买价 100 万元、租赁年数 5 年和市场平均利率（折现率）8%。

步骤 2：在 D7 单元格输入公式："= D6/(1 + D5) + D6/(1 + D5)^2 + D6/(1 + D5)^3 + D6/(1 + D5)^4 + D6/(1 + D5)^5"。

步骤 3：点击【数据】→【模拟分析】→【单变量求解】，调出"单变量求解"对话框，分别在"目标单元格"框内录入"D7"，在"目标值"框内录入"120"，在"可变单元格"框内录入"D6"，点击"确定"按钮后，D6 单元格显示"30.05"，即求解出设备每年的租金应设定为 30.05 万元，如图 4-15 所示。

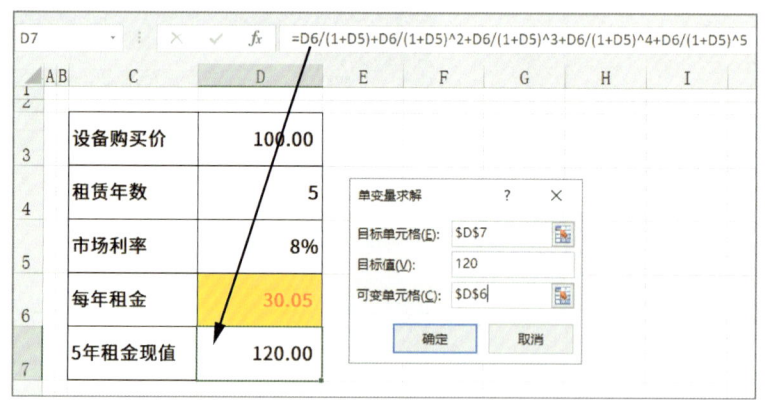

图 4-15 单变量求解每年租金

> **提示**
> 上述实操演示见视频文件"4-4 单变量求解的应用"。

三、模拟运算表的应用

我们在工作表中输入公式后,就可以进行假设分析,查看当改变公式中的某些值时怎样影响其结果,模拟运算表提供了一个操作所有变化的捷径。

模拟运算表是一个单元格区域,它可以显示一个或多个公式中替换不同值时的结果。有两种类型的模拟运算表:单变量模拟运算表和双变量模拟运算表。

在单变量模拟运算表中,用户可以对一个变量键入不同的值从而查看它对一个公式的影响。

在双变量模拟运算表中,用户可以对两个变量输入不同值从而查看它对一个公式的影响。

例如,某个人购买一套120平方米的住房,每平方米单价为3万元,总价款为360万元,首付金额为总价款的30%,总价款的70%拟银行贷款,年利率为5.20%。

现在有两个要求:①请您为他测算还款年限分别为10年、15年、20年、25年和30年时,每月的还款额;②假设银行贷款年利率分别为4.8%、5%、5.2%、5.4%,请您为他测算还款年限分别为10年、15年、20年、25年和30年时,每月的还款额。

上述要求①是单输入模拟,只有一个还款年限的变量,要求②是双输入模拟,包括还款年限和贷款年利率两个变量。

针对要求①,首先构建如图4-16所示的计算表,在B10单元格输入公式"=C8",其中C8单元格里输入的公式是"=PMT(B2/12,B8,A8)"。

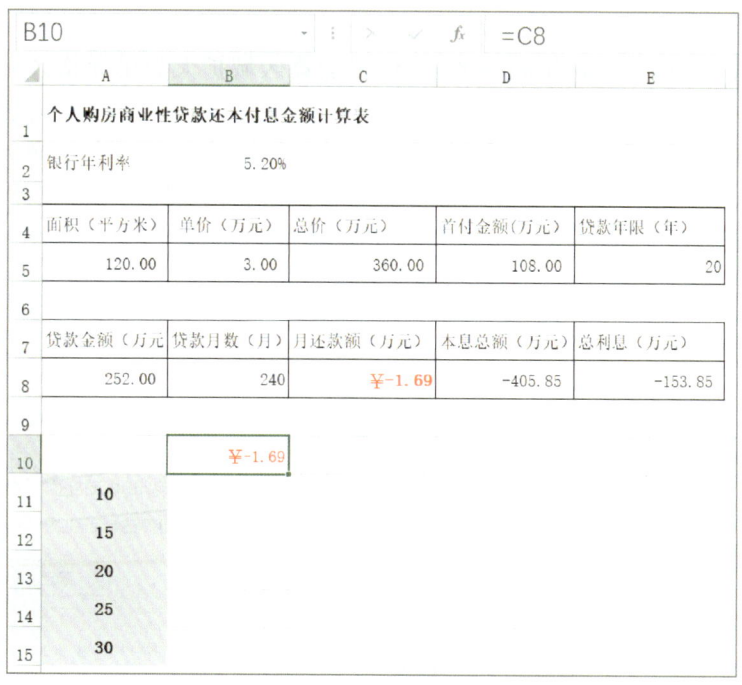

图4-16 构建单变量模拟运算表

然后选中模拟运算区,即单元格区域A10:B15,点击【数据】→【模拟分析】→【模拟运算表】,调出"模拟运算表"的对话框,在"输入引用行的单元格"的框内保持空白,在"输入引用列的单元格"的框内录入"E5",点击"确定"后,不同还款年限对应的月还款额显示在B11:B15区域，如图 4-17 所示。

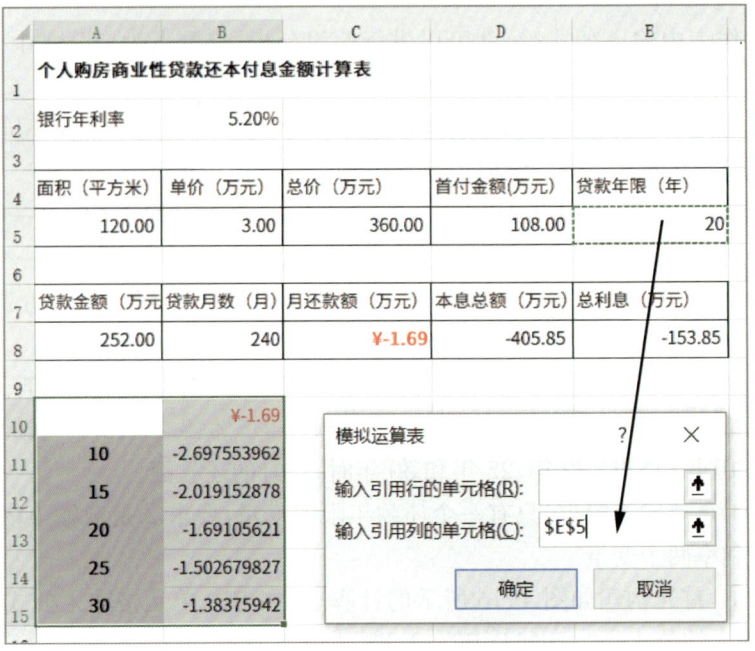

图 4-17 单变量模拟运算表的设置

针对要求②，增加了贷款年利率变量，模拟运算区域扩大为单元格区域 A10：E15，在 A10 单元格输入公式"=C8"，选中模拟运算区域（单元格区域 A10：E15），点击【数据】→【模拟分析】→【模拟运算表】，调出"模拟运算表"的对话框，在"输入引用行的单元格"的框内录入"B2"，在"输入引用列的单元格"的框内录入"E5"，点击"确定"后，不同还款年限和银行年利率对应的月还款额显示在 B11：E15 区域，如图 4-18 所示。

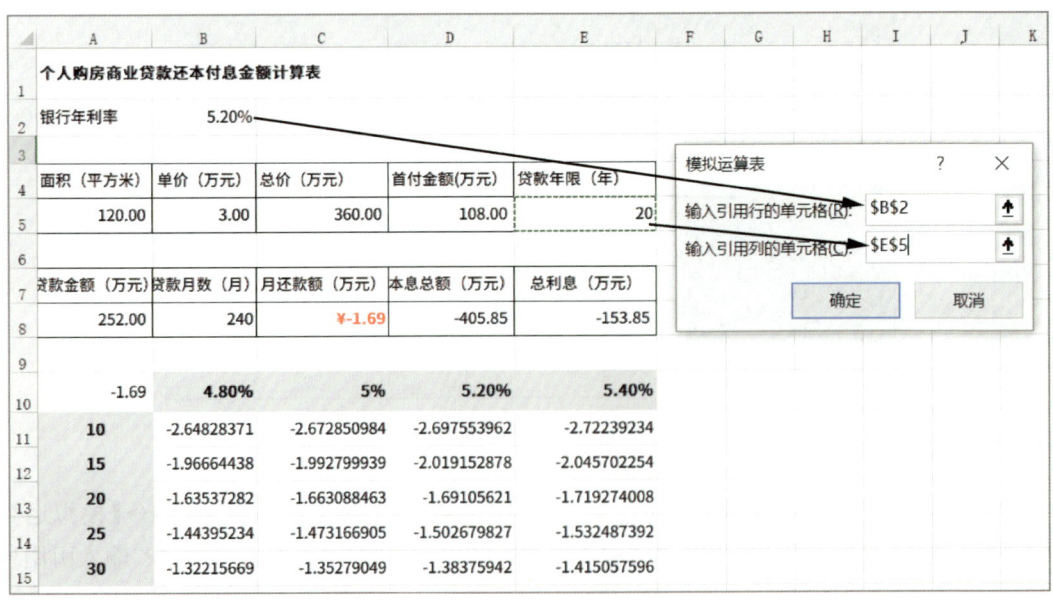

图 4-18 双变量模拟运算表的设置

> **提示**
> 上述案例实操演示见视频文件"4-5 模拟运算表的应用"。

第三节　规划求解工具的应用

一、规划求解工具加载

1. 关于线性规划

运筹学中的线性规划(Linear programming,LP)是研究较早、发展较快、应用广泛、方法较成熟的一个重要分支,它是辅助人们进行科学管理的一种数学方法。

线性规划研究线性约束条件下线性目标函数的极值问题的数学理论和方法,广泛应用于军事作战、经济分析、经营管理和工程技术等方面。为合理地利用有限的人力、物力、财力等资源做出的最优决策,提供科学的依据。

1951 年美国经济学家 T.C.库普曼斯把线性规划应用到经济领域,为此获得了 1975 年诺贝尔经济学奖金。

2. 规划求解问题

规划求解问题不仅包括上述线性规划问题,也包括非线性规划和演化规划问题。

在组织的经济管理中经常会遇到人力资源的调度、产品生产的安排、运输线路的规划、生产材料的搭配、采购批次的确定等问题。

这类问题有一个共同点,即需要解决如何合理利用各种存在约束的资源,也就是在资源有限的情况下如何获得最佳的经济效益,达到利润最大、成本最低等目标。

这些问题都可以通过规划求解得到最优的组织和安排方案。

3. Excel 规划求解工具

Excel 规划求解工具不仅能解决线性规划问题,还可以求解非线性规划问题和演化规划问题。其中:线性规划求解工具取自美国 Frontline Systems 公司提供的有界变量单纯形法和分支定界法。非线性规划求解工具取自得克萨斯大学奥斯汀分校的利昂·拉斯东(Leon Lasdon)和克利夫兰州立大学的艾伦·沃伦(Allan Waren)两位教授共同开发的广义简约梯度(Generalized Reduced Gradient,GRG)。

演化规划求解工具取自美国密歇根大学计算机科学教授约翰·霍兰德(John Holland)发现的演化算法(也称为进化算法)。

4. Excel 规划求解工具的加载

规划求解工具作为 Excel 的加载项,在软件的安装环节是不加载的。如果需要使用规划求解工具,则需另行加载。

规划求解工具加载步骤如下:【文件】→【选项】→【加载项】→【转到】→【勾选"规划求解加载项"】→【确定】,如图 4-19 所示。

二、规划求解工具参数设置

规划求解工具加载后,【数据】选项卡中,"规划求解"工具已显示在功能区,单击"规划

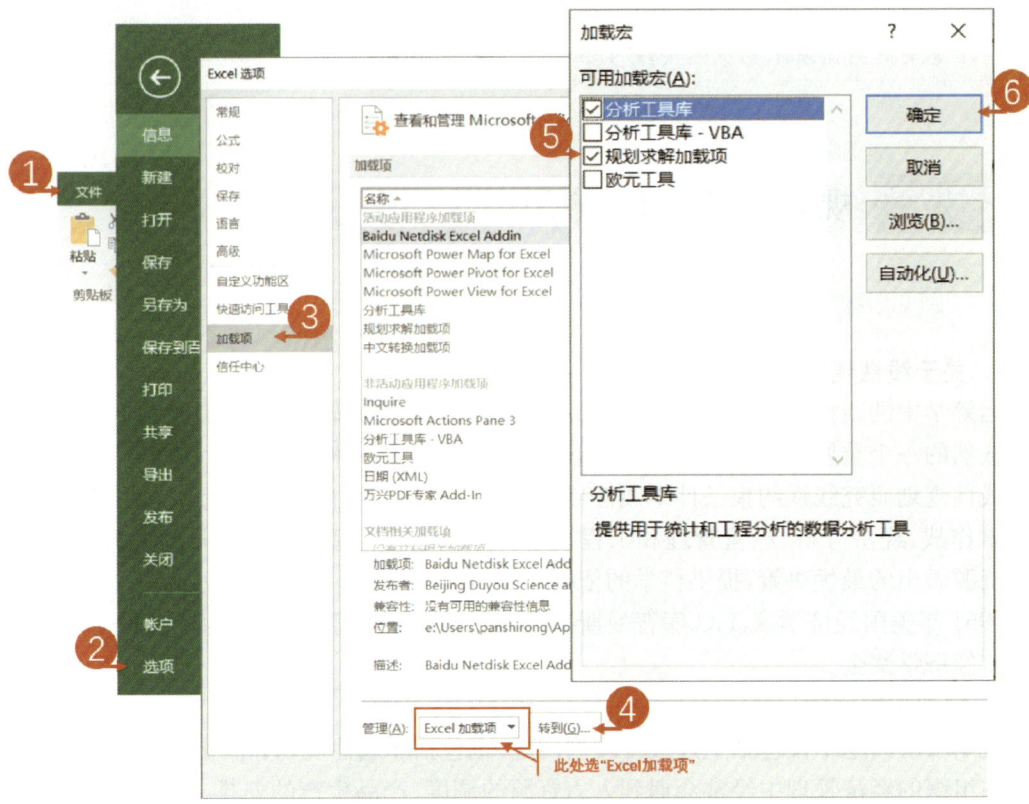

图 4-19　规划求解工具加载步骤

求解"工具,出现"规划求解参数"对话框,如图 4-20 所示。对话框中分布了各种参数,在运用规划求解工具进行数据分析时,参数的选择和输入的设置规则非常重要。

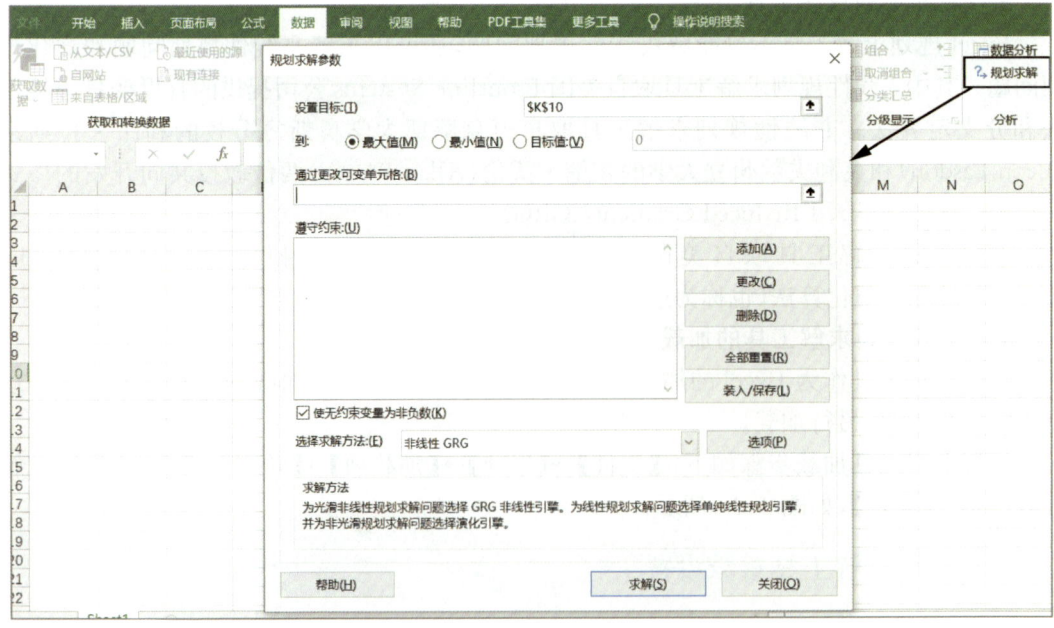

图 4-20　规划求解工具参数设置

这些参数主要包括：设置目标，通过更改可变单元格，遵守约束——添加、更改、删除，全部重置，装入/保存，选项，选择求解方法，求解，关闭。

下面具体介绍各种参数的选择和输入的设置规则。

（1）设置目标：在此可以设置最大值、最小值，或者是设定的期望目标值。该单元格必须包含公式。

（2）通过更改可变单元格：在此指定可变单元格，也就是需要求解的决策变量。求解时其中的数值不断调整，直到满足约束条件并且"设置目标"框中指定的单元格达到目标值。可变单元格必须直接或间接地与目标单元格相关联。在"可变单元格"框中，输入每个可变单元格的名称或引用，用逗号分隔不相邻的引用。Excel 规划求解最多可以指定 200 个变量（可变单元格）。

（3）遵守约束：在此列出了规划求解的所有约束条件。

（4）添加：显示"添加约束"对话框。

（5）更改：显示"更改约束"对话框。

（6）删除：删除选定的某个约束条件。

（7）全部重置：清除规划求解中的当前设置，将所有的设置恢复为初始值。

（8）装入/保存：显示"装入/保存"对话框，在其中可指定保存模型的位置。只有需要在工作表上保存多个模型时，才单击此命令。

（9）选项：显示"规划求解选项"对话框。对求解过程的高级属性进行设置和控制（大多数规划求解模型都可以采用系统的默认设置）。

（10）选择求解方法：有三种求解方法可供选择，即单纯线性规划、非线性 GRG 和演化规划。

单纯线性规划选项用于求解线性最优化问题，是目前各种组织中应用最广泛的优化模型。

非线性（GRG）选项用于求解的最优化问题中，其目标单元格和（或）一些约束不是线性的，而是使用典型数学运算来计算的。这些数学运算包括将可变单元格相乘或相除、对可变单元格乘方、用指数或三角函数处理可变单元格等。

演化规划选项适用于当目标单元格和（或）约束包含及可变单元格的非光滑函数时，可以使用演化规划，例如，如果目标单元格和（或）约束包含涉及可变单元格的 IF、SUMIF、COUNTIF、SUMIFS、COUNTIFS、AVERAGEIF、AVERAGEIFS、ABS、MAX 或 MIN 函数。

（1）求解：对定义好的问题进行求解。

（2）关闭：关闭对话框，不进行规划求解，关闭后保留通过"选项""添加""更改""删除"按钮所做的更改。

三、规划求解工具应用案例

【案例 4-1】 W 电器有限公司在苏州和合肥分别设有电冰箱生产工厂，苏州工厂每周产能为 12 000 台，合肥工厂为 8 000 台。2 家工厂分别向华东地区的上海、南京、杭州和济南

4个配送中心发货。2家工厂向4个配送中心发货的运费、配送中心的每周需求量等数据如表4-1数据表所示。

表4-1 数据表

工厂	至配送中心运费(元/台)				产能(台/周)
	上海	南京	杭州	济南	
苏州	30	30	35	60	12 000
合肥	50	30	50	40	8 000
需求量(台)	6 000	5 000	4 500	4 500	

【要求】 为保证各配送中心需求量,在2家工厂产能范围内,求解向各配送中心安排的发货数量,实现运货成本最低。

【案例分析】

1. 分析决策变量

本案例的决策变量是2家工厂发运到4家配送中心的冰箱数量,现假设苏州工厂发运上海、南京、杭州和济南的数量为 X_{11}、X_{12}、X_{13} 和 X_{14},合肥工厂发运上海、南京、杭州和济南的数量为 X_{21}、X_{22}、X_{23} 和 X_{24},即 X_{ij}——第 i 家工厂发运至第 j 个配货中心的数量(台)。

其中:$i=1,2$(分别代表苏州和合肥2家工厂);

　　　$j=1,2,3,4$(分别代表上海、南京、杭州和济南4家配送中心)。

2. 建立目标函数

设总运费为 C,建立目标函数:

$$\text{Min}(C) = 30X_{11} + 30X_{12} + 35X_{13} + 60X_{14} + 50X_{21} + 30X_{22} + 50X_{23} + 40X_{24}$$

3. 识别所有约束条件

(1) 需求量约束。

$X_{11} + X_{21} >= 6\ 000$　　上海需求量要求

$X_{12} + X_{22} >= 5\ 000$　　南京需求量要求

$X_{13} + X_{23} >= 4\ 500$　　杭州需求量要求

$X_{14} + X_{24} >= 4\ 500$　　济南需求量要求

(2) 产能约束。

$X_{11} + X_{12} + X_{13} + X_{14} <= 12\ 000$　　苏州工厂产量限制

$X_{21} + X_{22} + X_{23} + X_{24} <= 8\ 000$　　合肥工厂产量限制

(3) 整数和非负数约束。

X_{ij},为整数且为非负条件

4. 应用规划求解工具进行求解

在 Excel 工作表中调出"规划求解参数"对话框,将上述的决策变量、约束条件和目标函数输入相应位置。本案例的目标函数(一元一次函数)属于线性函数,选择的求解方法为

"单纯线性规划",如图 4-21 所示。

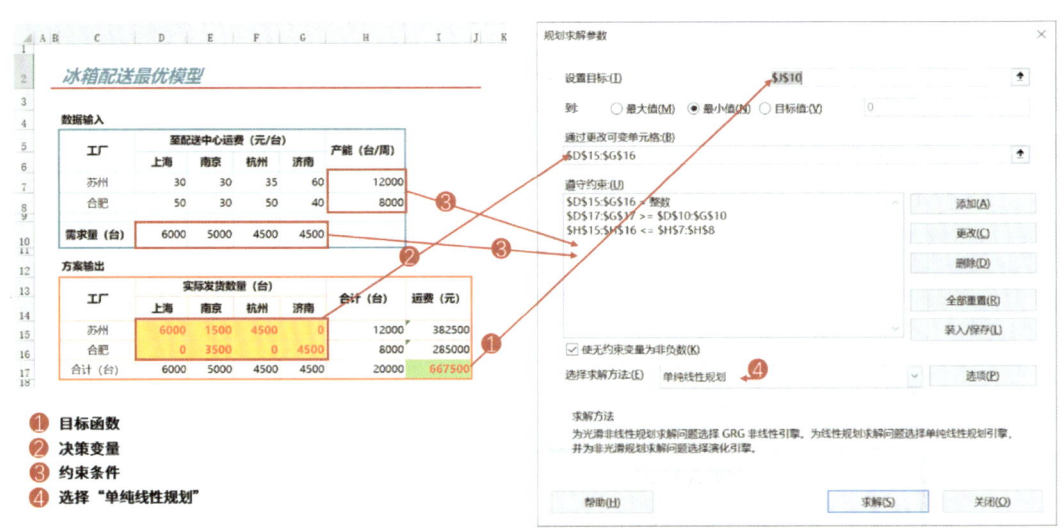

图 4-21 规划求解工具的求解

> **提示**
> 上述案例实操演示见视频文件"4-6 Excel 规划求解加载项的应用"。

上述案例是一个线性规划问题。规划求解不仅可以解决线性规划问题,还可以解决非线性规划问题,以及更复杂的演化规划问题。

四、规划求解结果及问题处理

在选择求解后,会出现"规划求解结果"窗口。如果规划求解已完成求解,将有"规划求解找到一解,可满足所有的约束及最优状况"信息出现在对话框中,如图 4-22 所示。

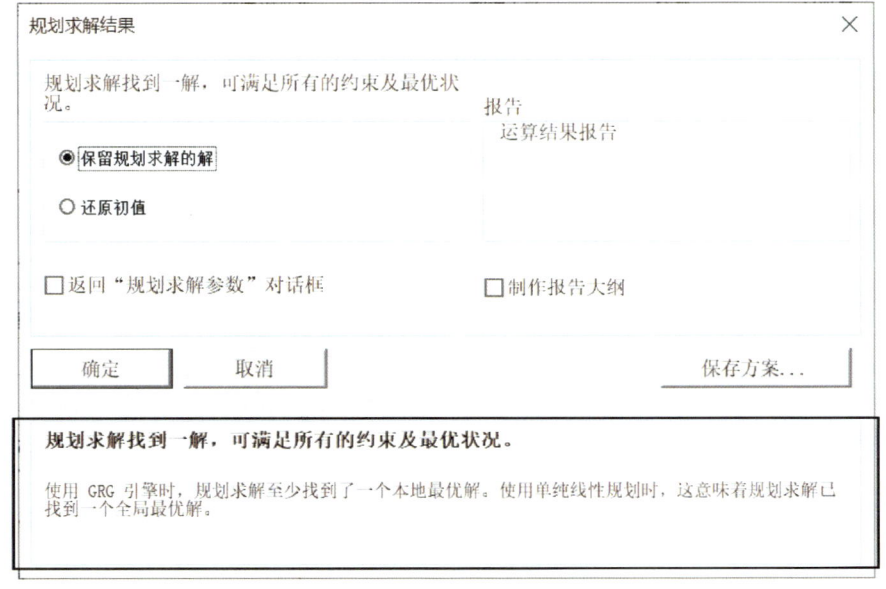

图 4-22 规划求解已完成求解

当求解的结果出现问题时,"规划求解结果"的对话框会出现红色"!"号,并根据不同的问题出现相应的提示信息,如图 4-23 所示的问题是"目标单元格的值未收敛"。

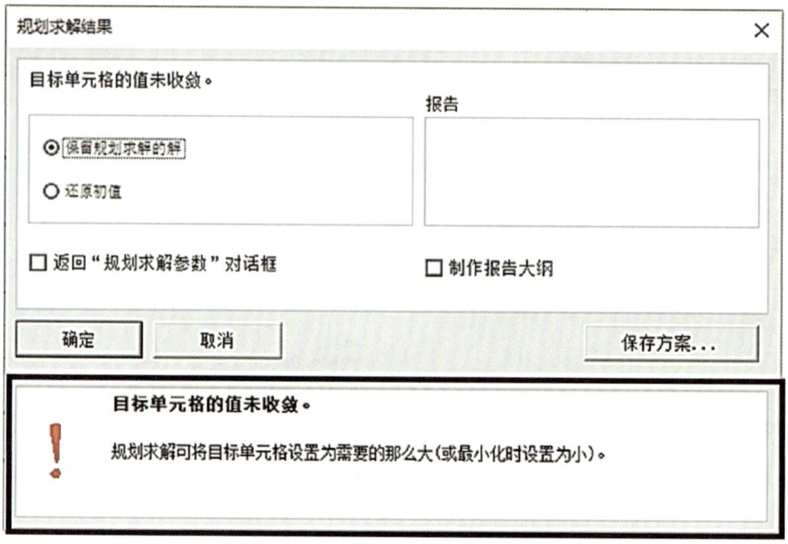

图 4-23 规划求解出现问题

这时就需要根据提示的信息,对问题进行分析和处理。常见的错误提示信息对应的原因及处理方法详见表 4-2。

表 4-2 错误提示信息对应的原因及处理方法

提示信息	原因及处理
满足所有约束条件,"规划求解"不能进一步优化	设置的"精度"较小,可在"选项"对话框设置更高的精度
求解达到最长运算时间后停止	设置的运算时间较短,可在"选项"对话框设置更长的时间
求解达到最大迭代次数后停止	设置的迭代次数较少,可在"选项"对话框设置更多的迭代次数
目标单元格中的数值未收敛	设置约束条件时忽略了其中的一项或多项造成的,或者在"选项"中设置的"收敛度"较大。重新检查约束设置或"收敛度"设置
"规划求解"未找到合适的结果	原因是约束条件不一致,检查约束条件公式和类型的选择,更正后再试
无法满足选定的"采用线性模型"的条件	求解模型可能属于非线性。可以在选项里选择"自动按比例缩放"复选框,再运行求解一次。如果仍然给出同样信息,可判断为非线性问题,改为非线性求解
"规划求解"在目标单元格或约束条件单元格中出现错误值	目标单元格或约束单元格公式错误,或者添加约束时键入了无效的名称或公式,也有可能是"约束值"选择错误。重新检查后再试
内存不足	关闭一些应用程序或文件,再试一次
Excel 程序正在使用 SOLVER.DLL	当前还有规划求解程序在运行,可关闭后再试。Excel 只供一个规划求解程序运行

第四节　数据分析工具的应用

一、数据分析工具加载与内容

在日常的数据分析工作中，我们通常使用 Excel 的函数和图表进行数据分析，但有些函数的参数设置比较复杂，比如 NORMDIST（正态分布）函数、STDEV（标准偏差）函数、LINEST（线性回归）函数等，如不熟悉统计学知识，理解和操作起来相对比较困难。

为了方便用户进行数据统计分析，Excel 提供了一个数据分析的加载工具，用于拓展 Excel 的数据分析功能，这就是"分析工具库"。

分析工具库的加载与规划求解工具加载步骤一样，只要在"加载宏"对话框口勾选"分析工具库"前的复选框即可，如图 4-24 所示。

图 4-24　加载"分析工具库"

二、数据分析工具的应用

规划求解工具加载后，选项【数据】选项卡中，单击"数据分析"工具，出现"数据分析"对话框，如图 4-25 所示。在对话框中可以选择方差分析、相关系数、协方差、描述统计、指数平滑等十几种数据分析功能。

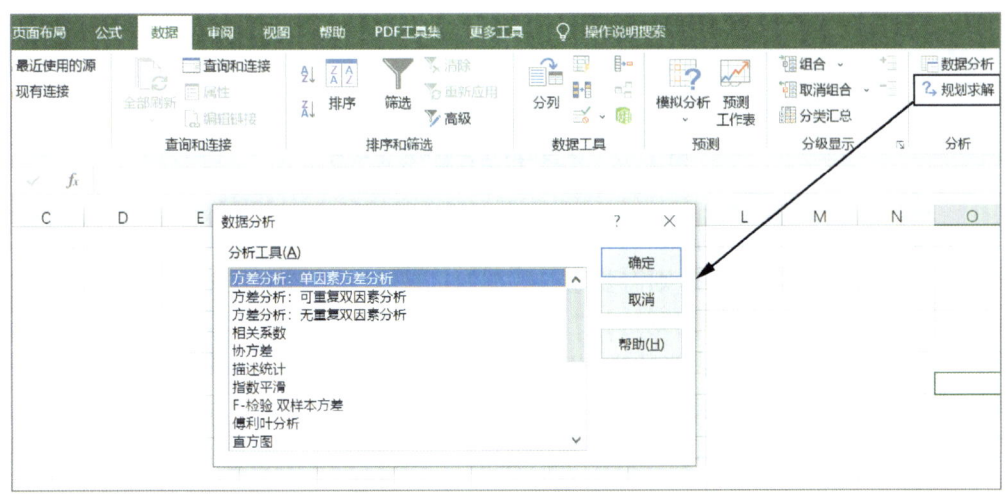

图 4-25　数据分析对话框

下面我们通过一个案例来说明"数据分析"工具的应用。

【案例 4-2】 G 公司有最近 10 年的广告费支出和对应年份的月平均销售额统计数据,如表 4-3 所示。

表 4-3　广告费和月平均销售额统计表　　　　　　　单位:万元

年广告费投入	月均销售额	年广告费投入	月均销售额
625.00	2 120.00	1 720.00	4 320.00
765.00	2 390.00	1 970.00	4 900.00
1 160.00	3 290.00	2 260.00	5 280.00
1 320.00	3 410.00	2 770.00	5 940.00
1 675.00	4 250.00	3 045.00	6 350.00

该公司市场部门希望了解广告费投入的高低与销售额增减的相关性,你能帮助分析吗?

【分析步骤】

步骤 1:选中数据源区域 B3:C13,点击数据功能区已加载的"数据分析",在调出的"数据分析"对话框中选择"相关系数",点击确定,如图 4-26 所示。

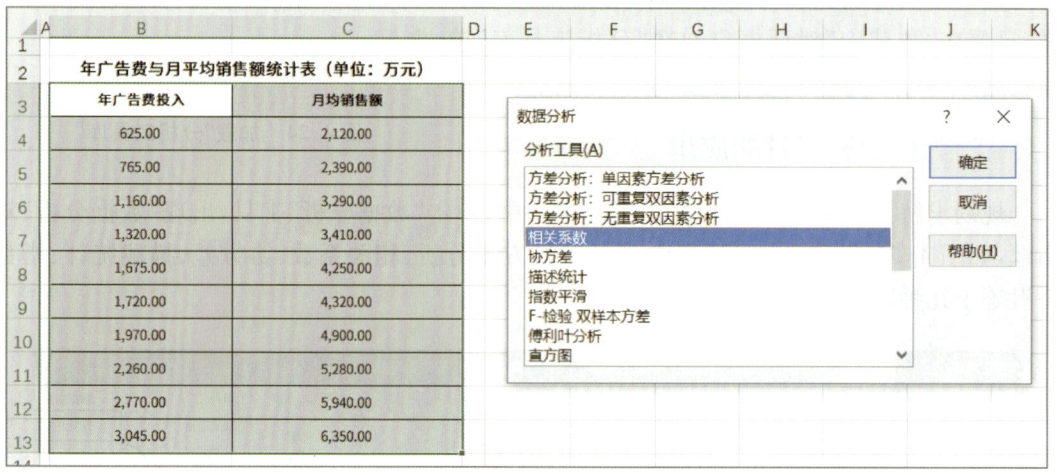

图 4-26　选择"相关系数"分析工具

步骤 2:在弹出的"相关系数"对话框的"输入区域"显示的是"B3:C13"数据源区域(如果步骤 1 没有选中数据源区域,则需要输入数据源区域),"分组方式"选择"逐列"(本案例数据源是纵向排列,如果横向排列则选择"逐行"),"标志位于第一行"前的复选框勾选上(如果选择的数据源区域是没有表头的文本字符,则该复选框不必勾选),在"输出区域"输入任一单元格地址,该单元格地址为分析结果区域的开始位置,本案例选择的是 E4 单元格,然后点击确定,如图 4-27 所示。

步骤 3:在单元格区域 E4:G6 显示分析结果,得出分析结论,如图 4-28 所示。

通过上述分析,可知 G 公司年广告费的投入与月平均销售额之间的相关系数超过了 0.99,说明两者有非常强的相关关系。

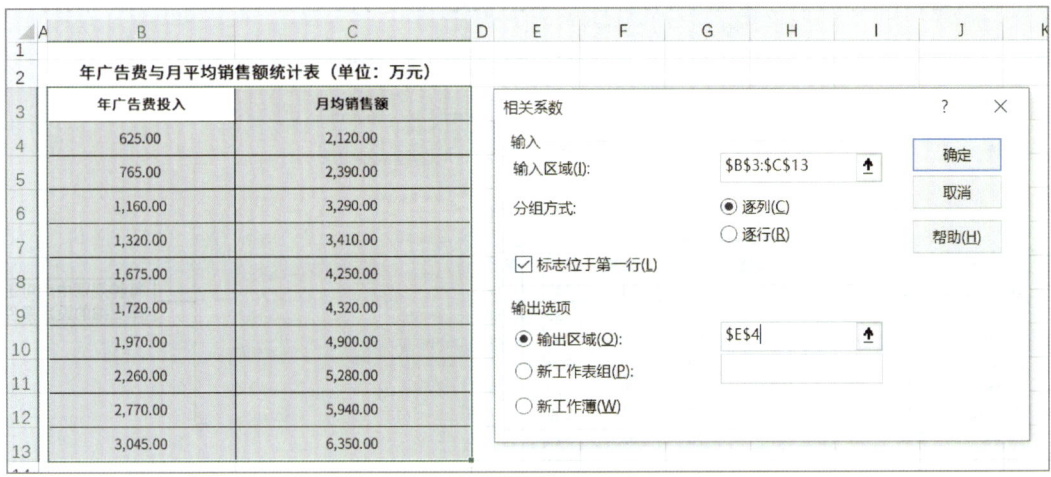

图 4-27　相关系数对话框输入相关数据

	年广告费投入	月均销售额
年广告费投入	1	
月均销售额	0.994198376	1

图 4-28　输入分析结果

第五节　条件格式的设置与应用

一、条件格式的设置

工作表中的数据量很多时，很难一眼辨识出数值的大小或找出所需的项目，条件格式使我们能够根据单元格区域的内容来指定该单元格区域的格式。比如我们想强调工作表中的某些项目或内容，如会计成绩达到 90 分以上者、销售额未达标准者等，便可以利用设定格式化的条件功能，自动将数据套上特别的格式以利辨识。

在设定格式化的条件功能中，有许多种数据设定规则与视觉效果，如图4-29所示。

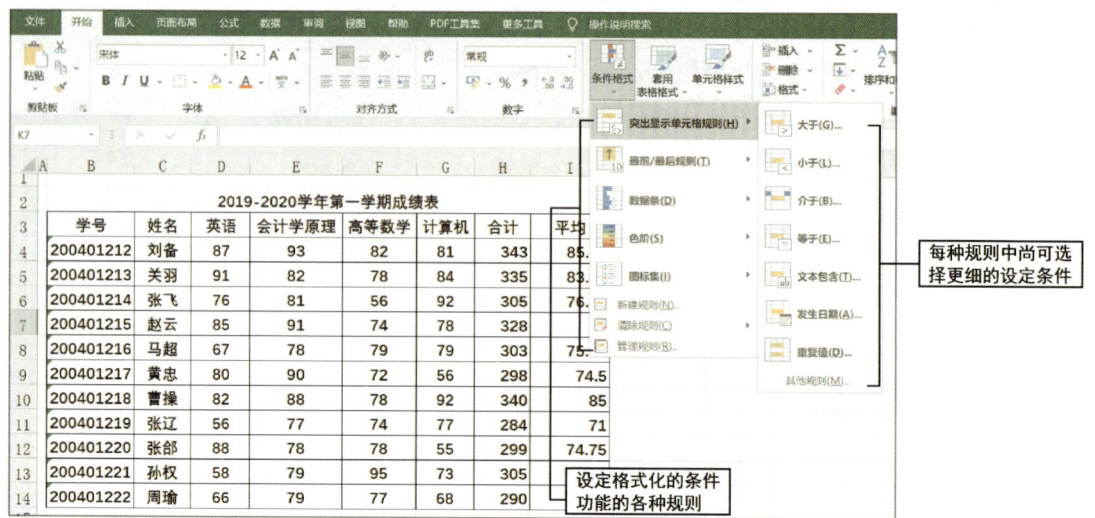

图4-29 条件格式的多种设定规则

二、条件格式的应用

（1）分析考试成绩。

要求：突出显示大于90分和小于70分的单元格，如图4-30所示。

	A	B	C	D	E	F	G	H	I
1		2019-2020学年第一学期成绩表							
2		学号	姓名	英语	会计学原理	高等数学	计算机	合计	平均
3		200401212	刘备	87	93	82	81	343	85.75
4		200401213	关羽	91	82	78	84	335	83.75
5		200401214	张飞	76	81	56	92	305	76.25
6		200401215	赵云	85	91	74	78	328	82
7		200401216	马超	67	78	79	79	303	75.75
8		200401217	黄忠	80	90	72	56	298	74.5
9		200401218	曹操	82	88	78	92	340	85
10		200401219	张辽	56	77	74	77	284	71
11		200401220	张郃	88	78	78	55	299	74.75
12		200401221	孙权	58	79	95	73	305	76.25
13		200401222	周瑜	66	79	77	68	290	72.5

图4-30 分析考试成绩

> 提示
> 本案例实操演示见视频文件"4-7 条件格式应用——分析考试成绩"。

（2）查询业务员业绩。

要求：查询每季度业绩前三名的业务员，如图4-31所示。

	A	B	C	D	E	F	G	H
1				业务员销售业绩一览表				
2	序	销售员	第一季度	第二季度	第三季度	第四季度	合计	
3	1	赵云	1712	1374	1461	2106	6653	
4	2	典韦	2414	1465	2305	1766	7950	
5	3	关羽	843	1469	1572	1326	5210	
6	4	马超	1211	1259	2258	1280	6008	
7	5	张飞	1333	1477	1733	728	5271	
8	6	黄忠	937	1462	1746	875	5020	
9	7	许褚	1596	1651	888	761	4896	
10	8	孙策	936	2015	1462	2284	6697	
11	9	太史慈	1386	1613	1999	1615	6613	
12	10	夏候惇	1575	2296	830	992	5693	
13	11	夏候渊	2354	1493	916	1865	6628	
14	12	张辽	2225	1437	965	1171	5798	
15	13	甘宁	2348	2214	756	1042	6360	
16	14	周泰	1257	2074	1419	2152	6902	
17								

图 4-31 查询业务员业绩

> **提示**
> 本案例实操演示见视频文件"4-8 条件格式应用——查询业务员业绩"。

（3）突出显示未完成销售量计划的单元格，如图 4-32 所示。

> **提示**
> 本案例实操演示见视频文件"4-9 条件格式应用——突出显示符合条件的单元格"。

（4）用"数据横条"规则标识业绩数值的大小，如图 4-33 所示。

行标签	求和项:计划销量	求和项:实际销量
餐桌	19590	19905
餐桌椅	19700	19870
茶几	19510	19926
床	19470	19662
单人沙发	20170	19918
电视柜	19880	19733
酒柜	19290	19571
六门衣柜	20090	19933
三人沙发	20030	19559
书柜	19790	19945
书桌	20550	19857
四门衣柜	19870	19967
总计	237940	237846

图 4-32 突出显示符合条件的单元格

	A	B	C	D	E	F	G	H
1				业务员销售业绩一览表				
2	序	销售员	第一季度	第二季度	第三季度	第四季度	合计	
3	1	赵云	1712	1374	1461	2106	6653	
4	2	典韦	2414	1465	2305	1766	7950	
5	3	关羽	843	1469	1572	1326	5210	
6	4	马超	1211	1259	2258	1280	6008	
7	5	张飞	1333	1477	1733	728	5271	
8	6	黄忠	937	1462	1746	875	5020	
9	7	许褚	1596	1651	888	761	4896	
10	8	孙策	936	2015	1462	2284	6697	
11	9	太史慈	1386	1613	1999	1615	6613	
12	10	夏候惇	1575	2296	830	992	5693	
13	11	夏候渊	2354	1493	916	1865	6628	
14	12	张辽	2225	1437	965	1171	5798	
15	13	甘宁	2348	2214	756	1042	6360	
16	14	周泰	1257	2074	1419	2152	6902	
17								

图 4-33 数据横条标识数据

> 提示
> 本案例实操演示见视频文件"4-10 条件格式应用——数据横条标识数据"。

第六节 控件的应用

一、Excel 中的控件

Excel 中的控件有两种,分别是表单控件(又叫窗体控件)和 ActiveX 控件。两种控件能做出基本相似的效果,但它们也有很多不同的地方,特别是在控件属性设置方面,ActiveX 控件的设置选项更多。大多数情况下,如果不使用 VBA 编程,一般都使用设置相对简单的表单控件。

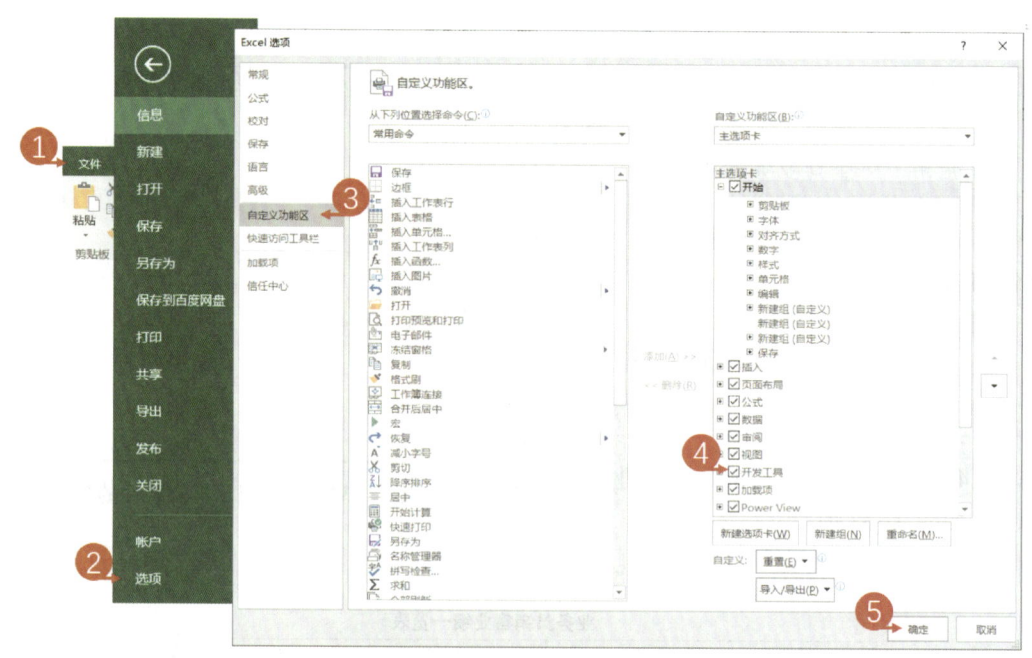

图 4-34 添加"开发工具"选项卡

图 4-35 显示控件

表单控件包括按钮、组合框、复选框、数值调节钮、列表框、选项按钮、分组框等。

在工作表中如果要使用控件,以 Excel 2016 为例,需要将"开发工具"选项卡添加到工作表的菜单栏,具体操作如下:【文件】→【选项】→【自定义功能区】→【勾选"开发工具"】→【确定】,如图 4-34 所示。

"开发工具"添加到菜单栏后,点击功能区"插入"下面的"黑三角",可以显示表单控件和 ActiveX 控件,如图4-35所示。

常用表单控件的控制设置和输出值如表 4-4 所示。

表 4-4　常用表单控件的控制设置和输出值

常用表单控件		控件属性	输出值
张飞 ▼	组合框	数据源区域 单元格链接	根据单击确定数字
☑复选框1 ☑复选框2	复选框	单元格链接	TRUE FALSE
关羽 张飞 赵云	列表框	数据源区域 单元格链接	根据单击确定数字
◉选项按钮1 ○选项按钮2	选项按钮	单元格链接	根据选择确定 选项组的数字
▲▼	数值调节 按钮	最小值 最大值 单元格链接	根据单击上下小三角 确定数字
◄ ►	滚动条	最小值 最大值 单元格链接	根据单击左右箭头或 移动滚动条确定数字

二、常用表单控件的设置与应用

1. 组合框控件和列表框控件的设置与应用

组合框控件与列表框控件的设置相似，现以组合框设置为例。

选择【开发工具】功能卡，调出控件显示界面，单击"组合框"控件，放置到工作表的合适位置。如图4-36所示，选中组合框控件，按鼠标右键调出"设置控件格式"对话框，选中"控制"，在"数据源区域"和"单元格链接"位置填入相应的单元格区域和单元格地址，单击"确定"完成控件的设置。

图 4-37 以组合框控件控制的动态图表为例，在组合框下拉框中选择相应的产品时，将显现对应产品 1—12 月份的折线图。

> **提示** 本案例实操演示见视频文件"4-11 组合框控制动态图表"。

2. 滚动条控件和数值调节控件的设置与应用

滚动条控件和数值调节控件的设置相似，现以滚动条控件设置为例。

选择【开发工具】功能卡，调出控件显示界面，单击"滚动条"控件，放置到工作表的合适位置。如图4-38所示，选中滚动条控件，按鼠标右键调出"设置控件格式"对话框，选中"控制"，分别设置"最小值""最大值""步长""页步长""单元格链接"，单击"确定"完成控件的设置。

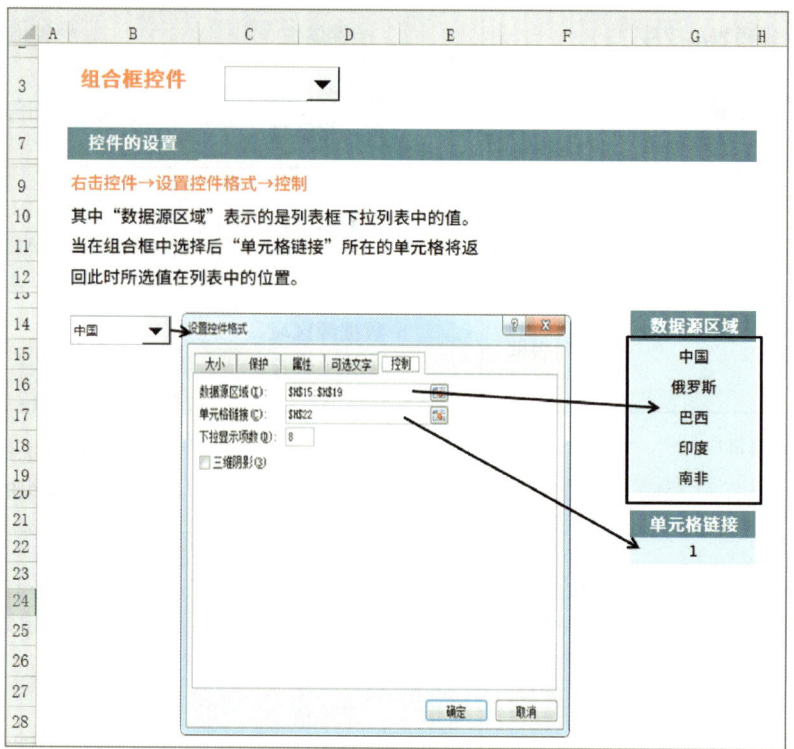

图 4-36　组合框控件的设置

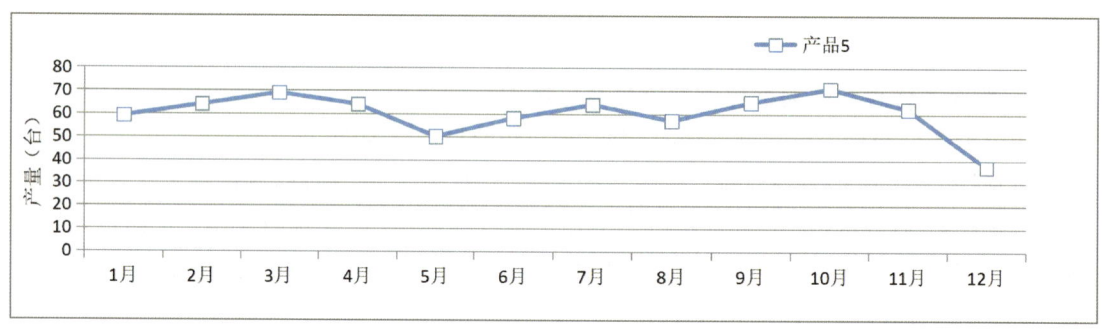

	1月	2月	3月	4月	5月	6月	7月	8月	9月	10月	11月	12月
产品5	59	64	69	64	50	58	64	57	65	71	62	37
1 产品1	53	65	70	31	76	76	67	76	71	64	57	34
2 产品2	30	60	77	36	55	53	50	44	43	32	67	61
3 产品3	56	42	49	60	67	39	52	49	44	64	76	41
4 产品4	34	39	53	75	67	34	54	54	56	76	54	78
5 产品5	59	64	69	64	50	58	64	57	65	71	62	37
	1	2	3	4	5	6	7	8	9	10	11	12	13

图 4-37　组合框控件控制动态图

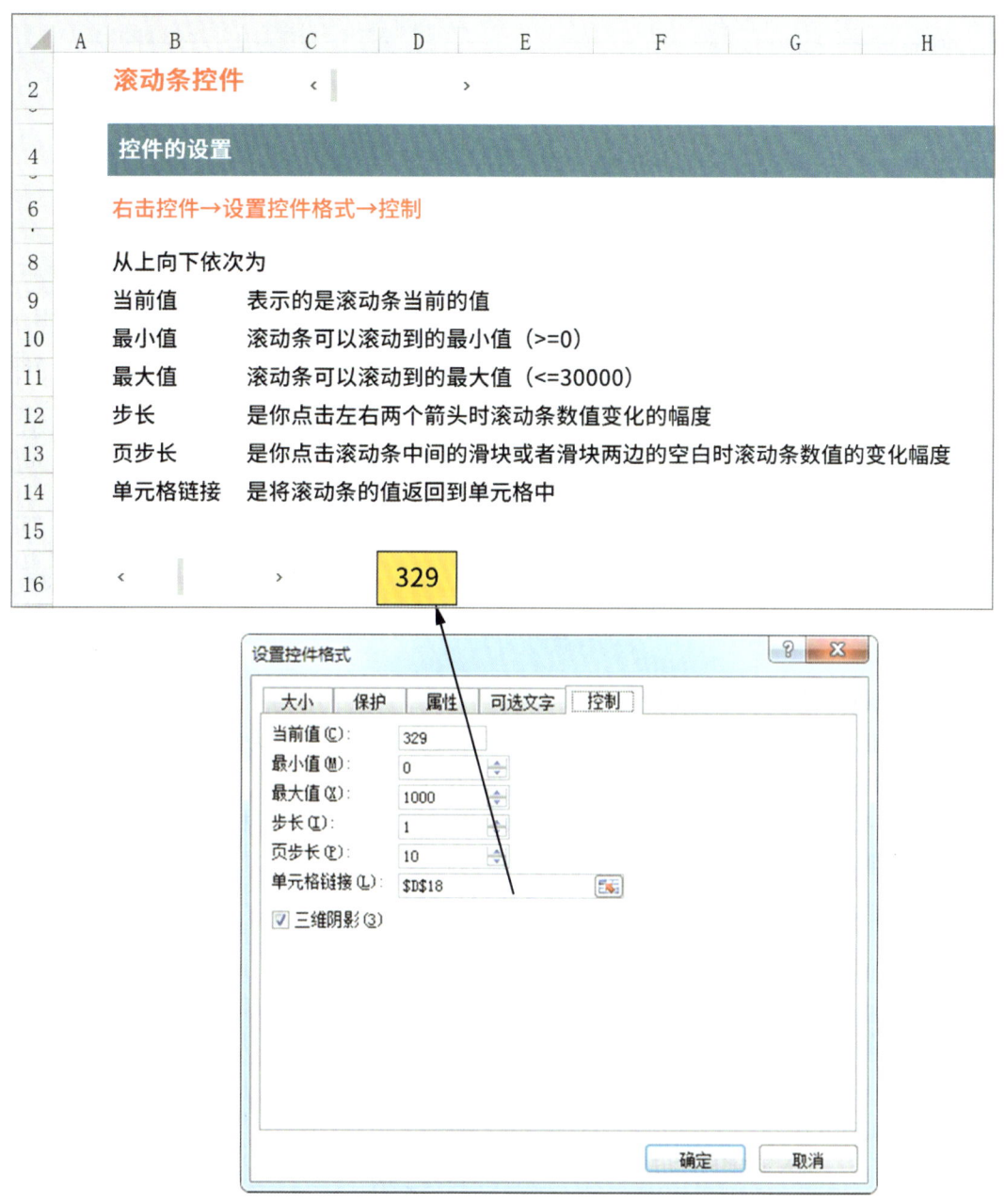

图 4-38　滚动条控件的设置

图 4-39 以滚动条控件控制的动态图表为例，当滚动条选择相应的产品时，将显现对应产品 1—12 月份的折线图。

> **提示**
> 本案例实操演示见视频文件"4-12 滚动条控制动态图表"。

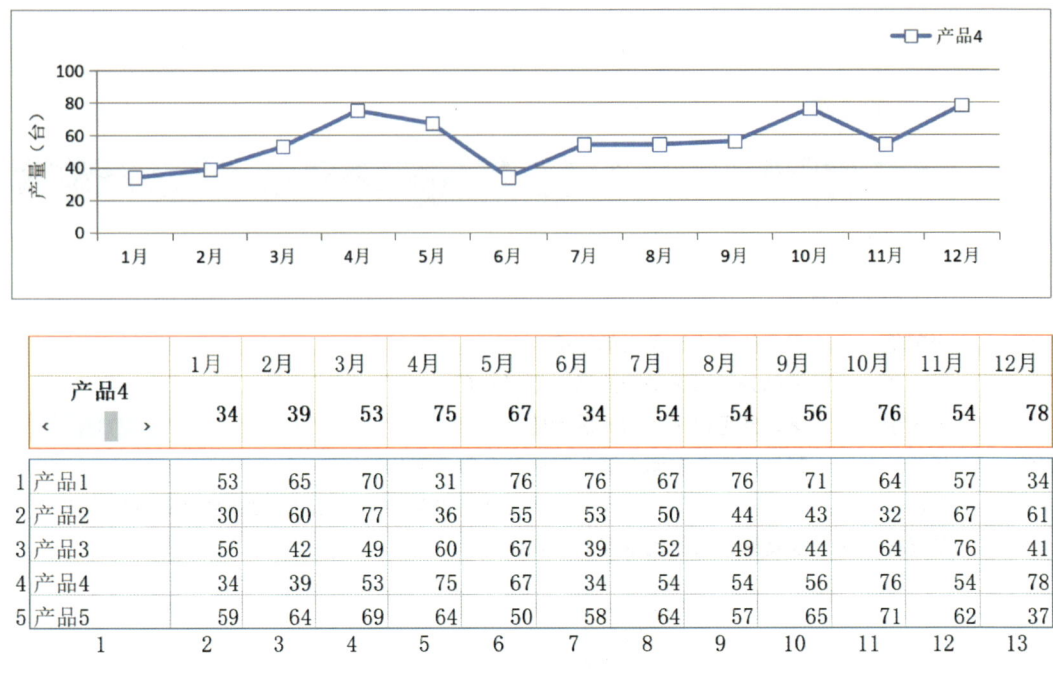

图 4-39　滚动条控件控制动态图

3. 复选框和选项按钮的设置与应用

复选框控件和选项按钮控件的设置相似，现以复选框控件设置为例。

选择【开发工具】功能卡，调出控件显示界面，单击"复选框"控件，放置到工作表的合适位置。如图 4-40 所示，选中复选框控件，按鼠标右键调出"设置控件格式"对话框，选中"控制"，分别设置"单元格链接"，单击"确定"完成控件的设置。

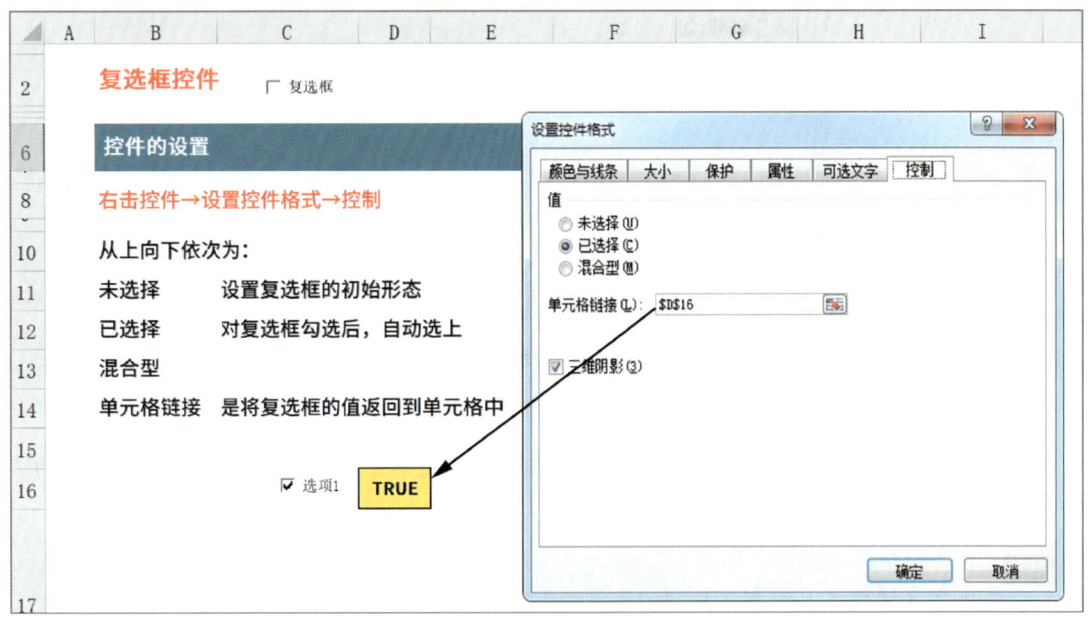

图 4-40　复选框控件的设置

图 4-41 所示为复选框控件控制的动态图表,当在复选框中勾选相应的产品时,将显现对应产品 1—12 月份的折线图。

		1月	2月	3月	4月	5月	6月	7月	8月	9月	10月	11月	12月
☑	产品1	53	65	70	31	76	76	67	76	71	64	57	34
☐	产品2												
☐	产品3												
☑	产品4	34	39	53	75	67	34	54	54	56	76	54	78
☐	产品5												

	1月	2月	3月	4月	5月	6月	7月	8月	9月	10月	11月	12月
产品1	53	65	70	31	76	76	67	76	71	64	57	34
产品2	30	60	77	36	55	53	50	44	43	32	67	61
产品3	56	42	49	60	67	39	52	49	44	64	76	41
产品4	34	39	53	75	67	34	54	54	56	76	54	78
产品5	59	64	69	64	50	58	64	57	65	71	62	37

图 4-41　复选框控件控制动态图

提示

本案例实操演示见视频文件"4-13 复选框控制动态图表"。

下编

决策分析与业务建模实战

第五章　市场和销售决策分析

第一节　市场调查分析模型

问题导入

为了准确定位某地区高端自行车赛车的客户群体，华辰公司市场部门通过该地区自行车运动协会发放调查问卷，从收入和年龄两个维度分析购买高端赛车的客户群体，其中：

(1) 收入分为高收入(月薪3万元及以上)和普通收入(月薪1万元及以下)。

(2) 年龄分为35岁以下和35岁及以上。

通过2周的调查，共回收有效问卷500份，调查问题统计数据如表5-1所示。

表5-1　高端自行车赛车市场调查统计表

序号	年龄(岁)	收入(元)	是否已购买
1	⩾35	⩾30 000	否
2	<35	⩾30 000	是
3	<35	⩾30 000	是
4	<35	⩾30 000	是
5	<35	⩾30 000	是
6	⩾35	⩾30 000	否
…	…	…	…
498	<35	⩾30 000	否
499	<35	⩽10 000	否
500	<35	⩾30 000	是

模型构建

根据市场调查统计数据表，应用数据透视表，制作如图5-1所示的分析模型。

通过图5-1可以看出：

(1) 调查对象中有43%购买了高端自行车赛车。

(2) 从收入维度分析，月薪3万元及以上的购买者占比为30.8%，月薪1万元及以下的占比为12.2%。但由于调查者中月薪3万元及以上的人数(占比72.4%)明显高于月薪1万元及以下人数(占比12.2%)，所以并不能说月薪越高购买的可能性越大。

(3) 从年龄维度进行分析，年龄小于35岁的购买人数明显高于年龄大于35岁的人数，在月薪 3 万元及以上组中,购买者占比为 30.8%,其中小于 35 岁的占比为 28.4%;而月薪 1 万元及以下的购买者占比为 12.2%,其中小于 35 岁的占比为 11.80%。

计数项:是否已购买	列标签		
行标签	否	是	总计
<=1,0000	15.40%	12.20%	27.60%
>=35	11.20%	0.40%	11.60%
< 35	4.20%	11.80%	16.00%
>=30,000	41.60%	30.80%	72.40%
>=35	31.60%	2.40%	34.00%
< 35	10.00%	28.40%	38.40%
总计	57.00%	43.00%	100.00%

图 5-1　市场调查分析模型

第二节　销售量预测分析

一、销售量移动平均预测模型

▶ 问题导入

华辰公司某型号儿童自行车 20×1 年 1—12 月的销售数量,详见表 5-2。

表 5-2　20×1 年某型号男式自行车销售数量　　　　　　　　　　单位:辆

月份	1	2	3	4	5	6	7	8	9	10	11	12
实际销售数量	1 055	1 045	1 065	1 061	1 075	1 051	1 070	1 093	1 096	1 094	1 106	1 098

要求:请根据 20×1 年 1—12 月销售数量,应用移动平列法的一次移动和二次移动预测该型号自行车 20×2 年的 1 月份的销售量。

▶ 模型构建

根据上述资料构建预测模型如图 5-2 所示,一次移动平均的是前推 3 期的销售数量,预测数量为 1 099 辆;二次移动是对一次移动的平均值进行第二次移动平均,是前推 4 期的数量,预测数量为 1 088 辆。

月份	时期 t	实际销售量	一次移动平均n值	二次移动平均n值
			3	4
1	1	1,055	/	/
2	2	1,045	/	/
3	3	1,065	/	/
4	4	1,061	1,055	/
5	5	1,075	1,057	/
6	6	1,051	1,067	/
7	7	1,070	1,062	/
8	8	1,093	1,065	1,060
9	9	1,096	1,071	1,063
10	10	1,094	1,086	1,066
11	11	1,106	1,094	1,071
12	12	1,098	1,099	1,079
下年 1 月	13	/	1,099	1,088

图 5-2 销售量移动平均预测模型

图 5-2 所示模型中，E6 单元格输入公式："= IF(C6＞＄E＄5,ROUND(AVERAGE(OFFSET(＄D＄6,C6-＄E＄5-1,0,＄E＄5,1)),0),"/")"，然后填充复制到 E18 单元格，计算一次移动平均值。

F6 单元格输入公式："= IF(C6＞(＄E＄5+＄F＄5),ROUND(AVERAGE(OFFSET(＄E＄6,C6-＄F＄5-1,0,＄F＄5,1)),0),"/")"，然后填充复制到 F18 单元格，计算二次移动平均值。

▶ 知识链接

移动平均预测法属于时间序列预测法。

时间序列，也叫时间数列，它是将某种统计指标的数值，按时间先后顺序排列所形成的数列。例如，按月份排列某种商品的销售量。

时间序列预测法就是将预测目标通过编制和分析时间序列，根据时间序列所反映出来的发展过程、方向和趋势，进行类推或延伸，借以预测下一段时间水平。时间序列预测法通常又分为移动加权平均法、指数平滑法、回归分析法等。

移动平均法是用一组最近的实际数据值取平均值，将这个平均值作为下期预测值，逐项移动，形成一个序列平均数的时间序列。

移动平均法分为一次移动平均法和二次移动平均法。一次移动平均法是指将观察期的数据由远而近按一定跨越期进行一次移动平均，以最后一个移动平均值为确定预测值的依据的一种预测方法。

二次移动平均法,是对一次移动平均数进行第二次移动平均。

二、销售量回归预测模型

▶ 问题导入

华辰公司现有某型号男式自行车 20×1 年 12 月份的销售数量,详见表 5-3。

表 5-3　某型号男式自行车 20×1 年销售数量　　　　　　　　　　单位:辆

月份	期数(x)	销售量(y)	年份	期数(x)	销售量(y)
20×1 年 1 月	1	1 756	20×1 年 7 月	7	3 093
20×1 年 2 月	2	2 031	20×1 年 8 月	8	3 277
20×1 年 3 月	3	2 234	20×1 年 9 月	9	3 514
20×1 年 4 月	4	2 566	20×1 年 10 月	10	3 770
20×1 年 5 月	5	2 820	20×1 年 11 月	11	4 107
20×1 年 6 月	6	3 006	20×1 年 12 月	12	4 398

要求:请根据 20×1 年的销售数量,应用一次线性回归预测 20×2 年 1—3 月的销售量。

▶ 模型构建

根据上述 20×1 年销售量数据构建销售量回归预测模型如图 5-3 所示,在 D17 单元格输入公式:"= INTERCEPT(D5:D16,C5:C16) + LINEST(D5:D16,C5:C16) * C17",然后

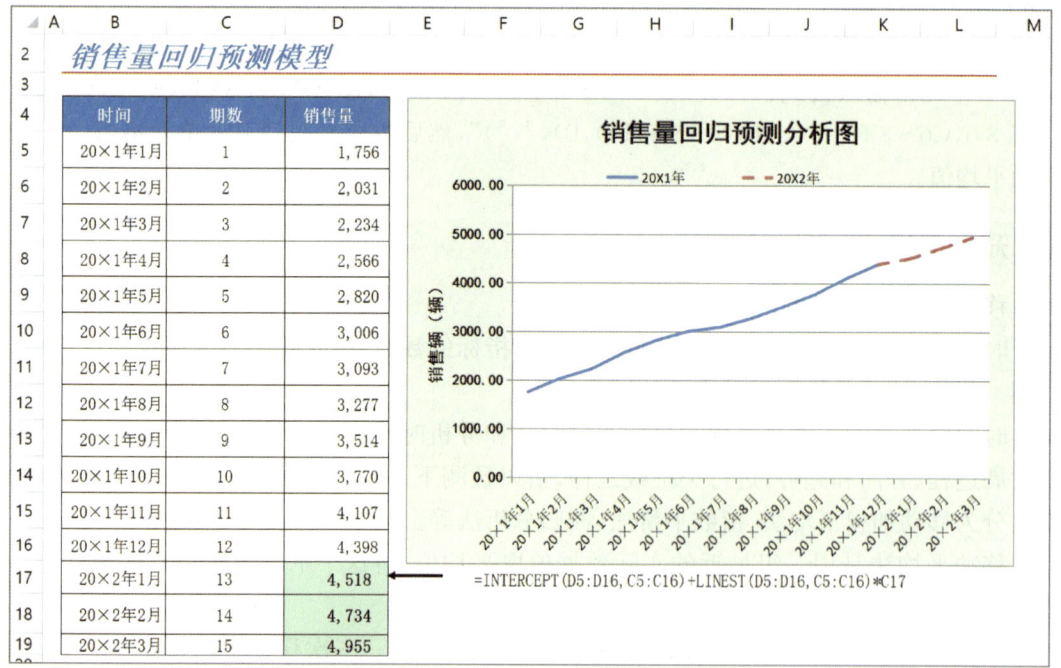

图 5-3　销售回归预测模型

将公式填充复制至 D19 单元格,完成 20×2 年 1—3 月份的销售数量的预测,分别为 4 518 辆、4 734 辆和 4 955 辆。

预测完成后,可以选择折线图绘制分析图。图 5-3 中的折线图两种样式分别显示实际数据和预测数据,设置方法可以参见第三章第三节图表的应用中"三、10 种特殊图表的制作"的介绍和有关视频。

▶ 知识链接

一次线性回归的函数表达是 $y=a+bx$,函数图形是一条直线,根据自变量 x 的变动,预测因变量 y 的变动趋势。

在 $y=a+bx$ 中,a 称作截距,b 称作系数(或斜率),它们的计算公式分别如下:

$$a=\frac{\sum x^2 \sum y - \sum x \sum xy}{n\sum x^2 - (\sum x)^2}$$

$$b=\frac{n\sum xy - \sum x \sum y}{n\sum x^2 - (\sum x)^2}$$

应用上述公式,可解得系数 a 和截距 b,但公式计算比较烦琐,利用 Excel 的函数和图形的方法,可以快速计算。

Excel 中,LINEST 函数可以计算系数 b,INTERCEPT 函数可以计算截距 a;图形的方法是根据历史数据制作的折线图,利用图表工具中的添加趋势线功能实现。

本案例是利用函数的方法计算系数 a 和截距 b。

三、季节性销售量回归预测模型

▶ 问题导入

华辰公司近 3 年每个季度儿童自行车销售记录如表 5-4 所示。

表 5-4 销售记录表

季度	实际销售量(辆)	季度	实际销售量(辆)
第一年夏	11 800	第二年冬	11 009
第一年秋	8 925	第二年春	11 286
第一年冬	10 404	第三年夏	13 350
第二年春	10 600	第三年秋	10 266
第二年夏	12 285	第三年冬	11 270
第二年秋	9 213	第四年春	12 138

从上述近 3 年的销售数据可以看出,儿童自行车的销售量呈明显的季节性,夏季最旺

（六一儿童节的原因），冬季和春季其次（圣诞节和春节的原因），而秋季的销售量要对较低。绘制折线图反映其变化情况，如图 5-4 所示。

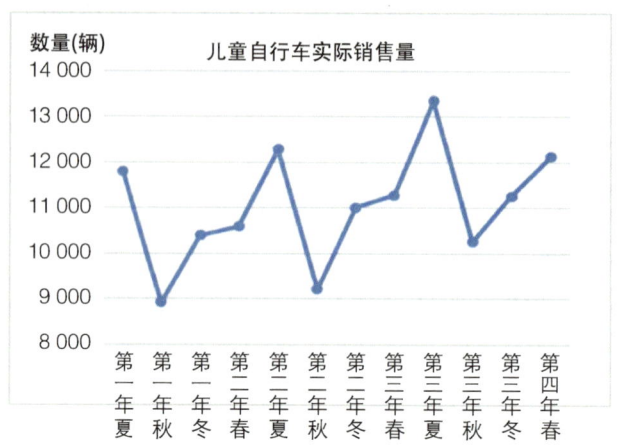

图 5-4　近 3 年每个季度儿童自行车实际销售量

要求：为了更好地确定每个季度的生产量，假如你是公司的财务经理，请你根据近 3 年的历史销售数据，预测华辰公司下一年每个季度儿童自行车的销售量。

模型构建

由于儿童自行车销售量呈季节性变化，在应用一次线性回归预测销售量后需要通过"季度系数"进行调整。

"季度系数"的计算应用一次线性回归根据过去 3 年的实际销售数据模拟预测过去三年的销售数据，然后将实际数据除以模拟预测数据，得到过去 3 年实际与预测的比值，当比值大于 1 时，实际数高于预测数，当比值小于 1 时，实际数低于预测数。历史数据的范围有 3 年，在 12 个比值中每季度有 3 个比值，将每季度的 3 个比值进行平均得到"季度系度"。

在图 5-5 模型中，单元格区域 B4:D16 数据为历史销售记录，在单元格区域 B18:C22 输入下年底每个季度和序号 13～16（在历史数据之后排序），表格中其他单元输入公式如下：

E4 单元格输入"＝ROUND(INTERCEPT($D$5:$D$16,$C$5:$C$16)+LINEST($D$5:$D$16,$C$5:$C$16)*C5,0)"，然后填充复制至 E16 单元格。

F4 单元格输入"＝ROUND(D5/E5,4)"，然后填充复制至 F16 单元格；

D19 单元格输入"＝ROUND(SUMIF($B$5:$B$16,B19,$F$5:$F$16)/3,4)"，然后填充复制至 D22 单元格。

E19 单元格输入"＝ROUND((INTERCEPT($D$5:$D$16,$C$5:$C$16)+LINEST($D$5:$D$16,$C$5:$C$16)*C19)*D19,0)"，然后填充复制至 E22 单元格。

通过上述模型计算，下一年度夏、秋、冬和春的预测销售量分别 13 642 辆、10 338 辆、11 895 辆和 12 361 辆，绘制折线图直观反映预测的情况，如图 5-6 所示。

	A	B	C	D	E	F
1						
2		儿童自行车销售量预测模型				
3						
4		季度	序号	实际销售量（辆）	回归预测（辆）	实际/预测
5		第一年夏	1	11800	10345	1.1406
6		第一年秋	2	8925	10473	0.8522
7		第一年冬	3	10404	10600	0.9815
8		第二年春	4	10600	10727	0.9882
9		第二年夏	5	12285	10855	1.1317
10		第二年秋	6	9213	10982	0.8389
11		第二年冬	7	11009	11109	0.991
12		第三年春	8	11286	11236	1.0044
13		第三年夏	9	13350	11364	1.1748
14		第三年秋	10	10266	11491	0.8934
15		第三年冬	11	11270	11618	0.97
16		第四年春	12	12138	11746	1.0334
17						
18		季度	序号	季度系数	下年度预测量（辆）	
19		第四年夏	13	1.149	13642	
20		第四年秋	14	0.8615	10338	
21		第四年冬	15	0.9808	11895	
22		第五年春	16	1.0087	12361	

图 5-5　儿童自行车销售预测模型

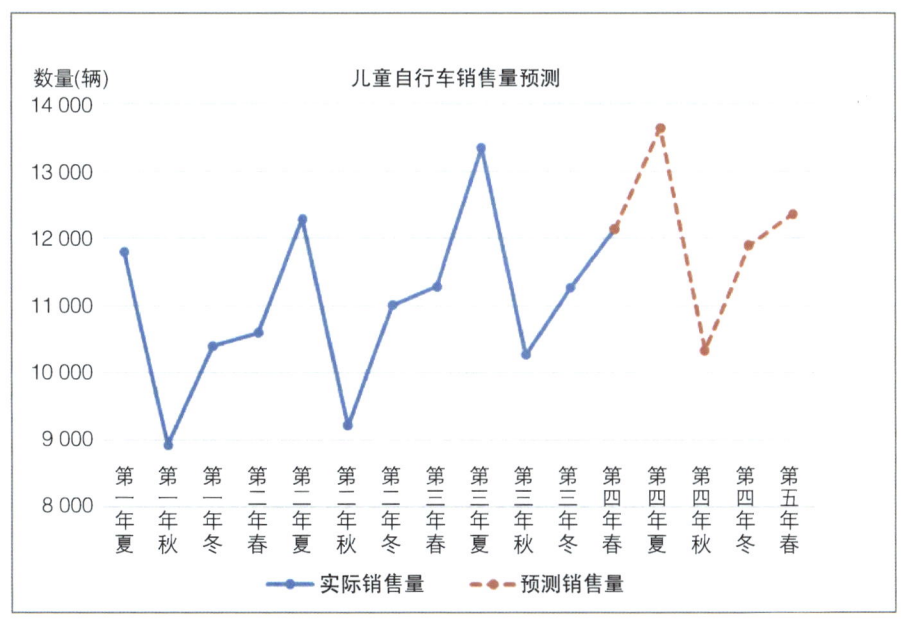

图 5-6　儿童自行车销售预测图

第三节 销售区域选择和配送中心选址决策分析

一、销售区域选择决策分析模型

问题导入

华辰公司拟开拓 H 省市场，计划投资 1 000 万元，设置多家销售点。公司销售部门经实地考察发现，目前 H 省可供选择的有 A1、A2、A3，…，A10 共 10 个销售点，预计各销售点的投资额和每年的利润如表 5-5 所示。

表 5-5 拟设销售点的投资额和利润 单位：万元

销售点	A1	A2	A3	A4	A5	A6	A7	A8	A9	A10
投资额	130	160	150	115	175	210	200	135	110	125
利润	39	50	33	40	58	65	85	29	38	40

要求：在计划投资额 1 000 万元以内，选择哪些销售点可以获得最大的利润。

模型构建

通过图 5-7 可以看出，选择投资的销售点为 A2、A4、A5、A6、A7 和 A10 这 6 个销售点，总投资额为 985 万元，没有超过 1 000 万元范围，可以实现利润为 338 万元。

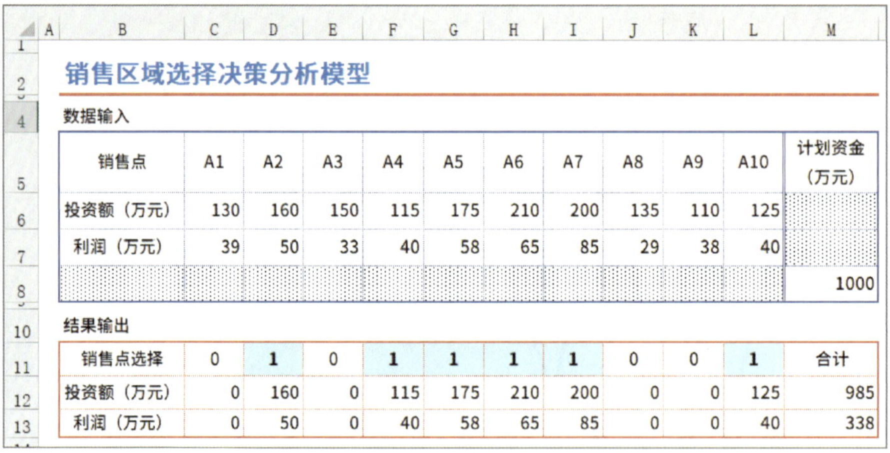

销售区域选择决策分析模型

数据输入

销售点	A1	A2	A3	A4	A5	A6	A7	A8	A9	A10	计划资金（万元）
投资额（万元）	130	160	150	115	175	210	200	135	110	125	
利润（万元）	39	50	33	40	58	65	85	29	38	40	
											1000

结果输出

销售点选择	0	1	0	1	1	1	1	0	0	1	合计
投资额（万元）	0	160	0	115	175	210	200	0	0	125	985
利润（万元）	0	50	0	40	58	65	85	0	0	40	338

图 5-7 销售区域选择决策分析模型

本模型的构建应用到规划求解加载项，其中：约束条件为总投资不超过 1 000 万元；目标函数为优选的销售点组合的合计利润最大。

在图 5-7 所示的模型中，C12 单元格输入公式“= C6 * C11”，然后填充复制到 L12：C13 单元格输入公式“= C7 * C11”，然后填充复制到 L13 单元格；单元格 M12 输入公式“= SUM(C12:L12)”，单元格 M13 输入公式“= SUM(C13:L13)”。

规划求解参数设置如图 5-8 所示。

图 5-8 规划求解参数设置

二、配送中心合理选址决策分析模型

▶ 问题导入

华辰公司拟考虑设立 3 个配送中心,计划在 A1、A2、A3 和 A4 这 4 个城市中选择,其中每个城市不得超过 1 个。这些配送中心负责向甲、乙和丙地区发送货物,每个配送中心每月可发货各种型号自行车 1 200 辆。在 A1、A2、A3 和 A4 设仓库每月的固定成本分别为 10 万元、6 万元、8 万元和 5 万元。甲、乙和丙地区每月平均需求量分别为 1 200 辆、800 辆和 900 辆。各城市向各地区发货送货的单位费用如表 5-6 所示。

表 5-6 各地区单位运费、固定成本和发货上限明细表

地区	单位费用(元/辆)			固定成本（元）	发货上限（辆）
	甲	乙	丙		
A1	220	420	520	100 000	1 200
A2	320	270	470	60 000	1 200
A3	620	420	270	80 000	1 200
A4	320	170	220	50 000	1 200
各地需求量(辆)	1 200	800	900		

要求：3家配送中心的选址以及向各地区的送货量，保证每月总成本最小。

> 模型构建

根据上述资料构建如图5-9所示的模型。解决本案例问题需要通过规划求解工具，通过求解，得到的方案是选择在A1、A3、A4地区拟建配送仓库，其中A1地区的配送仓库向甲地区发运1 200辆，A3地区的配送仓库向丙地区发运500辆，A4地区的配送仓库分别向乙地区和丙地区发运800辆和400辆。在满足各地区每月需求量的前提下，月总成本最小为853 000元。规划求解参数设置如图5-10所示。

地区	单位费用（元/辆）			固定成本	发货上限	拟建配送仓库数量
	甲	乙	丙			
A1	220	420	520	100,000	1,200	
A2	320	270	470	60,000	1,200	
A3	620	420	270	80,000	1,200	
A4	320	170	220	50,000	1,200	
						3
各地需求量	1200	800	900			

结果输出

地区	拟建配送仓库	发运量			实际发出货物合计	实际发货上限	实际变动成本	实际固定成本	总成本
		甲	乙	丙					
A1	1	1,200	-	-	1,200	1,200	264,000	100,000	364,000
A2	0	-	-	-	-	-	-	-	-
A3	1	-	-	500	500	1,200	135,000	80,000	215,000
A4	1	-	800	400	1,200	1,200	224,000	50,000	274,000
合计	3	1,200	800	900	2,900	3,600	623,000	230,000	**853,000**

图5-9 配送中心合理选址模型

图5-9所示的模型工作表中计算公式的设置如下：

G17单元格输入公式"=SUM(D17:F17)"，并填充复制到G20单元格，计算实际发出货物的合计。

H17单元格输入公式"=C17*G7"，并填充复制到H20单元格，填列实际发货上限。

I17单元格输入公式"=SUMPRODUCT(C7:E7,D17:F17)"，并填充复制到I20单元格，计算实际变动成本。

J17单元格输入公式"=C17*F7"，并填充复制到J20单元格，计算实际固定成本。

K17单元格输入公式"=I17+J17"，并填充复制到K20单元格，计算总成本。

C21单元格输入公式"=SUM(C17:C20)"，并填充复制到K21单元格，计算合计数。

图5-10所示规划求解参数的设置如下：

（1）K21单元格是目标值，设定目标值为最小。

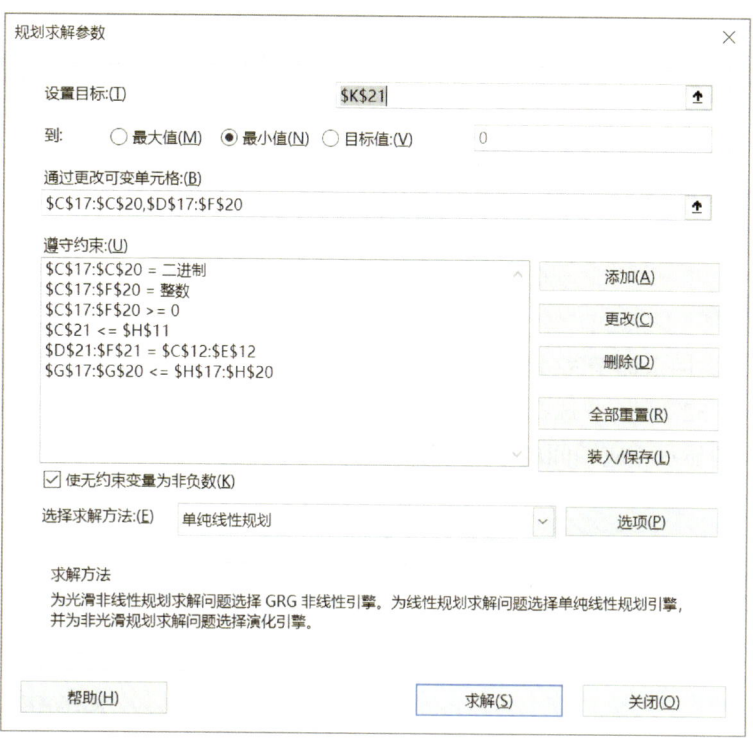

图 5-10　规划求解参数设置

（2）单元格区域 C17:C20 和单元格区域 D17:F20 为可变单元格，即需要求解的配送仓库设置地区，以及各配送仓库的发货量。

（3）约束条件包括：
- ✓ 单元格区域 C17:C20 为二进制。
- ✓ 单元格区域 C17:D20 为整数。
- ✓ 单元格区域 C17:D20 大于等于 0。
- ✓ 单元格 C21 小于等于单元格 H11（仓库数量的约束）。
- ✓ 单元格区域 D21:F21 等于单元格区域 C12:E12（各地需求量约束）。
- ✓ 单元格区域 G17:G20 小于等于单元格区域 H17:H20（发货上限的约束）。

第四节　销售业绩滚动和多维分析

一、销售业绩滚动分析模型

▶ 问题导入

华辰公司上年度儿童自行车销售额如表 5-7 所示。

表 5-7 上年度儿童自行车销售额　　　　　　　　　　　　　单位：万元

月份	1月	2月	3月	4月	5月	6月	7月	8月	9月	10月	11月	12月
销售额	201	224	221	159	245	218	298	204	283	299	188	294

要求：请构建模型以动态图示的形式分析从1月份开始到任意月份的销售额累计额和对应期间的销售趋势。

> 模型构建

本模型的动态图示如图5-11所示。当前"选择期间"是1—10月的销售趋势。该期间累计销售额为2 352万元。"选择期间"可以通过控件选择从1月份到任意月份的期间，"累计销售额"框内则显示相应期间的累计销售额。

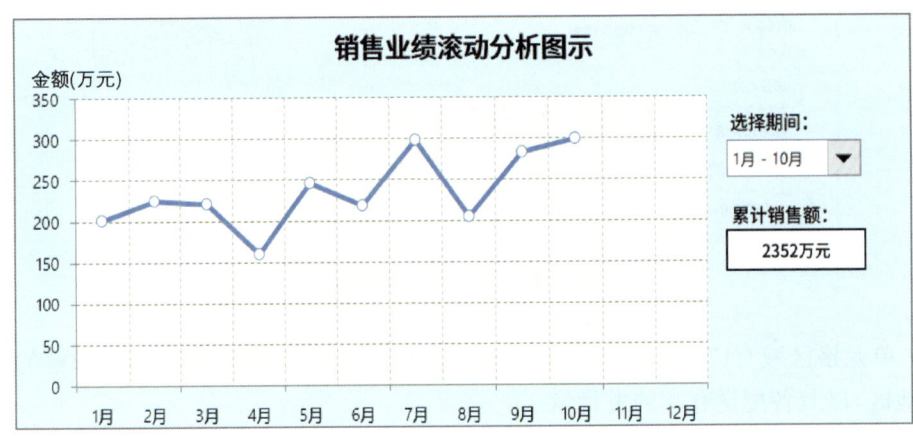

图 5-11 销售业绩滚动分析图示

构建图5-11所示的滚动分析模型需要创建存放数据源的工作表，如图5-12所示，该工作表中，单元格区域B2:N3为销售额原始数据；单元格区域B5:N6为绘图区域；C6单元

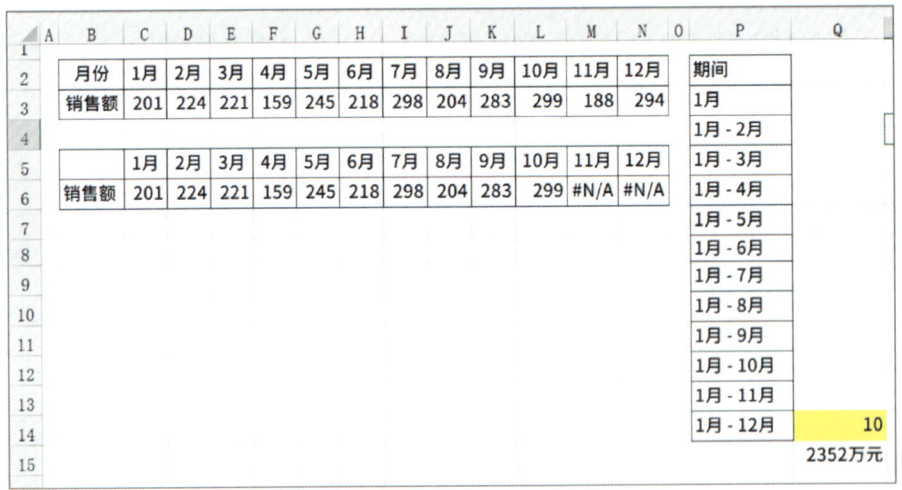

图 5-12 模型数据表

格输入公式"= IF($Q$14>=COLUMN(C6)-2,OFFSET($B$2,1,COLUMN(C6)-2),NA())",并填充复制到 N6 单元格,显示组合框控件所选择期间的销售额数据,图表的展现与之同步;单元格区域 P3:P14 为组合框控件的"数据源区域",组合框控件"单元格链接"为 Q14 单元格;Q15 单元格输入公式"= SUM(OFFSET(C3,0,0,1,Q14))",计算组合框控件所选择期间的销售额累计数。

二、销售业绩多维分析模型

▶ 问题导入

华辰公司山地车事业部现有过去一年的各月份所有客户、型号和销售地区的销售量、营收入和营业成本数据,见表 5-8。

表 5-8 山地车事业部销售数据   金额单位:元

序号	月份	客户名称	型号	地区	销量(辆)	单价	营业收入	营业成本	毛利
1	1	KH001	GK005	CY006	85	3 244	275 740.00	201 290.20	74 449.80
2	1	KH002	GK002	CY004	144	3 085	444 240.00	315 410.40	128 829.60
3	1	KH003	GK005	CY006	97	3 244	314 668.00	220 267.60	94 400.40
4	1	KH004	GK001	CY006	84	2 317	194 628.00	138 185.88	56 442.12
5	1	KH005	GK007	CY002	87	3 883	337 821.00	229 718.28	108 102.72
6	1	KH006	GK004	CY010	149	3 547	528 503.00	359 382.04	169 120.96
…	…	…	…	…	…	…	…	…	…
119	12	KH009	GK008	CY001	74	3 872	286 528.00	197 704.32	88 823.68
120	12	KH010	GK007	CY001	69	3 883	267 927.00	190 228.17	77 698.83

要求:利用上述数据为山地车事业部制作销售多维分析模型,包括客户、型号、地区维度的营业收入、销售数量、毛利和毛利率等业绩指标。

▶ 模型构建

根据各月的销售数据,构建如图 5-13 所示的"山地车事业部销售多维分析模型",其中,客户、型号和地区 3 个分析项目通过选项按钮选择和切换。在选择某个分析项目后,组合框内则显示该项下明细的子项目,可以对具体子项目进行分析。

本模型工作表中公式计算的设置如下:

C10 单元格输入公式"= IF(参数表!$E$12="合计",SUMIFS(基础数据!$H:$H,基础数据!$B:$B,分析模型!C$8),IF(参数表!$D$11=1,SUMIFS(基础数据!$H:$H,基础数据!$B:$B,分析模型!C$8,基础数据!$C:$C,参数表!$E$12),IF(参数表!$D$11=2,SUMIFS(基础数据!$H:$H,基础数据!$B:$B,分析模型!C$8,基础数据!$D:$D,参数表!$E$12),SUMIFS(基础数据!$H:$H,

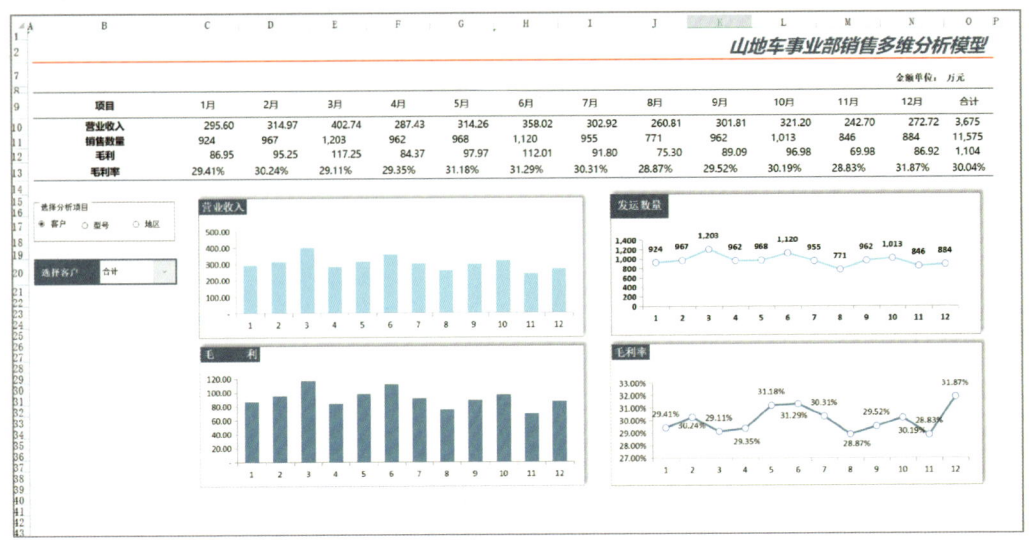

图 5-13　山地车事业部销售多维分析模型

基础数据！＄B：＄B，分析模型！C8，基础数据！＄E：＄E，参数表！＄E＄12))))/10000"，并填充复制到 N10 单元格，计算所选项目的各月营业收入。

C11 单元格输入公式"＝IF(参数表！＄E＄12="合计",SUMIFS(基础数据！＄F：＄F,基础数据！＄B：＄B,分析模型！C＄8),IF(参数表！＄D＄11=1,SUMIFS(基础数据！＄F：＄F,基础数据！＄B：＄B,分析模型！C＄8,基础数据！＄C：＄C,参数表！＄E＄12),IF(参数表！＄D＄11=2,SUMIFS(基础数据！＄F：＄F,基础数据！＄B：＄B,分析模型！C＄8,基础数据！＄D：＄D,参数表！＄E＄12),SUMIFS(基础数据！＄F：＄F,基础数据！＄B：＄B,分析模型！C8,基础数据！＄E：＄E,参数表！＄E＄12))))"，并填充复制到 N11 单元格，计算所选项目的各月销售数量。

C12 单元格输入公式"＝IF(参数表！＄E＄12="合计",SUMIFS(基础数据！＄J：＄J,基础数据！＄B：＄B,分析模型！C＄8),IF(参数表！＄D＄11=1,SUMIFS(基础数据！＄J：＄J,基础数据！＄B：＄B,分析模型！C＄8,基础数据！＄C：＄C,参数表！＄E＄12),IF(参数表！＄D＄11=2,SUMIFS(基础数据！＄J：＄J,基础数据！＄B：＄B,分析模型！C＄8,基础数据！＄D：＄D,参数表！＄E＄12),SUMIFS(基础数据！＄J：＄J,基础数据！＄B：＄B,分析模型！C8,基础数据！＄E：＄E,参数表！＄E＄12))))/10000"，并填充复制到 N12 单元格，计算所选项目的各月毛利。

C13 单元格输入公式"＝IFERROR(C12/C10,"")"，并填充复制到 N13 单元格，计算所选项目的各月毛利率。

上述模型的构建需要在工作簿中建立如图 5-14 所示的参数表，主要设置如下：

单元格区域 A2：A12、B2：B12 和 C2：C12 分别定义名称为"客户名称""型号"和"地区"。

定义"选择项目"名称，该名称的公式为"＝CHOOSE(参数表！＄D＄11,客户名称,型号,地区)"，该公式实际上表示的是一个区域。

模型中组合框控件的"数据源区域"即为"选择项目","单元格链接"为参数表的 D12 单元格。

选项按钮的"单元格链接"为参数表的 D11 单元格;

E12 单元格输入公式"=INDEX(A2:C12,D12,D11)",模块中的选项按钮和组合框控件切换后,返回具体的子项目。

	A	B	C	D	E
1	客户名称	型号	地区		
2	合计	合计	合计		
3	KH001	GK001	CY001		
4	KH002	GK002	CY002		
5	KH003	GK003	CY003		
6	KH004	GK004	CY004		
7	KH005	GK005	CY005		
8	KH006	GK006	CY006		
9	KH007	GK007	CY007		
10	KH008	GK008	CY008		
11	KH009	GK009	CY009	2	
12	KH010	GK010	CY010	8	GK007
13					

图 5-14 参数表

第六章 生产研发环节决策分析

第一节 产品研发环节决策分析

一、新产品目标成本分析与决策模型

▶ 问题导入

华辰公司拟开发 A、B 两种型号的运动自动车,经市场部门调研,A、B 产品的竞争性市场价格分别为 2 070 元/辆和 3 220 元/辆。为获得市场竞争优势,准备按竞争性市场价格销售 A、B 产品,并以 15% 的产品必要成本利润率确定 A、B 产品的单位目标成本。

要求:依据目标成本法,分别计算 A、B 两种产品的单位目标成本。

▶ 模型构建

根据上述资料,构建如图 6-1 所示的决策分析模型,确定的 A、B 两种型号的自行车单位目标成本分别为 1 800 元/辆和 2 800 元/辆。

	A	B	C	D
1				
2		新产品目标成本分析与决策模型		
3				
4	数据输入			
5			A型号	B型号
6	竞争性市场价格(元/辆)		2,070.00	3,220.00
7	必要成本利润率		15%	15%
8				
9	结果输出			
10	单位产品目标成本(元/辆)		1,800.00	2,800.00
11				

图 6-1 新产品目标成本分析与决策模型

本模型工作表中 C10 单元格输入公式"= C6/(1 + C7)",并填充复制到 D10 单元格,计算两种型号自行车的单位产品目标成本。

▶ 知识链接

目标成本法起源于日本,现在世界范围内越来越多的公司都在采用这种方法。原因

有三：一是全球化竞争环境中，竞争者之间的产品质量差异正在逐渐缩小，企业对产品市场价格的影响能力越来越有限，为了实现预定的利润，必须从成本控制入手；二是市场已由"卖方市场"向"买方市场"转变，消费者决定生产产品与数量和价格，企业为了实现既定利润，必须学习如何进行成本控制；三是产品生命周期缩短了给企业管理者预留的事后控制和调整成本的时间，从产生成本的原因来看，往往在产品生命周期早期设计阶段，产品的价值和属性就已经将大量的成本固化，这给制定目标成本提供了条件，即不需要等到产品投入生产和销售，就可以预测成本和利润，也可以根据市场和用户的需求，调控成本。

1. 目标成本法的内涵

目标成本是基于某一特定产品的销售价格，在考虑必要利润因素后倒推出的产品预期成本。例如，某产品的竞争性市场价格为 100 元，企业需要达到 15% 的利润率才能生存下去，那么该产品的目标成本为 86.96 元[100÷(1+15%)]。在这里，竞争性市场价格取决于市场竞争情况，而必要利润率则由企业根据收益期望自主确定。

目标成本法是确定目标成本以及围绕目标成本落实而展开一系列成本控制活动的总称。它不仅是一种成本控制方法，也是企业在既定营销策略下进行利润规划的一种方法。

美国国际制造业协会对目标成本管理的定义是：企业成本管理和利润规划的一种系统性管理程序。其过程有价格引导，关注顾客，以产品流程设计为中心，依赖跨职能团队。

【思考】 如果竞争性市场价格为 100 元，要求的成本利润率为 15%，如何计算目标成本？

目标成本×(1+15%) = 100

目标成本 = 86.96(元)

2. 目标成本法的应用环境

目标成本法要求企业处于比较成熟的买方市场环境，且产品的设计、性能、质量、价值等呈现出较为明显的多样化特征；企业应以创造和提升客户价值为前提，以成本降低或成本优化为主要手段，谋求竞争中的成本优势，保证目标利润的实现；企业应成立由研究与开发、工程、供应、生产、营销、财务、信息等有关部门组成的跨部门团队；企业能及时、准确取得目标成本计算所需的产品售价、成本、利润以及性能、质量等方面的各类财务信息和非财务信息。

3. 目标成本管理的核心程序

根据日本企业的管理经验，目标成本管理的核心程序主要包括以下三个部分：

（1）在市场调查、产品特性分析的基础上，确定目标成本。

（2）组建跨职能团队并运用价值工程法（或价值分析法）等，将目标成本嵌入产品设计、工程、外购材料等的过程控制之中，以使产品设计等符合目标成本要求。

（3）将设计完的产品生产方案投入生产制造环节，并通过制造环节的"持续改善策略"，进一步降低产品制造成本。

4. 目标成本的设定

$$产品目标成本 = 产品竞争性市场价格 - 产品的必要利润$$

设定目标成本主要包括以下三个方面：

（1）市场调查。市场调查的核心是真实了解顾客对产品特性、功能、质量、销售价格等各方面的需求。

三种方法：①对宏观或总体性资料的收集与预测；②对现实和潜在顾客的需求展开问卷调查；③对特定顾客群体的需求偏好做深入研究。

（2）竞争性价格的确定。竞争性价格是指在买方市场结构下由顾客、竞争对手等所决定的产品价格。

一般而言，竞争性价格的确定需要综合考虑以下三个因素：①可接受价格；②竞争对手分析；③目标市场份额。

确定竞争性价格的具体方法主要有两种：①市价比较法，即以已上市产品的市场价格为基础，加减新产品增加或减少的功能或特性（特性包括质量、外观等）的市场价值；②目标份额法，即预测在既定预期市场占有率目标下的市场售价。

（3）必要利润的确定。从成本管理角度出发，企业在确定产品必要利润并借此确定新产品目标成本时，除考虑投资者必要报酬率之外，还应当考虑以下两种不同行为动机对目标成本测定的影响：①采用相对激进的方法确定成本目标（如提高必要利润水平），人为"调低"目标成本，增强目标成本对产品设计过程的"硬预算"约束力，并辅以成本目标实现的"激励"属性，以最终实现目标利润；②采用相对宽松的方法确定目标成本（如调低必要利润水平），从而为产品设计提供相对较多的备选项，以增强产品设计的灵活性。

二、价值工程法优化新产品成本决策分析模型

▶ 问题导入

华辰公司拟开发的某型号自行车由 A、B、C、D、E、F 六大零部件组成，目标总成本为 900 元，目前总成本为 1 000 元，六大零件的功能得分和目前成本详见表 6-1。

表 6-1 零部件功能得分和目前成本

零部件名称	目前成本(元)	功能得分
A	237	16
B	168	12
C	105	6
D	281	12
E	76	6
F	133	8
合计	1 000	60

要求：确定该型号自行车六大零件成本改进对象。

▶ 模型构建

根据上述资料，构建如图 6-2 所示的决策分析模型。建议 C、D、F 零部件应降低成本，

特别是 D 零部件应该大幅降低成本,应降低 101 元,成本从目前的 281 元降低到 180 元;C、F 零件的成本也有一定的降低空间。

	A	B	C	D	E	F
2	价值工程法优化新产品成本决策分析模型					
4	数据输入					
5		零部件名称	目前成本(元)	功能得分		
6		A	237	16		
7		B	168	12		
8		C	105	6		
9		D	281	12		
10		E	76	6		
11		F	133	8		
12		合计	1000	60		
13	目标成本(元)		900			
15	结果输出					
16		零部件名称	功能系数	分配目标成本(元)	成本降低额(元)	建议
17		A	0.2667	240.03	-3.03	不需要降低成本
18		B	0.2	180.00	-12.00	不需要降低成本
19		C	0.1	90.00	15.00	应降低成本15元
20		D	0.2	180.00	101.00	应降低成本101元
21		E	0.1	90.00	-14.00	不需要降低成本
22		F	0.1333	119.97	13.03	应降低成本13.03元
23		合计	1	900	100	应降低成本100元

图 6-2　价值工程优化模型

本模型工作表中计算公式设置如下:

C17 单元格输入公式"=ROUND(D6/＄D＄12,4)",并填充复制到 C22 单元格,计算各零部件功能系数。

D17 单元格输入公式"=ROUND(C17＊＄C＄13,2)",并填充复制到 D22 单元格,根据各零部件功能系数计算分配目标成本。

E17 单元格输入公式"=C6-D17",并填充复制到 E22 单元格,根据各零部件分配的目标成本计算成本降低额。

F17 单元格输入公式"=IF(E17＞0,"应降低成本"&E17&"元。","不需要降低成本。")",并填充复制到 F22 单元格,输出分析建议。

▶ 知识链接

价值工程(Value Engineering,VE),也叫价值分析(Value Analysis,VA),是一种技术与经济相结合的分析方法,也是一项控制成本、推动新产品开发的行之有效的管理技术。

价值工程是美国通用电气公司工程师麦尔斯在 1947 年首先提出的。后来该方法被广泛应用于新产品开发、旧产品改进、材料选用和工程建设等许多领域,取得了显著效果。

1. 价值工程的三个基本要素

价值工程涉及价值、功能和寿命周期成本3个基本要素。价值是指对象所具有的功能与获得该功能的全部费用之比,可用公式表示为:

$$价值(V) = \frac{功能(F)}{成本(C)}$$

(1)价值。价值工程中的"价值"不同于政治经济学中有关价值的概念,它是指投入与产出或效用与费用的比值。价值工程中的"价值"是一个特定的概念,是指消耗单位成本(费用)所换来的功能(使用价值),是比较价值的简称。

人们购买商品常常会有"价廉物美"的要求,"物美"实际上就是反映商品的性能、质量水平;"价廉"就是反映商品的成本水平,顾客购买时会考虑合算不合算,就是针对商品的价值而言的。

(2)功能。功能是指产品所具有的特定用途和使用价值,是构成产品本质的核心内容。对一件产品而言,功能就是产品的用途与性能。一个产品可以具有多种功能,这些功能并不是同等重要的。所以,有必要对功能进行分类,以便抓住主要矛盾。

按功能的重要程度,可分为基本功能和辅助功能。

按功能的特点,可分为使用功能和外观功能。

从用户的角度来看,可分为必要功能和多余功能。

基本功能就属于必要功能,它是一件产品的价值所在。如果一个服务项目、一套设计方案、一件产品,其中的某些服务步骤、某些零部件既无使用功能又无外观功能,则可称之为多余功能或不必要功能。

(3)成本。价值工程中成本是指产品的总成本,即寿命周期成本。寿命周期成本即该产品从调研、设计、制造、使用直到报废为止的产品寿命周期所花的全部费用。

2. 提高产品价值的5种方法

价值工程不是为了单纯地强调提高产品的功能,也不是一味地追求降低成本,而是致力于功能与成本两者比值的提高。因此,价值工程要从用户利益、社会利益、企业利益相结合的观点出发,从事产品的开发与改进。根据VE的基本公式,提高产品价值有5种方法,具体如下:

(1)提高产品功能,同时降低产品成本。

(2)产品成本不变,提高产品的功能。

(3)产品功能不变,降低产品成本。

(4)产品功能大幅度提高,成本略有提高。

(5)产品功能略有下降,成本大幅度降低。

3. 价值工程的工作程序

价值工程的工作程序一般可分为准备、分析、创新、方案实施与评价4个阶段。其工作步骤实质上就是针对产品功能和成本提出问题、分析问题和解决问题的过程,如表6-2所示。

表 6-2 价值工程的工作程序

工作阶段	工作步骤	对应问题
一、准备阶段	对象选择 组成价值工程工作小组 制订工作计划	(1) 价值工程研究对象是什么？ (2) 围绕价值工程对象需要做哪些准备工作？
二、分析阶段	收集整理资料 功能定义 功能整理 功能评价	(1) 价值工程对象的功能是什么？ (2) 价值工程对象的成本是什么？ (3) 价值工程对象的价值是什么？
三、创新阶段	方案创造 方案评价 提案编写	(1) 有无其他方法可以实现同样功能？ (2) 新方案的成本是什么？ (3) 新方案能满足要求吗？
四、方案实施与评价阶段	方案审批 方案实施 成果评价	(1) 如何保证方案的实施？ (2) 价值工程活动的效果如何？

表 6-2 中价值工程工作阶段对应工作步骤的具体内容可以参阅有关价值工程方面的资料或教材。

第二节　生产决策分析

一、亏损产品是否停产决策分析模型

问题导入

华辰公司生产某种型号的自行车外胎和内胎,根据财务部门核算,每月该外胎产品盈利 20 万元,内胎产品亏损 50 万元,合计亏损 30 万元。收益如表 6-3 所示。

表 6-3 外胎和内胎收益　　　　　　　　　　　　　　　单位：万元

项目	外胎	内胎	合计
销售收入总额	100	500	600
变动成本总额	60	300	360
边际贡献总额	40	200	240
固定成本	20	250	270
净利	20	-50	-30

要求：由于内胎产品亏损 50 万元,公司考虑是否停产该产品,请计算停产内胎产品后企业的整体营业利润并分析是否应该停产内胎产品。(假设停产后固定成本合计 270 万元保持

不变）

> **模型构建**

根据上述资料，构建如图 6-3 所示的决策分析模型。由于停产内胎产品后利润由亏损 30 万元扩大到 230 万元，应该不宜停产内胎产品。在固定成本保持不变的情况下，有正的边际贡献的产品，就不宜停产。在模型中，C19 单元格输入公式"= IF(E10＞C18,"不停产","停产")"。

亏损产品是否停产决策分析案例

数据输入

	外胎	内胎	合计
销售收入总额	100	500	600
变动成本总额	60	300	360
边际贡献总额	40	200	240
固定成本	20	250	270
净利	20	-50	-30

结果输出

停产内胎后边际贡献和利润分析：	
销售收入总额	100
变动成本总额	60
边际贡献总额	40
固定成本总额	270
利润	-230
结论	不停产

图 6-3 亏损产品是否停产模型

> **知识链接**

亏损产品是否停产的决策思路是：该亏损产品或部门能否带来正的边际贡献。

对于多品种产品或多业务线事业部的企业，通常企业利润的绝大部分是由几种核心产品或部门所带来的，其他非核心产品或部门提供的利润往往很少，有的甚至亏损。对于亏损的产品或者部门，企业是否应该立即停产呢？从短期经营决策的角度，关键是看该产品或者部门能否给企业带来正的边际贡献。

二、零配件自制还是外购决策分析模型

> **问题导入**

华辰公司某型号儿童自行车每年需要外胎 10 000 个，外购成本为每条 65 元，企业已有

的轮胎生产车间有能力制造种外胎,自制外胎的单位相关成本资料如表 6-4 所示。

表 6-4 自制外胎的成本资料   单位:元

项目	价格	项目	价格
直接材料	35	变动成本	51
直接人工	16	生产成本合计	61
变动制造费用	7	外购单位成本	65
固定制造费用	10		

根据如下不同情形,做出是自制还是外购的决策:

(1) 公司具备足够的剩余生产能力,且无法转移。

(2) 公司具备足够的剩余生产能力,可转移生产自行车内胎,节约内胎外购成本 20 000 元。

(3) 公司自有生产外胎 5 000 条的能力,且无法转移,若自制 10 000 条,需租入设备一台,月租金 4 000 元,生产能力达到 13 000 条。

(4) 公司自有生产外胎 5 000 条的能力,且无法转移,若自制 10 000 条,需要租入设备一台,月租金 4 000 元,生产能力达到 13 000 条,公司若既可部分外购也可部分自制,如何决策?

模型构建

根据上述资料构建决策分析模型,图 6-4 为决策分析的结果输出:上述情形一至情形三均选择"自制",可以节约成本,情形四应选择"自制+外购"的策略。

	A	B	C	D	E	F
1						
2	零配件自制还是外购决策分析案例					
3						
15	结果输出					
16			情形一	情形二	情形三	情形四
17	自制单位成本:					
18	直接材料		35	35	35	35
19	直接人工		16	16	16	16
20	变动制造费用		7	7	7	7
21	机会成本			20,000		
22	设备月租金				4,000	
23	自制总成本		580,000	600,000	628,000	615,000
24	外购总成本		650,000	650,000	650,000	650,000
25	节约成本(-)/增加成本(+)		-70,000	-50,000	-22,000	-35,000
26	结论		自制	自制	自制	自制+外购

图 6-4 零配件自制还是外购决策分析模型

图 6-4 中,情形二由于生产能力可以转移,因此要考虑机会成本 20 000 元,情形三由于需要租赁设备,需要考虑每月的专属固定成本设备租金 4 000 元。结论输出单元格分别输

入公式如下：

C26 单元格输入公式" = IF(C25＞0,"外购","自制")"。

D26 单元格输入公式" = IF(D25＞0,"外购","自制")"。

E26 单元格输入公式" = IF(E25＞0,"外购","自制")"。

F26 单元格输入公式" = IF(E25＞F25,"自制 + 外购","全部自制")"。

知识链接

零配件自制还是外购决策的分析思路是：比较两种方案的相关成本，选择成本较低的方案。

对于某些行业的企业来说，零部件可以自制也可以选择外购。例如，自行车制造企业所需要的零配件，可以自己生产，也可以向外部的零部件供应商采购。零部件是自制还是外购，从短期经营的角度，需要比较两种方案的相关成本，选择成本较低的方案即可。

在决策时还需要考虑企业是否有剩余生产能力，如果企业有剩余生产能力，需要追加设备投资，则新增加的专属成本也应该属于相关成本。同时，还需要把剩余生产能力的机会成本考虑在内。

与决策相关成本和不相关成本如表 6-5 和表 6-6 所示。

表 6-5　与决策相关成本

相关成本	说明
边际成本	产量增加或减少一个单位引起的成本变动
机会成本	实施某方案而放弃另一方案带来的潜在收益
重置成本	目前从市场购置原有资产所需支付的现时成本
付现成本	在将来或最近期支付现金的成本，是一种未来成本
可避免成本	方案或决策改变时，该成本可以避免或数额可以发生变化，如酌量性固定成本
可延缓成本	已经选定、但可以延期实施却不会影响大局的与某方案相关联的成本
专属成本	可以明确归属于某类、某批后某个部门的固定成本
差量成本	两个方案预期成本的差异

表 6-6　与决策不相关成本

不相关成本	说明
沉没成本	过去发生的，现在或未来决策无法改变的成本
不可避免成本	通过管理决策不能改变其数额的成本，如约束性固定成本
不可延缓成本	计划期间必须发生的成本
共同成本	由不同种类、批次和部门共同分担的固定成本

三、特殊订单是否接受决策分析模型

问题导入

华辰公司某型号女式自行车年设计能力为 10 000 辆，销售单价为 1 680 元，实际平均单位成本的资料详见表 6-7 所示。若该公司目前每年有 25%的剩余生产能力未被利用。现有某客户在贸易洽谈会上要求该公司制造该型号女式自行车 2 000 辆，并在产品款式上有一些特殊要求，需要采购一台专用设备，预计需要支付专属固定成本 100 000 元，但客户只愿每辆出价 1 280 元。

表 6-7　实际平均单位成本资料　　单位：元

项目	金额
直接材料	600.00
直接人工	450.00
制造费用	
其中：固定费用	120.00
变动费用	80.00
单位产品成本	1 250.00

要求：作为公司的财务经理，请你分析是否接受该订单。

模型构建

根据上述资料构建决策分析模型，图 6-5 为决策分析的结果输出：该特殊订单可以实现剩余边际贡献 40 000 元，因此可以接受追加订单。

特殊订单是否接受决策分析案例

结果输出

项目	金额
专属固定成本	100,000
订货数量	2,000
销售单价	1,200
单位变动成本	1,130
单位边际贡献	70
边际贡献	140,000
减：专属固定成本	100,000
剩余边际贡献	40,000
结论	**接受追加订单**

图 6-5　特殊订单决策模型

在进行决策分析时，需要考虑采购专用设备的专属固定成本 100 000 元。结论输出 C23 单元格输入公式"＝IF(C22＞0,"接受追加订单","不接受追加订单")"。

> **知识链接**

特殊订单是否接受的决策思路是：订单提供的边际贡献是否大于该订单所引起的相关成本。

企业往往会面对一些特殊的订货合同，这些订货合同的价格有时会低于市场价格，甚至低于平均单位成本。在决定是否接受这些特殊订货时，决策分析的基本思路是比较该订单所提供的边际贡献是否能够大于该订单所增加的相关成本。企业管理人员应针对各种不同情况，进行具体分析，并做出决策。

(1) 如果特殊订单不影响正常销售的完成，即利用剩余生产能力就可以完成特殊订单，又不需要追加专属成本，而且剩余生产能力无法转移。这时，只要特殊订单的单价大于该产品的单位变动成本，就可以接受该特殊订单。

(2) 如果特殊订单要求追加专属成本，其余条件同(1)，则接受该特殊订单的前提条件是：该方案的边际贡献大于追加的专属成本。

(3) 如果相关的剩余生产能力可以转移，其余条件同(1)，则应该将转移剩余生产能力的可能收益作为特殊订单的机会成本予以考虑，当特殊订单创造的边际贡献大于机会成本时，可以接受该订货。

(4) 如果特殊订单影响正常销售，即剩余生产能力不够满足全部的特殊订单，从而减少正常销售，其余条件同(1)，则由此而减少的正常边际贡献作为特殊订单的机会成本。当特殊订单的边际贡献足以补偿这部分机会成本时，可以接受订货。

四、产品是否进一步深加工决策分析模型

> **问题导入**

华辰公司接到一份出口订单，非洲某国家需要 10 000 辆男式成人自行车，销售价格为 1 250 元/辆。由于该国家将自行车作为短途运输工具，订单要求需要在原有自行车的基础上再加工，增加装货的货架。原来自行车销售单价为 1 200 元，单位变动成本 800 元，固定成本总额 200 000 元。如果在原有自行车上按客户要求加工，需要追加单位变动成本 30 元，增加专属固定成本 120 000 元。

要求：作为公司的财务经理，请你分析是否接受该订单。

> **模型构建**

根据上述条件构建如图 6-6 所示的模型，由于可以获得差量利润 80 000 元，因此应该选择进一步加工。

模型中，数据计算的各单元格中：
C13 单元格输入公式"＝D6＊(D7－C7)"。
C14 单元格输入公式"＝D6＊D8＋D9"。

C15 单元格输入公式"= C13 − C14"。

C16 单元格输入公式"= IF(C15＞0,"选择进一步加工","选择直接出售")"。

	A	B	C	D
2		产品是否进一步深加工的决策案例		
3				
4		数据输入		
5			通常自行车	特种自行车
6		年产数量	10,000	10,000
7		销售单价	1,200	1,250
8		单位变动成本	800	30
9		固定成本	200,000	120,000
10				
11		结果输出		
12		差量分析:		
13		差量收入	500,000	
14		差量成本	420,000	
15		差量	80,000	
16		结论	选择进一步加工	

图 6-6 产品是否进一步深加工决策

知识链接

产品是否进一步深加工的决策思路是：深加工后的售价与直接出售的售价之差，大于深加工带来的成本时，就应该深加工。

有些企业生产的产品，既可以直接对外销售，也可以进一步加工后再出售。例如，铜冶炼企业生产的铜锭可以直接出售，也可以进一步加工成铜杆或铜板出售。牛肉加工企业生产的牛肉可以直接对外销售，也可以进一步加工成火腿肠等产品后出售。此时企业需要对产品是直接出售还是进一步深加工两种方案进行选择。

在这种决策类型中，进一步深加工前的半成品所发生的成本，都是无关的沉没成本。因为无论是否深加工，这些成本都已经发生而不能改变。相关成本只应该包括进一步深加工所需的追加成本，相关收入则是加工后出售和直接出售的收入之差。对这类决策通常采用差量分析法。

五、约束资源利润最大化生产排产决策模型

问题导入

华辰公司目前生产 A、B、C 三种型号成人自行车，该公司正在编制下个月的生产计划，相关资料如下：

(1) 预计下个月 A 型自行车销量 2 500 辆，单位售价 2 000 元，单位变动成本 1 400 元；B 型自行车销量 1 000 辆，单位售价 1 800 元；单位变动成本 1 000 元；C 型自行车销量

2 000 辆,单位售价 1 500 元,单位变动成本 1 000 元;固定成本总额 100 万元。

(2) A、B、C 三种型号自行车都需要通过同一台关键设备加工;该设备是公司的关键限制资源,总的加工能力为 5 000 个小时,A、B、C 三种型号自行车利用该设备生产的每辆产品进行加工的时间分别为 1 个小时、2 个小时和 1 个小时。

为有效利用关键设备,在确保营业利润总计最大的前提下,该公司下个月 A、B、C 三种型号自行车各应生产多少辆?此时的营业利润总计是多少?

模型构建

由于存在约束资源最优利用问题,本案例应用到规划求解加载工具求解最优方案,即在不超过关键设备 5 000 个小时加工能力的前提下,A 型号、B 型号和 C 型号自行车分别生产 2 500 辆、250 辆和 2 000 辆,可以达到最大利润 160 万元,如图 6-7 所示。

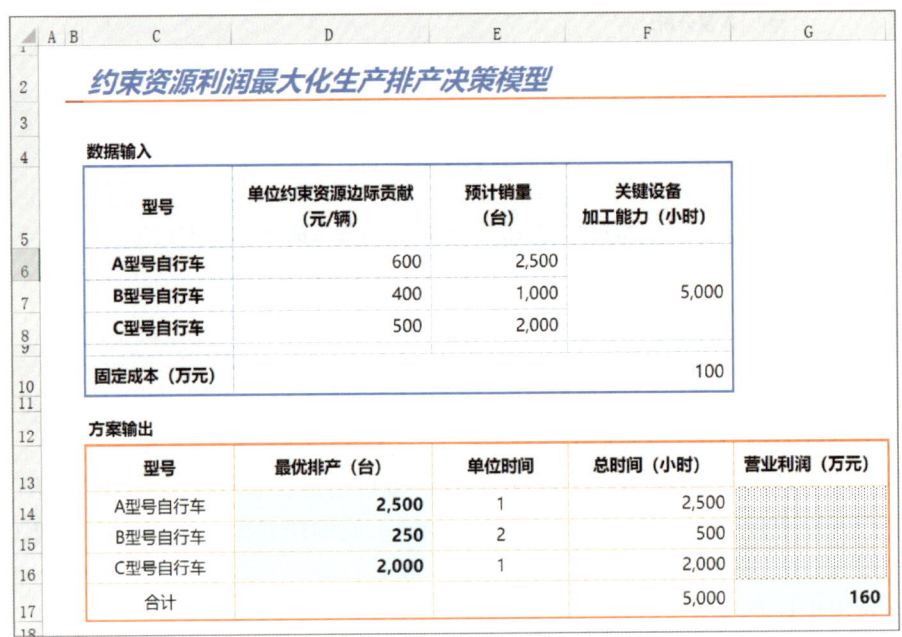

图 6-7 约束资源利润最大化决策模型

规划求解的参数设置如图 6-8 所示,其中:

(1) G17 单元格为目标值(最大)。

(2) 单元格区域 D14:D16 为可变变量。

(3) 约束条件:①单元格区域 E6:E8 为预计销量约束条件;②F6 单元格关键设备加工能力约束;③D14:D16 单元格区域的变量为整数约束。

知识链接

约束资源利润最大化的决策思路是:主要考虑如何安排生产才能最大化企业的边际贡献总额。

约束资源,是指企业实际拥有的资源能力小于需要的资源能力的资源,即制约企业实

图 6-8　规划求解参数设置

现生产经营目标的瓶颈资源,也称最紧缺资源,如流动资金、原材料、劳动力、生产设备、技术等要素及要素投入的时间安排等。

每个单位可能都有自己的最紧缺资源,有的企业最缺关键技术人才,有的企业最缺关键设备,有的企业最缺资金。有的企业最缺水,有的企业最缺电。约束资源满足不了企业的所有需要,因资源有限,就存在如何来安排生产的问题,即优先生产哪种产品,才能最大限度地利用好约束资源,让企业产生最大的经济效益。我们把这种决策叫作约束资源最优利用,这类决策也是企业在日常生产经营活动中经常会遇到的决策问题。

在这类决策中,通常是短期的日常的生产经营安排,因此固定成本对决策没有影响,或者影响很小。

第三节　质量管理决策分析

一、质量管理帕累托分析图模型

▶ 问题导入

华辰公司客户服务部门根据上一年的客户投诉故障原因次数分月进行了统计,具体如表 6-8 所示。

表 6-8 客户投诉故障原因次数分月统计表　　　　　　　单位：次

项目	故障原因	1月	2月	3月	4月	5月	6月	7月	8月	9月	10月	11月	12月	合计
1	刹车无力	49	41	42	40	42	40	42	46	47	50	44	50	533
2	链条异响	39	39	32	35	33	31	37	30	31	37	34	33	411
3	曲柄脱落	25	25	26	23	20	24	21	21	29	25	27	24	290
4	飞轮生锈	18	14	10	12	18	10	17	14	12	10	17	11	163
5	车架脱漆	7	5	9	6	7	6	5	8	5	5	7	7	76
6	其他	2	3	1	3	4	3	1	1	1	3	2	4	28
	合计	140	127	120	119	123	115	124	117	128	130	129	129	1 501

要求：根据表中数据，绘制故障原因次数的质量管理帕累托分析图。

模型构建

根据上述数据资料，绘制质量管理帕累托分析图模型如图 6-9 所示。

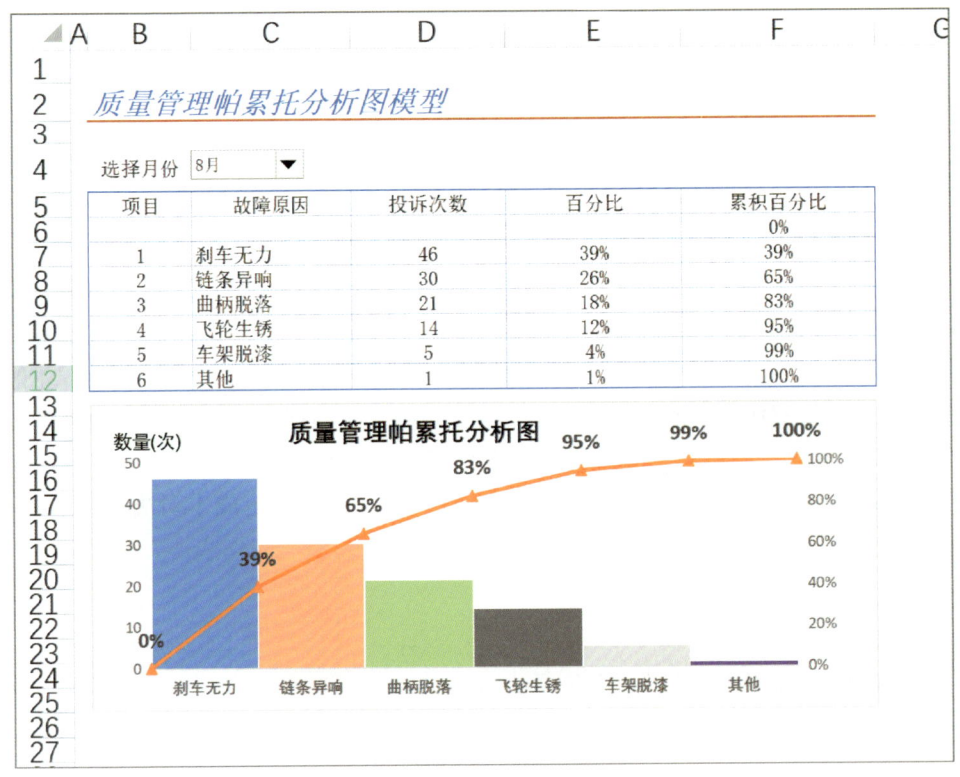

图 6-9 质量管理帕累托分析模型

本模型需要添加一个组合框控件和插入一个"参数"工作表，如图 6-10 所示，该工作表的单元格区域 A2:A14 定义名称为"月份"，作为组合框控件的"数据源区域"，"单元格链接"选择"参数"工作表的 B14 单元格，当组合框控件选择切换不同月份时，该单元格返回对应的数字,可以作为模型中 INDEX 函数查找"原始数据"工作表中数据区域所在列数的参数。

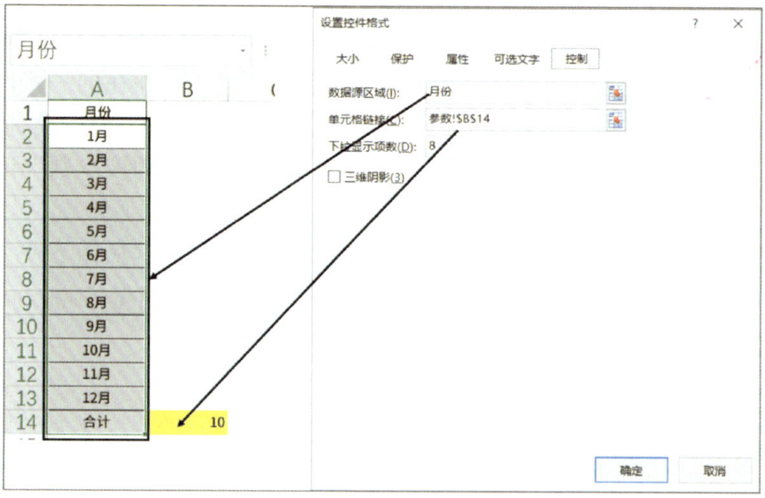

图 6-10 组合框控件的设置

另外,图 6-9 所示模型工作表中计算公式的设置如下:

D7 单元格输入公式"= INDEX(原始数据!＄D＄4:＄P＄9,原始数据!B4,参数!＄B＄14)",并填充复制到 D12 单元格,从"原始数据"工作表查找并返回对应月份的故障原因投诉数量。

E7 单元格输入公式"= D7/SUM(＄D＄7:＄D＄12)",并填充复制到 E12 单元格,计算不同故障原因所占百分比。

F6 单元格输入公式"0%",作为计算累积百分比的起始点。

F7 单元格输入公式"= F6 + E7",并填充复制到 F12 单元格,计算累积百分比。

图 6-9 所示模型中制作帕累托分析图的数据源区域为:单元格区域 C7:D12 和单元格区域 F6:F12。

知识链接

关于帕累托图的介绍,查阅百度百科,描述如下:

帕累托图(Pareto chart)是将出现的质量问题和质量改进项目按照重要程度依次排列而采用的一种图表。它是以意大利经济学家 V. Pareto 的名字而命名的。帕累托图又叫排列图、主次图,是按照发生频率大小顺序绘制的直方图,表示有多少结果是由已经确认类型或范畴的原因所造成。

帕累托图可以用来分析质量问题,确定产生质量问题的主要因素。按等级排序的目的是指导如何采取纠正措施:项目班子应首先采取措施纠正造成最多数量缺陷的问题。从概念上说,帕累托图与帕累托法则一脉相承,该法则认为相对来说数量较少的原因往往造成绝大多数的问题或缺陷。

排列图用双直角坐标系表示,左边纵坐标表示频数,右边纵坐标表示频率.分析线表示累积频率,横坐标表示影响质量的各项因素,按影响程度的大小(即出现频数多少)从左到右排列,通过对排列图的观察分析可以抓住影响质量的主要因素。

帕累托法则往往称为二八原理,即80%的问题是20%的原因所造成的。帕累托图在项目管理中主要用来找出产生大多数问题的关键原因,用来解决大多数问题。

在帕累托图中,不同类别的数据是根据其频率降序排列的,并在同一张图中画出累积百分比图。帕累托图可以体现帕累托原则:数据的绝大部分存在于很少类别中,极少剩下的数据分散在大部分类别中。这两组数据经常被称为"至关重要的极少数"和"微不足道的大多数"。

帕累托图能区分"微不足道的大多数"和"至关重要的极少数",从而方便人们关注于重要的类别。帕累托图是进行优化和改进的有效工具,尤其应用在质量检测方面。

二、最优质量成本决策分析模型

▶ 问题导入

华辰公司生产的M1型号运动自行车,每个废品的质量损失为300元。目前M1型号的合格率为95%,每件产品所负担的鉴定费用与预防费用和为3.6元。

请做出M1型号自行车的最佳质量水平和单位产品的最优质量成本的决策分析。

▶ 模型构建

本案例通过构建质量成本决策分析模型,计算最佳单位质量成本为15.08元,如图6-11所示。根据计算最优质量成本决策公式,本模型中各计算单元格公式设置如下:

C11单元格输入公式"=C8*(1-C7)/C7"。

C12单元格输入公式"=SQRT(C6/C11)"。

C13单元格输入公式"=C12/(1+C12)"。

C14单元格输入公式"=ROUND(C6*(1-C13)/C13+C11*C13/(1-C13),2)"。

	A	B	C
1		质量成本决策案例	
2			
3			
4		数据输入	
5		项目	数额
6		单位质量损失(F)	300
7		产品合格品率(q)	95%
8		单位检验费用与预防费用之和(y2)	3.6
10		结果输出	
11		计算K	0.1895
12		计算SQRT(F/K)	39.791
13		计算最佳单位质量成本水平时的q	97.55%
14		计算最佳单位质量成本	15.08

图6-11 质量成本决策案例

> 知识链接

根据质量成本特征曲线,质量成本的预防成本、鉴定成本、内部损失成本和外部损失成本4个组成部分的结构比例因不同的企业而各有差异,但通常存在着一定的规律性。

在一般情况下,随着鉴定成本和预防成本的增加,产品的质量水平随之提高,产品的缺陷大大减少,因而总质量成本下降;但随着质量水平达到一定程度,预防和鉴定成本增加较快,虽然缺陷成本仍会下降,但总质量成本却会增加,这里存在一个临界点,即最佳质量成本点。在该临界点上产品的质量总成本最低,因而企业的收益也最大。这就是所谓的最优质量成本的决策问题。

最优质量成本的计算方法如下:

设:F 代表每件废品造成的损失,q 代表合格品率,Y_1 代表每件合格品应负担的废品损失(包括外部损失和内部损失),Y_2 代表预防费用和鉴定费用之和,则

$$Y_1 = F \times \frac{(1-q)}{q} \tag{6-1}$$

$$Y_2 = K \times \frac{q}{(1-q)} \tag{6-2}$$

式6-2中 K 代表 Y_2 随合格品率与不合品率的比值而变化的系数,该系数可根据有关资料计算得到。

令 $Y_1 = Y_2$,则

$$F \times \frac{(1-q)}{q} = K \times \frac{q}{(1-q)} \tag{6-3}$$

由式6-3变换后可得到

$$\frac{q}{(1-q)} = \sqrt{\frac{F}{K}} \tag{6-4}$$

将 F 和 K 的值代入式6-4,就可求得最优质量水平,从而求得最优质量成本。

第七章 营运资本管理决策分析

第一节 现金管理决策分析

一、最佳现金持有量存货模式分析模型

▶ 问题导入

华辰公司预计全年(按 360 天计算)需要现金 1 000 000 元。假设现金收支状况比较稳定,现金与有价证券的转换成本为每次 200 元,有价证券年利率为 10%。

要求:根据最佳现金持有量存货模式计算分析华辰公司一年内变现次数、最佳现金持有量和现金持有总成本。

	A	B	C
1			
2	最佳现金持有量存货模式分析模型		
3			
4	数据输入		
5	全年需要现金(元)		1,000,000.00
6	现金交易成本		200.00
7	有价证券利率		10%
8			
9	结果输出		
10	最佳现金持有量		63,245.55
11	一年内变现次数		16
12	现金持有总成本		6,324.56

图 7-1 最佳现金持有量存货模式分析模型

▶ 模型构建

根据上述资料构建如图 7-1 所示的分析模型,分析计算的主要单元格的公式设置如下:

C10 单元格输入公式"= SQRT(2 * C6 * C5/C7)",计算最佳现金持有量。

C11 单元格输入公式"= ROUND(C5/C10,0)",计算一年内变现次数。

C12 单元格输入公式"= SQRT(2 * C6 * C5 * C7)",计算现金持有总成本。

▶ 知识链接

企业平时持有较多的现金,会降低现金的短缺成本,但会增加现金占用的机会成本;而平时持有较少的现金,则会增加现金的短缺成本,却能减少现金占用的机会成本。如果企业平时只持有较少的现金,在有现金需要时(如手头的现金用尽),通过出售有价证券换回现金(或从银行借入现金),便能既满足现金的需要,避免短缺成本,又能减少机会成本。因此,适当的现金与有价证券之间的转换,是企业提高资金使用效率的有效途径。这与企业奉行的营运资金政策有关。采用保守型投资政策,保留较多的现金则转换次数少。如果经常进行大量的有价证券与现金的转换,则会加大转换交易成本,因此如何确定有价证券与现金的每次转换量,是一个需要研究的问题。这可以应用现金持有量的存货模式解决。

最佳现金持有量的计算公式为：

$$C^* = \sqrt{(2T \times F)/K} \tag{7-1}$$

其中：C^* 为最佳现金持有量；

T 为一定期间内的现金需求量；

F 为每次出售有价证券的交易成本；

K 为一定时期内持有现金的总机会成本。

二、最佳现金持有量随机模式分析模型

> 问题导入

最近由于受新冠疫情的影响，业务波动较大，华辰公司对现金的需求量难以预测，目前有价证券日利息率为 0.025%，有价证券的转换成本为每次 60 元，该公司财务人员根据历史情况，预计最低现金需求量为 1 200 元。公司根据历史数据计算，每日平均现金余额如表 7-1 所示。

表 7-1 每日现金余额表　　　　　　　　　　　　　　　　单位：元

日期	现金余额	日期	现金余额
1	1 022	16	1 317
2	1 738	17	1 669
3	1 576	18	1 550
4	1 277	19	911
5	1 524	20	929
6	791	21	676
7	1 794	22	1 491
8	1 072	23	1 725
9	1 427	24	1 595
10	1 546	25	1 458
11	1 228	26	779
12	901	27	502
13	1 471	28	1 588
14	1 006	29	1 233
15	1 139	30	1 538

要求：应用最佳现金持有量随机模式计算分析最佳现金持有量和最高现金持有量。

> 模型构建

最佳现金持有量随机模式需要计算每日平均现金余额标准差，首先，在 Excel 工作簿建

立"标准差计算"工作表,根据华辰公司历史数据计算每日平均现金余额标准差,在 F2 单元格输入公式"= ROUND(STDEV(C3:C32),2)",计算得到标准差为 351.51 元,如图 7-2 所示。

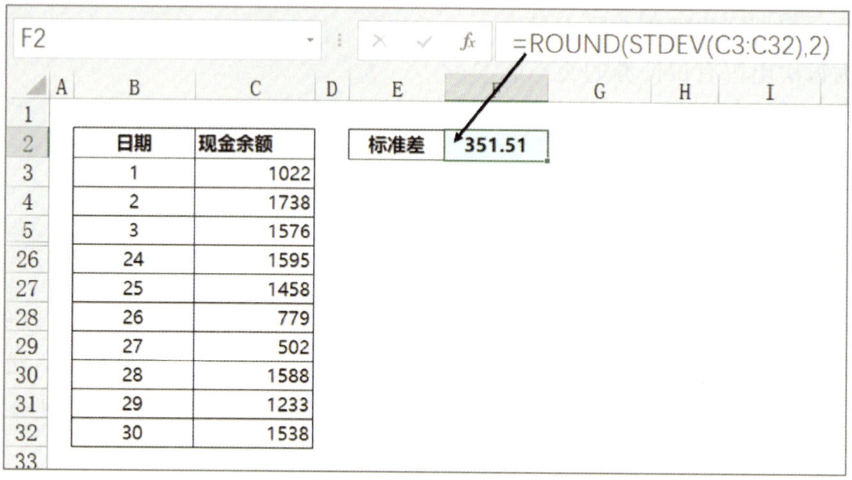

图 7-2 计算现金余额标准差

然后,在 Excel 工作簿建立"最佳现金持有量随机模式分析模型"工作表,在 C11 单元格输入公式"=((3 * C6 * C5^2)/(4 * C7))^(1/3) + C8",计算最佳现金持有量为 4 012.22 元,在 C12 单元格输入公式"= 3 * C11 − 2 * C8",计算最高现金持有量为 9 636.66 元,如图 7-3 所示。

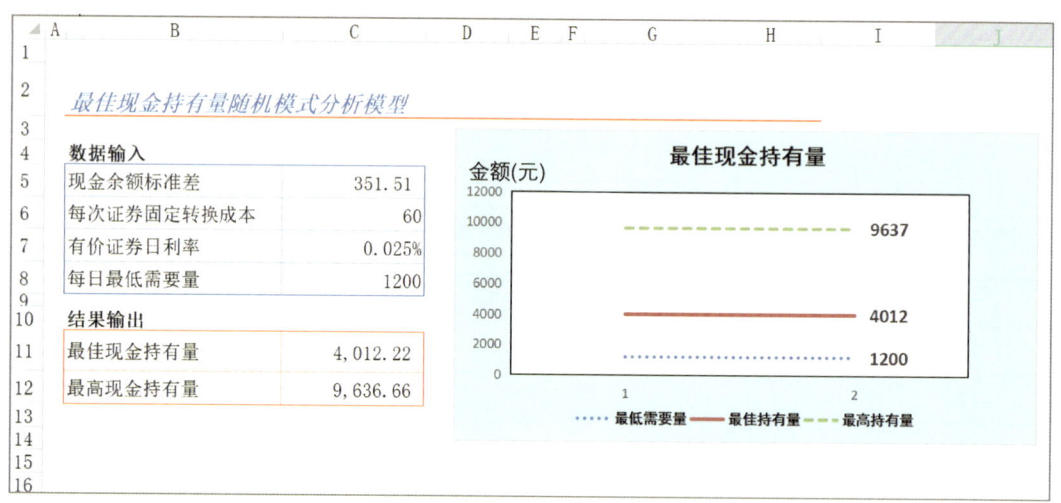

图 7-3 最佳现金持有量随机模式分析模型

知识链接

随机模式是在现金需求量难以预知的情况下进行现金持有量控制的方法。对企业来讲,现金需求量往往波动大且难以预知,但企业可以根据历史经验和现实需要,测算出一个现金持有量的控制范围,即制定出现金持有量的上限和下限,将现金量控制在上下限之内。

当现金量达到控制上限时,用现金购入有价证券,使现金持有量下降;当现金量降到控制下限时,则抛售有价证券换回现金,使现金持有量回升。若现金量在控制的上下限之内,便不必进行现金与有价证券的转换,保持它们各自的现有存量。这种对现金持有量的控制如图 7-4 所示。

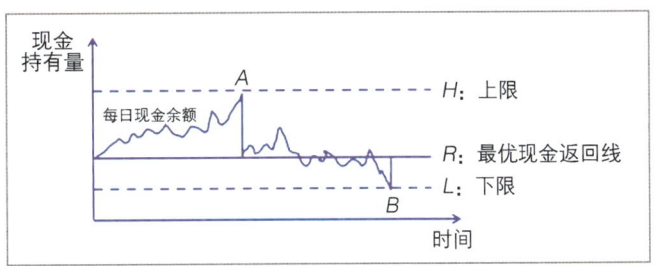

图 7-4 现金持有量的随机模式

在图 7-4 中,虚线 H 为现金存量的上限,虚线 L 为现金存量的下限,实线 R 为现金返回线。从图 7-4 中可以看到,企业的现金存量(表现为现金每日余额)是随机波动的,当其达到 A 点时,即达到了现金控制的上限,企业应用现金购买有价证券,使现金持有量回落到现金返回线(R 线)的水平;当现金存量降至 B 点时,即达到了现金控制的下限,企业则应转让有价证券换回现金,使其存量回升至现金返回线的水平。现金存量在上下限之间的波动属于控制范围内的变化,是合理的,不予理会。以上关系中的上限 H、现金返回线 R 可按下列公式计算:

$$R = \sqrt[3]{\frac{3b\delta^2}{4i}} + L \tag{7-2}$$

$$H = 3R - 2L \tag{7-3}$$

式中:b 为每次有价证券的固定转换成本;

i 为有价证券的日利息率;

δ 为预期每天现金余额波动的标准差(每日现金余额波动的标准差可根据历史资料测算)。

下限 L 的确定,则要受到企业每日的最低现金需要、管理人员的风险承受倾向等因素的影响。

第二节 存货管理决策分析

一、经济订货批量及其扩展决策分析模型

▶ **问题导入**

华辰公司测算下一年 A 材料耗用量、单位存储成本和一次订货成本为:全年用量 8 000 件,单位存储成本 40 元/件,一次订货成本 400 元/次。

同时,测算下一年 B 材料耗用量、单位存储成本和一次订货成本为:全年用量 3 600 件,单位存储成本 5 元/件,一次订货成本 200 元/次。

B 材料供应商陆续供货,每天的供货量为 30 件,华辰公司每天生产的需求量为 10 件。

要求：分别计算 A 材料、B 材料的最优订货量、年最优订货次数以及最优采购成本。

模型构建

根据上述资料分析，A 材料可以采用基本经济订货批量模型计算最优订货量、年最优订货次数以及最优采购成本；B 材料供应商陆续供货，则需要采用扩展的陆续供货经济订货批量模型。

图 7-5 显示的是 A 材料的经济订货批量模型，有关单元格输入公式如下：

D11 单元格输入公式"＝SQRT(2 * D6 * D5/D7)"，计算经济订货批量为 400 件。

D12 单元格输入公式"＝D5/D11"，计算年订购次数为 20 次。

D13 单元格输入公式"＝SQRT(2 * D6 * D5 * D7)"，计算最优采购成本为 16 000 元。

图 7-6 显示的是 B 材料的经济订货批量模型，有关单元格输入公式如下：

C12 单元格输入公式"＝SQRT(2 * C8 * C5/(C9 * (1 - C7/C6)))"，计算经济订货批量为 657 件。

C13 单元格输入公式"＝C5/C12"，计算年订购次数为 5 次。

C14 单元格输入公式"＝SQRT(2 * C8 * C5 * C9 * (1 - C7/C6))"，计算最优采购成本为 2 191 元。

图 7-5　基本经济订货批量模型

图 7-6　陆续供货经济订货批量模型

知识链接

存货的决策涉及四项内容：决定进货项目、选择供应单位、决定进货时间和决定进货批量。决定进货项目和选择供应单位是销售部门、采购部门和生产部门的职责。

财务部门要做的是决定进货时间和决定进货批量（分别用 T 和 Q 表示）。按照存货管理的目的，需要通过合理的进货批量和进货时间，使存货的总成本最低，这个批量叫作经济订货量或经济批量。有了经济订货量，就可以很容易地找出最适宜的进货时间。

与存货总成本有关的变量（即影响总成本的因素）有很多，为了解决比较复杂的问题，有必要简化或舍弃一些变量,先研究解决简单的问题,然后再扩展到复杂的问题。这需要设立一些假设,在此基础上建立经济订货量的基本模型。

1. 经济订货量的基本模型

构建经济订货量基本模型需要的假设条件如下:

(1) 企业能够及时补充存货,即需要订货时便可立即取得存货。
(2) 货物能集中到货,而不是陆续入库。
(3) 不允许缺货,即无缺货成本,因为良好的存货管理本来就不应该出现缺货成本。
(4) 货物的年需求量稳定,并且能够预测,即 D(存货年需求量)为已知常量。
(5) 存货单价不变,即 U(存货的单价)为已知常量。
(6) 企业现金充足,不会因现金短缺而影响进货。
(7) 所需存货市场供应充足,不会因买不到需要的存货而影响其他方面。

在上列假设条件下,可以得到经济订货量的基本模型:

$$Q^* = \sqrt{\frac{2KD}{Kc}} \tag{7-4}$$

式中:Q^* 表示经济订货量;
　　　K 表示一次订货变动成本;
　　　D 表示存货年需求量;
　　　Kc 表示单位储存变动成本。

这个基本模型还可以演变为其他形式:

每年最佳订货次数公式:

$$N^* = \frac{D}{Q^*} \tag{7-5}$$

与批量有关的存货总成本公式:

$$TC(Q^*) = \sqrt{2KDKc} \tag{7-6}$$

最佳订货周期公式:

$$t^* = \frac{1}{N^*} \tag{7-7}$$

经济订货量占用资金:

$$I^* = \frac{Q^*}{2} \tag{7-8}$$

2. 经济订货量基本模型的拓展

经济订货量的基本模型是在前述各假设条件下建立的,但现实生活中能够满足这些假设条件的情况十分罕见。为使模型更接近于实际情况,具有较强的可用性,需逐一放宽假设,同时改进模型。

(1) 订货提前期。一般情况下,企业的存货不能做到随用随时补充,因此不能等存货用光再去订货,而需要在没有用完时提前订货。在提前订货的情况下,企业再次发出订货单时,尚有存货的库存量,称为再订货点,用 R 来表示。在不存在保险储备的情况下,它的数量等于平均交货时间(L)和每日平均需求量(d)的乘积:

$$R = L \times d \tag{7-9}$$

(2)存货陆续供应和使用。在建立基本模型时,假设存货一次全部入库,故存货增加时存量变化为一条垂直的直线。事实上,各批存货可能陆续入库,使存量陆续增加。尤其是产成品入库和在产品转移,几乎总是陆续供应和陆续耗用的。在这种情况下,需要对基本模型做一些修改。

存货陆续供应和使用情况下的经济订货批量的计算在基本模型的基础上调整得到以下公式:

$$Q^* = \sqrt{\frac{2KD}{K_c} \cdot \frac{P}{P-d}} \tag{7-10}$$

式中:d 为零件的每日耗用量;

P 为零件的每日送货量。

存货陆续供应和使用情况下的经济订货总成本公式:

$$TC(Q^*) = \sqrt{2KDK_c \cdot \left(1 - \frac{d}{P}\right)} \tag{7-11}$$

二、保险储备决策模型

▶ 问题导入

华辰公司拟采购的某存货的全年需求量为 3 600 件,一次订货成本为 25 元,单位储备变动成本为 2 元,平均交货时间为 10 天。单位缺货成本为 4 元,交货期内的需求量及其概率分布如表 7-2 所示。

表 7-2　交货期内的需求量及其概率

需求量(件)	70	80	90	100	110	120	130
概率	1%	4%	20%	50%	20%	4%	1%

要求:

(1)计算不考虑保险储备情况下,经济订货批量、年订购次数和再订购点的数量是多少(按 360 天/年计算)?

(2)计算在保险储备量为多少时,保险储备的总成本最低,此时的再订购点的数量是多少?

▶ 模型构建

图 7-7 所示为不考虑保险储备决策模型,其中:

C12 单元格输入公式"=SQRT(2*C6*C5/C7)",计算经济订货量为 300 件。

C13 单元格输入公式"=C5/C12",计算年订货次数为 12 次。

C14 单元格输入公式"=C5/360*C9",计算再订货点数量为 100 件。

图 7-8 为存货保险储备决策模型,本模型的核心是保险储备总成本的计算:在单元格区域 B14:B17 输入拟保险储备的量分别为 0、10、20 和 30,单元格区域 C14:F17 分别计算对应的缺货量、缺货成本、储存成本和保险储备总成本。其中:

C14 单元格输入公式"=(G10-F10)*G11+(H10-F10)*H11+(I10-F10)*I11",计算保险储备为 0 件时的缺货量为 3.1 件。

D14 单元格输入公式"=C14*\$C\$6*\$C\$7",计算保险储备为 0 件时的缺货成本为148.8元。

E14 单元格输入公式"=B14*\$C\$5",计算保险储备为 0 件时的储存成本为 0。

F14 单元格输入公式"=D14+E14",计算保险储备为 0 件时的总成本为 148.8 元。

C15 单元格输入公式"=(H10-G10)*H11+(I10-G10)*I11",计算保险储备为 10 件时的缺货量为 0.6 件。

D15 单元格输入公式"=C15*\$C\$6*\$C\$7",计算保险储备为 10 件时的缺货成本为 28.8 元。

E15 单元格输入公式"=B15*\$C\$5",计算保险储备为 10 件时的储存成本为 20 元。

F15 单元格输入公式"=D15+E15",计算保险储备为 10 件时的总成本为 48.8 元。

C16 单元格输入公式"=(I10-H10)*I11",计算保险储备为 20 件时的缺货量为0.1件。

D14 单元格输入公式"=C16*\$C\$6*\$C\$7",计算保险储备为 20 件时的缺货成本为 4.8 元。

E16 单元格输入公式"=B16*\$C\$5",计算保险储备为 20 件时的储存成本为 40 元。

F16 单元格输入公式"=D16+E16",计算保险储备为 20 件时的总成本为 44.8 元。

C17 单元格直接输入 0,即计算保险储备为 30 件时的缺货量为 0 件。

D17 单元格输入公式"=C17*\$C\$6*\$C\$7",计算保险储备为 30 件时的缺货成本为 0 元。

E17 单元格输入公式"=B17*\$C\$5",计算保险储备为 30 件时的储存成本为 60 元。

F17 单元格输入公式"=D17+E17",计算保险储备为 30 件时的总成本为 60 元。

通过上述保险储备总成本的计算,即当保险储备量为 20 时,保险储备总成本最低为 44.8元,此时再订货点为 120 件,即:

C20 单元格输入公式"=INDEX(B14:B17,MATCH(MIN(F14:F17),F14:F17,0),1)"。

C21 单元格输入公式"=MIN(F14:F17)"。

	A	B	C
1			
2		不考虑保险储备决策模型	
3			
4		数据输入	
5		年需求量	3600
6		一次订货成本	25
7		单位变动储存成本	2
8		单位缺货成本	4
9		平均交货时间	10
10			
11		结果输出	
12		经济订货量	300
13		年订货次数	12
14		再订货点	100

图 7-7 不考虑保险储备决策模型

C22 单元格输入公式"＝C8＋C19"。

保险储备	缺货量	缺货成本	储存成本	总成本
0	3.1	148.8	0	148.8
10	0.6	28.8	20	48.8
20	0.1	4.8	40	**44.80**
30	0	0	60	60

存货保险储备决策模型

数据输入：
- 单位变动储存成本：2
- 单位缺货成本：4
- 年订货次数：12
- 再订货点：100

存货交货期内的需求量及其概率分布表：

需求量	70	80	90	100	110	120	130
概率	1%	4%	20%	50%	20%	4%	1%

结论：
- 保险储备量：20
- 总成本：44.8
- 考虑保险储备再订货点：120

图 7-8　保险储备决策模型

知识链接

当存货每日需求量发生变化，按照某一订货批量（如经济订货批量）和再订货点发出订单后，如果需求增大或送货延迟，就会发生缺货或供货中断。为防止由此造成的损失，就需要多储备一些存货以备应急之需，这称为保险储备（安全存量）。这些存货在正常情况下不动用，只有当存货过量使用或送货延迟时才动用。

建立保险储备，固然可以使企业避免缺货或供应中断造成的损失，但存货平均储备量加大却会使储备成本升高。研究保险储备的目的，就是要找出合理的保险储备量，使缺货或供应中断损失和储备成本之和最小。方法上可先计算出各不同保险储备量的总成本，然后再对总成本进行比较，选定其中最低的。

如果设与此有关的总成本为 $TC(S、B)$，缺货成本为 C_S，保险储备成本为 C_B，则

$$TC(S、B) = C_S + C_B \tag{7-12}$$

设单位缺货成本为 K_U，一次订货缺货量为 S，年订货次数为 N，保险储备量为 B，单位储存变动成本为 K_c，则

$$C_S = K_U \times S \times N \tag{7-13}$$

$$C_B = B \times K_c \tag{7-14}$$

$$TC(S、B) = K_U \times S \times N + B \times K_c \tag{7-15}$$

现实中，缺货量具有概率性，其概率可根据历史经验估计得出；保险储备量 B 可选择而定。

三、存在商业折扣的最优订货量模型

▶ 问题导入

华辰公司全年需要甲零件 10 000 件。每次变动性订货成本为 50 元，每件甲零件平均变动储存成本为 4 元。当采购量小于 600 件时，单价为 10 元；当采购量大于或等于 600 件但小于 1 000 件时，单价为 9 元；当采购量大于或等于 1 000 件时，单价为 8 元。

要求：计算最优采购批量及全年最小相关总成本。

▶ 模型构建

建立如图 7-9 所示模型，计算最优采购批量为 1 000 件，全年最小相关总成本 82 500 元。相关计算如下：

D15 单元格输入公式"＝＄C＄5＊C9＋＄C＄6＊＄C＄5/C15＋＄C＄7＊C15/2"，计算经济订货批量（500 件）时的总成本为 102 000 元。

D16 单元格输入公式"＝C5＊C10＋C6＊C5/C16＋C7＊C16/2"，计算订货 600 件时的总成本为 92 033.33 元。

	A	B	C	D
2		存在商业折扣的订货批量决策模型		
5		全年需求量（件）		10,000
6		订货成本（次）		50
7		储存成本（元/件）		4
8		零件采购单价（元/件）		
9		(1) 每次采购批量＜600件时		10
10		(2) 每次采购批量＞=600件，＜1000件时		9
11		(3) 每次采购批量＞=600件时		8
14		订货策略	订货批量（件）	存货总成本
15		经济订货批量	500	102,000.00
16		订货600件	600	92,033.33
17		订货1000件	1,000	82,500.00
19		最优决策	最优采购量为订货1000件，采购总成本为82500元。	

图 7-9 存在商业折扣的订货批量决策模型

D17 单元格输入公式"＝C5＊C11＋C6＊C5/C17＋C7＊C17/2"，计算订货 1 000 件时的总成本为 82 500 元。

C19 单元格输入公式"＝"最优采购量为"&INDEX(B15:B17,MATCH(MIN(D15：

D17),D15:D17,0),1)&"',采购总成本为"&MIN(D15:D17)&"元。"",显示结论。

> **知识链接**

经济批量模型（EOQ）应用中，如果存在商业折扣的情况，我们就要分析存在商业折扣情况下的最优决策：

设采购成本为 TC_K，这时采购成本随采购批量大小变动，是决策的一项相关成本。令相关总成本 TC 为

$$TC = TC_K + TC_O + TC_C = K \times A + P \times \frac{A}{Q} + C \times \frac{Q}{2} \qquad (7-16)$$

式中：TC_O 为订货成本；
TC_C 为储存成本；
K 为单价；
A 为需求量；
Q 为每次订购量；
P 为每次订货成本；
C 为单位储存成本。

本模型可按下述程序求最优解：
（1）按经济批量模型求出订货批量。
（2）按商业折扣条款查出步骤（1）求得的批量对应的采购单价及相关成本。
（3）按商业折扣条款中采购单价低于步骤（2）求得的单价的各档次的最低批量对应的相关总成本。
（4）比较各相关总成本，最低的为最优解。

四、仓库容量受限时的最优采购量决策分析模型

> **问题导入**

华辰公司 3 号仓库总容量为 50 000 m^3，专门用于储备 P1、P2、P3 和 P4 4 种货物，每种货物每月需求、储存成本和订货成本情况详见表 7-3。

表 7-3 每种货物每月需求、储存成本和订货成本表

库存商品类别	保管费用（元）	单位占用空间（m^3）	每月需求（件）	订货成本（元）
P1	25.00	440	200	50.00
P2	20.00	850	325	50.00
P3	30.00	1 260	400	50.00
P4	15.00	950	150	50.00

要求：在充分利用仓库总容量和满足每月需求的前提下，设计每种货物的最优订购政策，保证仓储成本最低。（假设所有商品都按整数计量）

模型构建

首先根据存货经济订货批量计算的最优订购量分析需要占用的仓储空间，如表 7-4 所示。

表 7-4 按经济批量计算占用空间分析表

库存商品类别	理论经济订货量 EOQ（件）	单位占用空间（m^3）	理论经济订货量占用空间（m^3）
P1	28	440	6 160
P2	40	850	17 000
P3	37	1 260	23 310
P4	32	950	15 200
合计		/	61 670

通过表 7-4 可以看出，根据存货经济订货批量计算的最优订购量需要占用仓储的空间为 61 670 m^3，超过了 3 号仓库总容量 50 000 m^3，所以解决本案例问题需要通过规划求解工具来求最优解。

其中，在 Excel 中构建所图 7-10 所示的模型，工作表中设置如下计算公式：

D15 单元格输入公式“=C15/2 * C7+E7/C15 * F7”，并填充复制到 D18 单元格计算总成本。

E15 单元格输入公式“=C15/2 * D7”，并填充复制到 E18 单元格计算占用空间。

其中，单元格区域 C15:C18 为决策变量区域，D19 单元格为目标值。

本案例规划求解参数设置如图 7-11 所示。

仓库容量受限时的最优采购量决策分析模型

数据输入

库存商品类别	保管费用（元）	单位占用空间（m^3）	每月需求（件）	订货成本（元）	总空间（m^3）
P1	25.00	440	200	50.00	
P2	20.00	850	325	50.00	
P3	30.00	1260	400	50.00	
P4	15.00	950	150	50.00	
					50000

方案输出

库存商品类别	实际订购数量（件）	总成本	占用空间（m^3）
P1	**25**	712.50	5500
P2	**33**	822.42	14025
P3	**30**	1,116.67	18900
P4	**24**	492.50	11400
合 计	112	**3144.09**	49825

图 7-10 仓库容量受限最优采购决策模型

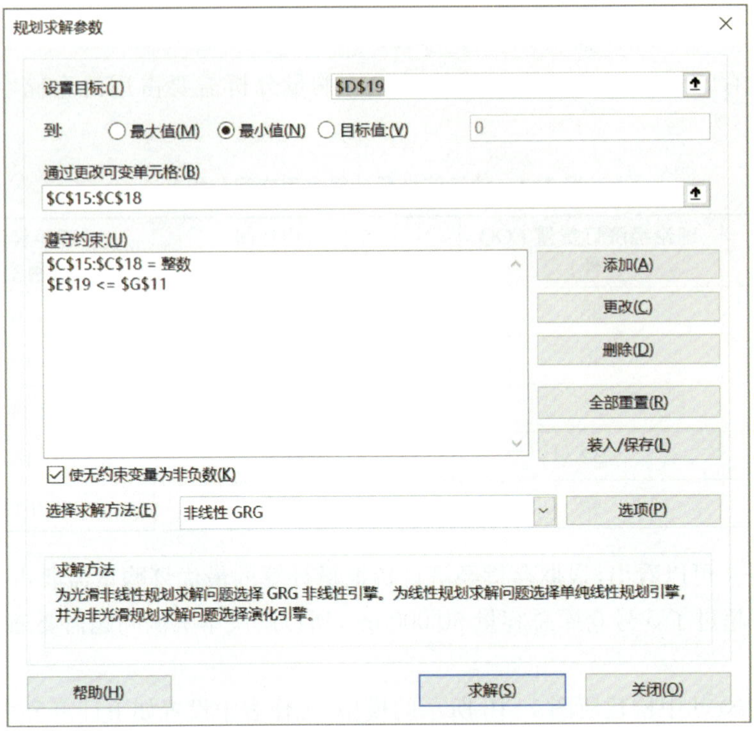

图 7-11　规划求解参数设置

通过规划求解得到 4 种库存货物的最优采购数量占用空间为 49 825 m^3，未超过 3 号仓库总容量 50 000 m^3，此时总成本为 3 144.09 元。

注意：本案例在规划求解时，决策变量单元格区域 C15:C18 不应为空值，需要输入任意不等于 0 的数字，因为在单元格区域 D15:D18 的公式计算总成本时，公式中的分母引用到单元格区域 C15:C18 的值，所以如果为空值或 0 时，将会出现错误信息。

五、产品最优生产量的报童问题决策分析模型

▶ 问题导入

凯特自行车俱乐部向华辰公司定制了一款特种样式运动自行车，该订单的数量不确定，该公司根据客户提前提交的需求确定具体的定制数量，客户需求的大致概率如表 7-5 所示。

表 7-5　客户需求概率

需求量（份）	概率	需求量（份）	概率
300	0.1	600	0.15
400	0.2	700	0.15
500	0.4		

定制的自行车每辆销售价格为 5 000 元,综合生产销货成本为 4 000 元。该客户需要在确定了定制的具体数量时立即提货,所以该批订单需要提前生产。由于是定制的特种样式自行车,如果生产的数量大于定制的数量,二次销售的售价仅为 3 600 元。

要求:测算该公司安排多少生产量能获得最大收益?

模型构建

构建如图 7-12 所示的模型,经过测算,每月的生产量为 600 辆时,能获得最大收益 446 000 元。本模型中相关单元格计算公式的设置如下:

D15 单元格输入公式"= MIN($C15,D$14)*$E$6-D$14*$D$6+IF(D$14>$C15,(D$14-$C15)*$F$6,0)",并填充复制到 H19 单元格,可以计算不同概率对应的需求量的情况,不同生产量时的利润。

D20 单元格输入公式"= SUMPRODUCT($B$15:$B$19,D15:D19)",计算不同概率对应的需求量的情况,不同生产量时的利润加权平均数。

C22 单元格输入公式"= INDEX(D14:H14,1,MATCH(C23,D20:H20,0))",显示安排的生产量。

C23 单元格输入公式"= MAX(D20:H20)",显示最大收益数。

	A	B	C	D	E	F	G	H
2		产品最优生产量的报童问题决策模型						
3								
4		数据输入						
5		需求	概率	生产及销售成本	售出价	二次销售价		
6		300	0.1	4,000.00	5,000.00	3,600.00		
7		400	0.2					
8		500	0.4					
9		600	0.15					
10		700	0.15					
11								
12		方案输出						
13		概率	需求量			生产量		
14				300	400	500	600	700
15		0.1	300	300,000.00	260,000.00	220,000.00	180,000.00	140,000.00
16		0.2	400	300,000.00	400,000.00	360,000.00	320,000.00	280,000.00
17		0.4	500	300,000.00	400,000.00	500,000.00	460,000.00	420,000.00
18		0.15	600	300,000.00	400,000.00	500,000.00	600,000.00	560,000.00
19		0.15	700	300,000.00	400,000.00	500,000.00	600,000.00	700,000.00
20			利润	300,000.00	386,000.00	444,000.00	446,000.00	427,000.00
21								
22		生产量	600					
23		利润	446,000.00					

图 7-12 报童问题决策模型

知识链接

在日常生活中,经常会碰到一些季节性强、更新快、不易保存的物品,如海产、山货、时装、生鲜食品和报纸等。当商店购进这些商品时,买的数量越多,价格越便宜获利越大。但买得太多也可能卖不出去,需要降价处理,人力、物力都受损;如果进货太少,又可能发生缺货现象,失去销售机会而减少利润。这就产生一个问题:订货量过多,出现过剩,会造成损失;订货量少,又可能会失去销售机会,影响利润,那么应该如何确定订货策略呢?

将这一现象具体到报童销售报纸上,就引发了报童问题:报童每天需订购多少份报纸?

报童购进报纸的数量应根据需求量确定,但需求量是随机的,所以报童每天如果购进的报纸太少,不够卖的,会少赚钱;如果购进太多,卖不完就要赔钱。这样由于每天报纸的需求量是随机的,报童每天的收入也是随机的,因此衡量报童的收入,不能是报童每天的收入,而应该是他长期(几个月、一年)卖报的日平均收入。我们可以应用计算机模拟的方法,模拟每天的销售量,因而确定每天应买进多少报纸才能使平均总收入达到最大值。

六、存货最优采购量的蒙特卡罗决策分析模型

▶ 问题导入

华辰公司销售运动自行车的同时根据客户的自愿搭配销售某种运动背包,该公司根据以前年度的经验分析,每个季度该种背包的预计需求量与对应概率如表 7-6 所示。

表 7-6 预计需求量及其概率

需求量(个)	需求概率	需求量(个)	需求概率
1 000	0.1	2 500	0.25
1 500	0.2	3 000	0.15
2 000	0.3		

假设该种背包的进货单价为 100 元,以 150 元出售,没有卖出的退货单价为 80 元(退货成本 20 元)。

要求:应用蒙特卡罗方法模拟测算每月进货多少背包商品将获得最大利润。

▶ 模型构建

构建如图 7-13 所示的模型,对该种背包的进货数量进行预测,其中:

C11 单元格输入公式" = RAND()",计算预测随机数。

C13 单元格输入公式" = VLOOKUP(C11,C5:D9,2)",计算随机数对应的需求量。

C14 单元格输入 D5:D9 需求量列表中任意一个需求量。

E13 单元格输入公式" = C16 * MIN(C14,C13)",计算总销售收入。

E14 单元格输入公式" = C17 * IF(C14>C13,C14 - C13,0)",计算总退货成本。

E15 单元格输入公式" = C14 * C15",计算总进货成本。

E16 单元格输入公式" = E13 - E14 - E15",计算总毛利。

E17 单元格输入公式" = INDEX(C19:G19,1,MATCH(MAX(C20:G20),C20:G20,0))",计算最佳订货量。

C20 单元格输入公式" = AVERAGE(C24:C1023)",并填充复制到 G20 单元格,计算模

拟运算表模拟毛利额的平均值。

在模拟运算表区域,B23 单元格输入公式"= E16",单元格区域 C23:G23 分别输入需求概率对应的需求量,单元格区域 B24:B1023 输入序列 1 至 1 000。

A	B	C	D	E	F	G
2	蒙特卡罗最佳进货量预测模型					
4		需求概率	需求概率分段	需求量		
5		0.1	0	1000		
6		0.2	0.1	1500		
7		0.3	0.3	2000		
8		0.25	0.6	2500		
9		0.15	0.85	3000		
11	预测随机数		0.748034115			
13	随机数对应的需求量		2500	总销售收入	375,000.00	
14	进货量		3000	总退货成本	10,000.00	
15	进货成本		100.00	总进货成本	300,000.00	
16	销售单价		150.00	总毛利	65,000.00	
17	退货成本		20.00	最佳进货量	3000	按F9键切换结果
19		进货量	1000	1500	2000	2500	3000
20		预计平均总毛利	-190,000.00	-105,000.00	-20,000.00	65,000.00	150,000.00
22	模拟运算表					
23		65,000.00	1000	1500	2000	2500	3000
24		1	-190000	-105000	-20000	65000	150000
25		2	-190000	-105000	-20000	65000	150000
1021		998	-190000	-105000	-20000	65000	150000
1022		999	-190000	-105000	-20000	65000	150000
1023		1000	-190000	-105000	-20000	65000	150000

图 7-13 蒙特卡罗预测模型

在计算模拟运算表时,选中单元格区域 B23:G1023,选择【数据】→【模拟分析】→【模拟运算表】,在调出的"模型运算表"对话框中,在"输入引入行的单元"框内输入公式"= \$C\$13",在"输入引入列的单元"框内输入表中空白区域中的任意单元格,如图 7-14 所示。

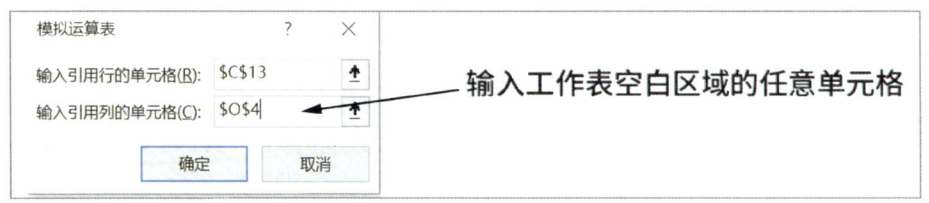

图 7-14 模拟运算表参数设置

通过图 7-13 可以看出,当每按一次 F9 键时,对于不同需要概率对应的进货量实现的总毛利,模拟运算表将返回 1 000 个模拟运算结果,单元格区域 C20:G20 设置的公式将所返回的模拟运算结果进行平均,E17 单元格为预计平均总毛利对应的最佳订货量,图 7-13 所示的最佳订货量为 1 500 个,对应的预计平均总毛利为 66 330 元。

当多次按 F9 键时,可能会出现不同的结果,本案例多次按 F9 键,还会返回最佳订货量为 2 000 个,所以最佳订货量在 1 500～2 000 个。具体的最佳订货量的计算可通过多次按 F9 键出现每个最佳订货量的次数进行加权平均计算。

七、建立存货 ABC 分类管理体系

问题导入

华辰公司拟对儿童自行车的零配件存货进行 ABC 分类管理,存货清单和金额标准如图 7-15 所示。

	A	B	C	D	E
1	存货清单			分类标准	
2	存货名称	存货金额（元）		类别	金额百分比
3	M00001	2,540.00		A类	80%
4	M00002	265,310.00		B类	15%
5	M00003	93,760.00		C类	5%
86	M00084	16,730.00			
87	M00085	29,710.00			
88	合计	1,547,292.00			

图 7-15 存货清单与分类标准

要求:对该类存货分别计算出 A 类、B 类和 C 类存货的金额,以及金额和品种百分比。

模型构建

通过构建模型对该类存货分别计算出 A 类、B 类和 C 类存货的金额与金额百分比、品种数与品种百分比,如图 7-16 所示。

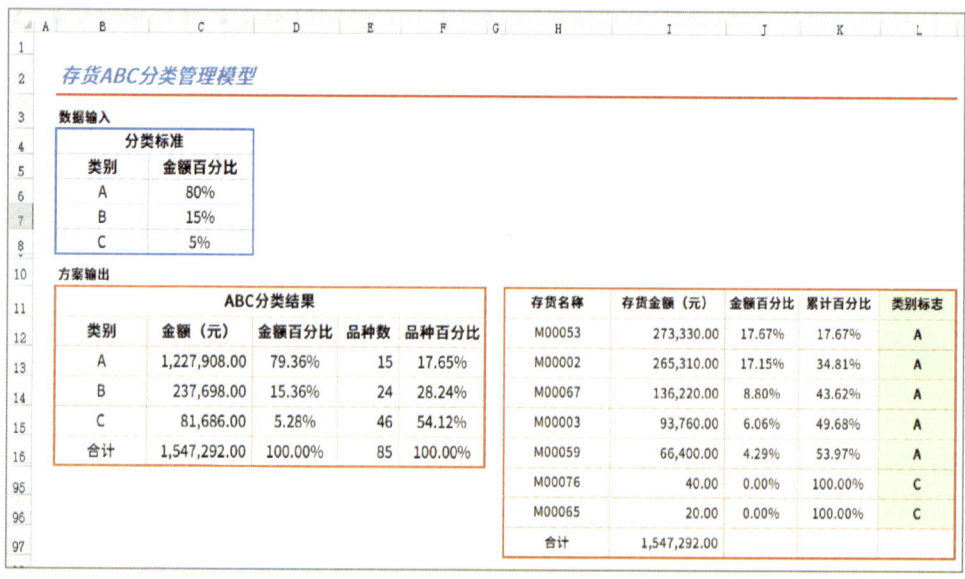

图 7-16 存货 ABC 分类管理模型

上述模型中,单元格区域 H11:L97 为相关计算表,先将存货名称和存货金额拷贝到计算表的单元格区域 H11:H96 和单元格区域 I11:I96,然后以 H 列,即"存货金额(元)"为"关键字"进行降序排序(从大到小),相关单元格设置的计算公式如下:

C13 单元格输入公式"=SUMIF($L$12:$L$96,B13,$I$12:$I$96)",并填充复制到 C15 单元格,按类别计算金额。

D13 单元格输入公式"=C13/$C$16",并填充复制到 D15 单元格,按类别计算金额百分比。

E13 单元格输入公式"=COUNTIF($L$12:$L$96,B13)",并填充复制到 E15 单元格,按类别计算品种数。

F13 单元格输入公式"=E13/$E$16",并填充复制到 F15 单元格,按类别计算品种百分比。

J12 单元格输入公式"=I12/$I$97",并填充复制到 J96 单元格,计算金额百分比。

K12 单元格输入公式"=SUM($J$12:J12)",并填充复制到 K96 单元格,计算金额累计百分比。

L12 单元格输入公式"=IF(K12<$C$6,"A",IF(K12<($C$6+$C$7),"B","C"))",并填充复制到 L96 单元格,根据金额累计百分比设置 ABC 类别标志。

知识链接

存货 ABC 分类管理法是意大利经济学家巴雷特于 19 世纪首创的,经过不断的发展和完善,现已广泛用于现代公司的存货管理与控制。

ABC 分类管理法又叫 ABC 分析法,是以某类库存物资品种数占物资品种数的百分比和该类物资金额占库存物资总金额的百分数大小为标准,将库存物资分为 A、B、C 三类,进行分级管理。其基本原理是对企业库存(物料、在制品、产成品)按其重要程度、价值高低、资金占用或消耗数量等进行分类、排序。

A 类:品种、数量占全部库存物资的 5%~20%,而其金额占总金额的 60%~80%。

B 类:品种、数量占全部库存物资的 20%~30%,而其金额占总金额的 15%~30%。

C 类:品种、数量占全部库存物资的 60%~70%,而其金额占总金额的 5%~20%。

存货 ABC 分类管理实施步骤如下:

(1) 收集数据:在对库存品进行分类之前,首先要收集有关库存品的年需求量、单价以及重要程度信息。这些信息可以从企业的车间、采购部、财务部、仓库管理部门获得。

(2) 处理数据:利用收集到的年需求量、单价,计算出各种库存品的年耗用金额。

(3) 编制 ABC 分析表:把各种库存品按照年耗用金额从大到小的顺序排列,并计算累计百分比。

(4) 确定分类:按照 ABC 分类法的基本原理,对库存品进行分类。一般说来,各种库存品所占实际比例,由企业根据需要确定,并没有统一的数值。

(5) 编制 ABC 分类表:构建 ABC 库存分类表,把库存品的分类情况在该表上统计和分析。

第三节　应收账款管理决策分析

一、应收账款信用标准决策模型

▶ 问题导入

华辰公司目前的经营情况和信用标准如表 7-7 所示。

表 7-7　经营情况和信用标准数据

项目	数据
销售收入（万元）	15 000
变动成本率	65%
利润（万元）	2 800
销售利润率	20%
信用标准（预期坏账损失率限制）	10%
平均坏账损失率	5%
信用条件	30 天付清
平均收款期（天）	45
应收账款的机会成本率	12%

公司现根据自身情况和市场实际情况提出两个信用标准方案：A 方案是收紧信用标准，设定的预期坏账损失率限制由原来的 10% 降为 5%；B 方案是放宽信用标准，设定的预期坏账损失率限制由原来的 10% 提高到 15%。信用标准调整后，预计对销售额、平均收账期和平均坏账损失率将会增加或减少，有关数据见表 7-8。

表 7-8　调整方案数据

项目	方案 A	方案 B
信用标准	5%	15%
由于标准变化增加或减少的销售额（万元）	-900	1 000
增加或减少的销售额的平均收款期（天）	65	80
增加或减少的销售额的平均坏账损失率	8%	13%

要求：分析公司应采用 A 方案还是 B 方案，还是仍沿用目前的信用标准？

▶ 模型构建

根据本案例数据资料构建如图 7-17 所示的模型，分析结论是"应采用 B 方案"。

图 7-17　应收账款信用标准决策模型

上述模型中，单元格计算公式设置如下：

C25 单元格输入公式"＝C19＊＄C＄10"，并填充复制到 D25 单元格。

C26 单元格输入公式"＝C19/360＊C20＊＄C＄8＊＄C＄15"，并填充复制到 D26 单元格；

C27 单元格输入公式"＝C19＊C21"，并填充复制到 D27 单元格。

C28 单元格输入公式"＝C25－C26－C27"，并填充复制到 D28 单元格。

C29 单元格输入公式"＝IF(AND(C28＞0,D28＞0),IF(C28＞D28,"应采用方案 A","应采用方案 B"),IF(C28＞0,"应采用方案 A",IF(D28＞0,"应采用方案 B","仍采用目前的信用标准")))"。

知识链接

在社会主义市场经济的条件下，存在着激烈的商业竞争。竞争机制的作用迫使企业以各种手段扩大销售。除了依靠产品质量、价格、售后服务、广告等，赊销也是扩大销售的手段之一。对于同等的产品价格、类似的质量水平、一样的售后服务，实行赊销的产品或商品的销售额将大于现金销售的产品或商品的销售额。这是因为顾客将从赊销中得到好处。

出于扩大销售的竞争需要,企业不得不以赊销或其他优惠方式招揽顾客,于是就产生了应收账款。由竞争引起的应收账款,是一种商业信用。

应收账款有时也是由商品成交的时间和收到货款的时间不一致造成的。当企业发货的时间和收到货款的时间不同时,货款结算需要时间。结算手段越是落后,销售和收款的时间差越大,由此造成的应收账款不属于商业信用,也不是应收账款决策的内容。

应收账款是企业的一项资金投放,是为了扩大销售和盈利面进行的投资。而投资肯定要发生成本(包括承担风险),这就需要在应收账款信用政策所增加的盈利和这种政策的成本之间做出权衡。只有当应收账款所增加的盈利超过所增加的成本时,才应当实施应收账款赊销。

应收账款赊销的效果好坏依赖于企业的信用政策。信用政策包括信用标准、信用条件和收账政策。

信用标准,是指顾客获得企业的交易信用所应具备的条件。如果顾客达不到信用标准,便不能享受企业的信用优惠或只能享受较低的信用优惠。

企业在设定某一顾客的信用标准时,往往先要评估其赖账的可能性。这可以通过"5C"系统和信用评分来进行。所谓"5C"系统,是评估顾客信用品质的5个方面,即品质(character)、能力(capacity)、资本(capital)、抵押(collateral)和条件(conditions)。

(1) 品质。品质是指顾客的信誉,即履行偿债义务的可能性。企业必须设法了解顾客过去的付款记录,看其是否有按期如数付款的一贯做法,以及与其他供货企业的关系是否良好。这一点经常被视为评价顾客信用的首要因素。

(2) 能力。能力是指顾客的偿债能力,即其流动资产的数量和质量,以及与流动负债的比例。顾客的流动资产越多,其转换为现金以支付款项的能力越强。同时,还应注意顾客流动资产的质量,看是否有存货过多、过时或质量下降,影响其变现能力和支付能力的情况。

(3) 资本。资本是指顾客的财务实力和财务状况。

(4) 抵押。抵押是指顾客拒付款项或无力支付款项时能被用作抵押的资产。这对于不知底细或信用状况有争议的顾客尤为重要。一旦收不到这些顾客的款项,便以抵押品抵补。如果这些顾客能提供足够的抵押,就可以考虑向他们提供相应的信用。

(5) 条件。条件是指可能影响顾客付款能力的经济环境。比如,万一出现经济不景气,会对顾客的付款产生什么影响,顾客会如何做等,这需要了解顾客在过去困难时期的付款历史。

经过信用评估后,具体对信用标准进行决策时,通常以预期的坏账损失率作为判别标准。当信用标准变化时,分别对利润、机会成本和坏账损失产生影响,具体计算公式为:

$$\text{对利润的影响} = \text{由于标准变化增加或减少的销售额} \times \text{销售利润率} \qquad (7\text{-}17)$$

$$\text{对机会成本的影响} = \frac{\text{由于标准变化增加或减少的销售额}}{360} \times \text{增加或减少的销售额的平均收账款} \times \text{变动成本率} \times \text{应收账款的机会成本率} \qquad (7\text{-}18)$$

$$\text{对坏账损失的影响} = \text{由于标准变化增加或减少的销售额} \times \text{增加或减少的销售额的平均坏账损失率} \qquad (7\text{-}19)$$

$$\begin{matrix}\text{信用标准变化带来}\\\text{的增量利润}\end{matrix} = \begin{matrix}\text{对利润}\\\text{的影响}\end{matrix} - \begin{matrix}\text{对机会成本}\\\text{的影响}\end{matrix} - \begin{matrix}\text{对坏账损失}\\\text{的影响}\end{matrix} \qquad (7-20)$$

当信用标准变化带来的增量利润为正值时,该方案可行,否则不可行。

二、应收账款信用条件决策模型

▶ 问题导入

华辰公司拟改变信用条件,现有 2 个可供选择的信用条件方案。该公司目前的基本情况和可供选择的信用条件方案相关资料如表 7-9、表 7-10 所示。

表 7-9　信用条件基本数据表

项目	数据
销售额(万元)	15 000
变动成本率	65%
利润(万元)	2 800
销售利润率	25%
信用标准(预期坏账损失率限制)	10%
平均坏账损失率	6%
信用条件	30 天付清
平均收款期(天)	45
应收账款的机会成本率	12%

表 7-10　信用条件变化数据表

项目	方案 A	方案 B
信用条件	45 天内付清,无现金折扣	"2/10, n/30"
由于信用条件变化增加或减少的销售额(万元)	2 000	3 000
增加销售额的平均坏账损失率	11%	10%
需付现金折扣的销售额占总销售额的百分比	0	50%
现金折扣率	0	2%
平均收款期(天)	60	20

▶ 模型构建

根据本案例数据资料构建模型如图 7-18、图 7-19 所示,分析结论是"应采用 B 方案"。
上述模型中,单元格计算公式设置如下:
C27 单元格输入公式"＝C19＊＄C＄10",并填充复制到 D27 单元格。
C28 单元格输入公式"＝(＄C＄7/360＊(C23－＄C＄14)＋C19/360＊C23)＊＄C＄8＊＄C＄15",并填充复制到 D28 单元格。

	A	B	C	D
2	**应收账款信用条件决策分析**			
4	数据输入			
5	目前的基本情况			
6		项目	数据	
7		销售额（万元）	15,000	
8		变动成本率	65%	
9		利润（万元）	2,800	
10		销售利润率	25%	
11		信用标准（预期坏账损失率限制）	10%	
12		平均坏账损失率	6%	
13		信用条件	30天付清	
14		平均收款期（天）	45	
15		应收账款的机会成本率	12%	
16	新的信用条件方案有关数据			
17		项目	方案A	方案B
18		信用条件	45天内付清，无现金折扣	"2/10, n/30"
19		由于信用条件变化增加或减少的销售额（万元）	2,000	3,000
20		增加销售额的平均坏账损失率	11%	10%
21		需付现金折扣的销售额占总销售额的百分比	0%	50%
22		现金折扣率	0%	2%
23		平均收款期（天）	60	20

图 7-18　应收账款信用条件决策模型(1)

	A	B	C	D
2	**应收账款信用条件决策分析**			
25	结果输出			
26		项目	方案A	方案B
27		信用条件变化对利润的影响(万元)	500	750
28		信用条件变化对应收账款机会成本的影响(万元)	75	-68
29		信用条件变化对现金折扣成本的影响（万元）	0	180
30		信用条件变化对坏账损失的影响(万元)	220	300
31		信用条件变化带来的增量利润(万元)	205	338
32		结论	应采用方案B	

图 7-19　应收账款信用条件决策模型(2)

C29 单元格输入公式"=（＄C＄7＋C19）＊C21＊C22"，并填充复制到 D29 单元格。

C30 单元格输入公式"=C19＊C20"，并填充复制到 D30 单元格。

C31 单元格输入公式"=C27－C28－C29－C30"，并填充复制到 D31 单元格。

C32 单元格输入公式"=IF(AND(C31＞0,D31＞0),IF(C31＞D31,"应采用方案 A","应采用方案 B"),IF(C31＞0,"应采用方案 A",IF(D31＞0,"应采用方案 B","仍采用目前的信用条件")))"。

知识链接

信用条件包括信用期间、折扣期限和现金折扣。

信用期间是企业允许顾客从购货到付款之间的时间，或者说是企业给予顾客的付款期间,也叫信用期。例如,若某企业允许顾客在购货后的 50 天内付款,则信用期为 50 天。信用期过短,不足以吸引顾客,在竞争中会使销售额下降;信用期过长,对销售额增加固然有利,但只顾及销售增长而盲目放宽信用期,所得的收益有时会被增长的费用抵消,甚至造成利润减少。因此,企业必须慎重研究,确定出恰当的信用期。

信用期的确定,主要是分析改变现行信用期对收入和成本的影响。延长信用期,会使销售额增加,产生有利影响;与此同时,应收账款、收账费用和坏账损失增加,会产生不利影响。当前者大于后者时,可以延长信用期,否则不宜延长。如果缩短信用期,情况与此相反。

现金折扣是企业对顾客在商品价格上所做的扣减。向顾客提供这种价格上的优惠,主要目的在于吸引顾客为享受优惠而提前付款,缩短企业的平均收款期。另外,现金折扣也能招揽一些视折扣为减价出售的顾客前来购货,借此增加销售量。折扣的表示常采用如 5/10、3/20、n/30 这样一些符号形式。这三种符号的含义为:5/10 表示 10 天内付款,可享受 5% 的现金折扣,即只需支付原价的 95%,如原价为 10 000 元,只支付 9 500 元;3/20 表示 20 天内付款,可享受 3% 的现金折扣,即只需支付原价的 97%,若原价为 10 000 元,只支付 9 700 元;n/30 表示付款的最后期限为 30 天,此时付款无优惠。

企业采用什么程度的现金折扣,要与折扣期限和信用期间结合起来考虑。比如,要求顾客最迟不超过 30 天付款,若希望顾客 20 天、10 天付款,能给予多大折扣?或者给予 5%、3% 的折扣,能吸引顾客在多少天内付款?不论是信用期间还是现金折扣,都可能给企业带来收益,但也会增加成本。现金折扣带给企业的好处前面已讲过,它使企业增加的成本,则指的是现金折扣损失。当企业给予顾客某种现金折扣时,应当考虑折扣所能带来的收益与成本孰高孰低,权衡利弊后做出决断。

因为现金折扣是与信用期间结合使用的,所以确定折扣程度的方法与程序实际上与前述确定信用期间的方法与程序一致,只不过要把所提供的延期付款时间和折扣综合起来,看各方案的延期与折扣能取得多大的收益增量,再计算各方案带来的成本变化,最终确定最佳方案。当信用条件变化时,分别对利润、机会成本、现金折扣成本和坏账损失产生影响,具体计算公式为:

$$\text{对利润的影响} = \text{由于标准变化增加或减少的销售额} \times \text{销售利润率} \qquad (7-21)$$

$$\text{对机会成本的影响} = \left[\frac{\text{目前条件下的销售额}}{360} \times \left(\text{新方案的平均收款期} - \text{目前的平均收款期}\right) + \frac{\text{由于标准变化增加或减少的销售额}}{360} \times \text{新方案的平均收款期}\right] \times \text{变动成本率} \times \text{应收账款的机会成本率} \qquad (7-22)$$

$$\text{对现金折扣成本的影响} = \left(\text{目前条件下的销售额} + \text{由于信用条件变化增加或减少销售额}\right) \times \text{需付现金折扣的销售占总销售额的百分比} \times \text{现金折扣率} \qquad (7-23)$$

$$\text{对坏账损失的影响} = \text{由于标准变化增加或减少的销售额} \times \text{增加或减少的销售额的平均坏账损失率} \qquad (7-24)$$

$$\text{信用标准变化带来的增量利润} = \text{对利润的影响} - \text{对机会成本的影响} - \text{对现金折扣成本的影响} - \text{对坏账损失的影响} \qquad (7-25)$$

当信用条件变化带来的增量利润为正值时,该方案可行,否则不可行。

三、应收账款收账政策决策模型

> 问题导入

华辰公司为了加强应收账款的回收,财务经理建议在目前每年 20 000 元的基础上再增加 10 000 元收款费用,增加收账费用后,预计应收账款平均收款期将从 60 天缩短为 30 天,坏账损失率将从 4% 降为 2%。具体相关资料如表 7-11 所示。

表 7-11　收款政策基础数据

目前的基本情况	
项目	数据
年销售收入(元)	1 500 000
变动成本率	60%
应收账款的机会成本率	15%

不同收账政策的有关数据		
项目	目前收账政策	建议收账政策
年收账费用(元)	20 000	30 000
应收账款平均收款期(天)	60	30
坏账损失率	4%	2%

要求:请分析华辰公司是否应采纳财务经理的建议。

> 模型构建

根据本案例数据资料构建模型如图 7-20 所示,分析结论是"采用建议收账政策"。
上述模型中,单元格计算公式设置如下:
C18 单元格输入公式"=＄C＄7/360＊C13",并填充复制到 D18 单元格。
D19 单元格输入公式"=(C18－D18)＊C8＊C9"。
C20 单元格输入公式"=＄C＄7＊C14",并填充复制到 D20 单元格。
D21 单元格输入公式"=C20－D20"。
D22 单元格输入公式"=D12－C12"。
D23 单元格输入公式"=D19＋D21－D22"。
C24 单元格输入公式"=IF(D23＞0,"采用建议收账政策","维持目前收账政策")"。

> 知识链接

企业对各种不同过期账款的催收方式,包括准备为此付出的代价,就是它的收账政策。比如,对过期较短的顾客,不过多地打扰,以免将来失去这一市场;对过期稍长的顾客,可措

应收账款收账政策决策模型

数据输入

目前的基本情况

项目	数据
年销售收入（元）	1,500,000
变动成本率	60%
应收账款的机会成本率	15%

不同收账政策的有关数据

项目	目前收账政策	建议收账政策
年收账费用（元）	20,000	30,000
应收账款平均收款期（天）	60	30
坏账损失率	4%	2%

结果输出

项目	目前收账政策	建议收账政策
应收账款的平均占用额（元）	250,000	125,000
建议收账政策所节约的机会成本（元）	-	11,250
坏账损失（元）	60,000	30,000
建议计划减少的坏账损失（元）	-	30,000
按建议收账政策所增加的收账费用（元）	-	10,000
建议收账政策可获得的净收益（元）	-	31,250
结论	采用建议收账政策	

图 7-20 应收账款收账政策决策模型

辞婉转地写信催款；对过期较长的顾客，频繁地发信件催款并电话催询；对过期很长的顾客，可在催款时措辞严厉，必要时提请有关部门仲裁或提起诉讼，等等。

催收账款要发生费用，某些催款方式的费用还会很高（如诉讼费）。一般说来，收账的花费越多，收账措施越有力，可收回的账款应越多，坏账损失也就越小。因此制定收账政策，又要在收账费用和所减少坏账损失之间做出权衡。制定有效、得当的收账政策很大程度上靠有关人员的经验；从财务管理的角度讲，也有一些数量化的方法可以参照。

根据收账政策的优劣在于应收账款总成本最小化的道理，可以通过比较各收账方案成本的大小对其加以选择。主要计算公式为：

$$\text{应收账款平均占用额} = \frac{\text{年销售收入}}{360} \times \text{应收账款平均收款期} \tag{7-26}$$

$$\text{坏账损失} = \text{年销售收入} \times \text{坏账损失率} \tag{7-27}$$

$$\text{建议收款政策所节约的机会成本} = \text{应收账款的平均占用额} \times \text{变动成本率} \times \text{应收账款的机会成本} \tag{7-28}$$

$$\text{建议计划减少的坏账损失} = \text{目前损失的坏账损失} - \text{建议收账政策的坏账损失} \tag{7-29}$$

$$\begin{matrix}\text{建议收账政策所} \\ \text{增加的收账费用}\end{matrix} = \begin{matrix}\text{建议收账政策} \\ \text{的年收账费用}\end{matrix} - \begin{matrix}\text{目前收账政策} \\ \text{的年收账费用}\end{matrix} \quad (7-30)$$

$$\begin{matrix}\text{建议收款政策} \\ \text{可获得的净收益}\end{matrix} = \begin{matrix}\text{建议收款政策所} \\ \text{节约的机会成本}\end{matrix} + \begin{matrix}\text{建议计划减少的} \\ \text{坏账损失}\end{matrix} - \begin{matrix}\text{建议收账政策所} \\ \text{增加的收账费用}\end{matrix} \quad (7-31)$$

当建议收款政策带来的增量利润为正值时,该方案可行,否则不可行。

四、应收账款账龄分析模型

▶ **问题导入**

华辰公司业务员刘明负责 10 家客户,公司会计人员整理出一份截至 2022 年 6 月 30 日这 10 家客户应收账款明细表,如表 7-12 所示。

表 7-12　10 家客户应收账款明细

日期	客户代码	客户名称	业务员	应收账款(元)	已收账款(元)	结余账款(元)	付款期限(天)
2022/2/3	C10201	客户 1	刘明	13 500 000.00	13 450 000.00	50 000.00	30
2022/3/6	C10202	客户 2	刘明	2 335 000.00	2 000 000.00	335 000.00	30
2022/3/9	C10203	客户 3	刘明	6 750 000.00	6 750 000.00	—	30
2022/3/15	C10204	客户 4	刘明	7 600 000.00	7 500 000.00	100 000.00	30
2022/4/9	C10205	客户 5	刘明	6 000 000.00	5 500 000.00	500 000.00	30
2022/4/27	C10206	客户 6	刘明	4 000 000.00	3 800 000.00	200 000.00	30
2022/5/15	C10207	客户 7	刘明	6 800 000.00	5 000 000.00	1 800 000.00	30
2022/5/20	C10208	客户 8	刘明	2 700 000.00	2 000 000.00	700 000.00	30
2022/6/10	C10209	客户 9	刘明	3 657 000.00	—	3 657 000.00	30
2022/6/15	C10210	客户 10	刘明	3 690 000.00	—	3 690 000.00	30
合计				57 032 000.00	46 000 000.00	11 032 000.00	

【**要求**】　按信用期内以及分别按逾期"0~30 天、30~60 天、60~90 天和 90 天以上"分时段编制应收账款账龄分析表。

▶ **模型构建**

根据本案例数据资料构建应收账款账龄分析表,如图 7-21 所示。
在工作表中单元格设置的公式如下:
I5 单元格输入公式"= A5 + H5",并填充复制到 I14 单元格。
J5 单元格输入公式"= IF(G5＞0,IF(＄B＄2＜I5,"未到期","逾期"),"已结清")",并填充复制到 J14 单元格。

图 7-21 应收账款账龄分析表

日期	客户代码	到期日期	是否到期	信用期内	0-30天	30-60天	60-90天	90天以上
					账龄分析			
2022/2/3	C10201	2022/3/5	逾期	-	-	-	-	50,000.00
2022/3/6	C10202	2022/4/5	逾期	-	-	-	335,000.00	-
2022/3/9	C10203	2022/4/8	已结清					
2022/3/15	C10204	2022/4/14	逾期	-	-	-	100,000.00	-
2022/4/9	C10205	2022/5/9	逾期	-	-	500,000.00	-	-
2022/4/27	C10206	2022/5/27	逾期	-	-	200,000.00	-	-
2022/5/15	C10207	2022/6/14	逾期	-	1,800,000.00	-	-	-
2022/5/20	C10208	2022/6/19	逾期	-	700,000.00	-	-	-
2022/6/10	C10209	2022/7/10	未到期	3,657,000.00	-	-	-	-
2022/6/15	C10210	2022/7/15	未到期	3,690,000.00	-	-	-	-
合计				7,347,000.00	2,500,000.00	700,000.00	435,000.00	50,000.00

图 7-21 应收账款账龄分析表

K5 单元格输入公式"= IF(I5＞＄B＄2,G5,0)",并填充复制到 K14 单元格。

L5 单元格输入公式"= IF(AND(＄B＄2-I5＞0,＄B＄2-I5＜=30),G5,0)",并填充复制到 L14 单元格。

M5 单元格输入公式"= IF(AND(＄B＄2-I5＞30,＄B＄2-I5＜=60),G5,0)",并填充复制到 M14 单元格。

N5 单元格输入公式"= IF(AND(＄B＄2-I5＞60,＄B＄2-I5＜=90),G5,0)",并填充复制到 N14 单元格。

O5 单元格输入公式"= IF(＄B＄2-I5＞90,G5,0)",并填充复制到 O14 单元格。

知识链接

应收账款发生后,企业应采取各种措施,尽量争取按期收回款项,否则会因拖欠时间过长而发生坏账,使企业蒙受损失。这些措施包括对应收账款回收情况的监督、对坏账损失的事先准备和制定适当的收账政策。

企业已发生的应收账款时间有长有短,有的尚未超过收款期,有的则超过了收款期。一般来讲,拖欠时间越长,款项收回的可能性越小,形成坏账的可能性越大。对此,企业应实施严密的监督,随时掌握回收情况。实施对应收账款回收情况的监督,可以通过编制账龄分析表进行。

账龄分析表是一张能显示应收账款在外天数(账龄)长短的报告,利用账龄分析表,企业可以了解以下情况:

(1) 有多少欠款尚在信用期内。这些款项未到偿付期,欠款是正常的;但到期后能否收回,还要待时再定,故及时的监督仍是必要的。

(2) 有多少欠款超过了信用期,超过时间长短的款项各占多少,有多少欠款会因拖欠时间太久而可能成为坏账。对不同拖欠时间的欠款,企业应采取不同的收账方法,制定经济、可行的收账政策;对可能发生的坏账损失,则应提前做好准备,充分估计这一因素对损益的影响。

第四节 短期债务管理决策分析

一、应付账款筹资决策分析模型

▶ **问题导入**

华辰公司以 1/10,n/30 的信用条件从 B 企业购入货物 300 万元。当期银行短期年利息率为 6%。

要求：
（1）分析判断企业是否应借款享受折扣？
（2）目前 A 企业有一个年收益率为 20% 的短期投资，企业是否放弃折扣？

A	B	C
2	应付账款筹资决策分析模型	
4	**数据输入**	
5	折扣期（天）	10
6	折扣百分比	1.00%
7	信用期（天）	30
8	银行借款利率	6%
9	短期投资收益率	20%
10	赊购金额（元）	3,000,000
12	**结果输出**	
13	放弃折扣成本	18.18%
14	折扣额	30,000.00
15	借款利息	4,950.00
16	投资收益	50,000.00
17	问题（1）-结论	借款享受折扣
18	问题（2）-结论	放弃折扣

图 7-22 应付账款决策分析模型

▶ **模型构建**

根据本案例数据资料构建如图 7-22 所示模型，问题（1）的结论是"企业应借款享受折扣"，问题（2）的结论是"企业放弃折扣，将资金投入短期投资项目"。

本模型工作表中计算公式设置如下：

C13 单元格输入公式"=C6/(1-C6)*360/(C7-C5)"。

C14 单元格输入公式"=C10*C6"。

C15 单元格输入公式"=C10*(1-C6)*C8*10/360"。

C16 单元格输入公式"=C10*C9*30/360"。

C17 单元格输入公式"=IF(C15>C14,"不享受折扣","借款享受折扣")"。

C18 单元格输入公式"=IF(C16>C14,"放弃折扣","享受折扣")"。

▶ **知识链接**

应付账款是商业信用的主要形式。当一个企业出售产品，另一个企业正需要这种产品，但手头暂时没有钱，在这种情况下，双方可采取应付账款销售的方式来解决这一难题。

应付账款的成本取决于信用期限和现金折扣。信用期限就是赊购业务的最后付款时间，一般根据产品的经济性质、购销双方的财力情况加以确定。现金折扣是销货企业给予购货方的一种优惠政策。例如"2/10,n/30"表示一种优惠方式，其中的 30 表示信用期，10 表示折扣期，2 表示在折扣期内付款，可享受 2% 的价格优惠。

利用应付账款筹资在两种情况下没有成本，即享受免费信用：一是没有现金折扣的商业信用;二是有现金折扣但企业已享受了现金折扣即在折扣期内付款。

如果销货企业提供了现金折扣,但购货企业没有加以利用,从而丧失了少支付货款的优惠条件,这部分货款就是购货企业利用应付账款筹资的机会成本,具体表现为隐含利息成本。应付账款的成本可用下列公式计算:

$$放弃现金折扣成本 = \frac{现金折扣百分比}{1-现金折扣百分比} \times \frac{360}{信用期-折扣期} \tag{7-32}$$

决定放弃现金折扣成本的因素是折扣百分比的大小、折扣期与信用期的长短。信用条件不同,放弃现金折扣成本也是不同的。我们可以利用公式计算出各种不同信用条件下的放弃现金折扣成本,如表 7-13 所示。

表 7-13　不同信用条件下的放弃现金折扣成本

信用条件	放弃现金折扣成本(应付账款成本)
$3/10, n/30$	55.67%
$2/10, n/30$	36.73%
$3/10, n/40$	37.11%
$2/10, n/40$	24.49%
$3/20, n/30$	111.34%
$2/20, n/30$	73.47%

通过表 7-13 可以看出,在附有信用条件的情况下,获得不同信用要负担不同的代价,因此购货企业应在不同的信用之间做出选择。一般来说:

(1) 如果能以低于放弃折扣隐含利息成本的利率借入资金,便应在现金折扣期内用借入资金支付货款,享受现金折扣。

(2) 如果在折扣期内将应付账款用于短期投资,取得的投资收益高于放弃折扣隐含利息成本,则可以放弃折扣而去追求更高的经济效益。

(3) 如果企业因缺乏资金而欲延展付款期,则要在降低的放弃折扣成本与延展付款带来的损失之间做出选择。

(4) 如果面对两家以上提供不同信用条件的供货企业,则应通过衡量放弃折扣成本的大小,选择成本最小的一家。

二、短期借款决策分析模型

> 问题导入

资料 1:华辰公司向银行贷款 1 000 000 元,期限为 1 年,年利率为 8%。利息支付方法为在银行向企业发放贷款时,先从本金中扣除利息部分,即以贴现法支付利息。

资料 2:华辰公司向银行贷款 1 200 000 元,期限为 1 年,年利率为 5%。借款合同约定企业根据贷款本金加利息之和每月等额还款,即加息法支付利息。

资料3:华辰公司向银行贷款2 000 000元,期限为1年,年利率为8%。借款合同约定该企业需要保证在该银行存款余额不低于贷款金额的10%,即补偿性余额。

要求:根据资料,分别计算贷款的有效利率。

模型构建

(1)根据资料1,构建贴现法的有效利率计算模型,如图7-23所示。

本模型工作表中,C10单元格输入公式"=C5*C6/(C5-C5*C6)",计算有效年利率为8.7%。

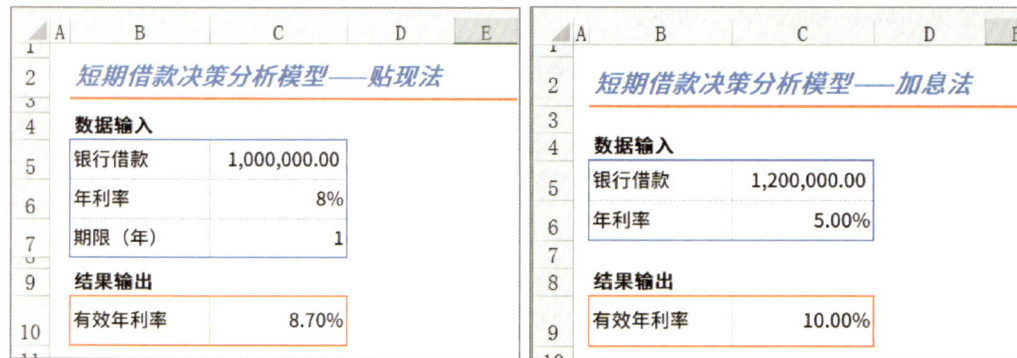

图 7-23 短期借款决策分析模型——贴现法　　图 7-24 短期借款决策分析模型——加息法

(2)根据上述资料2,构建加息法的有效利率计算模型,如图7-24所示。

本模型工作表中,C9单元格输入公式"=C5*C6/(C5/2)",计算有效年利率为10%。

(3)根据上述资料3,构建补偿性余额的有效利率计算模型,如图7-25所示。

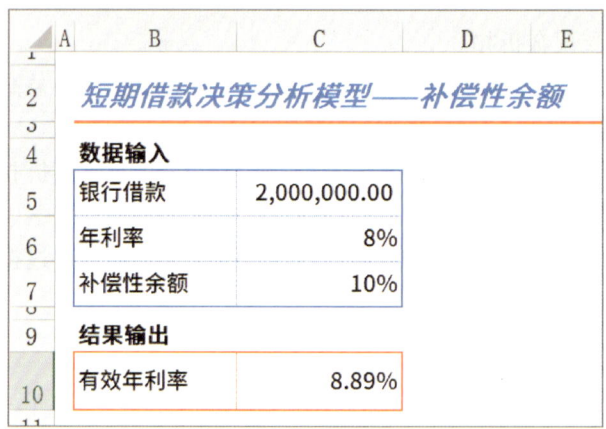

图 7-25 短期借款决策分析模型——补偿性余额

本模型工作表中,C10单元格输入公式"=C5*C6/(C5-C5*C7)",计算有效年利率为8.89%。

> 知识链接

我国目前的短期借款按照目的和用途分为若干种,主要有生产周转借款、临时借款、结算借款等。按照国际通行做法,短期借款还可依偿还方式的不同,分为一次性偿还借款和分期偿还借款;依利息支付方法的不同,分为收款法借款、贴现法借款和加息法借款;依有无担保,分为抵押借款和信用借款等。企业在申请借款时,应根据各种借款的条件和需要加以选择。

一般来讲,借款企业可以用 3 种方法支付银行贷款利息。

(1) 收款法。收款法是在借款到期时向银行支付利息的方法。银行向工商企业发放的贷款大都采用这种方法收息。

(2) 贴现法。贴现法是银行向企业发放贷款时,先从本金中扣除利息部分,而到期时借款企业则要偿还贷款全部本金的一种计息方法。采用这种方法,企业可利用的贷款额只有本金减去利息部分后的差额,因此贷款的有效年利率高于报价利率。

例如,某企业从银行取得借款 10 000 元,期限 1 年,年利率(即报价利率)为 8%,利息额为 800 元(10 000×8%)。按照贴现法付息,企业实际可利用的贷款为 9 200 元(10 000 − 800),该项贷款的有效年利率为

$$有效年利率 = \frac{800}{10\,000 - 800} = 8.7\%$$

(3) 加息法。加息法是银行发放分期等额偿还贷款时采用的利息收取方法。在分期等额偿还贷款的情况下,银行要将根据报价利率计算的利息加到贷款本金上,计算出贷款的本息和,要求企业在贷款期内分期偿还本息之和的金额。由于贷款分期均衡偿还,借款企业实际上只大约平均使用了贷款本金的半数,却要支付全额利息。这样,企业所负担的有效年利率便高于报价利率大约 1 倍。

例如,某企业借入(名义)年利率为 12% 的贷款 20 000 元,分 12 个月等额偿还本息。该项借款的有效年利率约为

$$有效年利率 = \frac{20\,000 \times 12\%}{20\,000 \div 2} \times 100\% = 24\%$$

银行发放短期借款的信用条件"补偿性余额"也会使企业实际承担的利息费用高于名义利率。补偿性余额是银行要求借款企业在银行中保持按贷款限额或实际借用额一定百分比(一般为 10%~20%)的最低存款余额。从银行的角度来讲,补偿性余额可降低贷款风险,补偿遭受的贷款损失。对于借款企业来讲,补偿性余额则提高了借款的有效年利率。

例如,某企业按年利率 8% 向银行借款 10 万元,银行要求维持贷款限额 15% 的补偿性余额,那么,企业实际可用的借款只有 8.5 万元,该项借款的有效年利率则为

$$有效年利率 = 10 \times \frac{8\%}{8.5} = 9.4\%$$

第八章 利润分析与定价决策

第一节 本量利分析

一、单产品本量利分析模型

> 问题导入

华辰公司计划明年开发出一款婴儿推车,该推车单位变动成本为240元,固定成本总额为600 000元,每辆售价为300元。

要求:

(1) 预计明年可售出18 000辆,则预计可获得多少利润?

(2) 若该推车成本水平和销售量不变,但公司希望实现目标利润550 000元,则每辆售价应定为多少?

(3) 若该推车的单价、固定成本总额和销售量均不变,目标利润定为500 000元,为了保证目标利润的实现,则该推车的单位变动成本为多少?

(4) 若该推车的单价、单位变动成本和销售量均不变,目标利润定为500 000元,为了保证目标利润的实现,该推车的固定成本总额应控制在多少以内?

(5) 若该推车的单价和成本水平不变,目标利润定为500 000元,为了保证目标利润的实现,明年应销售多少辆推车?

> 模型构建

根据本案例数据资料构建如图8-1所示模型。

本模型工作表中的单元格计算公式设置如下:

C12单元格输入公式"= C11 * (C5 - C6) - C7",计算预计可获得利润480 000元。

	A	B	C
2	单产品本量利分析案例		
3			
4	数据输入		
5		单价	300.00
6		单位变动成本	240.00
7		固定成本总额	600,000.00
8			
9	结果输出		
10	问题1		
11		预计销售量	18,000.00
12		利润总额	480,000.00
13	问题2		
14		目标利润	550,000.00
15		单价	303.89
16	问题3		
17		目标利润	500,000.00
18		单位变动成本	238.89
19	问题4		
20		目标利润	500,000.00
21		固定成本总额	580,000.00
22	问题5		
23		目标利润	500,000.00
24		销售数量	18,333.33

图8-1 单产品本量利分析案例

C15 单元格输入公式"=(C14+C7+C6*C11)/C11",计算每辆售价应定为303.89元。

C18 单元格输入公式"=(C11*C5-C7-C17)/C11",计算该推车的单位变动成本为238.89元。

C21 单元格输入公式"=C11*(C5-C6)-C20",计算该推车的固定成本总额应控制在 580 000 元以内。

C24 单元格输入公式"=(C23+C7)/(C5-C6)",计算明年应销售 18 334 辆推车。

知识链接

本量利分析是对成本、业务量、利润之间相互关系进行分析的一种系统方法。这种分析方法是在成本性态分析和变动成本法的基础上,运用数学模型及图表形式,对成本、业务量、利润与单价等因素之间的依存关系进行具体的分析,为企业经营决策和目标控制提供有用信息,广泛应用于企业的预测、决策、计划和控制等活动中。运用本量利分析,首先需要识别本量利的基本关系。

1. 本量利分析的基本假设

(1) 相关范围假设。

期间假设:成本的变动性和固定性都限定在相关期间范围内。

业务量假设:成本的变动性和固定性都限定在相关期间范围内。

(2) 模型线性假设。

固定成本不变假设。

变动成本与业务量呈完全线性关系假设。

销售收入与销售数量呈完全线性关系假设。

(3) 产销平衡假设。

本量利分析中的"量"是指产销量,并假设产销平衡。

(4) 品种结构不变假设。

多品种生产和销售的企业中,各种产品占总收入比重不变。

2. 本量利分析基本模型(单产品)

(1) 基本损益方程式。

$$利润 = 单价 \times 销量 - 单位变动成本 \times 销量 - 固定成本 \qquad (8-1)$$

(2) 包含期间成本的损益方程式。

$$税前利润 = 单价 \times 销量 - \left(\begin{array}{c}单位变动\\产品成本\end{array} + \begin{array}{c}单位变动销\\售和管理费\end{array}\right) \times 销量 - \left(\begin{array}{c}固定产\\品成本\end{array} + \begin{array}{c}固定销售\\和管理费\end{array}\right) \qquad (8-2)$$

(3) 计算税后利润的损益方程式。

$$税后利润 = (单价 \times 销量 - 单位变动成本 \times 销量 - 固定成本) \times (1 - 所得税税率)$$
$$(8-3)$$

3. 边际贡献方程式

（1）边际贡献。

$$边际贡献 = 销售收入 - 变动成本 = (单价 - 单位变动成本) \times 销量$$
$$= 单位边际贡献 \times 销量 \tag{8-4}$$

（2）边际贡献率与变动成本率。

边际贡献=销售收入-变动成本，两边除以销售收入，则有

$$边际贡献率 = 1 - 变动成本率 \tag{8-5}$$

4. 保本分析

（1）保本量分析。

根据基本损益方程式

$$利润 = 单价 \times 销量 - 单位变动成本 \times 销量 - 固定成本 \tag{8-6}$$

令利润=0，即得

$$保本量 = \frac{固定成本}{单价 - 单位变动成本} = \frac{固定成本}{单位边际贡献} \tag{8-7}$$

（2）保本额分析。

$$保本额 = 保本量 \times 单价 \tag{8-8}$$

5. 与保本点有关的指标

（1）盈亏临界点作业率。

盈亏临界点作业率，是指盈亏临界点销售量（或销售额）占企业实际或预计销售量（或销售额）的比重，即

$$盈亏临界点作业率 = \frac{盈亏临界点销售量（或销售额）}{实际或预计销售量（或销售额）} \times 100\% \tag{8-9}$$

（2）安全边际和安全边际率。

$$安全边际（额） = 实际或预计销售额 - 盈亏临界点的销售额 \tag{8-10}$$

$$安全边际（量） = 实际或预计销售量 - 盈亏临界点的销售量 \tag{8-11}$$

$$安全边际率 = \frac{安全边际（量或额）}{实际或预计销售（量或额）} \times 100\% \tag{8-12}$$

二、多产品本量利分析模型

▶ 问题导入

华辰公司的男式运动自行车生产车间目前生产A、B、C三种型号的自行车，下个月的预计销售量、销售单价、单位变动成本和固定成本资料如表8-1所示。

表 8-1　华辰公司三种型号自行车下个月的预计销售量、销售单价、单位变动成本和固定成本

项目	A 型号	B 型号	C 型号
预计销售量（辆）	1 500	1 000	2 500
销售单价（元）	2 000	1 500	1 400
单位变动成本（元）	1 000	600	700
固定成本（元）	5 000 000		

要求：

（1）根据上述资料，计算 A、B、C 三种型号自行车的加权平均边际贡献率、加权平均保本销售额。

（2）分别计算 A 型号、B 型号和 C 型号的盈亏平衡销售额和盈亏平衡销售量。

模型构建

根据本案例数据资料构建如图 8-2 所示模型。

图 8-2　多产品本量利分析案例

本模型需要添加一个组合框控件用于选择切换 A、B、C 三种型号的自行车，另外需要创建"参数"工作表，在单元格区域 A1：A3 录入三种产品的型号，并定义名称为"产品"，作为控件的数据源区域，控件的单元格链接为 B4 单元格，如图 8-3 所示。

在图 8-2 所示模型的工作表的单元格计算公式设置如下：

C13 单元格输入公式"＝C6＊C7"，并填充复制到 E13 单元格，分别计算三种产品的销售额。

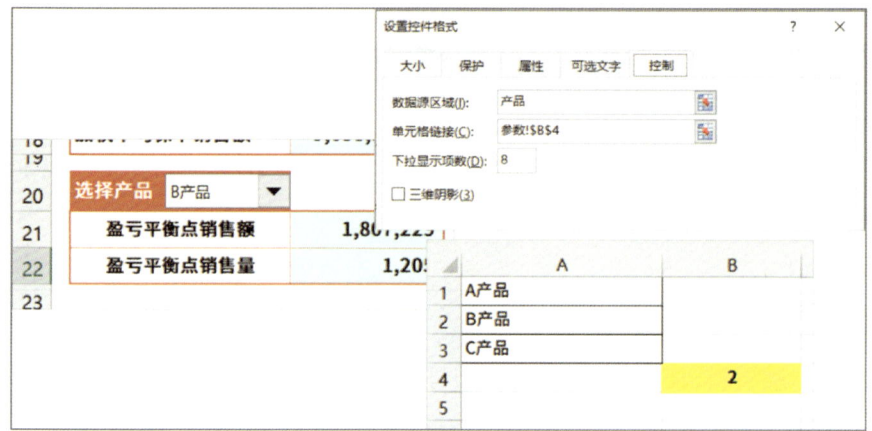

图 8-3　组合框控件设置

C14 单元格输入公式"＝C13/＄F＄13",并填充复制到 E14 单元格,分别计算三种产品的销售额占比。

C15 单元格输入公式"＝C7－C8",并填充复制到 E15 单元格,分别计算三种产品的单位边际贡献。

C16 单元格输入公式"＝C15/C7",并填充复制到 E16 单元格,分别计算三种产品的边际贡献率。

C17 单元格输入公式"＝C16＊C14＋D16＊D14＋E16＊E14",计算三种产品的加权边际贡献率。

C18 单元格输入公式"＝ROUND(C9/C17,0)",计算三种产品的加权平均保本销售额。

C21 单元格输入公式"＝ROUND(IF(参数!B4＝1,C18＊C14,IF(参数!B4＝2,C18＊D14,C18＊E14)),0)",计算组合框控件所选择产品的盈亏平衡点销售额,通过图 8-2 可以看出,所选 C 型号产品的盈亏平衡点销售额为 4 216 867 元。

C22 单元格输入公式"＝ROUND(IF(参数!B4＝1,C21/C7,IF(参数!B4＝2,C21/D7,C21/E7)),0)",计算组合框控件所选择的产品的盈亏平衡点销售量,通过图 8-2 可以看出,所选 C 型号产品的盈亏平衡点销售量为 3 012 辆。

▶ 知识链接

多品种下的保本点的确定采用边际贡献法。对于多个品种采用边际贡献法时,由于采用变动成本法,不需要在各种产品之间分配固定成本。由于每个产品的边际贡献率不同,这时采用加权平均边际贡献率。

边际贡献率方程式可以用于多品种企业。由于多种产品的销售收入可以直接相加,所以,问题的关键是计算多种产品的加权平均边际贡献率。

$$加权平均边际贡献率 = \frac{各产品边际贡献之和}{各产品销售收入之和} \times 100\% \tag{8-13}$$

$$保本销售总额 = \frac{固定成本总额}{加权平均边际贡献率} \tag{8-14}$$

$$某种产品的销售百分比 = \frac{该产品的销售额}{所有产品的销售额} \times 100\% \quad (8-15)$$

$$某种产品的保本销售额 = 保本销售总额 \times 某种产品的销售百分比 \quad (8-16)$$

用求得的保本销售额除以该产品的单价,就得到该产品的保本销售量:

$$某产品的保本销售量 = \frac{该产品保本销售额}{该产品的销售单价} \quad (8-17)$$

三、非线性本量利分析模型

▶ **问题导入**

华辰公司生产的 S1 型号自行车赛车座椅除自用,也用于对外销售,每件售价为 100 元。根据财务部门测算,该产品的固定成本为 30 000 元,单位变动成本随着产量的变动而变动,其变动规律为

$$单位变动成本 = 20X + 0.015X^2$$

为了扩大销售,企业制定了促销政策:每月销售量达到 1 000 件时,增量销售的价格下调 10%;销售量达到 3 000 件时,增量销售的价格下调 15%。

要求:计算 S1 型号产品的盈亏平衡销售量及销售额,以及该产品利润最大化的最优销售量。

▶ **模型构建**

根据本案例数据资料构建如图 8-4 所示模型,根据分析得到:盈亏平衡点的销售量为 406 件,销售额为 40 589 元;最优销售量为 2 500 件,此时将获得最大利润 61 250 元。

本模型需要创建"辅助计算表",如图 8-5 所示。

辅助计算表单元格计算公式设置如下:

B5 单元格输入销售量起点为 0。

B6 单元格输入公式"= B5 + 500",并填充复制到 B15 单元格,即销售量以 500 辆分段递增到 5 000 辆。

C5 单元格输入公式"= IF(AND(B5>1000, B5<= 3000),1000*非线性本量利模型!\$C\$5 + (B5 - 1000)*非线性本量利模型!\$C\$5*0.9,IF (B5>3000,1000*非线性本量利模型!\$C\$5 + 2000*非线性本量利模型!\$C\$5*0.9 + (B5 - 3000)*非线性本量利模型!\$C\$5*0.85,B5*非线性本量利模型!\$C\$5))",并填充复制到 C15 单元格,根据分段的销售量计算销售收入。

A	B	C
\multicolumn{3}{c}{**非线性本量利模型**}
\multicolumn{3}{l}{数据输入}
销售单价		100.00
固定成本		30,000.00
变动成本=		25X+0.015X²
折扣率:		
大于1000件的部分		10%
大于3000件的部分		15%
\multicolumn{3}{l}{结果输出}
利润		-0.000
盈亏平衡点销售额		40,589
盈亏平衡点销售量		406
最大利润		61,250.0
最优销售量		2,500.0

图 8-4 非线性本量利模型

	A	B	C	D	E	F	G
2				辅助计算表			
3						金额单位：元	
4		销售量	销售额	变动成本	固定成本	总成本	利润
5		0	-	-	30,000.00	30,000.00	-30,000.00
6		500	50,000.00	13,750.00	30,000.00	43,750.00	6,250.00
7		1000	100,000.00	35,000.00	30,000.00	65,000.00	35,000.00
8		1500	145,000.00	63,750.00	30,000.00	93,750.00	51,250.00
9		2000	190,000.00	100,000.00	30,000.00	130,000.00	60,000.00
10		2500	235,000.00	143,750.00	30,000.00	173,750.00	61,250.00
11		3000	280,000.00	195,000.00	30,000.00	225,000.00	55,000.00
12		3500	322,500.00	253,750.00	30,000.00	283,750.00	38,750.00
13		4000	365,000.00	320,000.00	30,000.00	350,000.00	15,000.00
14		4500	407,500.00	393,750.00	30,000.00	423,750.00	-16,250.00
15		5000	450,000.00	475,000.00	30,000.00	505,000.00	-55,000.00

图 8-5　辅助计算表

D5 单元格输入公式"＝20＊B5＋0.015＊B5^2"，并填充复制到 D15 单元格，根据分段的销售量计算变动成本。

E5 单元格输入公式"＝非线性本量利模型！＄C＄6"，并填充复制到 E15 单元格，计算固定成本。

F5 单元格输入公式"＝D5＋E5"，并填充复制到 F15 单元格，根据分段的销售量计算总成本。

G5 单元格输入公式"＝C5－F5"，并填充复制到 G15 单元格，根据分段的销售量计算利润。

根据上述"辅助计算表"，可以看到当销售量为 2 500 件时，获得最大利润 61 250 元。通过"辅助计算表"数据创建如图 8-6 所示本量利分析图，通过图中实线表示的利润额的变化也可以直观看出最高利润及对应的销售量。

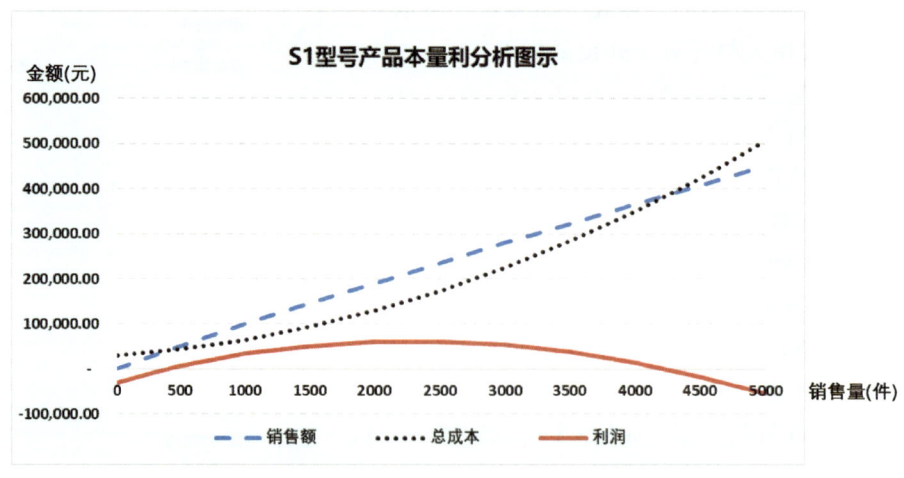

图 8-6　S1 型号产品本量利分析图

图 8-4 所示模型需要从"辅助工作表"获得相应的计算结果,公式设置如下:

C17 单元格输入公式"=MAX(辅助计算表!G5:G15)",借助"辅助计算表"计算最大利润。

C18 单元格输入公式"=INDEX(辅助计算表!B5:B15,MATCH(C17,辅助计算表!G5:G15,0),1)",借助"辅助计算表"计算最优销售量。

本模型的盈亏平衡点销售额和销售量的计算需通过模拟运算表中的单变量求解功能,首先在 C13 单元格和 C14 单元格输入以下公式:C13 单元格输入公式"=C14−(20*C15+0.015*C15^2)−C6";C14 单元格输入公式"=IF(AND(C15>1000,C15<=3000),1000*\$C\$5+(C15−1000)*\$C\$5*0.9,IF(C15>3000,1000*\$C\$5+2000*\$C\$5*0.9+(C15−3000)*\$C\$5*0.85,C15*C5))"。

图 8-7 单变量求解参数设置

然后调出"单变量求解"对话框,如图 8-7 所示,设置 C13 单元格为"目标单元格",目标值为 0,C15 单元格为"可变单元格"。

▶ 知识链接

有时候企业的收入线、成本线并不是线性的或分段线性的,当收入或成本随业务量的增长表现为沿曲线而不是直线散布时,就要应用非线性回归。非线性回归分析中最常用的方程式是

$$y = a + bx + cx^2 \tag{8-18}$$

式中:y 为收入或成本;

x 为业务量;

a 为常数;

b 和 c 为自变量的系数。

就非线性关系的本量利分析而言,可以有以下三种情况:

(1) 收入为直线而成本为曲线,即销售收入与销售量之间呈直线关系,而成本与产量之间可能呈非线性关系。

(2) 成本为直线而收入是曲线,即成本与产量之间呈直线关系,而销售收入与销售量之间可能呈非直线关系。

(3) 收入和成本都是曲线,即成本与产量之间可能呈非线性关系,而销售收入与销售量之间可能呈非直线关系。

四、随机本量利分析模型

▶ 问题导入

华辰公司生产的 S2 型号自行车赛车座椅除自用,也用于对外销售,该产品的变动成本为 40 元/件,在相关范围内的固定成本为 40 000 元。该产品每件售价的概率分布如表

8-2 所示。

表 8-2　该产品每件售价概率分布

价格(元)	90	95	100	105	110
概率	5%	20%	55%	17%	3%

要求：计算 S2 型号座椅盈亏平衡点的销售数量。

模型构建

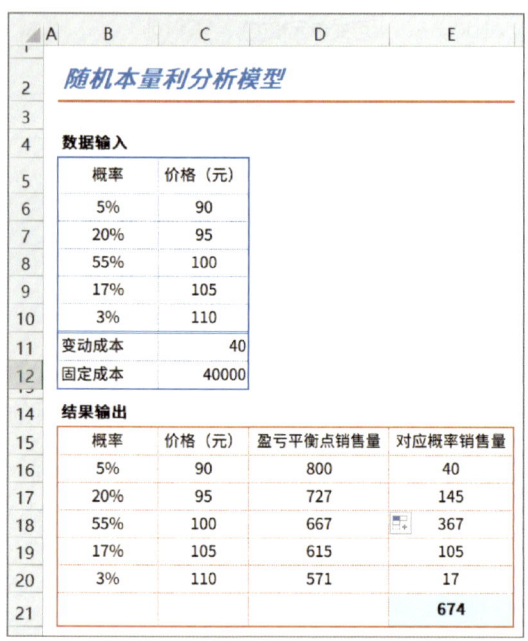

图 8-8　随机本量利分析模型

根据上述资料构建如图 8-8 所示的模型，计算的盈亏平衡点的销售量为 674 件。

本模型工作表的单元格计算公式设置如下：

单元格区域 B16:C20 输入售价和对应的概率数据。

D16 单元格输入公式"＝ROUND($C$12/(C16-$C$11),0)"，并填充复制到 D20 单元格，计算对应售价情况下的盈亏平衡点销售量。

E16 单元格输入公式"＝ROUND(D16*B16,0)"，并填充复制到 E20 单元格，计算对应概率销售量。

E21 单元格输入公式"＝SUM(E16:E20)"，计算加权平均盈亏平衡点销售量。

知识链接

企业面临的许多实际情况由于受多种因素的影响，可能是随机的或不确定的。例如，价格受供需因素的影响会产生波动。

如果不确定性较大或有多种可能性时，在进行本量利分析时，不能计算确定的保本点，可以运用概率技术以增强分析结果的可靠性。

概率，亦称"或然率"，它用于反映随机事件出现的可能性大小。在企业的经济活动中，某一事件在同样条件下可能出现也可能不出现，这类事件称为随机事件。而概率就是用来表示随机事件发生可能性大小的数值，其取值范围在 0～1。

所以，在经济活动中，不确定事件也称为随机事件，该种状况下的本量利分析需要应用到概率的方法，比如产品的价格分为不同情况下的多组价格预期值的概率，然后分别计算每组价格对应的盈亏临界点或目标利润，再分别乘以各组价格预期值的概率得到组合期望值，该组合期望值即为测算的最终的预测值。

第二节　利润敏感分析

一、单因素敏感性分析模型

▶ 问题导入

华辰公司配件事业部生产自行车刹车片每月销量为 50 000 只,刹车片销售价格为 20 元,单位变动成本为 12 元,固定成本为 150 000 元。

要求:分别计算单价、单位变动成本、固定成本和销量对利润的敏感系数。

▶ 模型构建

通过构建如图 8-9 所示的单因素敏感性分析模型,计算单价、单位变动成本、固定成本和销量对利润的敏感系数分别为 4、-2.4、-0.6 和 1.6。

	A	B	C	D	E	F	G	H	I	J
2		单因素利润敏感性分析模型								
3										
4		数据输入								
5		单价	20							
6		单位变动成本	12							
7		固定成本	150,000							
8		销量	50,000							
9		利润	250,000							
10										
11		结果输出								
12			-20%	-10%	0	10%	20%		敏感系数:	
13		单价	50,000	150,000	250,000	350,000	450,000		单价	4
14		单位变动成本	370,000	310,000	250,000	190,000	130,000		单位变动成本	-2.4
15		固定成本	280,000	265,000	250,000	235,000	220,000		固定成本	-0.6
16		销量	170,000	210,000	250,000	290,000	330,000		销量	1.6

图 8-9　单因素敏感性分析模型

模型中有关计算公式的设置如下:

C13 单元格输入公式"=＄C＄8＊(＄C＄5＊(1+C12)-＄C＄6)-＄C＄7",并填充复制至 G13 单元格,计算单价在-20%至+20%区间变动时,利润的变动值。

C14 单元格输入公式"=＄C＄8＊(＄C＄5-＄C＄6＊(1+C12))-＄C＄7",并填充复制至 G14 单元格,分别计算单位变动成本在-20%至+20%区间变动时,利润的变动值;

C15 单元格输入公式"=＄C＄8＊(＄C＄5-＄C＄6)-＄C＄7＊(1+C12)",并填充复制至 G15 单元格,分别计算固定成本在-20%至+20%区间变动时,利润的变动值;

C16 单元格输入公式"=＄C＄8＊(1+C12)＊(＄C＄5-＄C＄6)-＄C＄7",并填充复制至 G16 单元格,分别计算销量在-20%至+20%区间变动时,利润的变动值。

J13 单元格输入公式"=((G13-E13)/E13)/＄G＄12",并填充复制至 J16 单元格,分

别计算单价、单位变动成本、固定成本和销量对利润的敏感系数。

> **知识链接**

在本量利分析中,隐含着一个假定,即除待求变量外的其他参数都是确定不变的。实际上,市场的变化(如供求数量、原材料价格、产品价格等的变动)和企业生产技术条件的变化(如原材料消耗、工时消耗水平等的变动),会引起模型中的参数发生变化,势必对原已计算的盈亏临界点、目标利润或目标销售量产生影响。

经营者希望预先掌握有关参数可能变化的影响程度,以便在变化发生时及时采取对策,调整企业计划,使生产经营活动始终控制在最有利的状态。敏感性是解决类似问题的一种可取的方法。

基于本量利关系的利润敏感分析,主要研究分析有关参数发生多大变化会使盈利转为亏损,各参数变化对利润变化的影响程度,以及各因素变动时如何调整应对,以保证原目标利润的实现。

各参数变化都会引起利润的变化,但其影响程度各不相同。有的参数发生微小变化,就会使利润发生很大的变动。如果利润对这些参数的敏感系数绝对值大于1,我们称这类参数为敏感因素。如果利润对这些参数的敏感系数绝对值小于,我们则称这类参数为不敏感因素。反映敏感程度的指标是敏感系数。

$$敏感系数 = \frac{目标值变动百分比}{参数值变动百分比} \tag{8-19}$$

二、多因素敏感性动态分析模型

> **问题导入**

华辰公司计划开发生产一款新的运动自行车型号,下一年度相关数据预计如下:销量5 000辆,单位变动800元,固定成本120万元,单位售价1 200元。

为考虑市场等相关经营环境等的变化给预计利润带来的影响,作为该公司的财务分析人员,假设上述销量、单位变动成本、固定成本和单位售价的变动幅度为"-20%~20%"时,对下一年度预计利润的影响。

> **模型构建**

根据本案例的数据资料和需要解决的问题,构建如图8-10所示模型。

本模型需要添加4个滚动条控件,分别控制销量、单位变动成本、固定成本和单位售价的参数在"-20%~20%"幅度内的增减变动。

需要注意的是,由于滚动条控件默认状态只能控制整数的变动,本案例需要控制的数字是百分比变动,所以需要进行辅助设置。下面以反映单位销价变动百分比的单元格E6为例,辅助设置如图8-11所示。

滚动条控件设置最大值为40,最小值为0,单元格链接为M6单元格(模型区域外的辅助单元格);

图 8-10　利润敏感性动态分析模型

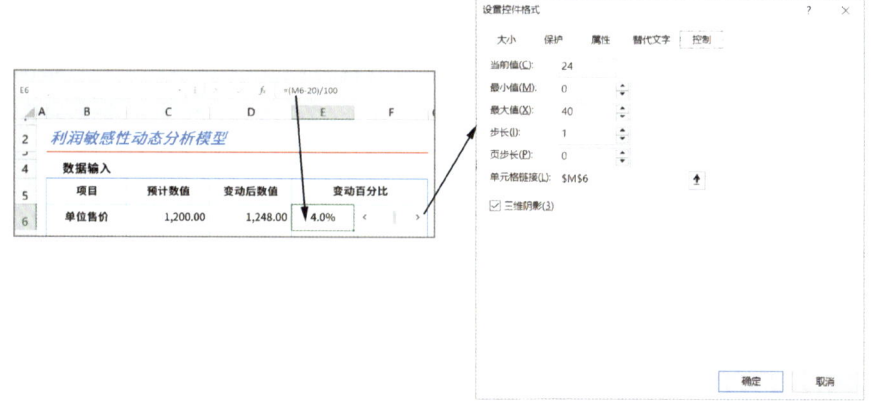

图 8-11　滚动条控件设置

E6 单元格输入公式"=(M6-20)/100"。

此时,滚动条控件进行调节控制时,如果 M6 为 0,E6 单元格将返回的值为-0.2(-20%);如果 M6 为 40,E6 单元格将返回的值为 0.2(20%),即实现了数据在"-20%～20%"区间的控制。

图 8-9 所示模型的工作表单元格计算公式的设置比较简单,可以参看本书所属的案例文件。

▶ 知识链接

多因素利润敏感性分析法是对影响利润的销售量、销售单价、单位变动成本和固定成本这四个不确定因素,同时计算分析两个或两个以上不确定性因素发生变动时,对目标利润的影响程度。

多因素利润敏感性分析由于需要考虑可能同时发生的几种不确定因素,所以需要同时计算多种因素变动对利润影响的综合变动幅度，计算起来要比单因素敏感性分析复杂得多。在实践中，可以应用电子表格（Excel）中的控件进行操作，有几种变动因素就添加几个控件，设置控件变动的范围值（比如“－20%到＋20%”之间），再将变动的范围值与本量利模型公式相结合，当单个控件或多个控件的值在变动范围内时，目标利润的值将受到单个因素或多个因素的影响，据此可以计算多因素敏感性分析的值和参数。

第三节 定价决策分析

一、成本加成定价决策分析模型

问题导入

华辰公司正在研制某新款自行车，总经理通知会计部门提供该款自行车相关成本资料。会计部门提供了生产 200 辆自行车的成本资料，如表 8-3 所示。

表 8-3 自行车生产成本资料 单位：元

直接材料	50 000
直接人工	44 000
变动制造费用	36 000
固定制造费用	70 000
变动摊销及管理费用	20 000
固定摊销及管理费用	10 000
合计	230 000
产品产量（辆）	200

模型构建

根据自行车生产成本资料，构建成本加成定价决策模型。如图 8-12 所示，目标售价按完全成本法和变动成本法加成均为 1 500 元。

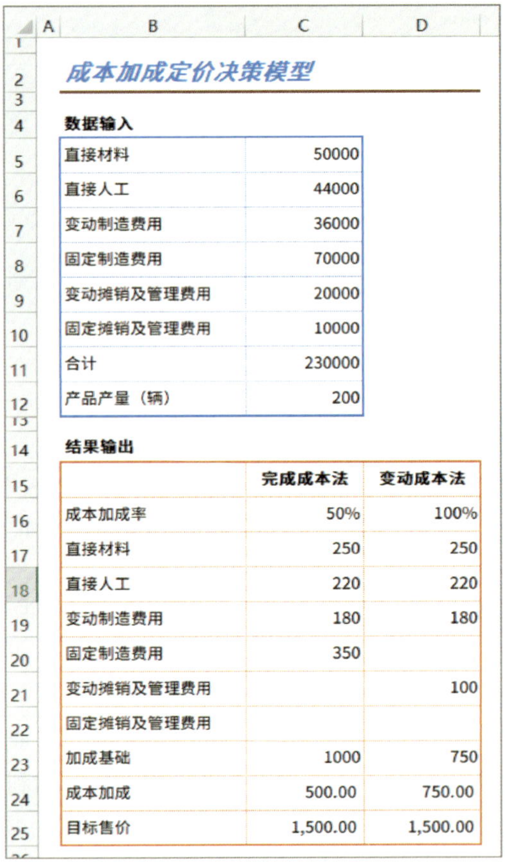
成本加成定价决策模型

数据输入

直接材料	50000
直接人工	44000
变动制造费用	36000
固定制造费用	70000
变动摊销及管理费用	20000
固定摊销及管理费用	10000
合计	230000
产品产量（辆）	200

结果输出

	完成成本法	变动成本法
成本加成率	50%	100%
直接材料	250	250
直接人工	220	220
变动制造费用	180	180
固定制造费用	350	
变动摊销及管理费用		100
固定摊销及管理费用		
加成基础	1000	750
成本加成	500.00	750.00
目标售价	1,500.00	1,500.00

图 8-12 成本加成定价决策模型

知识链接

产品销售定价决策是企业生产经营活动中一个极为重要的问题，它关系着生产经营活动的全局。销售价格作为一种重要的竞争工具，在竞争激烈的市场上往往可以作为企业的制胜武器。

在企业的销售定价决策过程中,除了借助数学模型等工具,还要根据企业的实践经验和自身的战略目标进行必要的定性分析来选择合适的定价策略。严格地说,销售定价属于企业营销战略的重要组成部分,管理会计人员主要应从产品成本与销售价格之间的关系角度为管理者提供产品定价的有用信息。以产品单位成本为基本依据,再加上预期利润来确定价格的成本导向定价法,是最常用、最基本的定价方法。

从管理会计的角度,产品销售定价的基本规则是:从长期来看,销售收入必须足以弥补全部的生产、行政管理和营销成本,并为投资者提供合理的利润,以维持企业的生存和发展。因此,产品的价格应该是在成本的基础上进行一定的加成后得到的。

成本加成定价法的基本思路是先计算成本,然后在此基础上加上一定的"成数(加成率)",通过"成数"获得预期的利润,以此得到产品的目标价格。其一般模型为

$$目标价格 = 成本 \times (1 + 加成率) \tag{8-20}$$

此处的成本基数,既可以是完全成本计算法下的产品成本,也可以是变动成本计算法下的变动成本。

在完全成本加成法下,成本基数为单位产品的制造成本。以这种制造成本进行加成,加成部分必须能弥补销售和管理费用等非制造成本,并为企业提供满意的利润。也就是说,"加成"的内容应该包括非制造成本和合理利润。

企业采用变动成本加成,成本基数为单位变动成本,加成的部分要求弥补全部的固定成本,并为企业提供满意的利润。此时,在确定"加成率"时,应该考虑是否涵盖了全部的固定成本和预期利润。

除了使用完全成本加成法和变动成本加成法,企业还可以使用标准成本法或目标成本法,即以标准成本或目标成本作为成本基数,在此基础上进行加成定价。

二、盈亏平衡定价决策分析模型

▶ 问题导入

华辰公司接到一份定制某种型号自行车 1 000 辆的订单,生产该种款式自行车的单位变动成本为 600 元,固定成本为 20 万元。

要求:

(1) 计算该型号自行车保本时的单位产品定价。

(2) 如果希望该订单带来 20 万元的预期利润,此时单位产品应定价为多少?

▶ 模型构建

根据上述资料,构建如图 8-13 所示模型,保本时定价为 800 元,实现预期 20 万元利润时定价为 1 000 元。

本模型工作表的计算公式设置如下:

C11 单元格输入公式" = C7/C5 + C6",计算保本时单位产品的定价。

C12 单元格输入公式" = (C8 + C7)/C5 + C6",计算实际预期 20 万元利润时单位产品的定价。

	A	B	C
1			
2		**盈亏平衡定价法模型**	
3			
4	数据输入		
5		定货数量（辆）	1,000
6		单位变动成本（元）	600.00
7		固定成本（元）	200,000.00
8		预期利润（元）	200,000.00
10	结果输出		
11		保本时单位产品价格（元/辆）	800.00
12		实现预期的单位产品价格（元/辆）	1,000.00

图 8-13　盈亏平衡定价法模型

知识链接

在销量既定的条件下，企业产品的价格必须达到一定的水平才能做到盈亏平衡、收支相抵。既定的销量就称为盈亏平衡点，这种制定价格的方法就称为盈亏平衡定价法。科学地预测销量和已知固定成本、变动成本是盈亏平衡定价的前提。

在此方法下，为了确定价格可利用如下公式：

$$盈亏平衡点价格 = \frac{固定成本}{预计销量} + 单位变动成本 \qquad (8-21)$$

以盈亏平衡点确定价格只能使企业的生产耗费得以补偿，而不能得到收益。因此，在实际中均将盈亏平衡点价格作为价格的最低限度，通常再加上单位产品目标利润后才作为最终市场价格。

三、基于作业成本法定价决策分析模型

问题导入

华辰公司最近收购了新时代自行车公司，该公司生产赛车用和普通用的两种自行车，20×8 年 1 月该公司相关产量和成本资料如表 8-4 所示。

表 8-4　新时代自行车公司赛车和普通型自行车产量和成本资料

	赛车	普通车	合计
产量（辆）	5 000	15 000	20 000
直接人工小时（小时/辆）	10	10	
小时工资（元/小时）	20	20	
直接材料（元/辆）	300	100	
直接人工（元/辆）	200	200	
制造费用（元/辆）	420	420	8 400 000
单位产品成本（元）	920	720	

该公司以生产制造成本为依据为两种自行车制定销售价格,但是赛车的价格远低于市场同类产品的价格,所以一直比较畅销,但普通自行车的价格在市场上没有竞争力,市场上竞争对手的价格甚至比他们的成本还低。

目前该公司正面临来自同行业的激烈竞争:20×8年年初,该公司被迫再次降低普通型自行车的价格,将价格降为750元/辆;同时再次提高了赛车的价格,将价格提高为1 250元/辆。

在经营分析会上,该公司总经理王先生困惑地说:"在过去几年中,竞争对手一直在压低普通自行车的价格,普通型自行车是公司产量最高的产品。我们认为我们的生产效率不比别人低,但我们不明白竞争对手所出的价格为什么总是比我们的成本还要低。我们现在750元/辆的销售价格仅高于制造成本30元,如果考虑期间费用的话,我们实际上已经亏损了。尽管赛车的生产流程比较复杂,并且市场需求量较低,但值得庆幸的是,赛车还能给我们创造丰厚的利润。"

要求:作为公司的财务经理,你能找到总经理王先生困惑的原因吗?

模型构建

该公司几十年来一直使用完全成本法计算产品成本,但公司的制造环境在不断变化,尤其是近几年来,公司引进了计算机控制的自动化生产线。为什么普通车没有升值空间,而赛车却可以?

现尝试用作业成本法重新计算20×8年1月的产品成本。计算过程如下:

(1)确认和计量各种资源耗费,将资源耗费价值归集到各资源库。

该公司耗用的资源主要有原材料(含部件)、人工、动力、折旧。有关资料见表8-5所示。

表8-5 新时代自行车资源耗费计算表   单位:元

项目		赛车		普通车		合计
		单位	总额	单位	总额	
直接材料		300	1 500 000	100	1 500 000	3 000 000
直接人工	人工(小时)	10	50 000	10	150 000	200 000
	小时工资(元/小时)	20		20		20
	直接人工	200	1 000 000	200	3 000 000	4 000 000
	直接成本小计	500	2 500 000	300	4 500 000	7 000 000
制造费用						8 400 000

生产自行车的直接材料和直接人工属于直接计入成本,其成本计算方法与传统的完全成本法类似。

尽管生产赛车比生产普通自行车工艺更加复杂,但生产每辆普通自行车和每辆赛车所需要的直接人工小时相同都为每辆10个小时。因此,20×8年1月生产赛车的直接人工小时为50 000个,生产普通自行车的直接人工小时为150 000个。

该公司20×8年1月的制造费用为8 400 000元。过去一直按照直接人工小时分配制造费用。

（2）将该公司生产制造流程划分为各项作业。

该公司作业、成本动因和作业量，如表 8-6 所示。

表 8-6 作业、作业成本动因和作业量明细表

作业水平	作业成本库	成本动因	作业量	
			赛车	普通车
单位水平作业	组装	机器小时（个）	1 200	800
批次水平作业	调整设备	调整准备次数（次）	16	16
	质量检验	检验时间（次）	400	200
	包装与发运	发运次数（次）	12	8
产品水平作业	零部件的收发	部件个数（个）	6 000	4 000
	产品测试	测试次数（次）	40	200
维持水平作业	一般管理	直接人工小时（个）	150 000	50 000

（3）分配资源成本。由于已经将资源成本中的直接成本计入产品成本，因此只需要将资源成本中的可追溯成本计入作业，结果见表 8-7。

表 8-7 各作业成本库的成本　　　　　　　　　　　　　　　　　　单位：元

作业水平	作业成本库	成本金额
单位水平作业	组装	720 000
批次水平作业	调整设备	1 320 000
	质量检验	360 000
	包装与发运	900 000
	小计	2 580 000
产品水平作业	零部件的收发	1 800 000
	产品测试	1 440 000
	小计	3 240 000
维持水平作业	一般管理	1 860 000
	合计	8 400 000

（4）选择作业动因，将作业成本库的总成本分配到产品。

将作业成本库的总成本分配到产品中去的计算过程见表 8-8。

表 8-8 将作业成本分配到产品

作业	作业成本（元）	作业量			产品成本（元）		
		合计	赛车	普通车	分配率	赛车	普通车
	①	②=③+④	③	④	⑤=①/②	⑥=⑤×③	⑦=⑤×④
组装	720 000	2 000	1 200	800	360	432 000	288 000
调整设备	1 320 000	32	16	16	41 250	660 000	660 000

(续表)

作业	作业成本（元）	作业量			产品成本(元)		
		合计	赛车	普通车	分配率	赛车	普通车
	①	②=③+④	③	④	⑤=①/②	⑥=⑤×③	⑦=⑤×④
质量检验	360 000	600	400	200	600	240 000	120 000
包装与发运	900 000	20	12	8	45 000	540 000	360 000
零部件的收发	1 800 000	10 000	6 000	4 000	180	1 080 000	720 000
产品测试	1 440 000	240	40	200	6 000	240 000	1 200 000
一般管理	1 860 000	200 000	150 000	50 000	9.30	1 395 000	465 000
合计	8 400 000					4 587 000	3 813 000

通过表8-8的作业成本分配，赛车应分配成本4 587 000元，普通车应分配成本3 813 000元。

（5）汇总直接计入成本和分配计入的作业成本。

编制产品汇总表，汇总直接计入成本和分配计入的作业成本，计算产品总成本和单位产品成本，详见表8-9。

表8-9　产品成本汇总表　　　　　　　　　　　　　　单位：元

成本项目	赛车		普通车		合计
	单位成本	总成本	单位成本	总成本	
直接材料	300	1 500 000	100	1 500 000	3 000 000
直接人工	200	1 000 000	200	2 000	1 002 000
直接成本合计	500	2 500 000	300	6 000	2 506 000
分配计入的作业成本	917	4 587 000	254	3 813 000	8 400 000
合计	1 417	7 087 000	554	5 321 000	12 408 000

通过上述计算，在完全成本法下，赛车单位成本为920元，普通车单位成本为720元；而在作业成本法下，赛车单位成本为1 417元，普通车单位成本为554元。

可见，完全成本法扭曲了产品成本，提供了错误的产品成本信息，误导了以成本为依据进行的定价决策，也找到了该公司总经理王先生困惑的原因。

▶ 知识链接

基于作业成本法定价是在成本加成定价法基础上的拓展。

在传统成本计算模式下，产品被过多或过少地分配了辅助资源成本，它的边际收益被高估或者被低估，企业可能会采取更为冒险或保守的价格策略来追求获利产品的销量。而作业成本管理可以获得经理人员拥有准确的产品成本信息，并以此为依据进行恰当的产品定价。

在一个完全竞争的市场中,产品价格由市场来决定,企业是市场价格的被动接受者。但完全竞争市场在现实中几乎不存在。而在不完全竞争的市场中,企业要想在这样的市场中取得竞争优势,只能从产品的设计、替换、功能改进以及成本上下功夫,并基于资源和成本等因素而进行有效定价。基于作业成本信息且借助成本加成定价策略进行产品定价,是企业常用的一种定价方法。

四、收入最大化定价决策

▶ 问题导入

华辰公司某型号男式赛车共分为普通、中档和高档三个类型,每月该型号自行车的总产能为800辆。目前各类型赛车的价格、每月销售量以及需求的价格弹性如表8-10所示。

表8-10 赛车价格、销售及需求弹性明细表

赛车类型	单价(元/辆)	平均月销量(辆)	需求弹性
普通	1 500	400	−3
中档	2 000	160	−5
高档	3 000	40	−1
合计			

另外,市场上同类赛车普通车价格在每辆1 350元至1 650元,中档车价格在1 800元至2 200元,高档车价格在2 800元至3 200元。

华辰公司为实现该型号自行车营业收入最大化,现在请你为该型号的这三类赛车进行优化定价。(在制定优化价格时,各类型赛车的定价范围应保持在市场同类赛车的价格区域。)

▶ 模型构建

本案例涉及最优定价决策问题,可以通过规划求解加载项进行求解,建立决策模型如图8-14所示,解得最优方案如下:普通赛车、中档赛车和高档赛车的定价分别为1 350元、1 800元和3 000元,预计月销量分别为520辆、240辆和40辆时,将获得最高收入1 254 000元。

图8-14所示模型中,C14:C16单元格区域为最优定价(决策变量),E17单元格为目标最高收入,G7:H9单元格区域为价格约束条件,I10单元格为产能约束条件。

D14单元格输入公式"=D7+F7*(C14−C7)/C7*D7",并填充复制至D16单元格。

规划求解参数设置如图8-15所示。

五、降价决策分析

▶ 问题导入

华辰公司生产的A型号、B型号自行车的年产销量、价格和成本详见表8-11。

图 8-14　产品最优定价决策模型

图 8-15　规划求解参数设置

表 8-11　华辰公司生产的 A 型号、B 型号自行车的年产销量、价格和成本资料　　单位：元

项目	A 型号	B 型号
目前年销量（辆）	6 000	4 000
单位售价	800.00	600.00
单位变动成本	500.00	420.00
固定费用	500 000.00	300 000.00

公司目前两种型号产品的产能只利用到 85%。根据市场分析，这两种产品若降价 10%，均可增加销量 10%。由于销量的增加，存货和应收账款等营运资本也需要随之增加，固定成本不变。经测算 A 型号自行车需要增加营运资本 180 万元，B 型号需要增加营运资本 50 万元，新增资金的年利率为 8%。

要求：根据上述资料为该公司作出能否降价的决策分析。

模型构建

根据上述资料，构建如图 8-16 所示模型。由于 A 型号产品降价后的净收益为负数，所以不应当降价，而 B 型号产品降价后的净收益为正数，所以应当降价。

	A	B	C	D
1				
2		降价决策分析模型		
3				
4		数据输入		
5		项目	A产品	B产品
6		目前年销量（辆）	6,000.00	4,000.00
7		单位售价（元）	800.00	600.00
8		单位变动成本（元）	500.00	420.00
9		固定费用（元）	500,000.00	300,000.00
10		降价率	10%	10%
11		销量增加率	10%	10%
12		增加营运资本（元）	1,800,000.00	500,000.00
13		年利率	8%	
14				
15		结果输出		
16		降价后增加的销量（辆）	600.00	400.00
17		降价后增加的收入（元）	432,000.00	216,000.00
18		降价后增加的边际贡献（元）	132,000.00	48,000.00
19		降阶后增加的资金成本（元）	144,000.00	40,000.00
20		降价后增加的净收益（元）	-12,000.00	8,000.00
21		结论	不应当降价	应当降价

图 8-16　降价决策分析模型

本模型工作表中计算公式的设置如下：

C16 单元格输入公式" = C6 * C11"，并填充到 D16 单元格，计算降价后增加的销量。

C17 单元格输入公式" = C16 * C7 * (1 - C10)"，并填充到 D17 单元格，计算降价后增

加的收入。

C18 单元格输入公式"＝C17－C16＊C8",并填充到 D18 单元格,计算降价后增加的边际贡献。

C19 单元格输入公式"＝C12＊＄C＄13",并填充到 D19 单元格,计算降价后增加的资金成本。

C20 单元格输入公式"＝C18－C19",并填充到 D20 单元格,计算降价后增加的净收益。

C21 单元格输入公式"＝IF(C20＞0,"应当降价","不应当降价")",并填充到 D21 单元格,显示最终结论。

▶ 知识链接

企业的产能在有剩余的情况下,适当地降低产品价格,实行"薄利多销"政策,可以扩大销路,增加产品的销量,从而增加利润,但由于销量的增加会引起经营性营运资本的增加,同时增加资金成本,因此实行降价政策的前提是产品降价后扩大销售量增加的利润必须大于增加的资金成本。

第九章 成本预测、分析与控制

第一节 成本预测

一、高低点法预测成本模型

问题导入

华辰公司拟预测下个月某型号儿童自行车的生产成本。预计该型号儿童自行车下个月的产量为 1 500 辆,该型号儿童自行车过去 12 个月的产量和成本资料如表 9-1 所示。

表 9-1 该型号儿童自行车过去 12 个月的产量和成本资料

月份	产量(辆)	成本(元)
1 月	898	259 642.16
2 月	1 065	293 023.62
3 月	1 179	315 837.78
4 月	904	260 822.37
5 月	831	246 240.55
6 月	1 051	290 242.88
7 月	700	220 007.84
8 月	1 035	287 004.02
9 月	684	216 839.30
10 月	1 065	293 013.98
11 月	943	268 649.23
12 月	975	275 021.37

要求:根据上述资料预测该产品下个月的生产成本。

模型构建

根据本案例数据资料建立如图 9-1 所示模型。
本案例模型工作表中的相关计算公式设置如下:
G5 单元格输入公式" = MAX(C6:C17)",计算最高产量。
G6 单元格输入公式" = MIN(C6:C17)",计算最低产量。

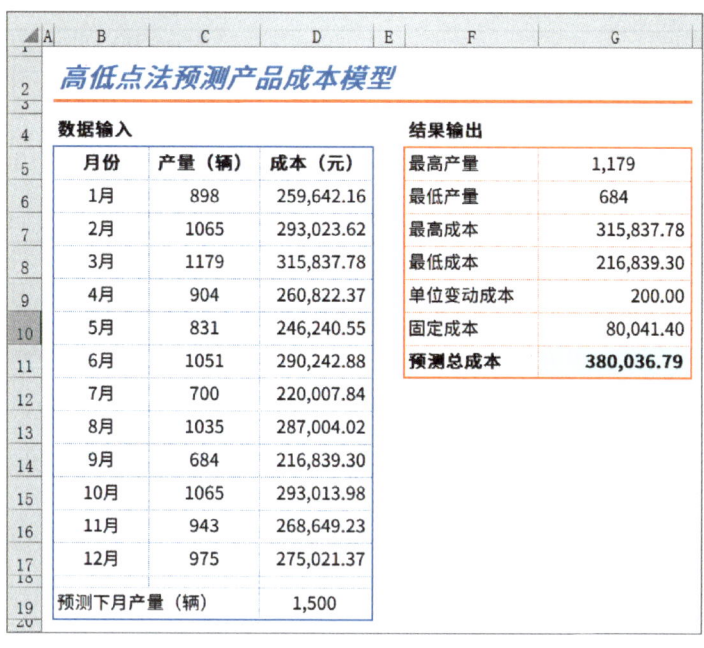

图 9-1 高低点法预测产品成本模型

G7 单元格输入公式"=MAX(D6:D17)",计算最高成本。
G8 单元格输入公式"=MIN(D6:D17)",计算最低成本。
G9 单元格输入公式"=(G7-G8)/(G5-G6)",计算单位变动成本。
G10 单元格输入公式"=G7-G9*G5",计算固定成本。
G11 单元格输入公式"=G10+G9*D19",计算预测总成本。

▶ 知识链接

高低点法是一种对历史成本数据进行分析的方法,主要依据以前各期实际成本与产量间的依存关系,估计未来成本。

高低点法的具体方法是在历史成本数据中寻找最高产量与最低产量,并以此确定变动成本和固定成本,其计算公式为

$$单位变动成本 = \frac{最高成本 - 最低成本}{最高产量 - 最低产量} \tag{9-1}$$

$$固定成本 = 最高成本 - 单位变动成本 \times 最高产量 \tag{9-2}$$

二、因素成本法预测成本模型

▶ 问题导入

华辰公司拟预测下个月某型号儿童自行车的生产成本。本月该产品单位成本和成本项目构成如表 9-2 所示。

表 9-2 产品单位成本及构成

产品单位成本(元)	300.00	直接人工占总成本的百分比	15%
直接材料占总成本的百分比	55%	制造费用占总成本的百分比	30%

预计下月生产产量以及与产品生产成本有关因素的变化情况如表 9-3 所示。

表 9-3 预测产量及相关因素的变化情况

预测产品产量(辆)	1 500	原材料消耗定额降低率	6%
产量比上月增长百分比	20%	原材料价格上升率	3%
劳动生产力提高率	12%	制造费用增减率	8%
生产工人平均工资增长率	5%		

要求：根据上述资料应用因素成本法预测该款儿童自行车的下个月生产成本。

模型构建

根据本案例数据资料建立如图 9-2 所示模型。

因素成本法预测产品成本模型

数据输入		结果输出	
产品成本及构成		计算成本降低率	
产品单位成本（元）	300.00	成本项目	成本降低率
直接材料占总成本的百分比	55%	直接材料	1.75%
直接人工占总成本的百分比	15%	直接人工	0.94%
制造费用占总成本的百分比	30%	制造费用	3.00%
下月预测数		产品成本总降低率	5.69%
预测产品产量（辆）	1,500	预测产品总成本	
产量比上月增长百分比	20%	按本月产品单位成本计算的总成本	450,000.00
劳动生产力提高率	12%	预测产品成本总降低额	25,589.25
生产工人平均工资增长率	5%	预测产品总成本	424,410.75
原材料消耗定额降低率	6%		
原材料价格上升率	3%		
制造费用增减率	8%		

图 9-2 因素成本法预测产品成本模型

本案例模型工作表中的相关计算公式设置如下：

F7 单元格输入公式"＝(1－(1－C15)＊(1＋C16))＊C7"，计算直接材料成本降低率。

F8 单元格输入公式"＝(1－(1＋C14)/(1＋C13))＊C8"，计算直接人工成本降低率。

F9 单元格输入公式"＝(1－(1＋C17)/(1＋C12))＊C9"，计算制造费用成本降低率。

F10 单元格输入公式"＝SUM(F7：F9)"，计算总成本降低率。

F12 单元格输入公式"＝C6＊C11"，计算按本月产品单位成本计算的总成本。

F13 单元格输入公式"= F10 * F12",计算预测产品总成本降低额。

F14 单元格输入公式"= F12 - F13",计算预测产品总成本。

知识链接

因素成本预测法是通过上年的成本数据与预测数据(影响成本的因素),预测相对于上年成本的降低额和降低率,并结合分析结果计算预测期内的产品的单位成本与总成本。

产品成本项目包括直接材料、直接人工和制造费用。

1. 直接材料成本降低率

直接材料是指采购的原材料,成本额的高低取决于原材料的单价与原材料的消耗定额。其成本降低率的计算公式为:

$$成本降低率 = \left[1 - \left(1 - 原材料消耗定额降低率\right) \times \left(1 \pm 原材料价格升降率\right)\right] \times 原材料占总成本百分比 \quad (9-3)$$

2. 直接人工成本降低率

直接人工是指支付给工人的工资,成本额的高低取决于工人的平均工资与劳动生产率。其成本降低率的计算公式为:

$$成本降低率 = \left(1 - \frac{1 + 生产工人平均工资增长率}{1 + 劳动生产力提高率}\right) \times 直接人工占总成本百分比 \quad (9-4)$$

3. 制造费用成本降低率

制造费用是指企业用于生产而耗费的各项间接费用,其成本降低率的计算公式为:

$$成本降低率 = \left(1 - \frac{1 + 制造费用增长率}{1 + 产量增长的百分比}\right) \times 制造费用占总成本百分比 \quad (9-5)$$

三、目标利润法预测成本模型

问题导入

华辰公司目前接到某型号儿童自行车订单一份,订购数量是 1 500 辆,单格为 420 元/辆,税金及附加占销售额的 1.6%。

要求:华辰公司希望该订单能带来 20 万元的利润,总生产成本和产品单位成本应控制在多少以内?

模型构建

根据本案例数据资料建立如图 9-3 所示模型。

本案例模型工作表中的相关计算公式设置如下:

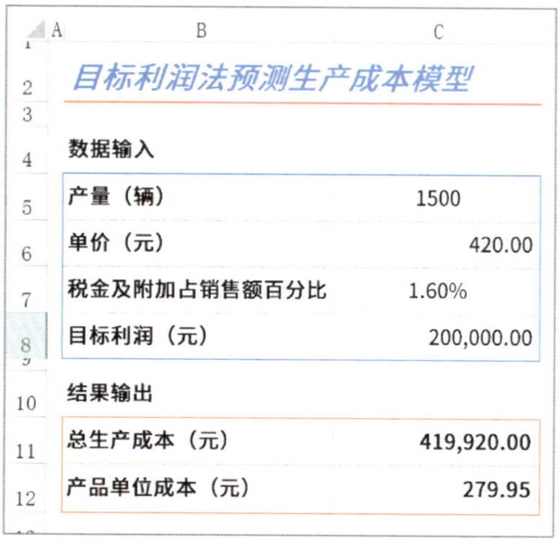

图 9-3 目标利润法预测生产成本模型

C11 单元格输入公式"＝C5＊C6＊(1－C7)－C8",计算总生产成本。

C12 单元格输入公式"＝C6＊(1－C7)－C8/C5",计算单位产品成本。

▶ 知识链接

目标利润法是指在固定销售数量与价格的条件下,为达到目标利润而控制成本的一种预测方法,其计算公式表现为:

$$产品总成本＝预测销售收入×(1－税率)－目标利润 \qquad (9-4)$$

$$单位成本＝单价×(1－税率)－\frac{目标利润}{预计销量} \qquad (9-5)$$

注:上述公式中的"税率"是指"税金及附加占销售额的百分比"。

四、多元回归预测多产品成本模型

▶ 问题导入

华辰公司男式普通自行车分厂计划 1 月份分别生产 A 型号、B 型号和 C 型号自行车 550 辆、600 辆和 280 辆。现有去年 12 个月三种型号自行车的生产数量和总成本明细资料,详见表 9-4。

表 9-4 去年 12 个月三种型号自行车的生产数量和总成本明细

月份	总成本（元）	产量(辆)		
		A 型号	B 型号	C 型号
1 月	731 925	546	634	282
2 月	695 070	522	584	282
3 月	682 976	515	576	274
4 月	676 343	503	554	293
5 月	748 828	578	650	268
6 月	705 745	580	619	212
7 月	672 654	507	630	208
8 月	715 573	555	631	245
9 月	718 324	529	630	275
10 月	686 395	553	612	206
11 月	727 845	561	623	271
12 月	663 274	509	564	251

要求:根据上述资料预测 1 月份的总成本。

▶ 模型构建

根据本案例数据资料构建如图 9-4 所示模型,预测的 1 月份总成本为 715 909.13 元。

	A	B	C	D	E	F	G	H	I
2		多元回归预测多产品成本模型							
4		数据输入						结果输出	
5			总成本	A型号	B型号	C型		常数	2497.76705
6		1月	731,925	546	634	282		A产品系数	497.9421182
7		2月	695,070	522	584	282		B产品系数	496.2880057
8		3月	682,976	515	576	274		C产品系数	506.3228363
9		4月	676,343	503	554	293			
10		5月	748,828	578	650	268			
11		6月	705,745	580	619	212			
12		7月	672,654	507	630	208			
13		8月	715,573	555	631	245			
14		9月	718,324	529	630	275			
15		10月	686,395	553	612	206			
16		11月	727,845	561	623	271			
17		12月	663,274	509	564	251			
18		计划产量		550	600	280		预测总成本	715,909.13

图 9-4　多元回归预测多产品成本模型

本模型应用到数据分析加载项中的"回归分析"功能,如图 9-5 所示,在调出的"回归"对话框输入:

"Y 值输入区域"为单元格区域 C6:C17,预测的是多元回归的常数。

"X 值输入区域"为单元格区域 D6:F17,预测的是多元回归的三个产品对应的系数。

"新工作表组"输入"回归结果"。

鼠标点击"回归"对话框的确定按钮后,预测的内容将显示自动创建的"回归结果"工作表,如图 9-6 所示。

通过图 9-6 可以看出,预测的最佳等式如下:

预测月成本 = 2 497.77 + 497.94 * A 型号产量 + 996.29 * B 型号产量 + 506.32 * C 型号产量

图 9-5　数据分析加载项中的"回归"参数设置

所以,在图 9-4 所示的模型工作表中,计算公式设置为:

I5 单元格输入公式"= 回归结果! B17",并填充复制到 I8 单元格,可以从"回归结果"工作表取得常数和相应产品的系数。

I18 单元格输入公式"= ROUND(I5 + D18 * I6 + E18 * I7 + F18 * I8,2)",计算预测总成本。

	A	B	C	D	E	F	G	H	I
1	SUMMARY OUTPUT								
2									
3	回归统计								
4	Multiple R	0.999904771							
5	R Square	0.999809552							
6	Adjusted R Squ	0.999738134							
7	标准误差	433.4919039							
8	观测值	12							
9									
10	方差分析								
11		df	SS	MS	F	ignificance F			
12	回归分析	3	7.89E+09	2.63E+09	13999.4	3.24E-15			
13	残差	8	1503322	187915.2					
14	总计	11	7.89E+09						
15									
16		Coefficients	标准误差	t Stat	P-value	Lower 95%	Upper 95%	下限 95.0%	上限 95.0%
17	Intercept	2497.76705	3417.349	0.730908	0.485689	-5382.65	10378.19	-5382.65	10378.19
18	X Variable 1	497.9421182	6.577296	75.70621	1.03E-12	482.7748	513.1094	482.7748	513.1094
19	X Variable 2	496.2880057	5.870071	84.54549	4.27E-13	482.7516	509.8244	482.7516	509.8244
20	X Variable 3	506.3228363	4.405445	114.9312	3.67E-14	496.1639	516.4818	496.1639	516.4818

图 9-6　回归分析结果

知识链接

一个因变量的数量依两个或两个以上自变量的数量而相应变动，从而建立多个变量之间线性或非线性数学模型数量关系式的统计方法，叫作多元回归。

多元回归分析假定 Y 和 $X_1, X_2, \cdots, X_n$ 之间的关系满足以下形式：

$$Y = 常数 + X_1 系数 \times X_1 + X_2 系数 \times X_2 \cdots + X_n 系数 \times X_n \tag{9-6}$$

根据一组历史的因变量和对应的自变量数据，应用 Excel 的数据分析加载项中的"回归"分析功能，计算确定常数和 X_1 系数、X_2 系数、$\cdots$、X_n 系数的值，然后代入公式计算 Y 的值。

第二节　成本分析

一、生产成本结构分析模型

问题导入

华辰公司普通自行车有 P01 型号、P02 型号、P03 型号、P04 型号和 P05 型号共 5 种型号，现有上述 5 种型号自行车生产成本年度汇总表，如图 9-7 所示。

要求：根据上述资料创建分析图表，按每种型号自行车和全部型号计算直接材料、直接人工和制造费用占生产成本的比重（即构成分析），并与全年平均情况进行比较。

产品型号	P05型号		
项目	1月	2月	3月
直接材料	126,527	120,910	124,413
直接人工	165,427	154,550	155,154
制造费用	85,308	87,915	82,652
合 计	377,262	363,375	362,219
生产数量	795	903	862
单位成本	475	402	420

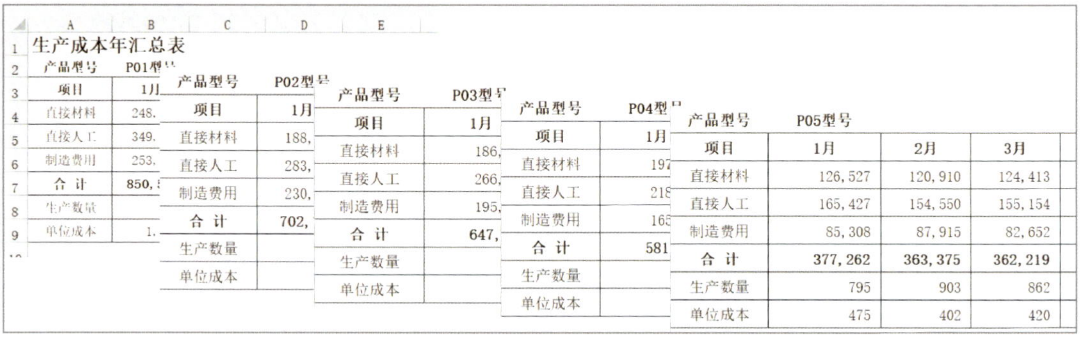

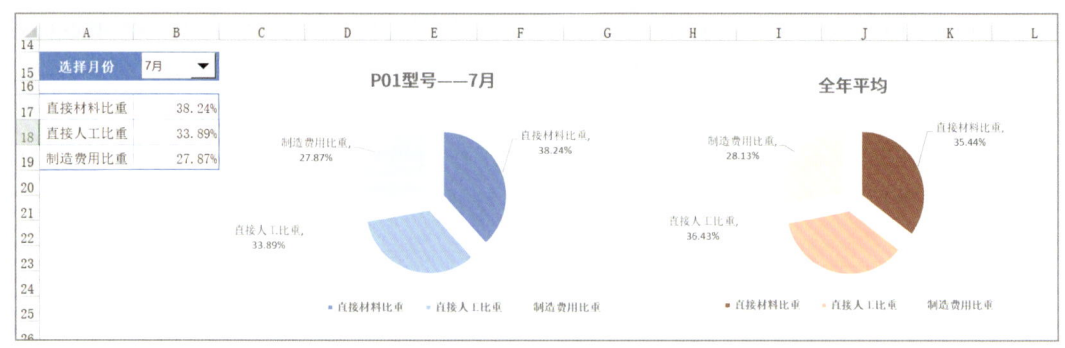

图 9-7　5 种型号自行车生产成本汇总资料

模型构建

根据上述资料，构建如图 9-8 所示模型，通过组合框控件可以选择分析不同产品型号和不同月份的直接材料、直接人工和制造费用占总生产成本的比重情况。

图 9-8　生产成本结构分析模型

构建上述分析模型通过以下 7 个步骤来实现：

步骤 1：将 P01 型号至 P05 型号生产成本年度汇总的工作表的单元格区域 B4:M8 定义名称为“P01 型号”“P02 型号”“P03 型号”“P04 型号”和“P05 型号”。

步骤 2：创建“全部型号”工作表，结构与单独型号工作表一致，选中单元格区域 B4:M8，在该区域输入数组公式“{ = P01 型号 + P02 型号 + P03 型号 + P04 型号 + P05 型号}”，完成全部型号对应项目的汇总计算，之后将单元格区域 B4:M8 定义名称为“全部型号”。

步骤 3：创建“生产成本汇总表——结构分析”工作表，在工作表 A10:A13 单元格分别添加项目结构分析、直接材料比重、直接人工比重和制造费用比重，如图 9-9 所示。

步骤 4：创建参数工作表，如图 9-10 所示。

参数工作表中，将单元格区域 A1:A6 定义名称为“产品型号”，单元格区域 C1:C12 定义名称为“选择月份”，有关单元格设置的公式如下：

B7 单元格输入公式“ = INDEX(产品型号,B6,)”，对应产品型号组合框选项返回的对应值。

	A	B
1	生产成本年汇总表	
2	产品型号	
3	项目	1月
4	直接材料	248, 293
5	直接人工	349, 188
6	制造费用	253, 071
7	合 计	850, 552
8	生产数量	813
9	单位成本	1, 046
10	结构分析	
11	直接材料比重	29. 19%
12	直接人工比重	41. 05%
13	制造费用比重	29. 75%

图 9-9 添加分析项目

	A	B	C	D
1	P01型号		1月	
2	P02型号		2月	
3	P03型号		3月	
4	P04型号		4月	
5	P05型号		5月	
6	全部型号	1	6月	
7		P01型号	7月	
8			8月	
9			9月	
10			10月	
11			11月	
12			12月	7
13				7月
14	图表标题			
15	P01型号——7月			

图 9-10 参数工作表

D13 单元格输入公式"=INDEX(选择月份,D12,)",对应选择月份合框选择项返回的对应值。

A15 单元格输入公式"=B7&"——"&D13",作为对应分析图表的标题。

步骤 5: 在"生产成本汇总表——结构分析"工作表添加两个组合框控件,分别用于产品型号和月份的选择,组合框控件的设置如图 9-11 所示。

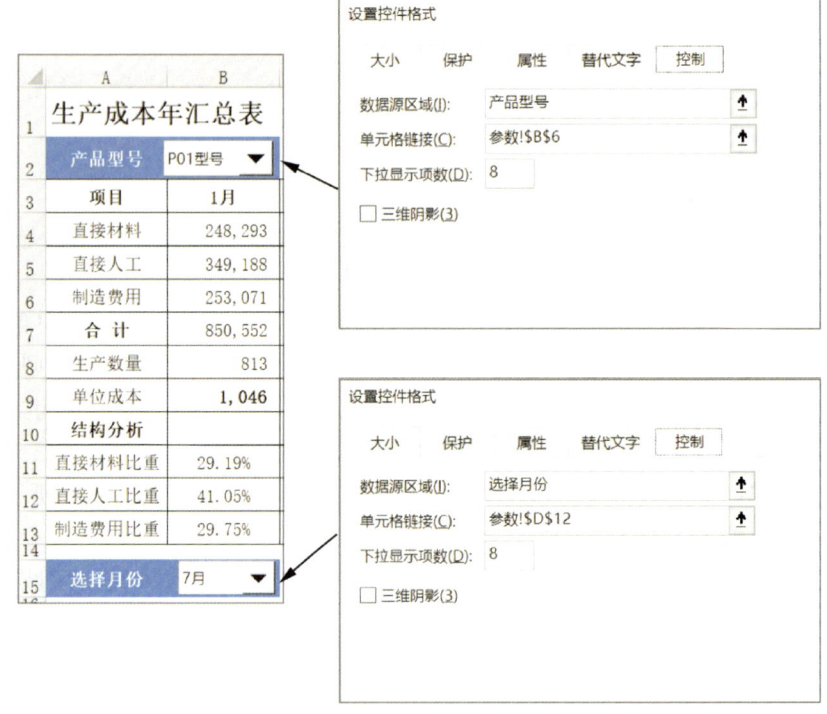

图 9-11 组合框控件的设置

步骤6："生产成本汇总表——结构分析"工作表的计算公式设置如下：

B4 单元格输入公式"＝INDEX(CHOOSE(参数！＄B＄6,P01型号,P02型号,P03型号,P04型号,P05型号,全部型号),MATCH(＄A4,＄A＄4:＄A＄8,0),MATCH(B＄3,＄B＄3:＄M＄3,0))"，并填充复制至 M8 单元格。

N4 单元格输入公式"＝SUM(B4:M4)"，并填充复制至 N8 单元格。

B9 单元格输入公式"＝B7/B8"，并填充复制至 N9 单元格。

B11 单元格输入公式"＝B4/B＄7"，并填充复制至 N13 单元格。

B17 单元格输入公式"＝VLOOKUP(A17,＄A＄11:＄M＄13,参数！＄D＄12＋1,0)"，并填充复制至 B19 单元格。

步骤7：通过数据源单元格区域 B17:B19 和单元格区域 N11:N13，分别创建"分产品分月份饼图"和"全年平均饼图"，通过图表可视化分析直接材料、直接人工和制造费用的占比情况。

二、生产成本趋势分析模型

▶ 问题导入

华辰公司普通自行车有 P01 型号、P02 型号、P03 型号、P04 型号和 P05 型号共 5 种型号，现有上述 5 种型号生产成本年度汇总表，如图 9-12 所示。

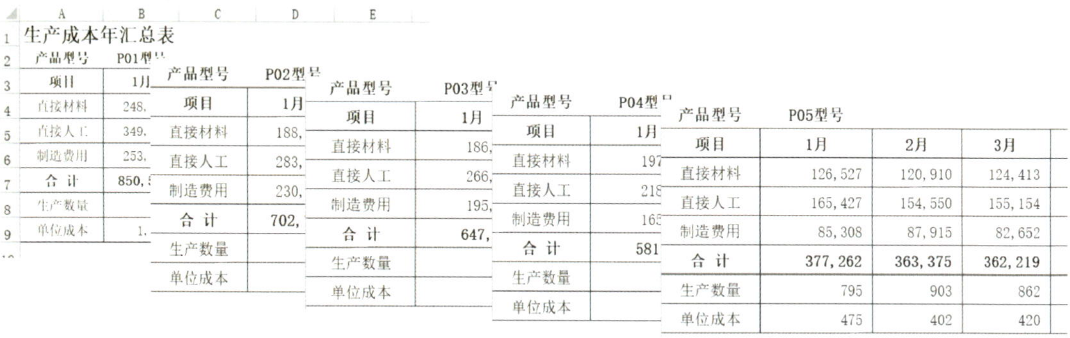

图 9-12 生产成本汇总资料

要求：根据上述资料，通过图表分析各产品单位成本全年的变动趋势以及与全年平均成本进行比较。

▶ 模型构建

根据上述资料，构建如图 9-13 所示模型，通过组合框控件可以选择分析不同产品型号单位产品变动趋势以及与平均单位成本的比较。

构建上述分析模型通过以下 7 个步骤来实现：

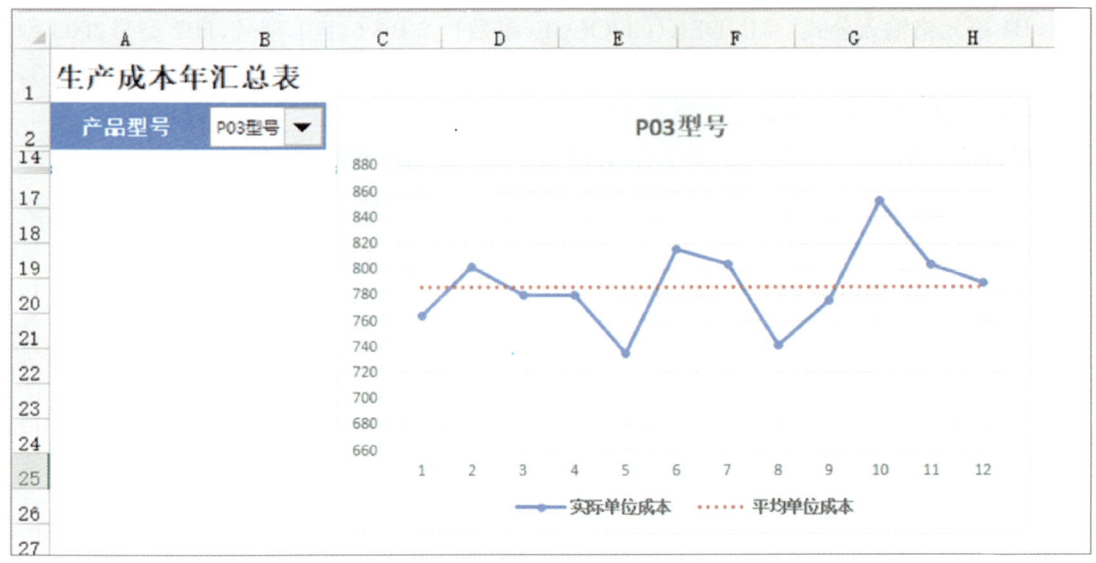

图 9-13　生产成本趋势分析

步骤 1：同构建"生产成本结构分析模型"步骤 1。

步骤 2：同构建"生产成本结构分析模型"步骤 2。

步骤 3：创建名为"生产成本汇总表——趋势分析"工作表，在单元格区域 A11:M12 增加图表数据区域，如图 9-14 所示。

	A	B	C	D	E	F	G	H	I	J	K	L	M
10													
11	实际单位成本	1,046	1,280	946	1,268	1,283	971	1,146	1,134	1,275	1,221	1,225	1,179
12	平均单位成本	1,153	1,153	1,153	1,153	1,153	1,153	1,153	1,153	1,153	1,153	1,153	1,153

图 9-14　增加图表数据区域

步骤 4：创建参数工作表，同构建"生产成本结构分析模型"步骤 4。这里需要注意的是分析图表的标题为单元格 B7 的值，该单元格输入公式"=INDEX(产品型号,B6,)"，将返回组合框选项所选型号的对应型号。

步骤 5：在"生产成本汇总表——趋势分析"工作表中只需要添加一个组合框控件，用于产品型号的选择。

步骤 6："生产成本汇总表——趋势分析"工作表的计算公式的设置同"生产成本结构分析模型"，需要在图表数据区域设置公式如下：

B11 单元格输入公式"=B9"，并填充复制至 M11 单元格。

B12 单元格输入公式"=＄N＄9"，并填充复制至 M12 单元格。

步骤 7：通过数据源单元格区域 A11:M12 创建如图 9-13 所示的"产品成本趋势分析图表"。

三、变动成本法与完全成本法对比模型

▶ 问题导入

华辰公司下属某分公司专门生产某型号儿童自行车,第一季度的各月份销售和产量情况如表 9-5 所示。

表 9-5 某型号儿童自行车成本资料   金额单位：元

月份	1	2	3
销售量(件)	600	600	600
单位价格(元/件)	800	800	800
生产量(辆)	600	800	400
直接材料	150 000	200 000	100 000
直接人工	120 000	160 000	80 000
制造费用	140 000	160 000	120 000
其中：变动制造费用	60 000	80 000	40 000
固定制造费用	80 000	80 000	80 000
销售和管理费用	60 000	60 000	60 000

要求：分别用完全成本法和变动成本法计算该分公司 1—3 月份的营业利润。

▶ 模型构建

根据上述资料,构建如图 9-15 所示模型：

	完全成本法计算的利润			变动成本法计算的利润		
月份	1	2	3	1	2	3
销售量(辆)	600	600	600	600	600	600
单位价格(元/件)	800	800	800	800	800	800
销售收入	480,000	480,000	480,000	480,000	480,000	480,000
产品总成本	410,000	520,000	300,000	产品变动成本总额	330,000	440,000	220,000
单位成本	683	650	750	单位变动成本	550	550	550
销售成本	410,000	390,000	430,000	销售成本	330,000	330,000	330,000
毛利	70,000	90,000	50,000	毛利	150,000	150,000	150,000
销售和管理费用	60,000	60,000	60,000	销售和管理费用	60,000	60,000	60,000
营业利润	10,000	30,000	-10,000	固定制造费用	80,000	80,000	80,000
存货成本	-	130,000	-	营业利润	10,000	10,000	10,000
利润差额	-	20,000	-20,000	存货成本	-	110,000	-
存货差额	-	20,000					

图 9-15 利润对比分析模型

通过上述模型可以看出：
(1) 当产量等于销量时,两种方法计算的利润相同(1 月份)。

(2) 当产量大于销量时,完全成本法计算的利润大于变动成本法(2月份)。

(3) 当产量小于销量时,变动成本法计算的利润大于完全成本法(3月份)。

(4) 变动成本法不受产量的影响,销量相同的情况下,利润相同。

(5) 完全成本法受产量的影响,销量相同的情况下,产量越大利润越大,产量越小利润越小。

▶ 知识链接

完全成本法亦称全部成本法、归纳成本法或吸收成本法,是指在组织常规的成本计算过程中,以成本按其经济用途分类为前提条件,将全部生产成本作为产品成本的构成内容。

变动成本法,是以成本性态分析为前提,只将变动生产成本作为产品成本的构成内容,而将固定生产成本及非生产成本作为期间成本的一种成本计算模式。

变动成本法下,产品成本只包括直接材料、直接人工和变动制造费用,即变动生产成本。变动生产成本随着生产量的变化呈正比例变化。在变动成本法下,固定制造费用、销售与管理费用全部作为制造边际贡献(销售额与变动生产成本的差额)的扣除项目。

在完全成本法(吸收成本法)下,产品成本包含直接材料、直接人工和变动制造费用、固定制造费用。两种方法的核心差别在于对固定制造费用处理不同,在完全成本法下,固定制造费用进入了产品成本;而在变动成本法下,固定制造费用不进入产品成本,全部与期间费用一起一次进入当期损益。两种方法的差别,如表9-6所示。

表9-6 变动成本法与完全成本法的差别

不同	变动成本法	完全成本法
产品成本结构不同	直接材料	直接材料
	直接人工	直接人工
	变动制造费	变动制造费
		固定制造费用
期间成本构成不同	固定制造费用	
	管理费用	管理费用
	销售费用	销售费用
	财务费用	财务费用

由表9-6可知,产品成本和期间成本结构不同,导致变动成本法与完全成本法报表之间存在两大差异:①当期利润(收益或损益)计算不同;②期末存货(产成品)计价不同。

通常,管理会计使用变动成本法,财务会计使用完全成本法。变动成本法消除了在完全成本法下销售不变但可通过增加生产、调节库存来调节利润的问题,可以使企业内部管理者更加注重销售,更加注重市场,便于进行更为合理的内部业绩评价,为企业内部管理提供有用的管理信息,为企业预测前景、规划未来和做出正确决策服务;能够揭示利润和业务量之间的正常关系;便于分清各部门经济责任,有利于进行成本控制和业绩评价;可以简化成本计算,便于加强日常管理。

四、标准成本及其差异分析模型

问题导入

华辰公司拟对本月 A 型号自行车的部件传动系统进行成本分析,该传动系统已制订单位标准成本如表 9-7 所示。

表 9-7 该传动系统的标准成本表

成本项目	数量标准	价格标准	标准成本
直接材料	套	元/套	元
材料	8.00	18.00	144.00
直接人工	小时	元/小时	元
生产车间	6.00	6.00	36.00
变动制造费用	小时	元/小时	元
变动费用	3.00	5.00	15.00

本月共生产该产品 3 000 件,单位产品实际发生成本如表 9-8 所示。

表 9-8 实际成本表

成本项目	实际数量	实际价格	实际成本
直接材料	套	元/套	元
材料	10.20	19.50	198.90
直接人工	小时	元/小时	元
生产车间	5.50	7.50	41.25
变动制造费用	小时	元/小时	元
变动费用	5.00	7.00	35.00

要求:计算当月 A 型号传动系统的直接材料、直接人工和变动制造费用的单位产品差异和总差异。

模型构建

根据上述资料,构建如图 9-16 所示模型。本模型需要添加一个组合框控件用于选择切换直接材料、直接人工和变动制造费用三个成本项目。另外需要创建"参数"工作表,在单元格区域 A1:A3 录入三个成本项目,并定义名称为"成本项目",作为控件的数据源区域。控件的单元格链接为 B4 单元格,如图 9-17 所示。

在图 9-16 所示模型的工作表中计算公式设置如下:

H5 单元格输入公式" = IF(参数! B4 = 1,(D15 − D7) * C15,IF(参数! B4 = 2,(D17 − D9) * C17,(D19 − D11) * C19))",根据控件所选的成本项目,计算单位产品价差。

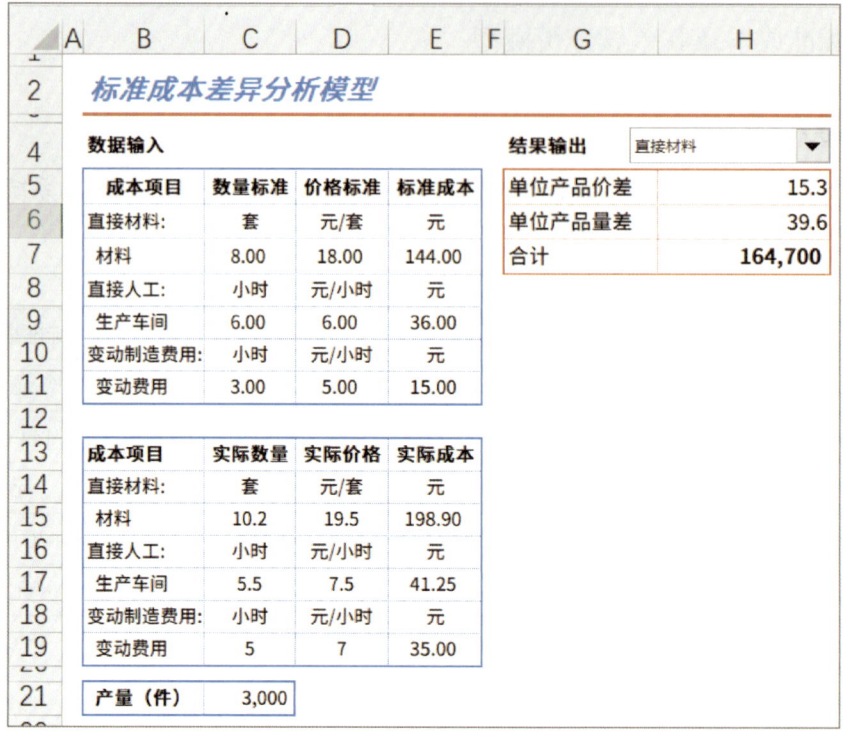

图 9-16　标准成本差异分析模型

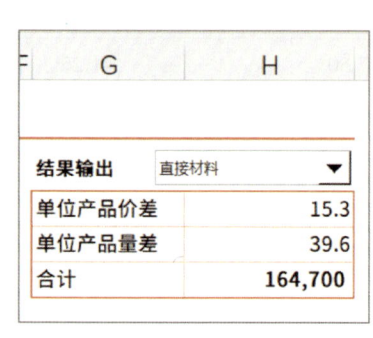

图 9-17　模型控件格式设置

H6 单元格输入公式"= IF(参数！B4 = 1,(C15 − C7) * D7,IF(参数！B4 = 2,(C17 − C9) * D9,(C19 − C11) * D11))",根据控件所选的成本项目,计算单位产品量差。

H7 单元格输入公式"= SUM(H5:H6) * C21",根据控件所选的成本项目,计算总成本差异额。

> 知识链接

标准成本法是为了克服实际成本计算系统的缺陷(尤其是不能提供有助于成本控制的确切信息的缺陷)而研究出来的一种会计信息系统和成本控制系统。

标准成本是通过精确的调查、分析与技术测定而制定的,是用来评价实际成本、衡量工作效率的一种目标成本。在标准成本中,基本上排除了不应该发生的"浪费",因此被认为是一种"应该成本"。标准成本和估计成本同属于预计成本,但后者不具有衡量工作效率的尺度性,主要体现可能性,供确定产品销售价格使用。标准成本要体现企业的目标和要求,主要用于衡量产品制造过程的工作效率和控制成本,也可用于存货和销货成本计价。

"标准成本"一词在实际工作中有两种含义:一种是指单位产品的标准成本,它是根据单位产品的标准消耗量和标准单价计算出来的,准确地说应称为"成本标准",可表示为:

$$成本标准单位产品标准成本 = 单位产品标准消耗量 \times 标准单价 \qquad (9-7)$$

另一种是指实际产量的标准成本总额,是根据实际产品产量和单位产品成本标准计算出来的,可表示为:

$$标准成本(总额) = 实际产量 \times 单位产品标准成本 \qquad (9-8)$$

1. 标准成本的制定

制定标准成本,通常首先确定直接材料和直接人工的标准成本,其次确定制造费用的标准成本,最后汇总确定单位产品的标准成本。

制定一个成本项目的标准成本,一般需要分别确定其用量标准和价格标准,两者相乘后得出单位产品该成本项目的标准成本。

用量标准包括单位产品材料消耗量、单位产品直接人工工时等,主要由生产技术部门主持制定,同时吸收执行标准的部门和职工参加。

价格标准包括标准的原材料单价、小时工资率、小时制造费用分配率等,由会计部门和有关其他部门共同研究确定。采购部门是材料价格的责任部门,劳资部门对小时工资率负有责任,各生产车间对小时制造费用分配率承担责任,在制定有关价格标准时要与有关部门协商。

无论是价格标准还是用量标准,都可以是理想状态下的或正常状态下的标准,据此得出理想的标准成本或正常的标准成本。下面介绍正常标准成本的制定。

1) 直接材料标准成本

直接材料的标准消耗量,一般采用统计方法、工业工程法或其他技术分析方法确定。它是现有技术条件生产单位产品所需的材料数量,包括必不可少的消耗和各种难以避免的损失。

直接材料的价格标准,是预计下一年度实际需要支付的进料单位成本,包括发票价格、运费、检验和正常损耗等成本,是取得材料的完全成本。

2) 直接人工标准成本

直接人工的用量标准是单位产品的标准工时。确定单位产品所需的直接生产工人工时,需要按产品的加工工序分别进行,然后加以汇总。标准工时是指在现有生产技术条件下,生产单位产品所需要的时间,包括直接加工操作必不可少的时间、必要的间歇和停工(如工间休息、设备调整准备时间)、不可避免的废品耗用工时等。标准工时应以作业研究和时间研究为基础,参考有关统计资料来确定。

直接人工的价格标准是指标准工资率。它可能是预定的工资率,也可能是正常的工资率。如果采用计件工资制,标准工资率是预定的每件产品支付的工资除以标准工时,或者预定的小时工资;如果采用月工资制,需要根据月工资总额和可用工时总量来计算标准工资率。

3) 制造费用标准成本

制造费用的标准成本是按部门分别编制,然后将同一产品涉及的各部门单位制造费用标准加以汇总,得出整个产品制造费用标准成本。

按照变动成本法的原理,制造费用有变动制造费用和固定制造费用之分,因此,各部门的制造费用标准成本分为变动制造费用标准成本和固定制造费用标准成本两部分。

变动制造费用的用量标准通常采用单位产品直接人工工时标准,它在制定直接人工标准成本时已经确定。有的企业采用机器工时或其他用量标准。作为用量标准的计量单位,应尽可能与变动制造费用保持较好的线性相关关系。变动制造费用的价格标准是单位工时变动制造费用的标准分配率,它根据变动制造费用预算和直接人工总工时计算求得。

如果企业采用变动成本计算,固定制造费用不计入品成本,因此单位产品的标准成本中不包括固定制造费用的标准成本。在这种情况下,不需要制定固定制造费用的标准成本,固定制造费用的控制则通过预算管理来进行。如果采用完全成本计算,固定制造费用要计入产品成本,还需要确定其标准成本。固定制造费用的用量标准与变动制造费用的用量标准相同,包括直接人工工时、机器工时、其他用量标准等,并且两者要保持一致,以便进行差异分析。这个标准的数量在制定直接人工用量标准时已经确定。固定制造费用的价格标准是单位工时的标准分配率,它根据固定制造费用预算和直接人工标准总工时计算求得。

2. 标准成本差异分析

标准成本可以作为目标成本,由于各种原因,产品的实际成本与目标成本往往不一致。实际成本与标准成本之间的差额,称为标准成本差异,或简称成本差异。成本差异是反映实际成本脱离预定目标程度的信息。为控制乃至消除这种偏差,企业需要对产生的成本差异进行分析,找出原因和可能对策,以便采取措施加以纠正。

1) 变动成本差异分析

(1) 直接材料差异分析。

直接材料价格差异和数量差异计算公式如下:

$$直接材料价格差异 = 实际数量 \times (实际价格 - 标准价格) \quad (9\text{-}9)$$

$$直接材料数量差异 = (实际数量 - 标准数量) \times 标准价格 \quad (9\text{-}10)$$

直接材料成本差异的计算结果,如是正数则是超支,属于不利差异;如是负数则是节约,属于有利差异。

(2) 直接人工差异分析。

直接人工差异计算公式如下:

直接人工工资率差异＝实际工时×(实际工资率－标准工资率)　　　(9-11)

直接人工效率差异＝(实际工时－标准工时)×标准工资率　　　(9-12)

直接人工工资率差异的形成原因，包括直接生产工人升级或降级使用、奖励制度未产生实效、工资率调整、加班或使用临时工、出勤率变化等。一般而言，这主要由人力资源部门管控，形成差异的具体原因会涉及生产部门或其他部门。

直接人工效率差异的形成原因也很多，包括工作环境不良、工人经验不足、劳动情绪不佳、新工人上岗太多、机器或工具选用不当、设备故障较多、生产计划安排不当、产量规模太小而无法发挥经济批量优势等。这主要是生产部门的责任，但也不是绝对的，例如，材料质量不高也会影响生产效率。

(3) 变动制造费用差异分析。

变动制造费用成本差异、耗费差异、效率差异计算公式如下：

变动制造费用成本差异＝实际变动制造费用－标准变动制造费用　　　(9-13)

$$\text{变动制造费用耗费差异} = \text{实际工时} \times \left(\text{变动制造费用实际分配率} - \text{变动制造费用标准分配率} \right) \quad (9\text{-}14)$$

变动制造费用效率差异＝(实际工时－标准工时)×变动制造费用标准分配率　(9-15)

2) 固定制造费用差异分析

固定制造费用差异分析与各项变动成本差异分析不同，其分析方法有"二因素分析法"和"三因素分析法"两种。

二因素分析法，是将固定制造费用差异分为耗费差异和生产能力利用差异(可简称为能力差异)。计算公式如下：

固定制造费用耗费差异＝固定制造费用实际数－固定制造费用预算数　　　(9-16)

固定制造费用能力差异＝(生产能力－实际产量标准工时)×固定制造费用标准分配率

(9-17)

三因素分析法，是将固定制造费用成本差异分为耗费差异、效率差异和闲置能力差异三部分。计算公式如下：

固定制造耗费差异＝固定制造费用实际数－固定制造费用预算数(同因素)　(9-18)

闲置能力差异＝(生产能力－实际工时)×固定制造费用标准分配率　　　(9-19)

固定制造费用效率差异＝(实际工时－实际产量标准工时)×固定制造费用标准分配率

(9-20)

五、作业成本法与完全成本法对比模型

▶ 问题导入

华辰公司自行车框架生产车间生产 5 种型号的赛车框架，其中：普通赛车有 3 种型号，

分别为 P1、P2 和 P3；高级赛车有 2 种型号，G1 和 G2。

普通赛车和高级赛车的框架分别由两个独立的生产线进行加工，每个生产线都有自己的技术部门。5 款车架按批组织生产，每批 100 件。

该公司本月每种款式的产量和直接成本如表 9-9 所示。

表 9-9 自行车框架产量和成本表　　　　　　　　　　　　　　　金额单位：元

产品品种	普通车框架			高级车框架		合计
型号	P1	P2	P3	G1	G2	
本月批次	8	10	6	4	2	30
每批产量(件)	100	100	100	100	100	
产量(件)	800	1 000	600	400	200	3 000
每批直接人工	3 300	3 400	3 500	4 400	4 200	
直接人工总成本	26 400	34 000	21 000	17 600	8 400	107 400
每批直接材料成本	6 200	6 300	6 400	7 000	8 000	
直接材料总成本	49 600	63 000	38 400	28 000	16 000	195 000

本月制造费用明细如表 9-10 所示。

表 9-10 本月制造费用明细表　　　　　　　　　　　　　　　金额单位：元

项目	金额
生产准备、检验和供应成本(批次级成本)	84 000
普通车框架产品线成本(产品级作业成本)	54 000
高级车框架产品线成本(产品级作业成本)	66 000
其他成本(生产维持级成本)	10 800
制造费用合计	214 800

要求：分别按完全成本法和作业成本法计算当月的生产成本以及单位产品成本。

▶ 模型构建

根据上述资料，按完全成本法计算当月的生产成本和单位产品成本，如表 9-11 所示。

表 9-11 完全成本法汇总成本计算表　　　　　　　　　　　　金额单位：元

产品型号	P1	P2	P3	G1	G2	合计
直接人工	26 400	34 000	21 000	17 600	8 400	107 400
直接材料	49 600	63 000	38 400	28 000	16 000	195 000
制造费用分配率	200%	200%	200%	200%	200%	200%
制造费用	52 800	68 000	42 000	35 200	16 800	214 800
总成本	128 800	165 000	101 400	80 800	41 200	517 200
每批成本	16 100	16 500	16 900	20 200	20 600	17 240
每件成本	161.00	165.00	169.00	202.00	206.00	

根据上述资料,按作业成本法计算当月的生产成本和单位产品成本,首先分配作业成本,如表 9-12 所示。

表 9-12 作业成本分配率的计算表

作业	成本(元)	批次(批数)	直接人工(元)	分配率(元/批)
批次级作业成本	84 000	30		2 800
普通车框架产品线成本	54 000	24		2 250
高级车框架产品线成本	66 000	6		11 000
生产维持级成本	10 800		107 400	10.06%
合计	214 800			

根据直接材料和直接人工成本资料,在作业成本分配率计算表的基础上,编制当月的生产成本和单位产品成本,如表 9-13 所示。

表 9-13 作业成本法汇总成本计算表　　　　金额单位:元

产品型号	P1	P2	P3	G1	G2	合计
本月批次	8	10	6	4	2	30
直接人工	26 400.00	34 000.00	21 000.00	17 600.00	8 400.00	107 400
直接材料	49 600.00	63 000.00	38 400.00	28 000.00	16 000.00	195 000
制造费用						
批次相关成本						
分配率(元/批)	2 800.00	2 800.00	2 800.00	2 800.00	2 800.00	
批次相关总成本	22 400.00	28 000.00	16 800.00	11 200.00	5 600.00	84 000
产品相关成本						
分配率(元/批)	2 250.00	2 250.00	2 250.00	11 000.00	11 000.00	
产品相关总成本	18 000.00	22 500.00	13 500.00	44 000.00	22 000.00	120 000
生产维持成本						
分配率(元/每元直接人工成本)	10.06%	10.06%	10.06%	10.06%	10.06%	
生产维持成本	2 654.75	3 418.99	2 111.73	1 769.83	844.69	10 800
间接费用合计	43 054.75	53 918.99	32 411.73	56 969.83	28 444.69	214 800
总成本	119 055.00	150 919.00	91 812.00	102 570.00	52 845.00	517 200
每批成本	14 882.00	15 092.00	15 302.00	25 642.00	26 422.00	
单件成本(作业成本法)	148.82	150.92	153.02	256.43	264.23	
单件成本(完全成本法)	161.00	165.00	169.00	202.00	206.00	
差异(作业成本 - 完全成本)	-12.18	-14.08	-15.98	54.52	58.22	
差异率(差异/完全成本)	-7.57%	-8.53%	-9.46%	26.94%	28.26%	

通过上述分析可以看出,完全成本法下,P系列产品高估了单位产品成本,G系列产品低估了产品成本。

> **知识链接**

随着"机器取代人"的自动化制造时代来临,企业的经营环境正在发生巨大改变。伴随这种改变,产品或劳务的成本结构亦发生了重大改变,其特征就是直接人工成本比重大大下降,制造费用(主要是折旧费用等固定成本)比重大大增加,因此,制造费用的分配科学与否将在很大程度上决定产品成本计算的准确性和成本控制的有效性。

作业成本法是将间接成本和辅助费用更准确地分配到产品和服务中的一种成本计算方法。依据作业成本法的观念,企业的全部经营活动是由一系列相互关联的作业组成的,企业每进行一项作业都要耗用一定的资源;与此同时,产品(包括提供的服务)被一系列的作业生产出来。产品成本是全部作业所消耗资源的总和,产品是消耗全部作业的成果。在计算产品成本时,首先按经营活动中发生的各项作业来归集成本,计算出作业成本;然后再按各项作业成本与成本对象(产品、服务或顾客)之间的因果关系,将作业成本分配到成本对象,最终完成成本计算过程。

1. 作业成本法的两大核心概念

作业成本法的两大核心概念是作业和成本动因。

(1)作业。作业是指企业中特定组织(成本中心、部门或产品线)重复执行的任务或活动。例如,签订材料采购合同、将材料运达仓库、对材料进行质量检验、办理入库手续、登记材料明细账等。每一项作业,都是针对加工或服务对象重复执行特定的或标准化的活动。

(2)成本动因。成本动因是指作业成本或产品成本的驱动因素。例如,产量增加时,直接材料成本就增加,产量是直接材料成本的驱动因素,即直接材料的成本动因;检验成本随着检验次数的增加而增加,检验次数就是检验成本的驱动因素,即检验成本的成本动因。在作业成本法中,成本动因分为资源成本动因和作业成本动因两类,都是分配标准。

2. 作业成本法的特点

作业成本法的主要特点,是相对于以产量为基础的传统成本计算方法而言的。

(1)成本计算分为两个阶段。作业成本法的基本指导思想是:作业消耗资源、产品(服务或顾客)消耗作业。根据这一指导思想,作业成本法把成本计算过程划分为两个阶段。

第一阶段,将作业执行中耗费的资源分配(包括追溯和间接分配)到作业,计算作业的成本。

第二阶段,将第一阶段计算出的作业成本分配(包括追溯和动因分配)到各有关成本对象(产品或服务)如图9-18所示。

(2)成本分配强调因果关系。虽然作业成本法和传统成本法都分为两步分配程序,但是如何进行成本分配,两者有很大区别。作业成本法认为,将成本分配到成本对象有三种不同的形式:追溯、动因分配和分摊。

成本追溯,是指把成本直接分配给相关的成本对象。一项成本能否追溯到产品,可以通过实地观察来判断。例如,确认一台电视机耗用的液晶板、集成电路板、扬声器及其他零

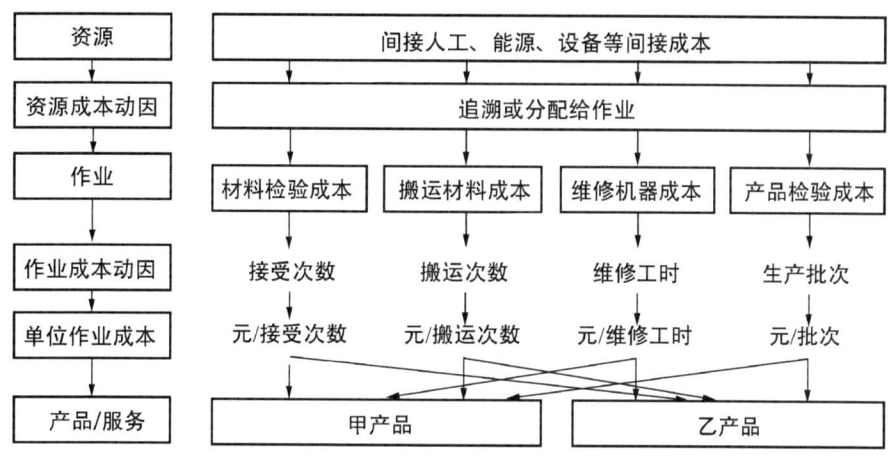

图 9-18　作业成本法分两阶段分配成本

部件的数量是可以通过观察实现的。

对不能追溯的成本,作业成本法则强调使用动因(包括资源动因或作业动因)分配方式,将成本分配到有关成本对象(作业或产品)。传统成本计算,以产品数量作为间接费用唯一的成本动因,是不符合实际情况的。采用动因分配,首先必须找到引起成本变动的真正原因,即成本与成本动因之间的因果关系。

有些成本既不能追溯,也不能合理、方便地找到成本动因,只好使用产量等设定的分配标准作为分配基础,将其强行分摊给成本对象。

作业成本法的成本分配主要使用追溯和动因分配,尽可能减少不准确的分摊,因此能够提供更加真实、准确的成本信息。

(3) 成本分配使用多维成本动因。

在传统的成本计算方法下,产量(或生产量相关的业务量,如人工工时、机器工时、人工工资等)被认为是能够解释产品成本变动的唯一动因,并以此作为分配基础进行间接费用的分配。而制造费用是一个由多种不同性质的间接费用组成的集合,这些性质不同的费用有些是随产量变动的,而多数并不随产量变动,因此用单一的产量作为分配制造费用的基础显然是不合适的。

作业成本法的独到之处在于它把资源的消耗首先追溯或分配到作业,然后使用不同层面和数量众多的作业动因将作业成本分配到产品。采用不同层面的、众多的成本动因进行成本分配,要比采用单一分配标准(基础)更加合理,更能保证产品成本计算的准确性。

3. 作业成本的计算原理

(1) 作业的认定。建立作业成本系统从作业认定开始,即确认每一项作业完成的工作以及执行该作业耗用的资源成本。作业的认定需要对每项消耗资源的作业进行定义,识别每项作业在生产活动中的作用、与其他作业的区别,以及每项作业与耗用资源的联系。

(2) 作业成本库的设计。作业认定后,接下来的工作是设计作业成本库。作业成本库按作业成本动因可分为如下四类:

A. 单位级作业成本库。单位级作业是指每一单位产品至少要执行一次的作业。例如，机器加工、组装。这些作业对每个产品都必须执行。

B. 批次级作业成本库。批次级作业是指同时服务于每批产品或许多产品的作业。例如，生产前机器调试、成批产品转移至下一工序的运输、成批采购和检验等。

C. 品种级（产品级）作业成本库。品种级作业是指服务于某种型号或样式产品的作业。例如，产品设计、产品生产工艺规程制定、工艺改造、产品更新等。

D. 生产维持级作业成本库。生产维持级作业，是指服务于整个工厂的作业，例如，工厂保安、维修、行政管理、保险、财产税等。它们是为了维护生产能力而进行的作业，不依赖于产品的数量、批次和种类。

（3）资源成本分配到作业。资源成本借助于资源成本动因分配到各项作业。资源成本动因和作业成本之间一定要存在因果关系。

（4）作业成本分配到成本对象。在确定了作业成本之后，根据作业成本动因计算单位作业成本（即作业分配率），再根据作业量计算成本对象应负担的作业成本。

$$单位作业成本 = \frac{本期作业成本库归集的总成本}{作业量} \tag{9-21}$$

4. 作业成本法的优点、局限性与适用条件

（1）作业成本法的优点：①成本计算更准确；②成本控制与成本管理更有效；③为战略管理提供信息支持。

（2）作业成本法的局限性：①开发和维护费用较高；②作业成本法不符合对外财务报告的需要；③确定成本动因比较困难；④不利于通过组织控制进行管理控制。

（3）作业成本法的适用条件：①从成本结构看，这些公司的制造费用在产品成本中占有较大比重；②从产品品种看，这些公司的产品多样性程度高，包括产品产量的多样性，规模的多样性，产品制造或服务复杂程度的多样性；③从外部环境看，这些公司面临的竞争激烈；④从公司规模看，这些公司的规模比较大。

第三节　成本控制

一、基本电费的计费方式决策分析模型

▶ 问题导入

华辰公司投资的新产品生产线将于下年度开始投产使用，该新产品生产线新建了一个独立的生产车间，配备了容量为 4 000 千伏安的变压器，最大负荷为 3 800 千瓦。公司对该新产品的市场、生产和销售等综合因素分析后，测算了投产后 3 年的产能，根据测算的产能预计投产第 1 年、第 2 年和第 3 年最高用电负荷分别为 40%、60% 和 90%。

华辰公司所在地区的基本电费按变压器容量计算为 28 元/千伏安，按最大需量法计算为 40 元/千瓦。

要求：根据上述资料对该新产品投产后生产线用电的基本电费计费方式进行最优决策。

> 模型构建

根据上述资料，构建如图 9-19 所示模型。

	A	B	C	D	E	F
2		基本电费计费方式选择决策模型				
4		数据输入				
5		变压器容量		千伏安		4,000
6		最大负荷		千瓦		3,800
8		单价				
9		其中：变压器容量法		元/千伏安		28.00
10		最大需量法		元/千瓦		40.00
12		第1年最大负荷量		%		40%
13		第2年最大负荷量		%		60%
14		第3年最大负荷量		%		90%
16		结果输出1				
17				变压器容量法	最大需求法	差异金额
18		第1年每月电费（元）		112,000.00	60,800.00	51,200.00
19		第2年每月电费（元）		112,000.00	91,200.00	20,800.00
20		第3年每月电费（元）		112,000.00	136,800.00	-24,800.00
21		结论：				
22		第1年应选择最大需求法每月可以节省电费51200元。				
23		第2年应选择最大需求法每月可以节省电费20800元。				
24		第3年应选择变压器容量法每月可以节省电费24800元。				

图 9-19 基本电费计费方式选择决策模型

通过图 9-19 可以看出，第 1 年、第 2 年应选择最大需量法计算基本电费，相比变压器容量法每月可以节约电费分别约为 51 200 元、20 800 元，第 3 年应选择变压器容量法计算基本电费，相比最大需量法每月可以节约电费约 24 800 元。

本模型需要解决的第二个问题，即两种方式基本电费相等时，即平衡点时的月用电负荷是多少？此时占最大负荷的百分比是多少？需要通过模拟运算表中的单变量求解功能，首先在 D28 单元格、D29 单元格和 D31 单元格输入以下公式：D28 单元格输入公式" = D5 * D9"；D29 单元格输入公式" = D27 * D10"；D31 单元格输入公式" = D27/D6"。

然后调出"单变量求解"对话框，如图 9-20 所示，设置 D30 单元格为"目标单元格"，目标值为 0，D27 单元格为"可变单元格"，鼠标点击"确定"按钮求解出两种方式基本电费相等时，即平衡点时的月用电负荷是 2 800 千瓦，此时占最大负荷的百分比为 73.7%。

通过两种计算方法电费对比图示，可以直观看出在两种方法平衡点的负荷时，月用电负荷占最大负荷的百分比，如图 9-21 所示。

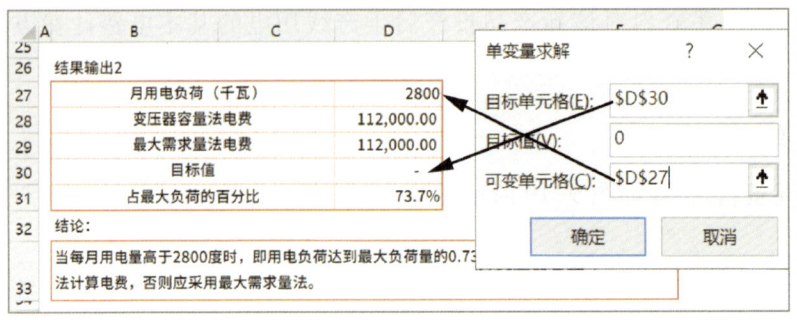

图 9-20　单变量求解参数设置

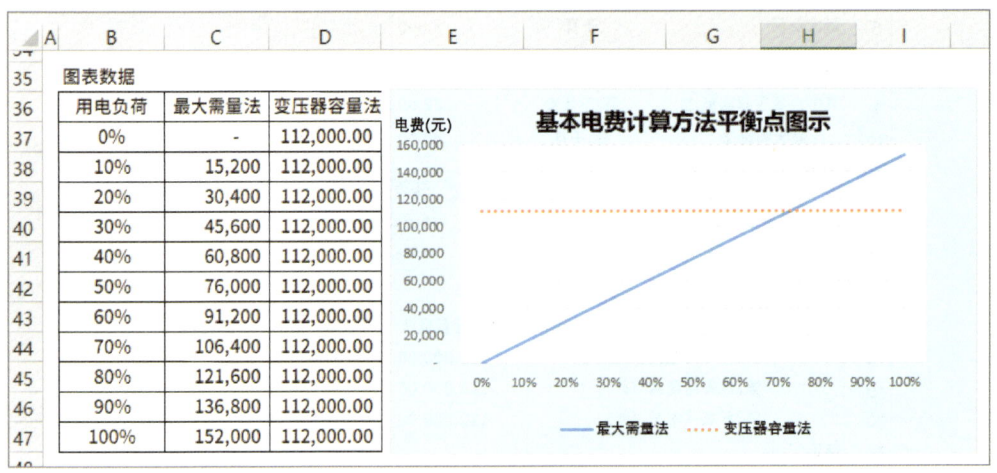

图 9-21　基本电费计算方法平衡点图示

知识链接

根据《销售电价管理暂行办法》规定,用电大客户多采用两部制电价,两部制电价客户的电费由基本电费和电量电费组成,其中的基本电费既可以按变压器容量计算基本电费,也可以按需量计算基本电费。

1. 按容量计算基本电费

按容量计算基本电费的方法比较简单,即用户运行(包括热备用)的变压器容量乘以基本电价,将其作为用户每月的基本电费。计算公式为:

$$基本电费(月) = 变压器容量(千伏安) \times 容量电价(元/千伏安) \qquad (9\text{-}22)$$

2. 按需量计算基本电费需量计费

按需量计算基本电费的计算方法相对复杂些,首先用户必须装有最大需量表,按用户当月最大需量表中 15 分钟内或 30 分钟内平均最大负荷记录值,作为用户当月需量计费值。再根据用户每月需量计费值乘以基本电费需量电价之积作为用户每月的基本电费。计算公式为:

$$基本电费(月) = 当月需量计费值(千瓦) \times 基本电费需量电价(元/千瓦) \qquad (9\text{-}23)$$

两种计算基本电费的方法如何选择呢?

假设某地区基本电费按变压器容量计算为 25 元/千伏安,按最大需量法计算为 35 元/千瓦。现有一大工业用户,其变压器容量为 X(千伏安),能提供的最大负荷为 Y(千瓦),则按变压器容量每月应交纳的基本电费为 25X,若该户的最大需量为 Z,则按最大需量每月应交纳的基本电费为 35Z。令两种方式计算的基本电费相等,则有:

$$25X = 35Z$$

$$Z = 25X/35 = 0.714X$$

即当最大需量等于容量的 71.4% 时,两种计算方式下所交纳的基本电费是相同的,也就是 71.4% 为两种方式盈亏的分界点;当最大需量小于 71.4% 的变压器容量时,按最大需量计收基本电费会便宜一些;当最大需量大于 71.4% 的变压器容量时,按变压器容量计收基本电费相对更便宜一些。

二、材料利用最优下料模型

问题导入

华辰公司用 6 米长的钢管下料制作自行车框架,其中,长度为 800 毫米零件数量为 4 000 根,长度为 500 毫米的零件为 5 000 根。具体如表 9-14 所示。

表 9-14 零件长度与需求量

零件类别	零件长度(毫米/根)	零件需求量(根)
零件 1	800	4 000
零件 2	500	5 000

要求:如何下料才能使钢管总用量最少?

模型构建

本案例用 6 米长的钢管下料,两种长度的零件经分析共有 8 种模式,如表 9-15 所示。比如将 1 根钢管全部下料长度 800 毫米的零件 1,可以下料 7 根;将 1 根钢管下料 6 根 800 毫米的零件 1,还可以再下料 2 根 500 毫米的零件 2。

表 9-15 钢管下料模式分析表

钢管下料模式		余料(毫米)
零件 1	零件 2	
7	0	400
6	2	200
5	4	0

(续表)

钢管下料模式		余料(毫米)
零件1	零件2	
4	5	300
3	7	100
2	8	400
1	10	200
0	12	0

根据上述资料和下料模式分析，构建如图9-22所示"材料利用最优下料模型"。解决本案例问题需要通过规划求解工具，通过求解，得到最优下料模式：①用565根钢管按照5根零件1和4根零件2的模式下料；②用1根钢管按照4根零件1和5根零件2的模式下料；③用391根钢管按照3根零件1和7根零件2的模式下料。

图9-22　材料利用最优下料模型

此时，原料总根数用量最少为957根，零件1共下料4 002根，零件2共下料5 002根，满足生产需求量。本案例规划求解参数设置如图9-23所示。

图 9-23　规划求解参数设置

图 9-22 模型所示工作表中计算公式的设置如下：

E12 单元格输入公式"=$D12*B12"，并填充复制到 E19 单元格，计算零件 1 的数量。

F12 单元格输入公式"=$D12*C12"，并填充复制到 F19 单元格，计算零件 2 的数量。

D20 单元格、E20 单元格和 F20 单元格分别计算钢管、零件 1 和零件 2 的合计数。

图 9-23 所示"规划求解参数"的设置如下：

(1) D20 单元格是目标值，设定目标值为最小钢管数量。

(2) 单元格区域 D12：D19 为可变单元格，即需要求解每种下料模式的钢管数。

(3) 约束条件包括：①单元格区域 D12：D19 大于等于 0 且为整数；②E20 单元格计算的数量不少于 D6 单元格的数量（零件 1）；③F20 单元格计算的数量不少于 D7 单元格的数量（零件 2）。

三、最短项目工期人员调配分析模型

▶ 问题导入

华辰公司现有一个研发项目，该项目有工作 B1 至工作 B6 共 6 项不同的工作内容，项目组 A1 至 A6 共 6 个人，每个人都有能力完成其中的任何一项工作，但效率的高低不同。每人完成各项工作所需要的时间如表 9-16 所示。

表 9-16　每人完成各项工作需要的时间表　　单位：天

人员	工作 B1	工作 B2	工作 B3	工作 B4	工作 B5	工作 B6
A1	15	18	21	22	24	24
A2	19	23	22	17	21	18
A3	26	17	16	15	18	19
A4	13	16	17	19	19	18
A5	15	15	15	21	14	23
A6	19	21	23	18	16	17

要求：请提出 6 个人完成该研发项目总的花费时间最少的人员调配方案(每人必须要分配 1 项工作)。

模型构建

根据上述资料，构建如图 9-24 所示“最短项目工期人员调配分析模型”，解决本案例问题需要通过规划求解工具，通过求解，得到人员调配方案如下：人员 A1 分配工作 B2；人员 A2 分配工作 B4；人员 A3 分配工作 B3；人员 A4 分配工作 B1；人员 A5 分配工作 B5；人员 A6 分配工作 B6。

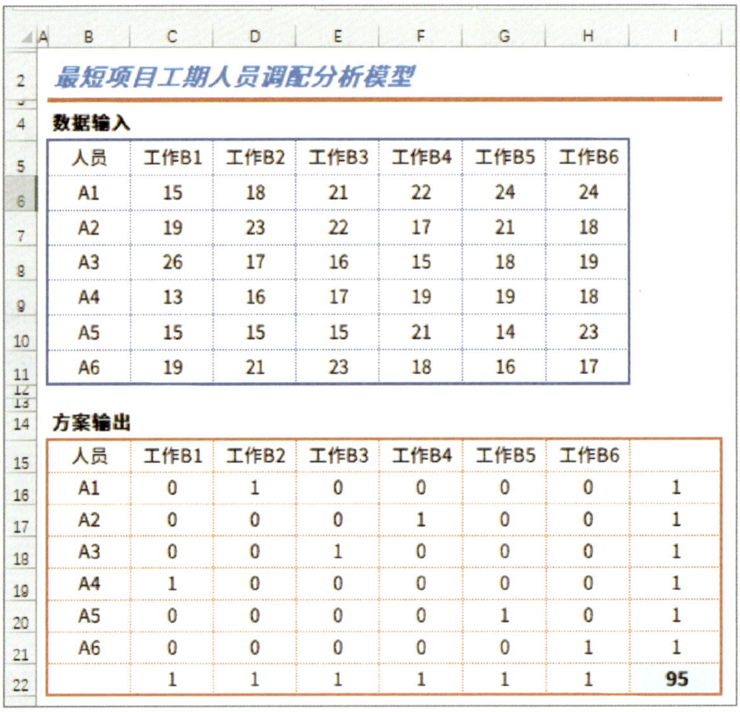

最短项目工期人员调配分析模型

数据输入

人员	工作B1	工作B2	工作B3	工作B4	工作B5	工作B6
A1	15	18	21	22	24	24
A2	19	23	22	17	21	18
A3	26	17	16	15	18	19
A4	13	16	17	19	19	18
A5	15	15	15	21	14	23
A6	19	21	23	18	16	17

方案输出

人员	工作B1	工作B2	工作B3	工作B4	工作B5	工作B6	
A1	0	1	0	0	0	0	1
A2	0	0	0	1	0	0	1
A3	0	0	1	0	0	0	1
A4	1	0	0	0	0	0	1
A5	0	0	0	0	1	0	1
A6	0	0	0	0	0	1	1
	1	1	1	1	1	1	95

图 9-24　最短项目工期人员调配分析模型

此时,完成该研发项目总的花费时间最少为 95 天。本案例规划求解参数设置如图 9-25 所示。

图 9-25　规划求解参数设置

在图 9-24 所示的模型工作表中计算公式的设置如下:

C22 单元格输入公式" = SUM(C16:C21)",并填充复制到 H22 单元格。

I16 单元格输入公式" = SUM(C16:H16)",并填充复制到 I21 单元格。

I22 单元格输入公式" = SUMPRODUCT(C6:H11,C16:H21)",计算最短工期的天数。

图 9-25 所示"规划求解参数"的设置如下:①I22 单元格是目标值,设定目标值为最小天数;②单元格区域 C16:H21 为可变单元格,即需要求解的人员安排;③约束条件包括单元格区域 C16:H21 为整数,单元格区域 C22:H22 的值大于等于 1,单元格区域 I16:I21 的值大于等于 1。

四、最优人力成本排班决策分析模型

● 问题导入

华辰公司售后服务部门安排值班人员接听用户关于产品质量问题的投诉,从星期一到星期日每天都需要安排人员值班,所有人员连续工作 5 天后休息 2 天,开始工作时间可以是一周的任意一天。表 9-17 为从星期一至星期日需要的值班人员的数量。

表 9-17　值班人员数量要求　　　　　　　　　　　　　　　　　　　　　单位：人

星期	星期一	星期二	星期三	星期四	星期五	星期六	星期日
人员数量要求（≥）	8	6	7	8	6	6	5

要求：在满足值班人员数量要求的情况下最少配备人数是多少？

▶ 模型构建

根据上述数据资料，构建如图 9-26 所示模型，计算最少配备人员为 10 人。

	A	B	C	D	E	F	G	H	I	J
2		最优人力成本排班决策分析模型								
4		数据输入								
5		开始工作日	星期一	星期二	星期三	星期四	星期五	星期六	星期日	开始人数
6		星期一	1	1	1	1	1	0	0	2
7		星期二	0	1	1	1	1	1	0	2
8		星期三	0	0	1	1	1	1	1	0
9		星期四	1	0	0	1	1	1	1	3
10		星期五	1	1	0	0	1	1	1	0
11		星期六	1	1	1	0	0	1	1	2
12		星期日	1	1	1	1	0	0	1	1
13		人员数量要求（>=）	8	6	7	8	6	6	5	
15		数据输出								
16		当天工作人数	8	7	7	8	7	7	6	
17		合计人数	10							

图 9-26　最优人力成本排班决策分析模型

在图 9-26 所示工作表的单元格区域 C6：I12，单元格区域 C5：I5 从星期一开始至星期日，对应单元格区域 B6：B12 的星期一至星期日，每一个单元格内输入 1 或 0，分别表示一周内从哪天开始工作，到哪天结束，从而可以计算当天在工作的人员数量。

本模型计算的问题需要用到规划求解加载项，规划求解的参数设置如图 9-27 所示。

通过图 9-26 可以看出：

C17 为目标单元格，求解出最少需要的人数。

单元格区域 J6：J12 为可变单元格，即从每周任一天开始工作的人数，如图 9-26 所示，从星期一开始工作的人数为 2 人，从星期四开始工作的人数为 3 人。

单元格区域 C13：I13 为最低人员数量的约束条件区域，即单元格区域 C16：I17 的人数要大于或等于约束条件区域的最低人员。

另外，C16 单元格输入公式" = SUMPRODUCT（$J$6：$J$12，C6：C12）"，并填充复制到 I17 单元格，计算每天工作的人数。

图 9-27　规划求解参数设置

C17 单元格输入公式"＝SUM(J6:J12)"，计算最少需要的人数。

第十章　全面预算报表设计与编制

第一节　预算报表填报体系设计

问题导入

华辰公司拟对财务人员进行全面预算管理报表体系的设计和编制专项培训。该公司拟以 M 公司的全面预算管理报表体系的设计和编制进行模拟训练。

要求：对预算管理报表体系进行设计，包括：①设计营业预算，包括销售预算、生产预算、直接材料预算、直接人工预算、制造费用预算、产品成本预算、管理费用预算和销售费用预算的表格；②设计财务预算，包括现金预算、预计利润表和预计资产负债表的表格；③设计预算报表的目录，以方便与各预算表之间切换。

模型构建

根据预算管理报表体系设计要求，构建的预算报表体系的目录如图 10-1 所示，报表体系包括以下三部分内容。

1. 基础数据表

基础数据表用于输入相关变量、假设、已知条件和预定条件等基础数据。

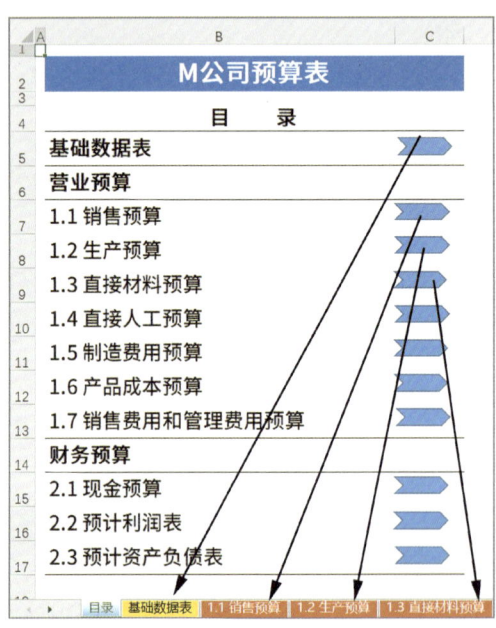

图 10-1　预算报表体系示例

2. 营业预算

营业预算包括销售预算、生产预算、直接材料预算、直接人工预算、制造费用预算、产品成本预算、管理费用预算和销售费用预算。

3. 财务预算

财务预算包括现金预算、预计利润表和预计资产负债表。

另外，在预算的目录工作表和相关的预算表上设置互相切换的超链接，可以快速跳转，提高效率。

> 知识链接

全面预算是通过对企业内外部环境的分析，在预测与决策的基础上，调配相应的资源，对企业未来一定时期的经营和财务等做出一系列具体计划。预算以战略规划目标为导向，它既是决策的具体化，又是控制经营和财务活动的依据。预算是计划的数字化、表格化、明细化的表达。全面预算体现了预算的全员、全过程、全部门的特征。

全面预算是由资本预算、经营预算和财务预算等类别的一系列预算构成的体系，各项具体预算之间相互联系、关系复杂。图 10-2 以制造业企业为例，勾画了全面预算体系中各项预算之间的关系。

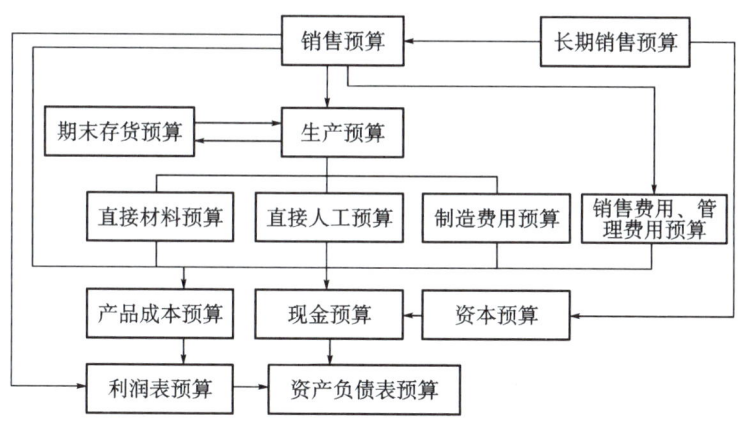

图 10-2　全面预算体系关系

第二节　营业预算的编制

一、销售预算的编制

> 问题导入

M 公司与销售预算有关的基础数据如下：

(1) 产品销售单价为 200 元/件。

(2) 各季度销售收入的60%货款本季度收到,40%货款将于下季度收回。
(3) 期初应收账款为6 200元,将于第一季度收回。
(4) 第一至四季度的销量分别为100件、150件、200件和180件。
要求:根据上述资料编制销售预算。

▶ 模型构建

将上述基础数据输入"基础数据表",构建销售预算表,引用"基础数据表"的相关数据,完成如图10-3所示的销售预算的编制。

1.1 销售预算					
季度	第1季度	第2季度	第3季度	第4季度	合计
预计销售数量(件)	100	150	200	180	630
预计单位售价	200.00	200.00	200.00	200.00	200.00
销售金额(元)	20,000.00	30,000.00	40,000.00	36,000.00	126,000.00
预计现金收入					
上年应收账款	6,200.00				6,200.00
第一季度	12,000.00	8,000.00			20,000.00
第二季度		18,000.00	12,000.00		30,000.00
第三季度			24,000.00	16,000.00	40,000.00
第四季度				21,600.00	21,600.00
现金收入合计	18,200.00	26,000.00	36,000.00	37,600.00	117,800.00

图10-3 销售预算的编制

▶ 知识链接

销售预算是整个预算的编制起点,其他预算的编制都以销售预算为基础。

销售预算的主要内容是销售数量、销售单价和销售收入。销售数量是根据市场预测或销货合同并结合企业生产能力确定的。销售单价是通过定价决策确定的。销售收入是两者的乘积,在销售预算中计算得出。

销售预算通常要分品种、月份、季度、销售区域和推销员来编制。

销售预算中通常还包括预计现金收入的计算,其目的是为编制现金预算提供必要的资料。比如,按季度编制的预算,第一季度的现金收入包括两部分,即上年应收账款在本年第一季度收到的货款,以及本季度销售中可能收到的货款部分。

二、生产预算的编制

▶ 问题导入

M公司与生产预算有关的基础数据如下:
(1) 期末存量按下期销售数量的10%确定。

(2) 假设年初有产成品 10 件，年末留存 20 件。
要求：根据上述资料编制生产预算。

▶ 模型构建

将上述基础数据输入"基础数据表"，构建生产预算表，引用"基础数据表"和销售预算相关数据，完成如图 10-4 所示的生产预算的编制。

1.2 生产预算					
项目	第1季度	第2季度	第3季度	第4季度	全年
预计销售量（件）	100	150	200	180	630
加：预计期末产品存货	15	20	18	20	20
合计	115	170	218	200	650
减：预计期初产品存货	10	15	20	18	10
预计产量	105	155	198	182	640

图 10-4　生产预算的编制

▶ 知识链接

生产预算是在销售预算的基础上编制的，其主要内容有销售量、期初和期末产成品存货、生产量。

通常，企业的生产和销售往往不能做到"同步同量"，因此需要设置一定的产成品存货，以保证能在发生意外需求时按时供货，并可均衡生产，节省赶工的额外支出。期末产成品存货数量通常按下期销售量的一定百分比确定。年初产成品存货是编制预算时预计的，年末产成品存货根据长期销售趋势来确定。

预计生产量＝（预计销售量＋预计期末产成品存货）－预计期初产成品存货　（10-1）

生产预算在实际编制时是比较复杂的，产量受到生产能力的限制，产成品存货数量受到仓库容量的限制，只能在此范围内来安排产成品存货数量和各期生产量。此外，有的季度可能销量很大，可以用赶工方法增产，为此要多付加班费。如果提前在淡季生产，会因增加产成品存货而多付资金利息。因此，要权衡两者得失，选择成本最低的决策方案编制生产预算。

三、直接材料预算的编制

▶ 问题导入

M 公司与直接材料预算有关的基础数据如下：
(1) 材料采购金额（货款）的 50% 在本季度内付清，50% 在下季度付清。
(2) 期末存量按下期生产耗用数量的 20% 确定。
(3) 假设年初原材料 300 千克，年末留存 400 千克。

(4) 单位产品耗用材料为 10 千克/件。
(5) 原材料单价 5 元/千克。
(6) 期初应付账款 2 350 元。
要求：根据上述资料编制直接材料预算。

模型构建

将上述基础数据输入"基础数据表"，构建直接材料预算表，引用"基础数据表"和生产预算相关数据，完成如图 10-5 所示的直接材料预算的编制。

1.3 直接材料预算

项目	第1季度	第2季度	第3季度	第4季度	全年
预计产量（件）	105	155	198	182	640
单位产品用量（千克/件）	10	10	10	10	10
预计生产需用量（千克）	1050	1550	1980	1820	6400
加：预计期末材料存货（千克）	310	396	364	400	400
合计	1360	1946	2344	2220	6800
减：预计期初材料存货（千克）	300	310	396	364	300
预计材料采购量（千克）	1060	1636	1948	1856	6500
预计采购金额（元）	5300	8180	9740	9280	32500
上年应付账款	2350				2350
第一季度	2650	2650			5300
第二季度		4090	4090		8180
第三季度			4870	4870	9740
第四季度				4640	4640
合计	5000	6740	8960	9510	30210

图 10-5 直接材料预算的编制

知识链接

直接材料预算描述了预算期内每一期应采购的直接材料的数量和金额。编制直接材料采购预算时，不仅要考虑直接材料的本期消耗量，还要考虑期初、期末直接材料的库存量。

$$预计材料采购量 = （预计生产需用量 + 预计期末材料存量） - 预计期初材料存量 \quad (10\text{-}2)$$

$$预计材料采购额 = 预计材料采购量 \times 直接材料单价 \quad (10\text{-}3)$$

四、直接人工预算的编制

问题导入

M 公司与直接人工预算有关的基础数据如下：
(1) 单位产品工时为 10 小时/件。

(2) 单位工时人工成本 2 元/小时。

要求：根据上述资料编制直接人工预算。

▶ **模型构建**

将上述基础数据输入"基础数据表"，构建直接人工预算表，引用"基础数据表"和生产预算相关数据，完成如图 10-6 所示的直接人工预算的编制。

	项目	第1季度	第2季度	第3季度	第4季度	全年
	1.4 直接人工预算					
	预计产量（件）	105	155	198	182	640
	单位产品工时（小时/件）	10	10	10	10	10
	人工总工时（小时）	1050	1550	1980	1820	6400
	每小时人工成本（元/小时）	2	2	2	2	2
	人工总成本	2100	3100	3960	3640	12800

图 10-6 直接人工预算的编制

▶ **知识链接**

直接人工预算描述了生产预算中的生产量所需的直接人工总时数和直接人工成本。直接人工预算是依据人工与产量的关系确定的，是在生产预算的基础上编制的。

单位产品人工工时和每小时人工成本的数据，按照标准成本法确定。人工总工时和人工总成本是在直接人工预算中计算出来的。

$$直接人工总工时 = 预计生产量 \times 单位产品直接人工时数 \quad (10\text{-}4)$$

$$直接人工预算额 = 直接人工总工时 \times 小时工资率 \quad (10\text{-}5)$$

五、制造费用预算的编制

▶ **问题导入**

M 公司与制造费用预算有关的基础数据如下：

(1) 变动制造费用：①间接人工 1 元/件；②间接材料 1 元/件；③修理费 2 元/件；④水电费 1 元/件。

(2) 固定制造费用：①修理费第一——四季度分别为 1 000 元、1 140 元、900 元和 900 元；②折旧费每季度均为 1 000 元；③管理人员工资每季度均为 200 元；④保险费第一——四季度分别为 75 元、85 元、110 元和 190 元；⑤财产税每季度均为 100 元。

要求：根据上述资料编制制造费用预算。

▶ **模型构建**

将上述基础数据输入"基础数据表"，构建制造费用预算表，引用"基础数据表"和直接人工预算相关数据,完成如图 10-7 所示的制造费用预算的编制。

	A	B	C	D	E	F	G
1		1.5 制造费用预算					
2							
3		项目	第1季度	第2季度	第3季度	第4季度	全年
4		变动制造费用					
5		间接人工	105.00	155.00	198.00	182.00	640.00
6		间接材料	105.00	155.00	198.00	182.00	640.00
7		修理费	210.00	310.00	396.00	364.00	1,280.00
8		水电费	105.00	155.00	198.00	182.00	640.00
9		小计	525.00	775.00	990.00	910.00	3,200.00
10		固定制造费用					
11		修理费	1,000.00	1,140.00	900.00	900.00	3,940.00
12		折旧	1,000.00	1,000.00	1,000.00	1,000.00	4,000.00
13		管理人员工资	200.00	200.00	200.00	200.00	800.00
14		保险费	75.00	85.00	110.00	190.00	460.00
15		财产税	100.00	100.00	100.00	100.00	400.00
16		小计	2,375.00	2,525.00	2,310.00	2,390.00	9,600.00
17		合计	2,900.00	3,300.00	3,300.00	3,300.00	12,800.00
18		减:折旧	1,000.00	1,000.00	1,000.00	1,000.00	4,000.00
19		现金支出的费用	1,900.00	2,300.00	2,300.00	2,300.00	8,800.00
20							
21		变动制造费用分配率	元/小时	0.50			
22		固定制造费用分配率	元/小时	1.50			

图 10-7　制造费用预算的编制

为了便于以后编制产品成本预算,在制造费用预算编制完成后,需要计算小时费用率,即分配率,设置如下:

D21 单元格输入公式"= G9/'1.4 直接人工预算'! G6",计算变动制造费用分配率为 0.5 元/小时。

D22 单元格输入公式"= G16/'1.4 直接人工预算'! G6",计算固定制造费用分配率为 1.5 元/小时。

▶ 知识链接

制造费用是描述了除直接材料和直接人工以外的所有间接制造费用项目的预计成本。与直接材料和直接人工不同,制造费用和产量之间没有显而易见的投入—产出关系。按照成本的性态,通常可将制造费用分为变动制造费用和固定制造费用。

变动制造费用以生产预算为基础来编制。如果有完善的标准成本资料,用单位产品的标准成本与产量相乘,即可得到相应的预算金额。如果没有标准成本资料,就需要逐项预计计划产量需要的各项制造费用。变动制造费用与生产量之间存在线性关系,其计算方法如下:

$$\text{预计变动制造费用} = \text{人工工时} \times \text{工时标准费用额} \tag{10-6}$$

固定制造费用,需要逐项进行预计,与本期产量无关,通常包括生产部门管理人员的工资、设备折旧费和维护费等,按每季度实际需要的支付额预计,然后求出全年数。固定制造费用的标准成本是根据固定制造费用预算和直接人工标准总工时来计算的。

$$\text{固定制造费用的产品单位成本} = \text{单位产品直接人工的标准工时} \times \text{固定制造费用的分配率} \quad (10-7)$$

$$\text{固定制造费用分配率} = \frac{\text{固定费用预算总额}}{\text{直接人工标准总工时}} \quad (10-8)$$

六、产品成本预算的编制

▶ 问题导入

根据前述的销售预算、生产预算、直接材料预算、直接人工预算、制造费用预算和相关基础数据,编制产品成本预算。

▶ 模型构建

编制完成的产品成本预算如图 10-8 所示。

成本项目	单位产品成本			生产成本(640件)	期末存货(20件)	销售成本(630件)
	元/每千克或每小时	投入量	成本			
直接材料	5.00	10	50	32000	1000	31500
直接人工	2.00	10	20	12800	400	12600
变动制造费用	0.50	10	5	3200	100	3150
固定制造费用	1.50	10	15	9600	300	9450
合计			90	57600	1800	56700

1.6 产品成本预算

图 10-8 产品成本预算的编制

▶ 知识链接

产品成本预算,是销售预算、生产预算、直接材料预算、直接人工预算和制造费用预算的汇总。其主要内容是产品的单位成本和总成本。

生产量、期末存货数量来自生产预算,销售量来自销售预算。生产成本、存货成本和销货成本等数据,根据单位成本和有关数据计算得出。

七、销售费用和管理费用预算的编制

▶ 问题导入

M 公司与销售费用和管理费用预算有关的基础数据如下:

(1) 销售费用全年预算:①销售人员工资 2 000 元;②广告费 5 500 元;③包装、运输费 3 000 元;④保管费 2 700 元。

(2)管理费用全年预算：①管理人员薪金 4 000 元；②福利费 800 元；③保险费 600 元；④办公费 1 400 元。

要求：根据上述资料编制销售费用和管理费用预算。

> 模型构建

构建销售费用和管理费用预算表，输入上述基础数据，完成如图 10-9 所示的销售费用和管理费用预算的编制。

项目	金额
1.7 销售费用和管理费用预算	
销售费用：	
销售人员工资	2,000.00
广告费	5,500.00
包装、运输费	3,000.00
保管费	2,700.00
小计	13,200.00
管理费用：	
管理人员薪金	4,000.00
福利费	800.00
保险费	600.00
办公费	1,400.00
小计	6,800.00
合计	20,000.00
每季度支付现金	5,000.00

图 10-9 销售费用和管理费用的预算编制

> 知识链接

销售费用预算是指为了实现销售预算所需安排的费用预算。它以销售预算为基础，分析销售收入、销售利润和销售费用的关系，力求实现销售费用的最有效使用。在安排销售费用时，要利用本量利分析方法，费用的支出应能获取更多的收益。在草拟销售费用预算时，要对过去的销售费用进行分析，考察过去销售费用支出的必要性和效果。销售费用预算应和销售预算相配合，应有按品种、地区、用途的具体预算数额。

管理费用是企业管理业务所必需的费用。随着企业规模的扩大，企业管理职能日益重要，其费用也相应增加。在编制管理费用预算时，要分析企业的业务水平和一般经济状况，务必做到费用合理化。管理费用多属于固定成本，所以，一般是以过去的实际开支为基础，按预算期的可预见变化予以调整。管理费用预算必须充分考察每种费用是否必要，以便增强费用使用的合理性和有效性。

第三节 财务预算的编制

一、现金预算的编制

▶ 问题导入

M 公司与现金预算有关的基础数据如下：

（1）期初现金余额 8 000 元。

（2）要求保留的最低现金余额为 6 000 元，不足此数时需要向银行借款，银行借款的要求是 1 000 的整数倍，短期借款年利率为 10%。

（3）所得税费用每季度 4 000 元。

（4）第二季度购买设备 10 000 元，并支付股利 8 000 元。

（5）长期借款余额 9 000 元，年利率为 12%。

要求：根据上述资料编制现金预算。

▶ 模型构建

将上述基础数据输入"基础数据表"，构建现金预算表，引用"基础数据表"和营业预算中相关预算的内容，完成如图 10-10 所示的现金预算的编制。

项目	第1季度	第2季度	第3季度	第4季度	全年
1.1 现金预算					
期初现金余额	8,000.00	8,200.00	6,060.00	6,290.00	8,000.00
加：销货现金收入	18,200.00	26,000.00	36,000.00	37,600.00	117,800.00
可供使用现金	26,200.00	34,200.00	42,060.00	43,890.00	125,800.00
减：现金支出					
直接材料采购	5,000.00	6,740.00	8,960.00	9,510.00	30,210.00
直接人工工资	2,100.00	3,100.00	3,960.00	3,640.00	12,800.00
制造费用	1,900.00	2,300.00	2,300.00	2,300.00	8,800.00
销售费用和管理费用	5,000.00	5,000.00	5,000.00	5,000.00	20,000.00
所得税费用	4,000.00	4,000.00	4,000.00	4,000.00	16,000.00
购买设备		10,000.00			10,000.00
股利支付		8,000.00		8,000.00	16,000.00
现金支出合计	18,000.00	39,140.00	24,220.00	32,450.00	113,810.00
现金多余或不足	8,200.00	-4,940.00	17,840.00	11,440.00	11,990.00
取得银行借款	-	11,000.00	-		11,000.00
偿还银行借款			11,000.00		11,000.00
短期借款利息（年利10%）			550.00		550.00
长期借款利息（年利12%）				1,080.00	1,080.00
期末现金余额	8,200.00	6,060.00	6,290.00	10,360.00	10,360.00

图 10-10 现金预算的编制

> **知识链接**

现金预算由四部分组成：可供使用现金、现金支出、现金多余或不足、现金的筹措和运用。

"可供使用现金"部分包括期初现金余额和预算期现金收入，销货取得的现金收入是其主要来源。期初的"现金余额"是在编制预算时预计的，"销货现金收入"的数据来自销售预算，"可供使用现金"是期初余额与本期现金收入之和。

"现金支出"部分包括预算期的各项现金支出。"直接材料"采购"直接人工工资""制造费用""销售费用和管理费用"的数据分别来自前述有关预算。此外，还包括所得税费用、购置设备（资本预算）、股利支付等现金支出，有关的数据分别来自另行编制的专门预算。

"现金多余或不足"部分列示可供使用现金与现金支出合计的差额。差额大于最低现金余额，说明现金有多余，可用于偿还过去向银行取得的借款，或者用于短期投资。差额小于最低现金余额，说明现金不足，要向银行取得新的借款。

此外，还应将长期借款利息纳入预算。

现金预算的编制，以各项营业预算和资本预算为基础，它反映各预算期的收入款项和支出款项，并做对比说明。编制现金预算目的在于现金不足时筹措现金，现金多余时及时处理现金余额（偿还债务、支付利息或投资证券），并且提供现金收支的控制限额，发挥现金管理的作用。

二、利润表预算的编制

> **问题导入**

根据前述营业预算中相关预算的内容，以及现金预算，编制利润表预算。

> **模型构建**

编制完成的利润表预算如图 10-11 所示。

2.2 利润表预算	
项目	金额
销售收入	126,000.00
销售成本	56,700.00
毛利	69,300.00
销售费用和管理费用	20,000.00
借款利息	1,630.00
利润总额	47,670.00
所得税费用	16,000.00
净利润	31,670.00

图 10-11　利润表预算编制

> 知识链接

利润表预算和资产负债表预算是财务管理的重要工具。财务报表预算的作用与实际的财务报表不同。所有企业都要编报实际的年度财务报表,这是有关法规的强制性规定,其主要目的是向报表信息外部使用者提供财务信息。当然,这并不表明常规财务报表对企业经理人员没有价值。财务报表预算主要为企业财务管理和绩效管理服务,是控制企业成本费用、调配现金、实现利润目标的重要手段。

其中,"销售收入"项目的数据,取自销售收入预算;"销售成本"项目的数据,取自产品成本预算;"毛利"项目的数据是前两项的差额;"销售费用和管理费用"项目的数据,取自销售费用和管理费用预算;"借款利息"项目的数据,取自现金预算。

另外,"所得税费用"项目是在利润预测时估计的,并已列入现金预算。它通常不是根据"利润总额"和所得税税率计算出来的,因为有诸多纳税调整的事项存在。此外,从预算编制程序上看,如果根据"利润总额"和企业所得税税率重新计算所得税,就需要修改"现金预算",引起借款计划修订,进而改变"借款利息",最终又要修改"利润总额",从而陷入数据的循环修改。

利润表预算与财务会计的利润表的内容、格式相同,只不过数据是面向未来预算期的。它是在汇总销售收入、销货成本、销售费用和管理费用、营业外收支、资本支出等预算的基础上加以编制的。通过编制利润表预算,可以了解企业预期的盈利水平。如果预算利润与最初编制方针中的目标利润有较大的不一致,就需要调整部门预算,设法达到目标,或者经企业领导同意后修改目标利润。

三、资产负债表预算的编制

> 问题导入

M 公司与资产负债表预算有关的基础数据如下:
(1) 期初固定资产 31 000 元,期末固定资产 37 000 元。
(2) 普通股 20 000 元。
(3) 年初未分配利润 16 250 元。
要求:根据上述资料编制资产负债表预算。

> 模型构建

将上述基础数据输入"基础数据表",构建资产负债表预算表,引用"基础数据表"、营业预算、现金预算和利润表预算中相关预算内容,完成如图 10-12 所示的资产负债表预算的编制。

> 知识链接

资产负债表预算反映预算期末的财务状况。该预算是利用预算期期初预计的资产负债表,根据有关营业和财务等预算的有关数据加以调整编制的。

2.3 资产负债表预算					
资产			负债和股东权益		
项目	年初	年末	项目	年初	年末
现金	8,000.00	10,360.00	应付账款	2,350.00	4,640.00
应收账款	6,200.00	14,400.00	长期借款	9,000.00	9,000.00
直接材料	1,500.00	2,000.00	普通股	20,000.00	20,000.00
产成品	900.00	1,800.00	未分配利润	16,250.00	31,920.00
固定资产	31,000.00	37,000.00			
资产总额	47,600.00	65,560.00	负债和所有者权益	47,600.00	65,560.00

图 10-12　资产负债表预算的编制

编制资产负债表预算的目的在于判断预算反映的财务状况的稳定性和流动性。如果通过资产负债表预算的分析，发现某些财务比率不佳，必要时可以修改有关预算，以改善企业未来的财务状况。

第十一章 资金需求测算与最优资本结构决策

第一节 资金需求测算分析

一、资金需求销售百分比法分析模型

▶ 问题导入

华辰公司下属的运动自行车生产公司20×7年的销售收入为8 000万元,20×8年预计销售收入增长20%。预计20×8年的销售净利率为10%,股利支付率为50%。另外,该公司可运用的金融资产为200万元,其他资金需求为500万元。该公司20×7年年末资产负债表中经营资产和经营负债项目的金额如表11-1所示。

表11-1 经营资产和经营负债明细表　　　　　　金额单位:万元

经营资产(负债)	金额	经营资产(负债)	金额
货币资金	450.00	短期借款	1 000.00
应收账款	3 500.00	应付账款	2 500.00
存货	5 000.00	应交税费	1 200.00

要求:运用销售百分比法预测运动自行车公司20×8年的外部资金需求量。

▶ 模型构建

根据上述资料,构建如图11-1所示资金需求销售百分比法模型。
本模型工作表中计算公式的设置如下:
C15单元格输入公式"=C6/\$E\$6",并填充复制到C20单元格,计算基期经营资产和经营负债占收入的百分比。
D15单元格输入公式"=C15*\$E\$6*\$E\$7",并填充复制到D20单元格,计算20X8年预测的经营资产和经营负债的增量需求。
C22单元格输入公式"=SUM(D15:D17)-SUM(D18:D20)-E6*(1+E7)*E8*(1-E9)-E10+E11",计算外部融资需求。

▶ 知识链接

广义的财务预测包括编制全部的预计财务报表,而狭义的财务预测是指估计企业未来的融资需求,也就是估计企业未来的外部资金的需要。

图 11-1　销售百分比法分析模型

以下从狭义的财务预测，即从估计企业未来的外部资金的需要进行分析。

1. 财务预测的步骤

（1）销售预测。销售预测是财务预测的起点。销售预测对财务预测的质量有重大影响。

（2）估计经营资产和经营负债。通常，经营资产和大部分经营负债是营业收入的函数。根据预计营业收入以及经营资产和经营负债与营业收入的函数关系，可以预测所需经营资产和经营负债的数额。

（3）估计各项费用和留存收益。假设各项费用也是营业收入的函数，可以根据预计营业收入估计费用和损失，并在此基础上确定净利润。净利润和股利支付率共同决定所能提供的资本数额。

（4）所需外部融资。

外部融资需求计算公式如下所示：

$$\text{外部融资需求} = \left(\text{预计经营资产} - \text{已有经营资产}\right) - \text{自发增长的经营负债} - \text{可动用的金融资产} - \text{利润留存} \quad (11\text{-}1)$$

2. 财务预测的方法

企业生产经营的资金需求量预测通常有以下 3 种方法：

（1）趋势预测法，包括算术平均法、移动加权平均法和平滑指数法。

（2）销售百分比法。该方法是资金需求量预测最常用的方法。

（3）资金习性法，包括高低点法、散点图法和回归分析的方法。

3. 销售百分比法的应用

销售百分比法，将反映生产经营规模的销售因素与反映资金占用的资产因素联合起来，根据销售与资产之间的数量比例关系，来预计企业的外部筹资需要量。

销售百分比法首先假设某些资产与销售额存在稳定的百分比关系，根据销售与资产的比例关系预计资产额，根据资产额预计相应的负债和所有者权益，进而确定筹资需求量。

当非敏感性资产增加额为 0 时：

$$\text{外部融资需求量} = \text{增加的敏感性资产} - \text{增加的敏感性负债} - \text{增加的留存收益} \quad (11\text{-}2)$$

即

$$\text{外部融资需求量} = (A_1/S_1) \times \Delta S - (B_1/S_1) \times \Delta S - S_2 \times P \times E \quad (11\text{-}3)$$

式中：A_1 为随销售而变化的基期敏感性资产；

B_1 为随销售而变化的基期敏感性负债；

S_1 为基期销售额；

S_2 为预测期销售额；

ΔS 为销售变动额($S_2 - S_1$)；

P 为预测期销售净利率；

E 为预测期利润留存率。

二、资金需求高低点法分析模型

▶ 问题导入

华辰公司 20×8 年预计运动自行车产销量将达到 28 万辆。该公司 20×3 年至 20×7 年近 5 年的产销量和资金占用量如表 11-2 所示。

表 11-2　该公司 20×3 年至 20×7 年近 5 年的产销量与资金占用量资料

年度	产销量(万辆)	资金占用量(万元)
20×3	8	260
20×4	12	360
20×5	15	450
20×6	20	550
20×7	25	630
20×8 年预计产销量(万辆)		28

基于 20×8 年的预计产量，应用资金性态法(高低点法)预测该公司 20×8 年资金需要量。

▶ 模型构建

根据上述资料，构建如图 11-2 所示资金需求高低点法模型。

本模型工作表中计算公式的设置如下：

C15 单元格输入公式"= MAX(C6:C10)"，计算产销量的高点。

C16 单元格输入公式"= MIN(C6:C10)"，计算产销量的低点。

D15 单元格输入公式"= MAX(D6:D10)"，计算资金占用量的高点。

D16 单元格输入公式"= MIN(D6:D10)"，计算资金占用量的低点。

D17 单元格输入公式"= ROUND((D15 − D16)/(C15 − C16),2)"，计算单位变动资金。

D18 单元格输入公式"= D16 − D17 *

图 11-2　资金需求高低点模型

C16",计算不变资金总额。

D19单元格输入公式"＝D18＋D17＊D11",计算预计资金需求量。

> **知识链接**

高低点法属于资金需求预测的资金习性法。所谓资金习性,是指资金占用量与产销量之间的依存关系。依照这种关系,可将资金区分为不变资金、变动资金和混合资金。

不变资金是指在一定的产销规模内,不随产量变动的资金,如原材料的保险储备、机器设备等固定资产占有的资金。

变动资金是指随产销量变动而同比例变动的资金,如存货、应收账款等。

混合资金则可视为以上两种资金的结合。它受产销量变动的影响,但不成比例变化。

资金习性法就是根据上述原理进行资金需求量的预测,其预测计算公式为

$$y = a + bx \tag{11-4}$$

式中:y 为资金占用;

a 为不变资金;

b 为单位变动成本资金;

x 为产销数量。

若求得 a、b 的值,则可根据预测的产销量来预测计划期的资金占用量。估算 a、b 的方法主要有高低点法、散布图法和回归分析法。以高低点法为例:

高低点法是选用一定时期内历史资料中的最高业务量和最低业务量的资金占用量之差与两者业务量之差进行对比,从而求得单位变动成本资金,进而求得不变资金。

a 和 b 的计算公式表示为

$$b = \frac{最高资金占用量 - 最低资金占用量}{最高业务量 - 最低业务量} \tag{11-5}$$

$$a = 最高点资金占用量 - b \times 最高业务量 \tag{11-6}$$

第二节 资本成本估计

一、风险调整法估计债务资本成本模型

> **问题导入**

假设华辰公司的信用级别为 A 级,目前没有上市的债券。为投资新产品项目,华辰公司拟通过发行面值 100 元的 5 年期债券进行筹资。华辰公司采用风险调整法估计拟发行债券的税前债务资本成本,并以此确定该债券的票面利率。

2022 年 1 月 1 日,华辰公司收集了当时上市交易的 3 种 A 级公司债券及与这些上市债券到期日接近的政府债券的相关信息,如表 11-3 所示。

表 11-3　债券相关信息表

A 级公司			政府债券	
出售公司	到期日	到期收益率	到期日	到期收益率
X 公司	2026 年 5 月 1 日	7.50%	2026 年 6 月 8 日	4.50%
Y 公司	2027 年 1 月 5 日	7.90%	2027 年 1 月 10 日	5%
Z 公司	2028 年 1 月 3 日	8.30%	2028 年 2 月 20 日	5.20%

2022 年 7 月 1 日，华辰公司发行该债券，该债券每年 6 月 30 日付息一次，2027 年 6 月 30 日到期，发行当天的风险投资市场报酬率为 10%。

要求：确定华辰公司债券的票面利率和发行价格。

模型构建

根据上述资料，构建如图 11-3 所示的模型，确定拟发行债券的票面利率为 8%，发行价格为 92.42 元。

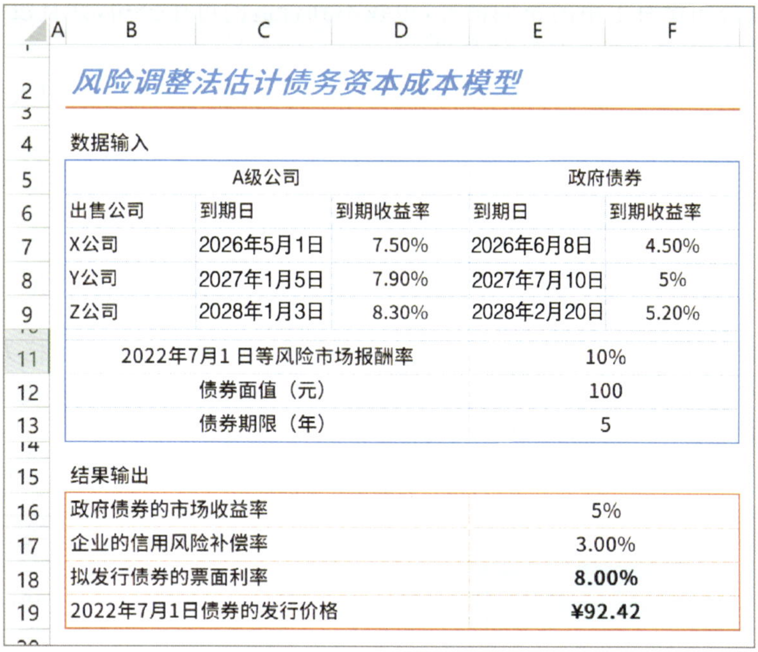

风险调整法估计债务资本成本模型

数据输入

A级公司			政府债券	
出售公司	到期日	到期收益率	到期日	到期收益率
X公司	2026年5月1日	7.50%	2026年6月8日	4.50%
Y公司	2027年1月5日	7.90%	2027年7月10日	5%
Z公司	2028年1月3日	8.30%	2028年2月20日	5.20%
2022年7月1日等风险市场报酬率			10%	
债券面值（元）			100	
债券期限（年）			5	

结果输出

政府债券的市场收益率	5%
企业的信用风险补偿率	3.00%
拟发行债券的票面利率	**8.00%**
2022年7月1日债券的发行价格	**¥92.42**

图 11-3　风险调整法模型

本模型工作表中计算公式的设置如下：

E17 单元格输入公式"= AVERAGE(D7 - F7,D8 - F8,D9 - F9)"，计算企业的信用风险补偿率。

E18 单元格输入公式"= E16 + E17"，计算拟发行债券的票面利率。

E19 单元格输入公式"= -(PV(E11,5,E12 * E18) + PV(E11,E13,,E12))"，计算债券的发行价格。

> **知识链接**

债务资本成本的估计有到期收益率法、可比公司法、风险调整法和财务比率法。

到期收益率法和可比公司法使用上市公司长期债券的到期收益率作为税前债务成本，如果本公司没有上市的债券，而且找不到合适的可比公司，那么就需要使用风险调整法估计债务成本。按照这种方法，债务成本通过同期限政府债券的市场收益率与企业的信用风险补偿率（或称违约风险溢价）相加求得。

$$税前债务成本=政府债券的市场收益率+企业的信用风险补偿率 \quad (11-7)$$

信用风险的大小可以用信用级别来估计。具体做法如下：

（1）选择若干信用级别与本公司相同的上市的公司债券（不一定符合可比公司条件）。
（2）计算这些上市公司债券的到期收益率。
（3）计算与这些上市公司债券同期的长期政府债券到期收益率（无风险利率）。
（4）计算上述两个到期收益率的差额，即信用风险补偿率。
（5）计算信用风险补偿率的平均值，作为本公司的信用风险补偿率。

如果目标公司没有上市的长期债券，也找不到合适的可比公司，并且没有信用评级资料，那么可以使用财务比率法估计债务成本。

按照该方法，需要知道目标公司的关键财务比率，根据这些比率可以大体上判断该公司的信用级别，有了信用级别就可以使用风险调整法确定其债务成本。

二、股利增长模型估计股权成本

> **问题导入**

华辰公司拟投资 A 公司。A 公司当前股利为 2 元/股，股票的实际价格为 23 元。证券分析师预测，A 公司股利未来 5 年的增长率逐年递减，第 5 年及其以后年度为 5%，预计未来 30 年的股利如表 11-4 所示。

表 11-4 股利增长率明细表

年份	0	1	2	3	4	5	30
增长率		9%	8%	7%	6%	5%	5%
股利（元/股）	2	2.18	2.354 4	2.519 2	2.670 4	2.830 9	9.495

要求：计算几何平均增长率，并用此增长率计算权益成本。

> **模型构建**

根据上述数据资料构建如图 11-4 所示的模型，借助"单变量求解"功能，计算的几何平均增长率为 5.33%，股权成本为 14.49%。

模型中，"单变量求解"对话框的"目标单元格"为 C13 单元格，"目标值"为 0，"可变单元格"为 C14 单元格。

工作表的计算公式设置如下:

C12 单元格输入公式"= C11 * (1 + C14)^I5",基于求解的几何平均增长率来计算第30年股利。

C15 单元格输入公式"= 2 * (1 + C14)/C8 + C14",计算股权成本。

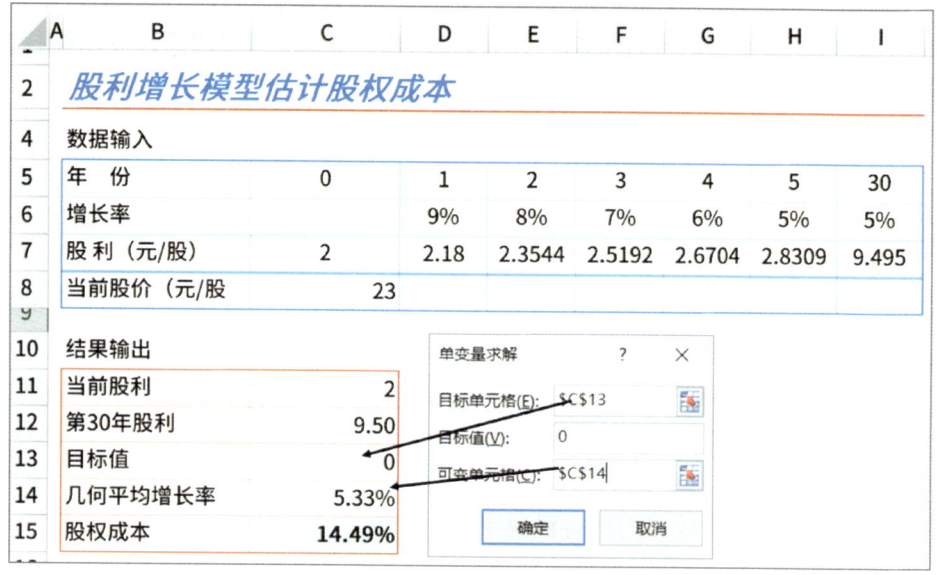

图 11-4　股利增长模型

知识链接

普通股资本成本估计方法有三种:资本资产定价模型、股利增长模型和债券收益率。股利增长模型假定收益以固定的年增长率递增,则股权资本成本的计算公式为

$$r_s = D_1/P_0 + g \tag{11-8}$$

式中:

r_s 表示普通股成本;

D_1 表示预期下年现金股利额;

P_0 表示普通股当前市价;

g 表示股利增长率。

使用股利增长模型的主要问题是需要估计长期平均增长率 g。估计长期平均增长率的方法有以下三种。

1. 历史增长率

这种方法是根据过去的股利支付数据估计未来的股利增长率。股利增长率可以按几何平均数计算,也可以按算术平均数计算,但两种方法的计算结果会有很大区别。

几何增长率适合投资者在整个期间长期持有股票,而算术平均数适合在某一段时间持有股票的情况。

2. 可持续增长率

假设未来不增发新股(或股票回购)，并且保持当前的经营效率和财务政策不变，则可根据可持续增长率来确定股利的增长率。

3. 采用证券分析师的预测

证券服务机构的分析师会经常发布大多数上市公司的增长率预测值。估计增长率时，可以将不同分析师的预测值进行汇总，并求其平均值。在计算平均值时，可以给权威性较强的机构以较大的权重，给其他机构的预测值以较小的权重。

三、可比公司法估计项目资本成本模型

▶ 问题导入

华辰公司拟开始进入运动自行车制造行业，投资的新项目的风险与现有资产的平均风险显著不同，因此，项目资本成本的确定可以采用可比公司法。

华辰公司目前的资本结构为负债：股东权益为2∶3，进入自行车制造业后仍维持该目标结构。在该目标资本结构下，债务税前成本为6%。运动自行车制造业的代表公司是F公司，其资本结构为债务：股东权益为5∶8，权益的β值为1.2。已知无风险报酬率为5%，市场风险溢价为8%，两个公司的所得税税率均为25%。

要求：应用可比公司法计算项目的加权平均成本。

▶ 模型构建

根据上述资料构建如图11-5所示的模型，计算的项目加权平均资本成本为10.68%。

数据输入		结果输出	
华辰公司资本结构（负债/股东权益）	2/3	卸载F公司财务杠杆（计算F公司$\beta_{资产}$）	0.817
F公司资本结构（负债/股东权益）	5/8	加载项目财务杠杆（计算项目$\beta_{权益}$）	1.2255
F公司权益β值	1.2	计算项目权益必要报酬率	14.80%
税前债务成本	6%	项目资本负债占比	0.4
无风险报酬率	5%	项目资本权益占比	0.6
市场风险价	8%		
所得税税率	25%	项目加权平均资本成本	**10.68%**

图11-5 可比公司法估计项目资本成本模型

本模型工作表中计算公式设置如下：
F5 单元格输入公式"= ROUND(C7/(1 + (1 - C11) * (C6)),4)"，计算 F 公司 $\beta_{资产}$。
F6 单元格输入公式"= ROUND(F5 * (1 + (1 - C11) * C5),4)"，计算项目 $\beta_{权益}$。
F7 单元格输入公式"= ROUND(C9 + F6 * C10,4)"，计算项目权益必要报酬率。
F11 单元格输入公式"= C8 * (1 - C11) * F8 + F7 * F9"，计算项目加权平均资本成本。

> **知识链接**

任何投资项目都有风险或不确定性。针对投资项目的风险，可以通过调整折现率即资本成本进行衡量，再计算净现值。折现率的选择可以有以下两种情况：

1. 使用企业当前加权平均资本成本作为投资项目的资本成本

使用企业当前的资本成本作为项目的资本成本，应具备两个条件：一是项目的经营风险与企业当前资产的平均经营风险相同；二是公司继续采用相同的资本结构为新项目筹资。

2. 运用可比公司法估计投资项目的资本成本

如果新项目的风险与现有资产的平均风险显著不同，就不能使用公司当前的加权平均资本成本，而应当估计项目的系统风险，并计算项目的资本成本即投资人对于项目要求的必要报酬率。

项目系统风险的估计比企业系统风险的估计更为困难。股票市场提供了股价，为计算企业的值提供了数据。项目没有充分的交易市场，没有可靠的市场数据时，解决问题的方法是使用可比公司法。

可比公司法是寻找一个经营业务与待评价项目类似的上市公司，以该上市公司的值作为待评价项目的 β 值。

运用可比公司法，应该注意可比公司的资本结构已反映在其值中。如果可比公司的资本结构与项目所在企业显著不同，那么在估计项目的值时，应针对资本结构差异做出相应调整。调整的基本步骤如下。

（1）卸载可比公司财务杠杆。根据可比公司股东收益波动性估计的 β 值，是含有财务杠杆的 $\beta_{权益}$。可比公司的资本结构与目标公司不同，要将资本结构因素排除，确定可比公司不含财务杠杆的 β 值，即 $\beta_{资产}$。该过程通常叫"卸载财务杠杆"。卸载使用的公式为：

$$\beta_{资产} = \beta_{权益} \div \left[1 + (1 - 所得税税率) \times \frac{负债}{权益}\right] \quad (11-9)$$

$\beta_{资产}$ 是假设全部用权益资本融资的 β 值，此时没有财务风险。或者说，此时股东权益的风险与资产的风险相同，股东只承担经营风险即资产的风险。

（2）加载目标企业财务杠杆。根据目标企业的资本结构调整 β 值，该过程称"加载财务杠杆"。加载使用的公式为：

$$\beta_{权益} = \beta_{资产} \times \left[1 + (1 - 所得税税率) \times \frac{负债}{权益}\right] \quad (11-10)$$

（3）根据得出的目标企业的权益计算股东要求的报酬率。此时的权益既包含了项目的经营风险，也包含了目标企业的财务风险，可据以计算股东权益成本，公式为：

$$\text{股东要求的报酬率} = \text{无风险利率} + \beta_{\text{权益}} \times \text{风险溢价} \qquad (11-11)$$

如果使用股东现金流量法计算净现值，它就是适宜的折现率。

（4）计算目标企业的加权平均成本。如果使用实体现金流量法计算净现值，还需要计算加权平均成本，公式为：

$$\text{加权平均资本成本} = \text{负债税前成本} \times \left(1 - \text{所得税税率}\right) \times \text{负债比重} + \text{股东权益成本} \times \text{权益比重} \qquad (11-12)$$

第三节　最优资本结构决策

一、资本成本比较法分析模型

▶ **问题导入**

华辰公司拟筹资 200 000 万元长期资本用于投资运动自行车项目，现有 A、B、C 3 个备选筹资方案，有关数据资料如表 11-5 所示。

表 11-5　筹资方案明细表　　　　　　　　　　　　　　　　金额单位：万元

筹资方案	方案 A		方案 B		方案 C	
	筹资额	资本成本率	筹资额	资本成本率	筹资额	资本成本率
长期借款	3 000.00	6.50%	5 000.00	6.70%	2 000.00	6.80%
长期债券	4 000.00	7.00%	5 000.00	7.00%	6 000.00	7.20%
优先股	5 000.00	11.90%	4 000.00	12.50%	5 000.00	12.00%
普通股	8 000.00	14.80%	6 000.00	14.80%	7 000.00	15.00%
合计	20 000.00		20 000.00		20 000.00	

要求：根据比较资本成本法，建立一个确定该公司最优筹资方案的模型。

▶ **模型构建**

根据上述资料，构建如图 11-6 所示的模型，确定的最优的筹资方案为 B 方案，最低的综合资本成本为 10.37%。

本模型工作表的单元格区域 C15:E18 计算每种方案不同资金来源的比率，单元格区域 C20:E20 计算不同方案的综合资本成本率（加权平均资本成本，WACC），单元格区域 C22:C23 显示模型分析的结果。

▶ **知识链接**

适当利用负债可以降低公司资本成本，但当债务比率过高时，杠杆利益会被债务成本

资本成本比较法分析模型

数据输入

筹资方案	方案A		方案B		方案C	
	筹资额	资本成本率	筹资额	资本成本率	筹资额	资本成本率
长期借款	3,000.00	6.50%	5,000.00	6.70%	2,000.00	6.80%
长期债券	4,000.00	7.00%	5,000.00	7.00%	6,000.00	7.20%
优先股	5,000.00	11.90%	4,000.00	12.50%	5,000.00	12.00%
普通股	8,000.00	14.80%	6,000.00	14.80%	7,000.00	15.00%
合计	20,000.00		20,000.00		20,000.00	

数据输出

筹资方案	方案A	方案B	方案C
长期借款	15.00%	25.00%	10.00%
长期债券	20.00%	25.00%	30.00%
优先股	25.00%	20.00%	25.00%
普通股	40.00%	30.00%	35.00%
合计	100.00%	100.00%	100.00%
综合资本成本率	11.27%	10.37%	11.09%

最低的综合资本成本率	10.37%
最优的筹资方案	方案B

图 11-6　资本成本比较法模型

抵消,公司面临较大财务风险。因此,企业应该确定其最佳的债务比率(资本结构),使加权平均资本成本最低,企业价值最大。每个公司都处于不断变化的经营条件和外部经济环境中,使得确定最佳资本结构十分困难。资本结构决策分析有不同的方法,常用的方法有资本成本比较法、每股收益无差别点法和企业价值比较法。

资本成本比较法,是指在不考虑各种融资方式在数量与比例上的约束以及财务风险差异时,通过计算各种基于市场价值的长期融资组合方案的加权平均资本成本,并根据计算结果选择加权平均资本成本最小的融资方案,确定为相对最优的资本结构。

资本成本比较法仅以资本成本最低为选择标准,因测算过程简单,是一种比较便捷的方法。但这种方法只是比较了各种融资组合方案的资本成本,难以区别不同融资方案之间的财务风险因素差异,在实际计算中有时也难以确定各种融资方式的资本成本。

二、每股收益无差别点分析模型

▶ 问题导入

华辰公司目前有普通股 1 000 万股,股本总额 10 000 万元,公司债券 8 000 万元。公司由于投资运动自行车项目的需要,计划筹资 20 000 万元。现有两个备选方案:一是增发普通股 1 600 万股,每股发行价格 12.5 元;二是平价发行公司债券 20 000 万元。公司债券年利率为 8%,所得税率为 25%。

要求:

(1) 计算两种筹资方案的每股收益差别点时的息税前利润(EBIT);

(2) 如果该公司预计息税前利润为 3 600 万元，请对两个筹资方案做出择优决策。

▶ **模型构建**

根据上述资料，构建如图 11-7 所示的模型，计算的每股收益差别点时 EBIT 为 3 240 万元，由于小于预计 EBIT 的 3 600 万元，所以应选择方案二，即发行债券筹资。

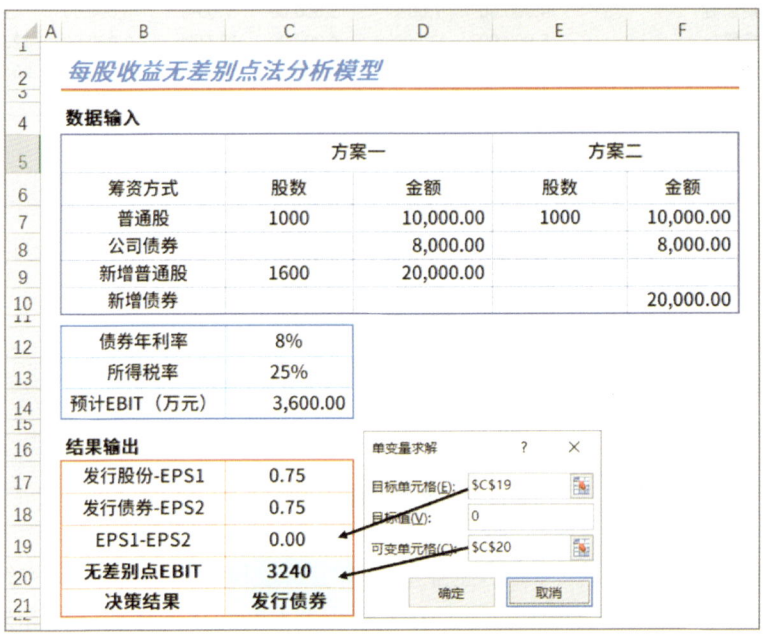

图 11-7　每股收益无差别点法分析模型

本模型应用到模拟分析中的单变量求解功能，有关设置如下：

C17 单元格输入公式"=（C20－D8＊C12）＊（1－C13）/（C7＋C9）"，计算发行股份时的 EPS。

C18 单元格输入公式"=（C20－F8＊C12－F10＊C12）＊（1－C13）/E7"，计算发行债券时的 EPS。

C19 单元格输入公式"=C17－C18"，计算两种方案的 EPS 之差，即单变量求解的"目标单元格"，目标值为 0；

设置 C20 单元格为单变量求解的"可变单元格"。

C21 单元格输入公式"=IF(C14>C20,"发行债券","发行股票")"，反映决策结果。

▶ **知识链接**

企业因扩大经营规模需要筹措长期资本时，一般可供选择的筹资方式有普通股融资、优先股融资与长期债务融资。后面财务杠杆原理解释了当企业选择具有固定融资成本的融资方式时会显现出杠杆效应，且财务杠杆系数越大，财务风险也越大。财务杠杆更多是关注息税前利润的变化程度引起每股收益变动的程度，主要应用于具有不同债务融资规模或比率的不同方案的财务风险比较，显然相对于单纯比较资产负债率或产权比率等债务比率来判断财务风险具有更好的说服力。但如果想解决在某一特定预期盈利水平下的融资方式选择问题,特别是在长期债务融资与普通股融资之间进行选择时,因全部融资为普通股时不存在财务杠杆效应,可以运用每股收益无差别点法。每股收益无差别点为企业管理层解决在某一特定预期盈利水平下是否应该选择债务融资方式问题提供了一个简单的分析方法。

每股收益无差别点法是在计算不同融资方案下企业的每股收益(EPS)相等时所对应的息税前利润(EBT)的基础上,通过比较在企业预期盈利水平下的不同融资方案的每股收益,进而选择每股收益较大的融资方案。显然,基于每股收益无差别点法的判断原则是比较不同融资方式能否给股东带来更大的净收益。

三、企业价值比较法分析模型

▶ 问题导入

华辰公司目前的长期资本构成均为普通股,无长期债权资本和优先股资本。股票的账面价值为 30 000 万元。预计未来每年息税前利润为 8 000 万元,所得税税率为 25%。企业准备按债券回购部分股票的方式调整资本结构,以提高企业价值。假设长期债务利率等于债务税前资本成本,债务市场价值等于债务面值。目前,无风险报酬率为 6%,市场平均风险报酬率为 16%。经调研,长期债务的债务资本成本和对应权益 β 值如表 11-6 所示。

表 11-6 债务资本成本和对应权益 β 值

债务市场价值(万元)	债务资本成本	权益 β 值
0	0	1.2
3 000	10%	1.3
6 000	10%	1.4
9 000	12%	1.55
12 000	14%	1.65
15 000	16%	2.1

要求:测算华辰公司发行多大规模的债券时,企业的价值最大?

▶ 模型构建

根据上述资料,构建如图 11-8 所示的模型,确定 6 000 万元债券时,此时为最小资本成本 17.78%,获得最大企业价值 33 750 万元。

本模型工作表中计算公式的设置如下:

C20 单元格输入公式"=＄C＄6+D11*(＄C＄7-＄C＄6)",并填充复制到 C25 单元格,计算不同债务市价值对应的权益资本成本。

D20 单元格输入公式"=(＄C＄5-B11*C11)*(1-＄C＄8)/C20",并填充复制到 D25 单元格,计算不同债务市价值对应的权益市场价值。

企业价值比较法分析模型

数据输入

息税前利润	8,000.00	
无风险报酬率	6%	
平均风险报酬率	16%	
所得税率	25%	

债务市场价值	债务资本成本	权益β值
0	0%	1.2
3000	10%	1.3
6000	10%	1.4
9000	12%	1.55
12000	14%	1.65
15000	16%	2.1

结果输出

债务市场价值	权益资本成本	权益市场价值	企业价值	资本成本
0	18.00%	33,333.33	33,333.33	18.00%
3000	19.00%	30,394.74	33,394.74	17.97%
6000	20.00%	27,750.00	**33,750.00**	**17.78%**
9000	21.50%	24,139.53	33,139.53	18.11%
12000	22.50%	21,066.67	33,066.67	18.15%
15000	27.00%	15,555.56	30,555.56	19.64%

决策方案：债务规模为6000万元时的资本结构为公司最佳资本结构，此时为最小资本成本17.78%，获得最大企业价值33750万元。

图11-8　企业价值比较法模型

E20单元格输入公式"=B20+D20"，并填充复制到E25单元格，计算不同债务市场价值对应的企业价值。

F20单元格输入公式"=B20/E20*C11*(1-\$C\$8)+D20/E20*C20"，并填充复制到F25单元格，计算不同债务市价值对应的资本成本。

B27单元格输入公式"="决策方案：债务规模为"&(INDEX(B11:B16,MATCH(MIN(F20:F25),F20:F25,0)))&"万元时的资本结构为公司最佳资本结构，此时为最小资本成本"&(ROUND((MIN(F20:F25)*100),2)&"%，获得最大企业价值")&(ROUND((MAX(E20:E25)),2))&"万元。""，显示通过测算得到的决策方案。

知识链接

公司的最佳资本结构不一定是使每股收益最大的资本结构，而是使市净率最高的资本结构（假设市场有效）。假设股东投资资本和债务价值不变，该资本结构也是使企业价值最大化的资本结构。同时，公司的加权平均资本成本也是最低的。

衡量企业价值的一种合理的方法是企业的市场价值 V 等于其普通股的市场价值 S 加上长期债务的价值 B 再加上优先股的价值 P，即

$$V = S + B + P \tag{11-11}$$

为使计算简便，设长期债务（长期借款和长期债券）和优先股的现值等于其账面价值；股票的现值则等于企业未来的净收益按股东要求的报酬率折现。假设企业的经营利润永

续,股东要求的回报率(权益资本成本)不变,则普通股的市场价值为

$$S = \frac{(EBIT-I)(1-T)-PD}{r_s} \qquad (11-12)$$

式中:$EBIT$ 表示息税前利润;
   I 表示年利息额;
   T 表示公司所得税税率;
   r_s 表示权益资本成本;
   PD 表示优先股股息。

权益资本成本 r_s 可以采用资本资产定价模型确定。

通过上述公式计算出企业的总价值和加权平均资本成本,以企业价值最大化为标准确定最佳资本结构。此时的加权平均资本成本最小。而公司的资本成本则应用加权平均资本成本(r_{WACC})来表示。在不存在优先股的情况下,其公式为

$$\text{加权平均资本成本}(r_{WACC}) = \text{债务税前资本成本} \times \text{债务额占总资本比重} \times (1-\text{税率}) + \text{权益资本成本} \times \text{股票额占总资本比重} \qquad (11-13)$$

第十二章 长期筹资决策分析

第一节 长期债务筹资

一、长期借款筹资动态分析模型

▶ 问题导入

华辰公司拟向 G 银行长期借款筹资,经双方洽谈,有关借款条款如下:

"借款金额不超过 1 000 万元,不低于 500 万元,在最高和最低区间增减以 100 万元为单位;款期限可以选择 3~8 年;借款年利率为 8%~12%,区间以 1% 增减幅度浮动,还款方式为分期(年)等额偿还"。另外,所得税税率为 25%,折现率为 10%。

要求:分析各种情况下每期还款的现值和总现值。

▶ 模型构建

根据上述资料,构建如图 12-1 所示的模型。

本模型工作表中主要计算公式的设置如下:

D10 单元格输入公式"= ROUND(PMT(D7,D6,-D5),2)",计算每期等额还款金额。

B14 单元格输入公式"= IF(ROW()-ROW($B$13)<=$D$6,ROW()-ROW($B$13),"")",并填充到 B21 单元格,根据借款期限填充期数。

D14 单元格输入公式"= IF(B14="","",ROUND(PPMT($D$7,B14,$D$6,-$D$5),2))",并填充到 D21 单元格,计算每期偿还的本金。

E15 单元格输入公式"= IF(B15="","",E14-D14)",并填充到 E21 单元格,计算每期期初本金。

F14 单元格输入公式"= IF(B14="","",C14-D14)",并填充到 F21 单元格,计算每期偿还的利息。

G14 单元格输入公式"= IF(B14="","",ROUND(F14*$D$8,2))",并填充到 G21 单元格,计算每期偿还的利息抵税。

H14 单元格输入公式"= IF(B14="","",ROUND((C14-G14)/(1+$D$9)^B14,2))",并填充到 H21 单元格,计算每期的现值。

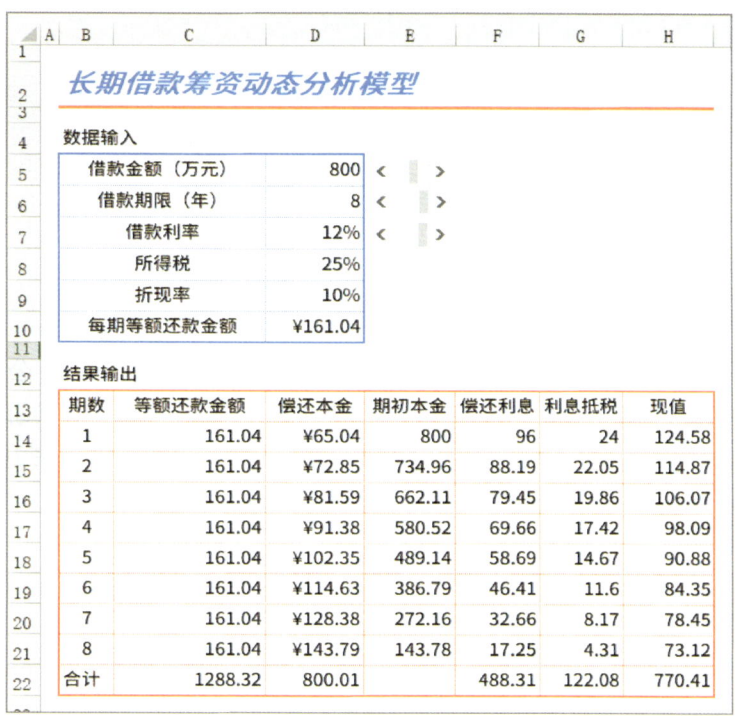

图 12-1　长期借款筹资动态分析模型

二、债券发行定价决策模型

● 问题导入

华辰公司拟发行 5 年期债券筹集资金，面值 100 元，票面利率为 6%，目前市场利率为 8%。

要求：分别测算每年付息一次到期时一次还本和每年付息两次到期一次还本时的发行价格。

● 模型构建

根据上述资料构建如图 12-2 所示的模型，计算每年付息一次和付息两次时，发行定价分别为 92.01 元和 91.89 元。

本模型工作表中计算公式的设置如下：

C12 单元格输入公式"= -（PV(C8,C6,C5*C7) + PV(C8,C6,,C5))"，计算每年付息 1 次时的发行定价。

C14 单元格输入公式"= -（PV（C8/C13，C6*C13，C5*C7/C13) + PV（C8/C13，C6*C13,,C5))"，计算每年付息 2 次时的发行定价。

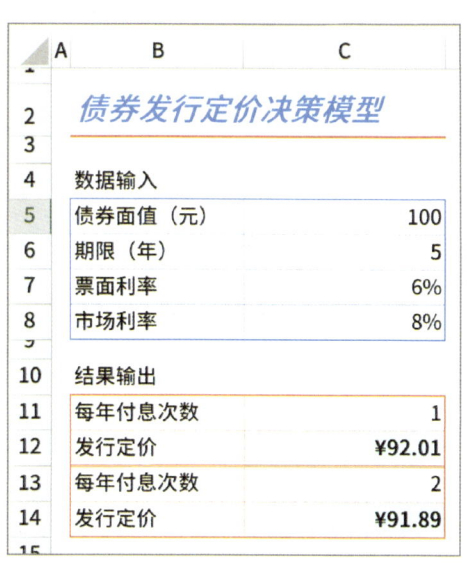

图 12-2　债券发行定价决策模型

第二节　混合筹资

一、附认股权证债券筹资成本分析模型

▶ 问题导入

华辰公司目前股价为 20 元/股,预计公司未来可持续增长率为 5%。公司拟通过平价发行附认股权证债券筹集资金,债券面值为每份 1 000 元,期限为 20 年,票面利率 8%,每年付息一次,到期一次还本。同时每份债券附送 20 张认股权证,认股权证在 10 年后到期,在到期前每张认股权证可以 22 元的价格购买 1 股普通股。

要求:计算该公司附认股权证债券的筹资成本。

▶ 模型构建

根据上述资料构建如图 12-3 所示模型,计算该公司附认股权证债券的筹资成本为 8.98%。本模型用到模拟分析的单变量求解功能,在调出的"单变量求解"对话框的"目标单元格"为 F6 单元格,目标值为 0,可变单元格为 F13。

	A	B	C	D	E	F
1						
2		附认股权证债券筹资成本模型				
3						
4		数据输入			结果输出	
5		债券面值(元)	1000		购买债券现金流量现值	¥1,000.00
6		期限(年)	20		现值-面值	¥-0.00
7		票面利率	8%			
8		认股权数量(张/份债券)	20			
9		认股期限(年)	10			
10		每年付息次数	1			
11		当前股价	20			
12		可持续增长率	5%			
13		行权股价	22		筹资成本	8.98%

图 12-3　附认股权证债券筹资成本模型

模型工作表中计算公式的设置如下:

F5 单元格输入公式"= -(PV(F13,C6,C5*C7)+PV(F13,C6,,C5))+(C11*(1+C12)^C9-C13)*C8/(1+F13)^C9",计算购买债券现金流量的现值。

F6 单元格输入公式"=F5-C5",用于计算"单变量求解"的目标值。

> 知识链接

认股权证是公司向股东发放的一种凭证,授权其持有者在一个特定期间以特定价格购买特定数量的公司股票。附认股权证债券,是指公司债券附认股权证,持有人依法享有在一定期间内按约定价格(执行价格)认购公司股票的权利,是债券加上认股权证的产品组合。

通常,附认股权证债券可分为分离型与非分离型、现金汇入型与抵缴型。其中,分离型是指认股权证与公司债券可以分开,单独在流通市场上自由买卖;非分离型指认股权证无法与公司债券分开,两者存续期限一致,同时流通转让,自发行至交易均合二为一,不得分开转让,非分离型附认股权证公司债券近似于可转债。

现金汇入型是指当持有人行使认股权利时,必须再拿出现金来认购股票;抵缴型则是指公司债票面金额本身可按一定比例直接转股,如现行可转换公司债的方式。把分离型、非分离型与现金汇入型、抵缴型进行组合,可以得到不同的产品类型。

附认股权证债券计算出来的内含报酬率必须处在债务市场利率和税前普通股成本之间,才可以被发行人和投资人同时接受。

二、可转换债券筹资成本分析模型

> 问题导入

华辰公司拟发行可转换债券筹资 5 000 万元,面值 1 000 元,期限 20 年,票面利率 10%,每年付息一次,到期一次支付本金。每份可转换债券在 10 年后可转换股票 20 股(即转换比率为 20)。华辰公司当前的股票价格为 35 元,可持续增长率为 6%。假设 10 年后债券持有人全部转换成股票。

要求:计算该可转换债券的税前筹资成本。

> 模型构建

根据上述资料构建如图 12-4 所示的模型,计算该可转换债券的筹资成本为 11.48%。本模型用到模拟分析的"单变量求解"功能,在调出的"单变量求解"对话框的"目标单元格"为 F6 单元格,目标值为 0,可变单元格为 F11。

模型工作表中计算公式的设置如下:

F5 单元格输入公式"=-(PV(F11,C9,C5*C7)+PV(F11,C9,,C10*(1+C11)^C9*C8))",计算购买债券现金流量的现值;

F6 单元格输入公式"=F5-C5",用于计算"单变量求解"的目标值。

> 知识链接

可转换债券,是一种特殊的债券,它在一定期间内依据约定的条件可以转换成普通股。可转换债券的持有者,同时拥有 1 份债券和 1 份股票的看涨期权。它与拥有普通债券和认

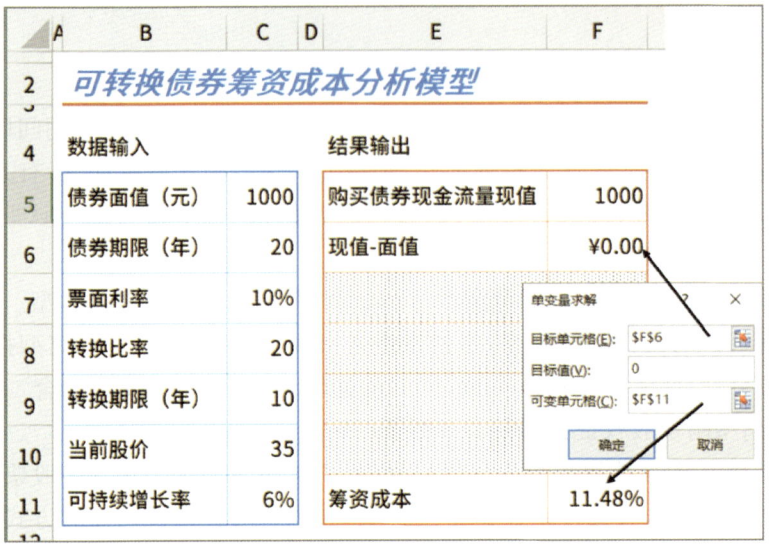

图 12-4　可转换债券筹资成本分析模型

股权证的投资组合基本相同,不同的只是为了执行看涨期权必须放弃债券。因此,可以先把可转换债券作为普通债券分析,然后再当作看涨期权处理,就可以完成其估值。纯债券价值是不含看涨期权的普通债券的价值,转换价值是债券转换成的股票价值。这两者决定了可转换债券的价格。

与附认股权证债券相似,可转换债券计算出的内含报酬率必须处在债务市场利率和税前普通股成本之间,才可以被发行人和投资人同时接受。

第三节　租赁筹资

一、租赁筹资与长期借款比较分析模型

▶ 问题导入

华辰公司计划明年新增童车产品的生产。童车生产线配备有两种方案:

方案 1:从银行长期借款 700 万元,借款期限为 5 年,借款年利率为 7%,还款方式为分期(年)等额还款。

方案 2:从甲租赁公司租赁,总租金 1 000 万元,每年租金 200 万元,年末支付。

另外,所得税税率为 25%,贴现率为 12%。

要求:计算分析华辰公司应采用借款方案还是租赁方案。

▶ 模型构建

根据上述资料构建如图 12-5 所示的模型,通过计算比较,因为租赁方案的流出的现值

图 12-5　租赁筹资与长期借款比较分析模型

540.72 万元小于借款方案流出的现值 585.81 万元，因此应选择租赁方案。

模型工作表中主要计算公式的设置如下：

C24 单元格输入公式"＝PMT(＄D＄11,＄D＄10,－＄D＄9)"，并填充复制到 C28 单元格，计算年等额还款金额。

D24 单元格输入公式"＝IPMT(＄D＄11,B24,＄D＄10,－＄D＄9)"，并填充复制到 D28 单元格，计算每期偿还的利息。

E24 单元格输入公式"＝D24＊＄D＄14"，并填充复制到 E28 单元格，计算每期利息抵税。

F24 单元格输入公式"＝ROUND((C24－E24)/(1＋＄D＄13)^B24,2)"，并填充复制到 F28 单元格，计算每期现值。

F29 单元格输入公式"＝SUM(F24:F28)"，计算总现值的合计数。

C31 单元格输入公式"＝IF(F29＞D20,"选择租赁方案","选择借款方案")"，输出决策分析结论。

知识链接

租赁的经济、法律关系十分复杂。世界各国对租赁的理解不尽相同，同一国家的合同法、税法和会计准则等对于租赁的规定也存在某些差别。实务中租赁合同种类繁多，分析模型专业且复杂。财务管理主要从承租人的融资角度研究租赁（出租人从投资角度研究租赁），将租赁视为一种融资方式。如果租赁融资比其他融资方式更有利，则应优先考虑租赁融资。租赁分析的主要程序如下：

（1）分析是否应该取得一项资产。这是租赁分析的前置程序。承租人在决定是否租赁一项资产之前，先要判断该项资产是否值得投资。这一决策通过常规的资本预算程序完成。通常，确信投资于该资产有正的净现值之后才会考虑如何筹资问题。

（2）分析公司是否有足够的现金用于该项资产投资。通常，运行良好的公司没有足够的多余现金用于固定资产投资，需要为新的项目筹资。

（3）分析可供选择的筹资途径。筹资的途径包括借款和发行新股等。租赁是可以供选择的筹资途径之一。租赁和借款对于资本结构的影响类似，1元的租赁等于1元的借款。如果公司拟通过借款筹资，就应分析借款和租赁哪个更有利。

（4）利用租赁分析模型计算租赁净现值。根据财务的基本原理，为获得同一资产的两个方案，现金流出的现值较小的方案是好方案。如果租赁方式取得资产的现金流出的总现值小于借款筹资，则租赁有利于增加股东财富。因此，租赁分析的基本模型如下：

$$\text{租赁净现值}=\text{租赁的现金流量总现值}-\text{借款购买的现金流量总现值} \quad (12-1)$$

应用该模型的主要问题是预计现金流量和估计折现率。预计现金流量包括：①预计借款筹资购置资产的现金流；②与可供选择的出租人讨论租赁方案；③判断租赁的税务性质；④预计租赁方案的现金流。

（5）根据租赁净现值以及其他非计量因素，决定是否选择租赁。

二、固定资产租赁与购买比较分析模型

▶ 问题导入

华辰公司因生产经营需要将办公场所由市区搬到开发区。新办公场所附近正在建一条地铁，可于10个月后开通。为了改善员工通勤条件，公司计划在地铁开通之前为员工开设班车，行政部门提出了自己购买车辆和租赁车辆两个方案。有关资料如下：

如果自己购买，公司需要购买一辆大客车，购置成本为300 000元。根据税法规定，大客车按直线法计提折旧，折旧年限为5年，残值率为5%。10个月后大客车的变现价值预计为210 000元。

公司需要雇佣一名司机，每月预计支出工资5 500元。此外，每月预计还需支出油料费12 000元、停车费1 500元。假设大客车在月末购入并付款，次月初即可投入使用。工资、油料费、停车费均在每个月月末支付。

如果租赁，汽车租赁公司可按公司的要求提供车辆和班车服务，甲公司每月需向租赁公司支付租金25 000元，租金在每个月月末支付。

公司的企业所得税税率为25%，公司的月资本成本为1%。

要求：计算购买方案的税后平均月成本，判断公司应当选择购买方案还是租赁方案。

▶ 模型构建

根据上述资料，构建如图12-6所示的模型，结论是选择购买方案。

	A	B	C	D	E	F
1						
2		固定资产租赁与购买比较分析模型				
3						
4		数据输入			结果输出	
5		大客车购置成本（元）	300,000.00		每个月税后付现费用	14,250.00
6		折旧方式	直线法		大客车月折旧额	4,750.00
7		折旧年限（年）	5		大客车月折旧抵税	1,187.50
8		残值率	5%		10个月后大客车账面价值	252,500.00
9		大客车司机工资（元/月）	5,500.00		10个月后大客车的变现净流入	220,625.00
10		油料费（元/月）	12,000.00		大客车月成本（元/月）	31,674.62
11		停车费（元/月）	1,500.00		10个月后大客车的变现净流入抵减成本（元/月）	21,087.80
12		企业所得税税率	25%		购置方案税后平均月成本	23,649.33
13		月资本成本	1%		租赁方案税后月成本	18,750.00
14		10个月后大客车变现价值（元）	210,000.00			
15		地铁开通时间（月）	10			
17		班车租赁及服务费用（元/月）	25,000.00		结论	选择购买方案

图12-6 固定资产租赁与购买比较分析模型

本模型工作表中计算公式的设置如下：

F5 单元格输入公式"=(C9+C10+C11)*(1-C12)"，计算每个月税后付现费用。

F6 单元格输入公式"=SLN(C5,C5*C8,C7)/12"，计算大客车月折旧额。

F7 单元格输入公式"=F6*C12"，计算大客车月折旧抵税。

F8 单元格输入公式"=C5-F6*C15"，计算10个月后大客车账面价值。

F9 单元格输入公式"=C14+(F8-C14)*C12"，计算10个月后大客车的变现净流入。

F10 单元格输入公式"=-PMT(C13,C15,C5)"，计算大客车月成本。

F11 单元格输入公式"=-PMT(C13,C15,,F9)"，计算10个月后大客车的变现净流入抵减成本。

F12 单元格输入公式"=F5-F7+F10-F11"，计算购置方案税后平均月成本。

F13 单元格输入公式"=C17*(1-C12)"，计算租赁方案税后月成本。

F17 单元格输入公式"=IF(F12＞F13,"选择购买方案","选择租赁方案")"，输出决策分析结论。

第十三章　并购与价值管理决策分析

第一节　现金流量折现模型

一、现金流量预测分析模型

▶ 问题导入

华辰公司拟并购一家专门生产运动自行车的 W 公司，以实现进入运动自行车行业的发展战略。在对 W 公司进行尽职调查后，华辰公司针对并购估值收集到以下参考数据：

W 公司目前处于高速增长期，未来 5 年里，第 1 年营业收入增长了 10%，第 2 年到第 4 年逐步下降，每年下降 1 个百分点，到第 5 年的增长率为 6%。自第 6 年开始起公司进入稳定增长状态，永续增长率为 6%。

W 公司当年（基期）的年营业收入为 12 000 万元，其他有关资料如表 13-1 所示。

表 13-1　W 公司现金流量测算资料

项目	数据
基期营业收入（万元）	12 000
营业成本/营业收入	70%
销售和管理费用/营业收入	5%
净经营资产/营业收入	80%
净负债/营业收入	40%
债务利息率	6%
所得税税率	25%

要求：计算 W 公司的实体现金流量和股权现金流量。

▶ 模型构建

根据本案例的数据资料构建 W 公司实体现金流量和股权现金流量预测模型，如图 13-1 所示。

本模型工作表的计算公式设置如下：

D17 单元格输入公式"=C17*(1+D16)"，并填充复制到 I17，计算预测的营业收入。

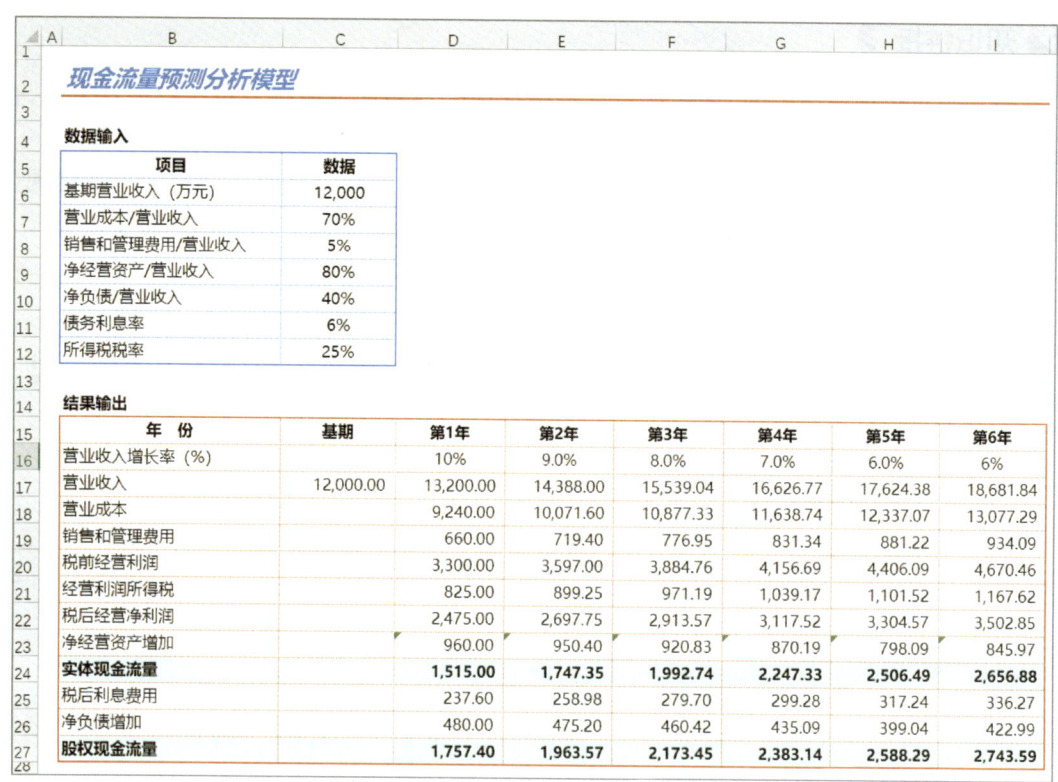

图 13-1　现金流量预测分析模型

D18 单元格输入公式"= D17 * ＄C＄7",并填充复制到 I18,计算预测的营业成本。

D19 单元格输入公式"= D17 * ＄C＄8",并填充复制到 I19,计算预测的销售和管理费用。

D20 单元格输入公式"= D17 - D18 - D19",并填充复制到 I20,计算预测的税前经营利润。

D21 单元格输入公式"= D20 * ＄C＄12",并填充复制到 I21,计算预测的经营利润所得税。

D22 单元格输入公式"= D20 - D21",并填充复制到 I22,计算预测的税后经营利润。

D23 单元格输入公式"= C17 * D16 * ＄C＄9",并填充复制到 I23,计算预测的净经营资产的增加。

D24 单元格输入公式"= D22 - D23",并填充复制到 I24,计算预测的实体现金流量。

D25 单元格输入公式"=（C17 + C17 * D16）* ＄C＄10 * ＄C＄11 *（1 - ＄C＄12）",并填充复制到 I25,计算预测的税后利息费用。

D26 单元格输入公式"= C17 * D16 * ＄C＄10",并填充复制到 I26,计算预测的净负债增加。

D27 单元格输入公式"= D24 -（D25 - D26）",并填充复制到 I27,计算预测的股权现金流量。

> **知识链接**

现金流量折现模型中的"现金流量",是指各期的预期现金流量。对于投资者来说,企业现金流量有三种:股利现金流量、股权现金流量和实体现金流量。

股权现金流量是一定期间企业可以提供给股权投资人的现金流量,它等于企业实体现金流量扣除对债权人支付后剩余的部分,也可以称为股权自由现金流量,简称股权现金流量。

$$股权现金流量 = 实体现金流量 - 债务现金流量 \tag{13-1}$$

有多少股权现金流量能作为股利分配给股东,取决于企业的筹资和股利分配政策。

实体现金流量是企业全部现金流入扣除成本费用和必要的投资后的剩余部分,它是企业一定期间可以提供给所有投资人(包括股权投资人和债权投资人)的税后现金流量。

1. 详细预测期现金流量估计

(1) 实体现金流量估计。

$$实体现金流量 = 税后经营净利润 + 折旧与摊销 - 经营营运资本增加 - 资本支出 = 税后经营净利润 - 净经营资产增加 \tag{13-2}$$

(2) 股权现金流量估计。

$$股权现金流量 = 实体现金流量 - 债务现金流量 = 实体现金流量 - 税后利息 - 净负债增加 \tag{13-3}$$

2. 后续期现金流量增长率的估计

后续期也就是进入稳定状态。后续期价值的估计方法有许多种,包括永续增长模型、剩余收益模型、价值驱动因素模型、价格乘数模型、延长预测期法、账面价值法、清算价值法和重置成本法等。后续期销售增长率大体上等于宏观经济的名义增长率,如果不考虑通货膨胀因素,宏观经济增长率大多在 2%~6%。

进入稳定状态后,实体现金流量、股权现金流量、债务现金流量、净经营资产、税后经营净利润等的增长率都与销售增长率相同。

二、现金流量折现模型

> **问题导入**

根据本节"一、现金流量预测分析模型"计算的 W 公司实体现金流量和股权现金流量分别计算 W 公司的实体价值和股权价值。

当前加权平均资本成本为 12%,预计 5 年以后资本成本降为 10%;当前权益资本成本为 15%,并将一直保持。

> **模型构建**

根据本案例的数据资料构建 W 公司现金流量折现模型,如图 13-2 所示。

通过图 13-2 可以看到,现金流量折现模型评估 W 公司的实体价值为 37 166.16 万元,股权价值为 20 731.88 万元。实体价值和股权价值计算的方法类似,现以实体价值计算为

图 13-2 现金流量折现模型

	A	B	C	D	E	F	G	H	I
1									
2	现金流量折现模型								
3									
4	数据输入								
5	项目		数据						
6	前5年加权平均资本成本		12%						
7	5年后加权平均资本成本		10%						
8	股权资本成本		15%						
9	永续增长率		5%						
10	实体现金流量和股权现金流量								
11	年 份		基期	第1年	第2年	第3年	第4年	第5年	第6年
12	实体现金流量			1,515.00	1,747.35	1,992.74	2,247.33	2,506.49	2,656.88
13	股权现金流量			1,757.40	1,963.57	2,173.45	2,383.14	2,588.29	2,743.59
14									
15	结果输出								
16	年份			第1年	第2年	第3年	第4年	第5年	第6年
17	实体价值计算								
18	折现系数			0.8929	0.7972	0.7118	0.6355	0.5674	
19	预测期价值（万元）		7014.52	1352.74	1392.99	1418.43	1428.18	1422.18	
20	后续期价值（万元）		30151.64					53137.5	
21	股权价值计算								
22	折现系数			0.8696	0.7561	0.6575	0.5718	0.4972	
23	预测期价值（万元）		7,091.40	1,528.17	1,484.74	1,429.08	1,362.57	1,286.84	
24	后续期价值（万元）		13640.48					27435.87	
25									
26	实体价值（万元）		37,166.16						
27	股权价值（万元）		20,731.88						

例说明工作表中计算公式的设置：

D18 单元格输入公式"＝ROUND(1/(1＋＄C＄6)^D15,4)"，并填充复制到 H18，计算各年的折现系数。

D19 单元格输入公式"＝ROUND(D12*D18,2)"，并填充复制到 H19，计算预测期各年的净现金流量。

C19 单元格输入公式"＝SUM(D19:H19)"，计算预测期价值。

H20 单元格输入公式"＝ROUND(I12/(C7－C9),2)"，计算后续期净现金流量。

C20 单元格输入公式"＝ROUND(H20/(1＋C6)^H15,2)"，计算后续期价值。

C26 单元格输入公式"＝C19＋C20"，计算实体价值。

▶ 知识链接

现金流量折现模型是企业价值评估使用最广泛、理论上最健全的模型，主导着当前实务和教材。它的基本思想是增量现金流量原则和时间价值原则，也就是任何资产的价值是其产生的未来现金流量按照含有风险的折现率计算的现值。

依据现金流量的不同种类，企业估值的现金流量折现模型也可分为股利现金流量折现模型（简称股利现金流量模型）、股权现金流量折现模型（简称股权现金流量模型）和实体现金流量折现模型（简称实体现金流量模型）三种。

在相同的假设情况下，三种模型的评估结果是相同的。由于股利分配政策有较大变动，股利现金流量很难预计，所以，股利现金流量模型在实务中很少被使用。如果企业不保留多余的现金，而将股权现金全部作为股利发放，则股权现金流量等于股利现金流量，股权现金流量模型可以取代股利现金流量模型，避免了对股利政策进行估计的麻烦。因此，大多数的企业估值使用股权现金流量模型或实体现金流量模型。

1. 股权现金流量模型

根据现金流量分布的特征,股权现金流量模型分为两种类型:永续增长模型和两阶段增长模型。

(1) 永续增长模型。永续增长模型假设企业未来长期稳定、可持续地增长。在永续增长的情况下,企业价值是下期现金流量的函数。

永续增长模型的一般表达式如下:

$$股权价值 = \frac{下期股权现金流量}{股权资本成本 - 永续增长率} \tag{13-4}$$

永续增长模型的特例是永续增长率等于0,即零增长模型。

$$股权价值 = \frac{下期股权现金流量}{股权资本成本} \tag{13-5}$$

永续增长模型的使用条件是企业必须处于永续状态。所谓永续状态是指企业有永续的增长率和净投资资本报酬率。使用永续增长模型,企业价值对增长率的估计值很敏感。当增长率接近折现率时,股票价值趋于无限大。因此,对于增长率和股权成本的预测质量要求很高。

(2) 两阶段增长模型。两阶段增长模型的一般表达式:

$$股权价值 = 详细预测期价值 + 后续期价值$$
$$= 详细预测期股权现金流量现值 + 后续期股权现金流量现值$$

两阶段增长模型的适用条件是增长呈现两个阶段的企业,通常第二个阶段具有永续增长的特征。

2. 实体现金流量模型

在实务中,大多企业使用实体现金流量模型,主要原因是股权成本受资本结构的影响较大,估计起来比较复杂。债务增加时,风险上升,股权成本会上升,而上升的幅度不容易测定。加权平均资本成本受资本结构的影响较小,比较容易估计。债务成本较低,增加债务比重使加权平均资本成本下降。与此同时,债务增加使风险增加,股权成本上升,使得加权平均资本成本上升。在无税和交易成本的情况下,两者可以完全抵消,这就是资本结构无关论。在有税和交易成本的情况下,债务成本的下降大部分也会被股权成本的上升所抵消,平均资本成本对资本结构变化不敏感,估计起来比较容易。

实体现金流量模型,如同股权现金流量模型一样,也可以分为以下两种:

(1) 永续增长模型。永续增长模型的一般表达式如下:

$$实体价值 = \frac{下期实体现金流量}{加权平均资本成本 - 永续增长率} \tag{13-6}$$

(2) 两阶段增长模型。两阶段增长模型的一般表达式如下:

$$实体价值 = 详细预测期价值 + 后续期价值 = 详细预测期实体现金流量现值 + 后续期实体现金流量现值 \tag{13-7}$$

第二节　相对价值评估模型

一、市盈率模型

问题导入

华辰公司为实现进入运动自行车行业的发展战略,拟投资一家专门生产运动自行车的 M 公司(该公司已完成股改,计划 3 年内登陆 A 股市场)。在对 M 公司进行尽职调查后,华辰公司拟采用相对价值评估方法(市盈率模型)对 M 公司进行价值评估,现收集到同行业同类企业 A1、A2、A3、A4、A5 五家可比公司的相关数据,M 公司和可比公司的相关数据资料如表 13-2 所示。

表 13-2　M 公司和可比公司的相关数据资料

M 公司有关资料		M 公司和可比企业的有关资料						
公司名称	M 公司	企业名称	A1	A2	A3	A4	A5	M 公司
所属的行业	机械行业	每股市价(元/股)	12	25	30	13	15	
价值评估模型	市盈率模型	每股净利(元/股)	0.6	0.55	0.7	0.75	0.5	0.65
		预计增长率	12%	18%	20%	8%	10%	15%

要求:作为公司的财务经理,请运用相对价值评估的方法(市盈率模型)对 M 公司的每股价值进行评估。

模型构建

根据本案例的数据资料构建市盈率模型如图 13-3 所示。

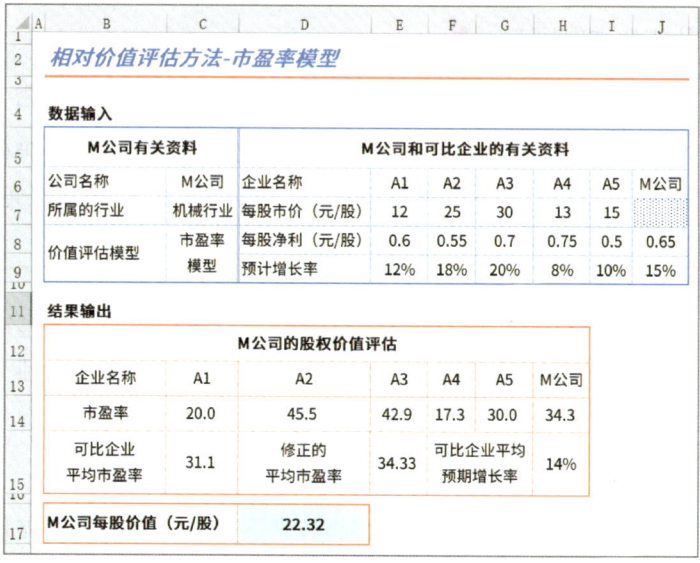

图 13-3　市盈率模型

通过图 13-2-1 可以看到，市盈率模型评估 M 公司的每股价值为 22.32 元。模型工作表中计算公式的设置如下：

C14 单元格输入公式"=E7/E8"，并填充复制到 G14，计算可比公司的市盈率。

C15 单元格输入公式"=AVERAGE(C14:G14)"，计算可比公司的平均市盈率。

E15 单元格输入公式"=C15/H15*J9"，计算修正的平均市盈率。

H15 单元格输入公式"=AVERAGE(E9:I9)"，计算可比公司平均预期增长率。

D17 单元格输入公式"=ROUND(E15*J8,2)"，计算 M 公司每股价值。

知识链接

现金流量折现模型在概念上很健全，但是在应用时会碰到较多的技术问题。有一种相对容易的估值方法，就是相对价值法，也称价格乘数法或可比交易价值法等。

这种方法是利用类似企业的市场定价来估计目标企业价值的一种方法。它的假设前提是存在一个支配企业市场价值的主要变量（如净利）。市场价值与该变量的比值，各企业是类似的、可以比较的。

相对价值模型分为两大类：一类是以股票市价为基础的模型，包括每股市价/每股收益、每股市价/每股净资产、每股市价/每股销售收入等模型；另一类是以企业实体价值为基础的模型，包括实体价值/息税折旧摊销前利润、实体价值/税后经营净利润、实体价值/实体现金流量、实体价值/投资资本、实体价值/销售收入等模型。下面介绍 3 种最常用的股票市价模型。

1. 市盈率模型

（1）基本模型。

市盈率是指普通股每股市价与每股收益的比率。

$$市盈率 = \frac{每股市价}{每股收益} \tag{13-8}$$

运用市盈率估值的模型如下：

$$目标企业每股价值 = 可比企业市盈率 \times 目标企业每股收益 \tag{13-9}$$

该模型假设每股市价是每股收益的一定倍数。每股收益越大，则每股价值越大。同类企业有类似的市盈率，所以目标企业的每股价值可以用每股收益乘以可比企业市盈率计算。

（2）修正市盈率。

在影响市盈率的诸驱动因素中，关键变量是增长率。增长率的差异是市盈率差异的主要驱动因素。因此，可以用增长率修正市盈率，消除增长率差异对同业企业可比性的影响。

$$修正市盈率 = \frac{可比企业市盈率}{可比企业预期增长率 \times 100} \tag{13-10}$$

修正的市盈率排除了增长率对市盈率的影响，剩下的部分是由股利支付率和股权成本决定的市盈率，可以称为"排除增长率影响的市盈率"。

(3) 模型的优点及局限性。

市盈率模型的优点：首先，计算市盈率的数据容易取得，并且计算简单；其次，市盈率把价格和收益联系起来，直观地反映投入和产出的关系；最后，市盈率涵盖了风险、增长率、股利支付率的影响，具有很高的综合性。

市盈率模型的局限性：如果收益是0或负值，市盈率就失去了意义。因此，市盈率模型最适合连续盈利的企业。

2. 市净率模型

1）基本模型

市净率是指每股市价与每股净资产的比率。

$$市净率 = \frac{每股市价}{每股净资产} \tag{13-11}$$

这种方法假设股权价值是净资产的函数，类似企业有相同的市净率，净资产越大则股权价值越大。因此，股权价值是净资产的一定倍数，目标企业的每股价值可以用每股净资产乘以市净率计算。

$$目标企业每股价值 = 可比企业市净率 \times 目标企业每股净资产 \tag{13-12}$$

2）修正市净率

市净率的修正方法与市盈率类似。市净率的驱动因素有增长率、股利支付率、权益净利率和风险。其中，关键因素是权益净利率。

$$修正市净率 = \frac{可比企业市净率}{可比企业预期权益净利率 \times 100} \tag{13-13}$$

3）模型的优点及局限性

市净率估值模型的优点：首先，净利为负值的企业不能用市盈率进行估值，而市净率极少为负值，可用于大多数企业；其次，净资产账面价值的数据容易取得；再次，净资产账面价值比净利稳定，也不像利润那样经常被人为操纵；最后，如果会计标准合理并且各企业会计政策一致，市净率的变化可以反映企业价值的变化。

市净率的局限性：首先，账面价值受会计政策选择的影响，如果各企业执行不同的会计标准或会计政策，市净率会失去可比性；其次，固定资产很少的服务性企业和高科技企业，净资产与企业价值的关系不大，其市净率比较没有什么实际意义；最后，少数企业的净资产是0或负值，市净率没有意义，无法用于比较。

因此，这种方法主要适用于拥有大量资产、净资产为正值的企业。

3. 市销率模型

1）基本模型

市销率是指每股市价与每股营业收入的比率。

$$市销率 = \frac{每股市价}{每股营业收入} \tag{13-14}$$

这种方法是假设影响每股价值的关键变量是营业收入，每股价值是每股营业收入的函数,每股营业收入越大则每股价值越大。既然每股价值是每股营业收入的一定倍数,那么目标企业的每股价值可以用每股营业收入乘以可比企业市销率来估计。

$$目标企业每股价值 = 可比企业市销率 \times 目标企业每股营业收入 \quad (13\text{-}15)$$

2) 修正市销率

市销率的修正方法与市盈率类似。市销率的驱动因素是增长率、股利支付率、销售净利率和风险。其中,关键因素是销售净利率。

$$修正市销率 = \frac{可比公司市销率}{可比公司预期销售净利率 \times 100} \quad (13\text{-}16)$$

3) 模型的优点及局限性

市销率估值模型的优点:首先,它不会出现负值,对于亏损企业和资不抵债的企业,也可以计算出一个有意义的市销率;其次,它比较稳定、可靠,不容易被操纵;最后,市销率对价格政策和企业战略变化敏感,可以反映这种变化的后果。

市销率估值模型的局限性:不能反映成本的变化,而成本是影响企业现金流量和价值的重要因素之一。

因此,这种方法主要适用于销售成本率较低的服务类企业,或者销售成本率趋同的传统行业的企业。

二、市净率模型

▶ 问题导入

华辰公司为实现进入运动自行车行业的发展战略,拟投资一家专门生产运动自行车的 P 公司(该公司已完成股改,计划 3 年内进入 A 股市场)。在对 P 公司进行尽职调查后,华辰公司拟采用相对价值评估方法(市净率模型)对 P 公司进行价值评估。现收集到同行业同类企业 B1、B2、B3、B4、B5 五家可比公司的相关数据,P 公司和可比公司的相关数据资料如表 13-3 所示。

表 13-3　P 公司和可比公司的相关数据资料　　　　　　　　　　　　　　单位:元/股

目标公司有关资料		P 公司和可比企业的有关资料					
公司名称	P 公司	企业名称	B1	B2	B3	B4	B5	P 公司
所属的行业	机械行业	每股市价	18	22	29	15	11	
价值评估模型	市净率模型	每股净资产	2.6	2.9	3.2	2.5	3.8	3.6
		每股净利	0.7	1	1.2	0.6	0.5	0.8

要求:作为公司的财务经理,请运用相对价值评估的方法(市净率模型)对 P 公司的每股价值进行评估。

▶ 模型构建

根据本案例的数据资料构建市净率模型,如图 13-4 所示。

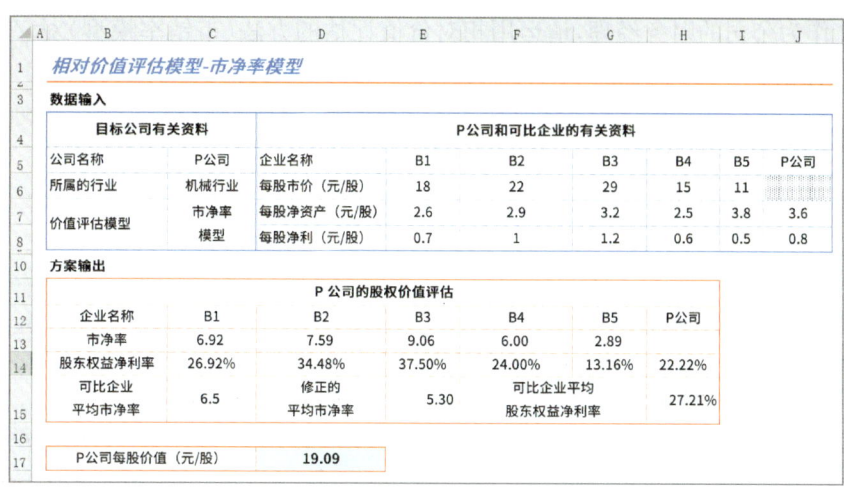

图 13-4 市净率模型

通过图 13-4 可以看到，市净率模型评估 P 公司的每股价值为 19.09 元。模型工作表中计算公式的设置如下：

C13 单元格输入公式"＝E6/E7"，并填充复制到 G13，计算可比公司的市净率。

C14 单元格输入公式"＝E8/E7"，并填充复制到 G14，计算可比公司和目标公司的股东权益净利。

C15 单元格输入公式"＝AVERAGE(C13:G13)"，计算可比公司的平均市净率。

E15 单元格输入公式"＝C15/H15*H14"，计算修正的平均市净率。

H15 单元格输入公式"＝AVERAGE(C14:G14)"，计算可比公司平均股东权益净利率。

D17 单元格输入公式"＝ROUND(E15*J7,2)"，计算 P 公司每股价值。

三、市销率模型

▶ 问题导入

华辰公司为实现进入运动自行车行业的发展战略，拟投资一家专门生产运动自行车的 Z 公司（该公司已完成股改，计划 3 年内进入 A 股市场）。在对 Z 公司进行尽职调查后，华辰公司拟采用相对价值评估方法（市销率模型）对 Z 公司进行价值评估。现收集到同行业同类企业 C1、C2、C3、C4、C5 五家可比公司的相关数据，Z 公司和可比公司的相关数据资料如表 13-4 所示。

表 13-4 Z 公司和可比公司的相关数据资料　　　　　　　　　　　单位：元/股

目标公司有关资料		Z 公司和可比企业的有关资料					
公司名称	Z 公司	企业名称	C1	C2	C3	C4	C5	Z 公司
所属的行业	机械行业	每股市价	16	25	12	18	22	
价值评估模型	市销率模型	每股收入	15	20	10	22	16	15
		每股净利	0.8	1.2	0.5	0.9	1.5	0.85

要求：作为公司的财务经理，请运用相对价值评估的方法（市销率模型）对 Z 公司的每股价值进行评估。

模型构建

根据本案例的数据资料构建市销率模型，如图 13-5 所示。

	A	B	C	D	E	F	G	H	I	J
1		相对价值评估模型-市销率模型								
2										
3		数据输入								
4		目标公司有关资料			Z公司和可比企业的有关资料					
5		公司名称	Z公司		企业名称	C1	C2	C3	C4	C5	Z公司
6		所属的行业	机械行业		每股市价（元/股）	16	25	12	18	22	
7		价值评估模型	市销率模型		每股收入（元/股）	15	20	10	22	16	15
8					每股净利（元/股）	0.8	1.2	0.5	0.9	1.5	0.85
9										
10		结果输出								
11		Z公司的股权价值评估								
12		企业名称	C1	C2	C3	C4	C5	Z公司		
13		市销率	1.07	1.25	1.20	0.82	1.38	1.09		
14		销售净利率	5.33%	6.00%	5.00%	4.09%	9.38%	5.67%		
15		可比企业平均市销率	1.1	修正的平均市销率	1.09		可比企业平均销售净利率	5.96%		
17		Z公司每股价值（元/股）		16.29						

图 13-5　市销率模型

通过图 13-5 可以看到，市销率模型评估 Z 公司的每股价值为 16.29 元。模型工作表中计算公式的设置如下：

C13 单元格输入公式"＝E6/E7"，并填充复制到 G13，计算可比公司的市销率。

C14 单元格输入公式"＝E8/E7"，并填充复制到 G14，计算可比公司的销售净利率。

C15 单元格输入公式"＝AVERAGE(C13:G13)"，计算可比公司的平均市销率。

E15 单元格输入公式"＝C15/H15＊H14"，计算修正的平均市销率。

H15 单元格输入公式"＝AVERAGE(C14:G14)"，计算可比公司平均销售净利率。

D17 单元格输入公式"＝ROUND(E15＊J7,2)"，计算 Z 公司每股价值。

第十四章 投资项目决策分析

第一节 投资项目工程造价分析

一、投资项目建筑工程费用造价分析模型

▶ 问题导入

华辰公司拟进军运动自行车行业,计划投资年产 10 万辆运动自行车项目,拟建项目的厂房建筑面积为 5 000 m^2,同行业已建类似项目的建设工程费用为 3 000 元/m^2。

另外,类似项目工程费用所含的人工费、材料费、机械费和综合税费占建筑工程造价的比例分别为 18.26%、57.63%、9.98%、14.13%。因建设时间、地点、标准不同,相应的综合调整系数分别为 1.25、1.32、1.15、1.12,其他内容不变。

要求:计算该项目的建筑工程费用。

▶ 模型构建

根据上述资料,构建如图 14-1 所示的模型,计算项目建筑工程费用为 3 028.78 万元。

	A	B	C	D	E
2		投资项目建筑工程费用造价分析模型			
4		数据输入			
5		拟建厂房建筑面积（m^2）		8000	
6		类似项目单位工程费用（元/m^2）		3000	
8		构成项目	占造价比例	调整系数	
9		人工费	18.26%	1.25	
10		材料费	57.63%	1.32	
11		机械费	9.98%	1.15	
12		综合税费	14.13%	1.12	
14		结果输出			
15		综合调整系数		1.261992	
16		项目建筑工程费用（万元）		3028.78	

图 14-1 投资项目建筑工程费用造价分析模型

本模型工作表中计算公式的设置如下：

C15 单元格输入公式"= C9 * D9 + C10 * D10 + C11 * D11 + C12 * D12"，计算综合调整系数。

C16 单元格输入公式"= C5 * C6 * C15/10000"，计算项目建筑工程费用。

▶ 知识链接

建设项目可行性研究阶段的投资估算的编制一般包含静态投资部分、动态投资部分与流动资金估算三部分，主要包括以下步骤：

（1）分别估算各单项工程所需建筑工程费、设备及工器具购置费、安装工程费，在汇总各单项工程费用的基础上，估算工程建设其他费用和基本预备费，完成工程项目静态投资部分的估算。

（2）在静态投资部分的基础上，估算价差预备费和建设期利息，完成工程项目动态投资部分的估算。

（3）估算流动资金。

（4）估算建设项目总投资。

投资估算编制的具体流程图，如图 14-2 所示。

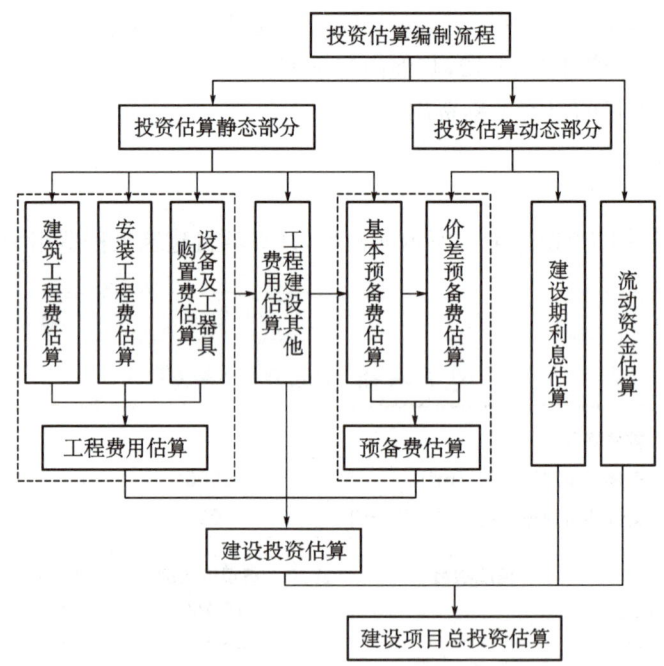

图 14-2　建设项目投资估算编制流程

静态投资部分估算的方法很多，各有其适用的条件和范围，误差程度也不相同。一般情况下，应根据项目的性质、占有的技术经济资料和数据的具体情况，选用适宜的估算方法。在项目建议书阶段，可采取生产能力指数法、系数估算法、比例估算法或混合法等，在条件允许时，也可采用指标估算法；在可行性研究阶段，可采用相对详细的投资估算方法，如指标估算法等。

（1）生产能力指数法，又称指数估算法，是根据已建成的类似项目生产能力和投资额来粗略估算同类但生产能力不同的拟建项目静态投资额的方法。

（2）系数估算法，也称因子估算法，是以拟建项目的主体工程费或主要设备购置费为基数，以其他辅助配套工程费与主体工程费或设备购置费的百分比为系数，依此估算拟建项目静态投资的方法。本办法主要应用于设计深度不足、拟建建设项目与类似建设项目的主体工程费或主要设备购置费比重较大、行业内相关系数等基础资料完备的情况。在我国国内常用的方法有设备系数法和主体专业系数法，世界银行项目投资估算常用的方法是朗格系数法。

（3）比例估算法，是根据已知的同类建设项目主要设备购置费占整个建设项目静态投资的比例，先逐项估算出拟建项目主要设备购置费，再按比例估算拟建项目的静态投资的方法。

（4）混合法，是根据主体专业设计的阶段和深度，投资估算编制者所掌握的各类主体发布的相关投资估算基础资料和数据，以及其他统计和积累的可靠的相关造价基础资料，对一个拟建项目采用上述多种方法混合估算其静态投资额的方法。

（5）指标估算法，是指依据投资估算指标，对各单位工程或单项工程费用进行估算，进而估算建设项目总投资的方法。

二、国产非标设备造价分析模型

▶ 问题导入

华辰公司运动自行车项目需要采购一台国产非标设备，制造厂生产该台设备所用材料费为 200 万元，加工费为 20 万元，辅助材料费为 4 万元。专用工具费率为 1.5%，废品损失费率为 10%，外购配套件费为 50 万元，包装费率为 1%，利润率为 7%，增值税率为 13%，非标准设备设计费为 20 万元。

要求：估算该国产非标设备的原价（计算结果保留两位小数）。

▶ 模型构建

根据上述资料，构建如图 14-3 所示的模型，计算国产非标设备的原价为 382.53 万元。

	A	B	C	D	E	F
2	国产非标设备造价分析模型					
4	数据输入			结果输出		
5	材料费（万元）		200	专用工具费（万元）		3.36
6	加工费（万元）		20	废品损失费（万元）		22.74
7	辅助材料费（万元）		4	包装费（万元）		3
8	专用工具费率		1.5%	利润（万元）		17.72
9	废品损失费率		10.0%	销项税额		41.71
10	外购配套件费（万元）		50			
11	包装费率		1.0%			
12	利润率		7.0%			
13	增值税率		13.0%			
14	非标准设备设计费（万元）		20	非标设备的原价		382.53

图 14-3　国产非标设备造价分析模型

本模型工作表中计算公式的设置如下：

F5 单元格输入公式"= ROUND((C5 + C6 + C7) * C8,2)"，计算专用工具费。

F6 单元格输入公式"= ROUND((C5 + C6 + C7 + F5) * C9,2)"，计算废品损失费。

F7 单元格输入公式"= ROUND((C5 + C6 + C7 + F5 + F6 + C10) * C11,2)"，计算包装费。

F8 单元格输入公式"= ROUND(SUM(C5:C7,F5:F7) * C12,2)"，计算利润。

F9 单元格输入公式"= ROUND(SUM(C5:C7,F5:F8,C10) * C13,2)"，计算销项税额。

F14 单元格输入公式"= SUM(C5:C7,F5:F9,C10,C14)"，计算非标设备的原价。

▶ 知识链接

建设项目的设备购置费是指购置或自制的达到固定资产标准的设备、工器具及生产家具等所需的费用。它由设备原价和设备运杂费构成。

$$设备购置费 = 设备原价(含备品备件费) + 设备运杂费 \qquad (14-1)$$

式中，设备原价是指国内采购设备的出厂价格，或国外采购设备的抵岸价格，设备原价通常包含备品备件费在内，备品备件费是指设备购置时随设备同时订货的首套备品备件所发生的费用；设备运杂费是指除设备原价之外的关于设备采购、运输、途中包装及仓库保管等方面支出费用的总和。

国产设备原价一般指的是设备制造厂的交货价或订货合同价，即出厂价格。它一般根据生产厂或供应商的询价、报价、合同价确定，或采用一定的方法计算确定。国产设备原价分为国产标准设备原价和国产非标准设备原价。

1. 国产标准设备原价

国产标准设备是指按照主管部门颁布的标准图纸和技术要求，由国内设备生产厂批量生产的，符合国家质量检测标准的设备。国产标准设备一般有完善的设备交易市场，因此可通过查询相关交易市场价格或向设备生产厂家询价得到国产标准设备原价。

2. 国产非标准设备原价

国产非标准设备是指国家尚无定型标准，各设备生产厂不可能在工艺过程中采用批量生产，只能按订货要求并根据具体的设计图纸制造的设备。非标准设备由于单件生产、无定型标准，所以无法获取市场交易价格，只能按其成本构成或相关技术参数估算其价格。

非标准设备原价有多种不同的计算方法，如成本计算估价法、系列设备插入估价法、分部组合估价法、定额估价法等。但无论采用哪种方法都应该使非标准设备计价接近实际出厂价，并且计算方法要简便。成本计算估价法是一种比较常用的估算非标准设备原价的方法。按成本计算估价法，非标准设备的原价由以下各项组成。

（1）材料费，其计算公式如下：

$$材料费 = 材料净重×(1 + 加工损耗系数)×每吨材料综合价 \qquad (14-2)$$

（2）加工费，包括生产工人工资和工资附加费、燃料动力费、设备折旧费、车间经费等，其计算公式如下：

$$加工费 = 设备总重量(吨) \times 设备每吨加工费 \tag{14-3}$$

(3) 辅助材料费(简称辅材费),包括焊条、焊丝、氧气、氨气、氮气、油漆、电石等费用。其计算公式如下:

$$辅助材料费 = 设备总重量 \times 辅助材料费指标 \tag{14-4}$$

(4) 专用工具费,按(1)~(3)项之和乘以一定百分比计算。

(5) 废品损失费,按(1)~(4)项之和乘以一定百分比计算。

(6) 外购配套件费,按设备设计图纸所列的外购配套件的名称、型号、规格、数量、重量,根据相应的价格加运杂费计算。

(7) 包装费,按(1)~(6)项之和乘以一定百分比计算。

(8) 利润,可按(1)~(5)项加第(7)项之和乘以一定利润率计算。

(9) 税金,主要是指增值税,通常是指设备制造厂销售设备时向购入设备方收取的销项税额。计算公式如下:

$$当期销项税额 = 销售额 \times 适用增值税率 \tag{14-5}$$

其中,销售额为(1)~(8)项之和。

(10) 非标准设备设计费,按国家规定的设计费收费标准计算。

综上所述,单台非标准设备原价可用下面的公式表达:

$$\begin{aligned}
单台非标准设备原价 = & \{[(材料费 + 加工费 + 辅助材料费) \times (1 + 专用工具费率) \times \\
& (1 + 废品损失费率) + 外购配套件费] \times (1 + 包装费率) - \\
& 外购配套件费\} \times (1 + 利润率) + 外购配套件费 + \\
& 销项税额 + 非标准设备设计费
\end{aligned} \tag{14-6}$$

三、进口设备造价分析模型

▶ 问题导入

华辰公司运动自行车项目需要从国外引进一台进口设备,该设备的货价(离岸价)为200万美元。目前海洋运输公司的海运费率为6%,海运保险费率为0.35%,外贸手续费率、银行手续费率、关税税率和增值税率分别按1.5%、0.5%、17%、13%计取。国内供销手续费率为0.4%,运输、装卸和包装费率为0.1%,采购保管费率为1%。假设美元兑换人民币的汇率均按1美元=6.6元人民币计算,设备的安装费率为设备原价的10%。

要求:估算进口设备的购置费用和安装工程费(计算结果保留两位小数)。

▶ 模型构建

根据上述资料,构建如图14-4所示的模型,估算进口购置费用和安装费用分别为1912.39万元和188.4万元。

本模型工作表中计算公式的设置如下:

F5单元格输入公式"=C5*C15",计算货价。

	A	B	C	D	E	F
2	进口设备造价分析模型					
4	数据输入				结果输出	
5	离岸价（万美元）		200		货价（人民币万元，下同）	1,320.00
6	海运费率		6%		国外运输费	79.20
7	海运保险费率		0.35%		国外运输保险费	4.91
8	外贸手续费率		1.50%		关税	238.70
9	银行手续费率		0.50%		增值税	213.57
10	关税税率		17%		银行财务费	6.60
11	增值税率		13%		外贸手续费	21.06
12	国内供销手续费率		0.40%		进口设备原价	1,884.04
13	运输、装卸和包装费率		0.10%		供销以及运输、装卸、包装费	9.42
14	采购保管费率		1%		采购保管费	18.93
15	汇率（1美元兑人民币）		6.6		进口设备购置费	1,912.39
16	设备的安装费率		10%		设备的安装费	188.40

图 14-4　进口设备造价分析模型

F6 单元格输入公式"= F5 * C6"，计算国外运输费。

F7 单元格输入公式"= ROUND((F5 + F6) * C7/(1 − C7),2)"，计算国外运输保险费。

F8 单元格输入公式"= ROUND((F5 + F6 + F7) * C10,2)"，计算关税。

F9 单元格输入公式"= ROUND((F5 + F6 + F7 + F8) * C11,2)"，计算增值税。

F10 单元格输入公式"= F5 * C9"，计算银行财务费。

F11 单元格输入公式"= ROUND((F5 + F6 + F7) * C8,2)"，计算外贸手续费。

F12 单元格输入公式"= SUM(F5:F11)"，计算进口设备原价。

F13 单元格输入公式"= ROUND(F12 * (C12 + C13),2)"，计算供销以及运输、装卸、包装费。

F14 单元格输入公式"= ROUND((F12 + F13) * C14,2)"，计算采购保管费。

F15 单元格输入公式"= F12 + F13 + F14"，计算进口设备购置费。

F16 单元格输入公式"= ROUND(F12 * C16,2)"，计算设备的安装费。

知识链接

进口设备的原价是指进口设备的抵岸价，即设备抵达买方边境、港口或车站，缴纳完各种手续费、税费后形成的价格。抵岸价通常是由进口设备到岸价（CIF）和进口从属费构成的。进口设备的到岸价，即设备抵达买方边境港口或边境车站所形成的价格。在国际贸易中，交易双方所使用的交货类别不同，则交易价格的构成内容也有所差异。进口设备从属费用是指进口设备在办理进口手续过程中发生的应计入设备原价的银行财务费、外贸手续费、进口关税、消费税、进口环节增值税及进口车辆的车辆购置税等。

1. 进口设备的交易价格

在国际贸易中，较为广泛使用的交易价格术语有 FOB、CFR 和 CIF。

(1) FOB(free on board)，意为装运港船上交货，亦称为离岸价格。FOB 术语是指当货物在装运港被装上指定船时，卖方即完成交货义务。风险转移，以在指定的装运港货物被装上指定船时为分界点。

(2) CFR(cost and freight)，意为成本加运费，或称运费在内价。CFR 术语是指货物在装运港被装上指定船时，卖方即完成交货，卖方必须支付将货物运至指定的目的港所需的运费和费用，但交货后货物灭失或损坏的风险，以及由于各种事件造成的任何额外费用，即由卖方转移到买方。

(3) CIF(cost insurance and freight)，意为成本加保险费、运费，习惯称为到岸价格。在 CIF 术语中，卖方除负有与 CFR 相同的义务外，还应办理货物在运输途中最低险别的海运保险，并应支付保险费。如买方需要更高的保险险别，则需要与卖方明确地达成协议，或者自行做出额外的保险安排。

2. 进口设备到岸价的构成及计算

$$\text{进口设备到岸价(CIF)} = \text{离岸价格} + \text{国际运费} + \text{运输保险费} = \text{运费在内价(CRF)} + \text{运输保险费} \quad (14-7)$$

(1) 货价。货价一般是指装运港船上交货价(FOB)。设备货价分为原币货价和人民币货价，原币货价一律折算为美元表示，人民币货价按原币货价乘以外汇市场美元兑换人民币汇率中间价确定。进口设备货价按有关生产厂商询价、报价、订货合同价计算。

(2) 国际运费。国际运费即从装运港（站）到达我国目的港（站）的运费。我国进口设备大部分采用海洋运输，小部分采用铁路运输，个别采用航空运输。进口设备国际运费计算公式为：

$$\text{国际运费（海、陆、空）} = \text{原币货价(FOB)} \times \text{运费率} \quad (14-8)$$

$$\text{国际运费（海、陆、空）} = \text{单位运价} \times \text{运量} \quad (14-9)$$

其中，运费率或单位运价参照有关部门或进出口公司的规定执行。

(3) 运输保险费。对外贸易货物运输保险是由保险人（保险公司）与被保险人（出口人或进口人）订立保险契约，在被保险人交付议定的保险费后，保险人根据保险契约的规定对货物在运输过程中发生的承保责任范围内的损失给予经济上的补偿。这是一种财产保险，计算公式为：

$$\text{运输保险费} = \frac{\text{原币货价(FOB)} + \text{国际运费}}{1 - \text{保险费率}} \times \text{保险费率} \quad (14-10)$$

其中，保险费率按保险公司规定的进口货物保险费率计算。

3. 进口从属费的构成及计算

$$\text{进口从属费} = \text{银行财务费} + \text{外贸手续费} + \text{关税} + \text{消费税} + \text{进口环节增值税} + \text{车辆购置税} \quad (14-11)$$

(1) 银行财务费，一般是指在国际贸易结算中，金融机构为进出口商提供金融结算服务所收取的费用，可按下式简化计算：

$$\text{银行财务费} = \text{离岸价格(FOB)} \times \text{人民币外汇汇率} \times \text{银行财务费率} \quad (14-12)$$

(2) 外贸手续费，是指按对外经济贸易部门规定的外贸手续费率计取的费用，外贸手续费率一般取 1.5%，计算公式为：

$$外贸手续费 = 到岸价格(CIF) \times 人民币外汇汇率 \times 外贸手续费率 \qquad (14-13)$$

（3）关税，由海关对进出国境或关境的货物和物品征收的一种税，计算公式为：

$$关税 = 到岸价格(CIF) \times 人民币外汇汇率 \times 进口关税税率 \qquad (14-14)$$

到岸价格作为关税的计征基数时，通常又可称为关税完税价格。进口关税税率分为优惠税率和普通税率两种。优惠税率适用于与我国签订关税互惠条款的贸易条约或协定的国家的进口设备；普通税率适用于与我国未签订关税互惠条款的贸易条约或协定的国家的进口设备。进口关税税率按我国海关总署发布的进口关税税率计算。

（4）消费税，仅对部分进口设备（如轿车、摩托车等）征收，一般计算公式为：

$$应纳消费税税额 = \frac{到岸价格(CIF) \times 人民币外汇汇率}{1 - 消费税税率} \times 消费税税率 \qquad (14-15)$$

其中，消费税税率根据规定的税率计算。

（5）进口环节增值税，是对从事进口贸易的单位和个人，在进口商品报关进口后征收的税种。我国增值税征收条例规定，进口应税产品均按组成计税价格和增值税税率直接计算应纳税额，

$$进口环节增值税额 = 组成计税价格 \times 增值税税率 \qquad (14-16)$$

$$组成计税价格 = 关税完税价格 + 关税 + 消费税 \qquad (14-17)$$

其中，增值税税率根据规定的税率计算。

（6）进口车辆购置税。进口车辆需缴纳进口车辆购置税，其公式为：

$$进口车辆购置税 = (关税完税价格 + 关税 + 消费税) \times 车辆购置税率 \qquad (14-18)$$

4. 设备运杂费的构成及计算

（1）设备运杂费的构成。

设备运杂费是指国内采购设备自来源地、国外采购设备自到岸港运至工地仓库或指定堆放地点发生的采购、运输、运输保险、保管、装卸等费用，通常由下列各项构成。

A. 运费和装卸费。国产设备由设备制造厂交货地点起至工地仓库（或施工组织设计指定的需要安装设备的堆放地点）止所发生的运费和装卸费；进口设备由我国到岸港口或边境车站起至工地仓库（或施工组织设计指定的需安装设备的堆放地点）止所发生的运费和装仓费。

B. 包装费，是指在设备原价中没有包含的，为运输而进行的包装支出的各种费用。

C. 设备供销部门的手续费。按有关部门规定的统一费率计算。

D. 采购与仓库保管费，是指采购、验收、保管和收发设备所发生的各种费用，包括设备采购人员、保管人员和管理人员的工资、工资附加费、办公费、差旅交通费，设备供应部门办公和仓库所占固定资产使用费、工具用具使用费、劳动保护费、检验试验费等。这些费用可按主管部门规定的采购与保管费费率计算。

（2）设备运杂费的计算。

设备运杂费按设备原价乘以设备运杂费率计算，其公式为：

设备运杂费＝设备原价×设备运杂费率　　　　　　　　　　（14-19）

第二节　投资项目决策分析

一、投资项目盈利能力评价指标测算

> 问题导入

华辰公司拟投资自行车轮胎生产线项目。有关资料如下：

项目建设期 2 年，运营期 8 年，建设投资总额 5 000 万元，在建设期均匀投入，其中形成无形资产 600 万元，没有其他资产。

建设期投资资金来源为资本金和借款，资本金 2 800 万元，借款 2 200 万元，在建设期每年均衡借入 1 100 万元，年利率为 6%。

建设期借款和利息在运营期的第一年至第三年等额偿还，利息照付。

预计运营期第一年营业收入为 3 500 万元，以后各年均为 5 000 万元。税金及附加为营业收入的 6%，所得税税率为 25%。

运营期第一年经营成本为 1 960 万元，以后各年均为 2 800 万元。无形资产在运营期内均匀摊入成本。固定资产使用年限为 10 年，残值为 200 万元，按直线法计提折旧，经营期结束固定资产按账面价值回收。

运营期需流动资金 900 万元，其中运营期第一年用资本金投入 500 万元，第二年年初和第三年年初分别向银行借款 100 万元和 300 万元。流动资金借款年利率为 4%。

投资者要求项目的内部收益率不低于 15%，静态投资回收期小于 7 年。（行业基准折现率为 12%）

要求：构建投资项目可行性分析财务评价体系，分别计算净现值、内部收益率和静态投资回收期这三个盈利能力指标，判断项目是否可行。

> 模型构建

根据本案例资料，构建如图 14-5 所示一系列计算分析表，包括 A001～A007 计算分析表。

图 14-6 所示为 A001 项目盈利能力评价结果表，通过本表可以看出：净现值（NPV）为 849.09 万元，大于基准值 0，项目可行；内部收益率（IRR）为 19.45%，大于基准值 15%，项目可行；静态投资回收期（Pt）为 6.09 年，小于基准值 7 年，项目可行。

图 14-6 所示的计算分析表中，评价指标测算的计算公式的设置如下：

目录	
表号	财务分析表格名称
A001	项目盈利能力评价结果表
A002	项目基础数据表
A003	建设投资借款还本付息表
A004	流动资金借款付息表
A005	总成本费用估算表
A006	利润与利润分配表
A007	项目投资现金流量表

图 14-5　项目分析明细表目录

	A	B	C	D	E	F
1						
2		**A001 项目盈利能力评价结果表**				
3		评价指标	基准值	测算值	财务评价	
4		NPV-净现值（万元）	>0	854.09	项目可行	
5		IRR-内部收益率	15.00%	19.45%	项目可行	
6		Pt-静态投资回收期(年)	7.00	6.09	项目可行	

图 14-6　A001 项目盈利能力评价结果表

D4 单元格输入公式"= NPV('2 项目基础数据表'！E33,'7 项目投资现金流量表'！C16:L16)"，计算项目净现值。

D5 单元格输入公式"= IRR('7 项目投资现金流量表'！C16:L16)"，计算项目内部收益率。

D6 单元格输入公式"= COUNTIF('7 项目投资现金流量表'！C17:L17,"＜=0") + ABS(LOOKUP(COUNTIF('7 项目投资现金流量表'！C17:L17,"＜=0"),'7 项目投资现金流量表'！C3:L3,'7 项目投资现金流量表'！C17:L17))/LOOKUP(COUNTIF('7 项目投资现金流量表'！C17:L17,"＜=0") + 1,'7 项目投资现金流量表'！C3:L3,'7 项目投资现金流量表'！C16：L16)"，计算项目静态投资回收期。

表 14-1～表 14-3 所示为 A002 项目基础数据表，项目基础数据包括"建设期基本数据""运营期基本数据"和"评价基准数据"。

表 14-1　A002 项目基础数据表——建设期基本数据

序号	内容	单位	数额	备注
一	建设期基本数据			
1	建设投资总额	万元	5 000.00	
(1)	资本金投入额	万元	2 800.00	
(2)	借款金额	万元	2 200.00	
2	建设期	年	2.00	
3	建设期每年借款金额	万元	1 100.00	均衡借入
4	建设期借款年利率		6.00%	
5	建设期利息	万元	133.98	
6	形成固定资产金额	万元	4 533.98	
7	形成无形资产金额	万元	600.00	
8	不含建设期利息的固定资产金额	万元	4 400.00	

表 14-2　A002 项目基础数据表——运营期基本数据

序号	内容	单位	数额	备注
二	运营期基本数据			
1	第 1 年营业收入	万元	3 500.00	
2	第 2~8 年营业收入	万元	5 000.00	
3	第 1 年经营成本	万元	1 960.00	
4	第 2~8 年经营成本	万元	2 800.00	
5	固定资产残值	万元	200.00	
6	固定资产折旧年限	年	10.00	
7	无形资产摊销年限	年	8.00	
8	运营流动资金	万元	900.00	
(1)	第 1 年资本金投入金额	万元	500.00	
(2)	第 2 年银行借款金额	万元	100.00	年初
(3)	第 3 年银行借款金额	万元	300.00	年初
9	运营期流动资金借款年利率		4.00%	
10	税金及附加		0.06	以营业收入为基数
11	所得税税率		0.25	
12	项目运营期	年	8.00	
13	行业基准折现率		12%	

表 14-3　A002 项目基础数据表——评价基准数据

序号	内容	单位	数额	备注
三	评价基准数据			
1	期望内部收益率		15.00%	
2	基准静态投资回收期（含建设期）	年	7.00	

表 14-4 所示为 A003 建设投资借款还本付息表。

表 14-4　A003 建设投资借款还本付息表　　　　　　　　单位：万元

序号	项目	建设期		运营期			
		1	2	3	4	5	…
1	期初借款余额		1 133.00	2 333.98	1 600.86	823.74	
2	当年新增借款	1 100.00	1 100.00				
3	当年应计利息	33.00	100.98	140.04	96.05	49.42	
4	当年应还本金			733.12	777.11	823.74	
5	当年还本付息			873.16	873.16	873.16	
6	期末借款余额	1 133.00	2 333.98	1 600.86	823.74		

表 14-5 所示为 A004 流动资金借款付息表。

表 14-5　A004 流动资金借款付息表　　　　　　　　　　　单位：万元

序号	项目	运营期							
		3	4	5	6	7	8	9	10
1	期初借款余额	—	—	100.00	400.00	400.00	400.00	400.00	400.00
2	当年新增借款	—	100.00	300.00					
3	当年应计利息	—	4.00	16.00	16.00	16.00	16.00	16.00	16.00
4	当年应还本金	—							400.00
5	当年应付利息	—	4.00	16.00	16.00	16.00	16.00	16.00	16.00
6	期末借款余额	—	100.00	400.00	400.00	400.00	400.00	400.00	—

表 14-6 所示为 A005 总成本费用估算表。

表 14-6　A005 总成本费用估算表　　　　　　　　　　　单位：万元

序号	项目	3	4	5	6	7	8	9	10
1	经营成本	1 960.00	2 800.00	2 800.00	2 800.00	2 800.00	2 800.00	2 800.00	2 800.00
2	固定资产折旧费	433.40	433.40	433.40	433.40	433.40	433.40	433.40	433.40
3	无形资产摊销费	75.00	75.00	75.00	75.00	75.00	75.00	75.00	75.00
4	其他资产摊销费	—							
4	建设投资借款利息	140.04	96.05	49.42					
5	流动资金借款利息	—	4.00	16.00	16.00	16.00	16.00	16.00	16.00
6	总成本费用	2 608.44	3 408.45	3 373.82	3 324.40	3 324.40	3 324.40	3 324.40	3 324.40

表 14-7 所示为 A006 利润与利润分配表。

表 14-7　A006 利润与利润分配表　　　　　　　　　　　单位：万元

序号	项目	3	4	5	6	7	8	9	10
1	营业收入	3 500.00	5 000.00	5 000.00	5 000.00	5 000.00	5 000.00	5 000.00	5 000.00
2	总成本费用	2 608.44	3 408.45	3 373.82	3 324.40	3 324.40	3 324.40	3 324.40	3 324.40
3	营业税金及附加	210.00	300.00	300.00	300.00	300.00	300.00	300.00	300.00
4	补贴收入	—	—	—	—	—	—	—	—
5	利润总额	681.56	1 291.55	1 326.18	1 375.60	1 375.60	1 375.60	1 375.60	1 375.60
6	弥补以前年度亏损								
7	应纳税所得额	681.56	1 291.55	1 326.18	1 375.60	1 375.60	1 375.60	1 375.60	1 375.60
8	所得税	170.39	322.89	331.55	343.90	343.90	343.90	343.90	343.90
9	净利润	511.17	968.66	994.64	1 031.70	1 031.70	1 031.70	1 031.70	1 031.70
10	息税前利润	821.60	1 391.60	1 391.60	1 391.60	1 391.60	1 391.60	1 391.60	1 391.60

表 14-8 所示为 A007 项目投资现金流量表。本表是项目投资评价体系中非常重要的一个计算分析表,在 A001 项目盈利能力评价结果表中盈利能力指标的计算数据均来自本表,本表数据来自前述基础数据表和其他相关数据表。

表 14-8　A007 项目投资现金流量表　　　　　单位:万元

序号	项目	建设期		运营期							
		1	2	3	4	5	6	7	8	9	10
1	现金流入	—	—	3 500.00	5 000.00	5 000.00	5 000.00	5 000.00	5 000.00	5 000.00	6 940.00
1.1	营业收入	—	—	3 500.00	5 000.00	5 000.00	5 000.00	5 000.00	5 000.00	5 000.00	5 000.00
1.2	补贴收入	—	—	—	—	—	—	—	—	—	—
1.3	回收固定资产余值	—	—	—	—	—	—	—	—	—	1 040.00
1.4	回收流动资金	—	—	—	—	—	—	—	—	—	900.00
2	现金流出	2 500.00	2 500.00	2 878.75	3 551.25	3 751.25	3 451.25	3 451.25	3 451.25	3 451.25	3 451.25
2.1	建设投资	2 500.00	2 500.00	—	—	—	—	—	—	—	—
2.2	流动资金投资	—	—	500.00	100.00	300.00	—	—	—	—	—
2.3	经营成本	—	—	1 960.00	2 800.00	2 800.00	2 800.00	2 800.00	2 800.00	2 800.00	2 800.00
2.4	营业税金及附加	—	—	210.00	300.00	300.00	300.00	300.00	300.00	300.00	300.00
2.5	维持运营投资	—	—	—	—	—	—	—	—	—	—
2.6	调整所得税	—	—	208.75	351.25	351.25	351.25	351.25	351.25	351.25	351.25
3	净现金流量	-2 500.00	-2 500.00	621.25	1 448.75	1 248.75	1 548.75	1 548.75	1 548.75	1 548.75	3 488.75
4	累计净现金流量	-2 500.00	-5 000.00	-4 378.75	-2 930.00	-1 681.25	-132.50	1 416.25	2 965.00	4 513.75	8 002.50
5	折现系数(12%)	0.892 9	0.797 2	0.711 8	0.635 5	0.567 4	0.506 6	0.452 3	0.403 9	0.360 6	0.322 0
6	折现后净现金流	-2 232.14	-1 992.98	442.19	920.71	708.57	784.65	700.58	625.51	558.49	1 123.28
7	累计折现净现金流	-2 232.14	-4 225.13	-3 782.93	-2 862.23	-2 153.65	-1 369.01	-668.43	-42.92	515.58	1 638.86

知识链接

投资项目盈利能力评价指标要有净现值法和内含报酬率法。此外,还有一些辅助方法,比如回收期法。

1. 净现值法

净现值是指特定项目未来现金净流量现值与原始投资额现值的差额。它是评价项目是否可行的最重要的指标。如果净现值为正数,表明投资报酬率大于资本成本,该项目可以增加股东财富,应予采纳。如果净现值为 0,表明投资报酬率等于资本成本,不改变股东财富,可选择采纳或不采纳该项目。如果净现值为负数,表明投资报酬率小于资本成本,该项目将减损股东财富,应予以放弃。

计算净现值的公式:

$$净现值 = 未来现金净流量现值 - 原始投资额现值 \qquad (14-20)$$

比较投资额不同的项目之间的效率问题,可以使用现值指数法。

所谓现值指数,是指投资项目未来现金净流量现值与原始投资额现值的比值,亦称现值比率或获利指数。

计算现值指数的公式：

$$现值指数 = \frac{未来现金净流量现值}{原始投资额现值} \tag{14-21}$$

现值指数是相对数，反映投资的效率，B 项目的效率高；净现值是绝对数，反映投资的效益，A 项目的效益大。两者各有自己的用途。那么，是否可以认为 B 项目比 A 项目好呢？不一定。因为它们持续的时间不同，现值指数消除了投资额的差异，但是没有消除项目期限的差异。我们在下一节再进一步讨论这个问题。

2. 内含报酬率法

内含报酬率是指能够使未来现金净流量现值等于原始投资额现值的折现率，或者使投资项目净现值为 0 的折现率。

净现值法和现值指数法虽然考虑了时间价值，可以说明投资项目的报酬率高于或低于资本成本，但没有揭示项目本身可以达到的报酬率是多少。内含报酬率是根据项目的现金流量计算的，是项目本身的投资报酬率。内含报酬率的计算，可以通过 Excel 的财务函数 IRR 来计算。

内含报酬率法和现值指数法有相似之处，都是根据相对比率来评价项目，而不像净现值法那样使用绝对数来评价项目。在评价项目时要注意到，比率高的项目绝对数不一定大，反之也一样。这种不同和利润率与利润额不同是类似的。

内含报酬率法与现值指数法也有区别。在计算内含报酬率时不必事先估计资本成本，只是最后才需要一个切合实际的资本成本来判断项目是否可行。现值指数法需要一个合适的资本成本，以便将现金流量折为现值，折现率的高低有时会影响方案的优先次序。

3. 回收期法

（1）静态回收期法。

静态回收期是指投资引起的未来现金净流量累计到与原始投资额相等所需要的时间。它代表收回投资所需要的年限。回收年限越短，项目越有利。

在原始投资额一次支出，建设期为 0，未来每年现金净流量相等时：

$$静态回收期 = \frac{原始投资额}{未来每年现金净流量} \tag{14-22}$$

如果未来现金净流量每年不等，或原始投资额是分几年投入的，则使累计未来现金净流量等于原始投资额的时间为静态回收期。

静态回收期法的缺点是：忽视了时间价值，把不同时间点的货币收支看成等效的；没有考虑静态回收期以后的现金流，也就是没有衡量盈利性；促使公司接受短期项目，放弃有战略意义的长期项目。

一般来说，静态回收期越短的项目风险越低，因为时间越长越难以预计，风险越大。短期项目给企业提供了较强的灵活性，快速收回的资金可用于别的项目。因此，静态回收期法可以粗略地快速衡量项目的流动性和风险。事实上有战略意义的长期投资往往早期收益较低，而中后期收益较高。静态回收期法优先考虑急功近利的项目，可能导致放弃长期成功的项目。

（2）动态回收期法。

为了克服静态回收期法不考虑货币时间价值的缺点，人们提出了动态回收期法。动态回收期也被称为折现回收期,是指在考虑货币时间价值的情况下,投资引起的未来现金流量累计到与原始投资额相等所需要的时间。

二、互斥项目优选共同年限法决策分析模型

▶ 问题导入

华辰公司下年度有投资额和寿命期均不同的 A、B 两个互斥项目,两个项目的初始投资额、寿命期和每期的现金流量如表 14-9 所示。

表 14-9　A 项目和 B 项目每年现金流量　　　　　　　　　　　　　单位:元

项目	0	1	2	3	4	5	6
A	-40 000	13 000	8 000	14 000	12 000	11 000	15 000
B	-17 800	7 000	13 000	12 000			

要求:分别计算两个项目的净现值和内含报酬率,进行项目的优选。如果两个项目的净现值和内含报酬率出现矛盾时,采用共同年限法对项目进行优选。

▶ 模型构建

根据上述资料,构建如图 14-7 所示模型。通过分析计算:A 项目的净现值为 12 441.56 万元,大于 B 项目的 8 323.22 万元,而 A 项目内含报酬率为 19.73%,小于 B 项目的 32.67%,即净现值和内含报酬率出现矛盾。采用共同年限法重置 B 项目,重新计算 B 项目的净现值为 14 576.57 万元,大于 A 项目,所以应选择 B 项目。

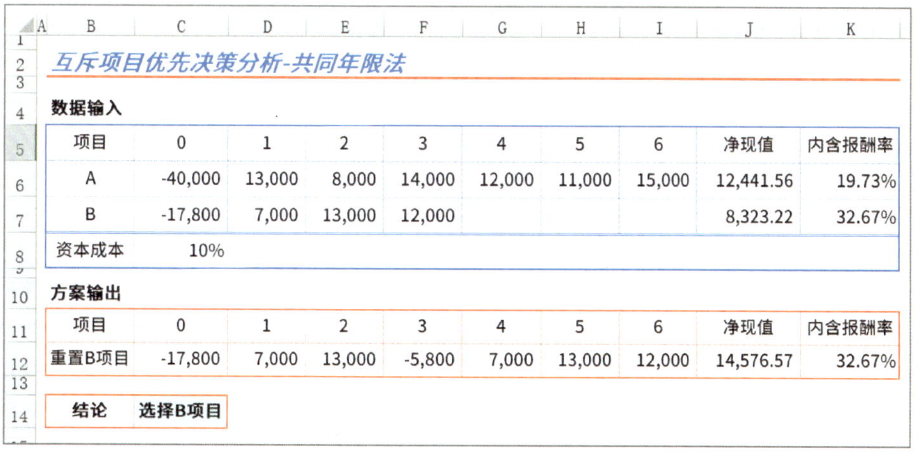

图 14-7　共同年限法

本模型工作表中计算公式的设置如下:

J6 单元格输入公式" = NPV($ C $ 8,D6:I6) + C6",计算 A 项目净现值。
J7 单元格输入公式" = NPV($ C $ 8,D7:F7) + C7",计算 B 项目净现值。
K6 单元格输入公式" = IRR(C6:I6)",计算 A 项目内含报酬率。

K7 单元格输入公式"= IRR(C7:F7)",计算 B 项目内含报酬率。
J12 单元格输入公式"= NPV(C8,D12:I12)+C12",计算重置 B 项目后净现值。
K12 单元格输入公式"= IRR(C12:I12)",计算重置 B 项目后内含报酬率。
C14 单元格输入公式"= IF(J6>J12,"选择 A 项目","选择 B 项目")",显示计算的结论。

▶ 知识链接

如果两个互斥项目不仅投资额不同,项目期限也不同,则其净现值没有可比性。例如,一个项目投资 3 年创造了较少的净现值,另一个项目投资 6 年创造了较多的净现值,后者的盈利性不一定比前者好。

共同年限法的原理是假设投资项目可以在终止时进行重置,通过重置使两个项目达到相同的年限,然后比较其净现值。该方法也被称为重置价值链法。

共同年限法有一个难题:共同比较期的时间可能很长。例如,一个项目 7 年,另一个项目 9 年,则共同比较期为 63 年。计算量大还在其次,计算机可以帮助解决,关键是 60 多年后的现金流量(尤其是重置时的原始投资),因技术进步和通货膨胀等因素,难以可靠估计。

三、互斥项目优选等额年金法决策分析模型

▶ 问题导入

根据本节"二、互斥项目优选共同年限法决策分析模型"资料,采用等额年金法对项目进行优选。

▶ 模型构建

根据上述资料,构建如图 14-8 所示模型,通过分析计算:B 项目的等额年金和永续年金均大于 A 项目,所以选择 B 项目。

互斥项目优先决策分析-等额年金法

数据输入

项目	0	1	2	3	4	5	6	净现值	内含报酬率
A	-40,000	13,000	8,000	14,000	12,000	11,000	15,000	12,442	19.73%
B	-17,800	7,000	13,000	12,000				8,323	32.67%

资本成本 10%

方案输出

项目	等额年金	永续年金
A项目	2,857	28,566.75
B项目	3,347	33,468.88

结论	选择B项目

图 14-8 互斥项目优先决策分析-等额年金法

本模型工作表中计算公式的设置如下：

C12 单元格输入公式"= - PMT(C8,I5,J6)"，计算 A 项目等额年金。
C13 单元格输入公式"= - PMT(C8,F5,J7)"，计算 B 项目等额年金。
D12 单元格输入公式"= C12/C8"，计算 A 项目永续年金。
D13 单元格输入公式"= C13/C8"，计算 B 项目永续年金。
C15 单元格输入公式"= IF(J6>J12,"选择 A 项目","选择 B 项目")"，显示计算结论。

▶ 知识链接

等额年金法是用于年限不同项目比较的另一种方法。它比共同年限法要简单。其计算步骤如下：①计算两项目的净现值；②计算净现值的等额年金额；③假设项目可以无限重置，并且每次都在该项目的终止期，等额年金的资本化就是项目的净现值。

互斥项目优选共同年限法和等额年金法这两种分析方法的区别是：共同年限法比较直观，易于理解，但是预计现金流的工作很困难。等额年金法应用简单，但不便于理解。

两种方法存在共同的缺点：①有的领域技术进步快，目前就可以预期升级换代不可避免，不可能原样复制；②如果通货膨胀比较严重，必须考虑重置成本的上升，这是一个非常具有挑战性的任务，对此两种方法都没有考虑；③从长期来看，竞争会使项目净利润下降，甚至被淘汰，对此分析时没有考虑。通常在实务中，只有重置概率很大的项目才适宜采用上述分析方法。对于预计项目年限差别不大的项目，例如，8 年期限和 10 年期限的项目，直接比较净现值，不需要做重置现金流的分析，因为预计现金流量和资本成本的误差比年限差别还大。预计项目的有效年限本来就很困难，技术进步和竞争随时会缩短一个项目的经济年限，不断地维修和改进也会延长项目的有效年限。有经验的分析人员，历来不重视 10 年以后的数据，因其现值已经很小，往往直接舍去 10 年以后的数据，只进行 10 年内的重置现金流分析。

四、总量有限时资本分配模型

▶ 问题导入

华辰公司下年度计划安排 2 000 万元用于研发项目，现有 6 个研发项目符合公司的业务规划，但 6 个项目总的资金需求超过 2 000 万元，因此 6 个项目之间必须进行取舍。各项目所需资金与各项目将产生的净现值如表 14-10 所示。

表 14-10 各项目所需资金与各项目将产生的净现值

项目	项目1	项目2	项目3	项目4	项目5	项目6
项目净现值（万元）	200	280	120	150	220	180
资金需要（万元）	550	830	240	490	610	520

要求：在总资金 2 000 万元以内，并确保项目合计净现值最大的情况下，应选择研发哪些项目？

模型构建

根据上述资料,构建如图 14-9 所示模型,通过计算,应选择项目 1、项目 3、项目 5 和项目 6 这 4 个项目,将获得项目净现值 720 万元,且资金需求为 1 920 万元,控制在计划资金 2 000 万元的范围内。

项目	项目1	项目2	项目3	项目4	项目5	项目6	计划资金（万元）
数据输入							
项目净现值（万元）	200	280	120	150	220	180	
资金需要（万元）	550	830	240	490	610	520	
							2,000
方案输出							
项目选择	1	-	1	-	1	1	合计
项目净现值（万元）	200	-	120	-	220	180	720
资金需求（万元）	550	-	240	-	610	520	1,920

图 14-9　总量有限时资本分配模型

本模型工作表中计算公式的设置如下:

C12 单元格输入公式" = C11 * C6",并填充复制到 H12 单元格,计算所选项目的净现值。

C13 单元格输入公式"C11 * C7",并填充复制到 H13 单元格,计算所选项目的资金需求。

I12 单元格输入公式" = SUM(C12:H12)",计算所选项目净现值的合计数。

I13 单元格输入公式" = SUM(C13:H13)",计算所选项目资金需求的合计数。

本模型运用到规划求解加载项,其中:设置单元格区域 C11:H11 为可变单元格区域(变量区域),设置 I12 单元格的值为目标值,I8 单元格的值为约束条件,具体如图 14-10 所示"规划求解参数"对话框。

知识链接

在实务中会有许多总量资本受到限制的情况出现,无法为全部净现值为正的项目筹资。这时需要考虑将有限的资本分配给哪些项目。资本分配问题是指在企业投资项目有总量预算约束的情况下,如何选择相互独立的项目。具有一般意义的做法如下:首先,将全部项目排列出不同的组合,每个组合的投资需要不超过资本总量;其次,计算各项目的净现值以及各组合的净现值合计;最后,选择净现值最大的组合作为采纳的项目。

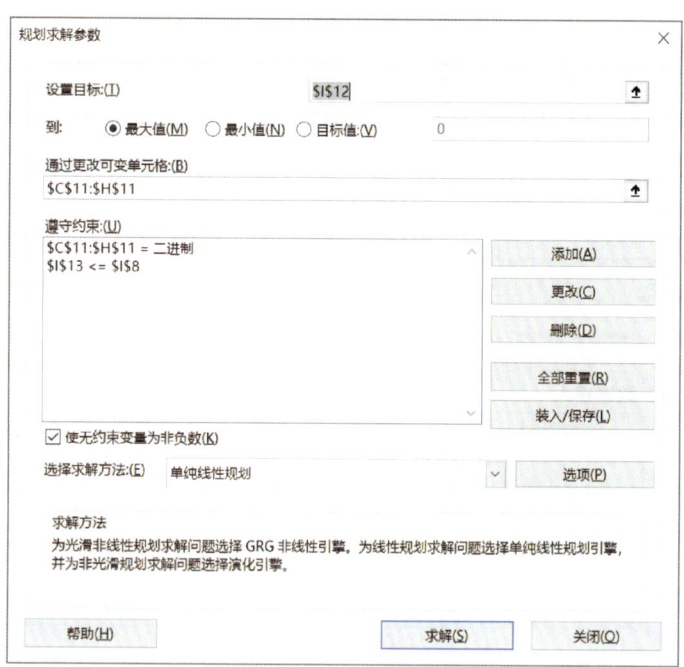

图 14-10 规划求解参数的设置

值得注意的是,这种资本分配方法仅适用于单一期间的资本分配,不适用于多期间的资本分配问题。所谓多期间资本分配,是指资本的筹集和使用涉及多个期间。例如,今年筹资的限额是 10 000 万元,明年又可以筹资 10 000 万元;与此同时,已经投资的项目可不断收回资金并及时用于另外的项目。此时,需要进行更复杂的多期间规划分析,不能用现值指数排序这一简单方法解决。

五、存在互斥项目的总量有限时资本分配模型

▶ 问题导入

华辰公司计划安排 2 000 万元用于研发项目,现有 P1 至 P6 共 6 个研发项目符合公司的业务规划,但 6 个项目总的资金需求超过 2 000 万元,因此 6 个项目之间必须进行取舍。各项目所需资金与各项目将产生的净现值如表 14-11 所示。

表 14-11 各项目所需资金与各项目将产生的净现值 单位:万元

项目	P1	P2	P3	P4	P5	P6
投资额	850	580	670	730	470	590
净现值	291	204	193	203	107	163

另外,在上述 6 个项目中,项目 P1 和 P2,项目 P3、P4 和 P5,以及项目 P3 和 P6 是互斥项目。

要求:在总资金范围内,考虑项目互斥的前提下,要确保项目合计净现值最大,应选择研发哪些项目?

▶ 模型构建

根据上述资料,构建如图 14-11 所示的模型。通过计算,应选择 P2、P4 和 P6 项目,这 3 个项目可获得净现值 570 万元,资金需求为 1 900 万元,控制在计划资金 2 000 万元的范围内,且 3 个项目不存在互斥关系。

	A	B	C	E	F	G
2	**存在互斥项目的总量有限时资本分配模型**					
4	数据输入					
5		资金限制	2,000	项目	投资额	净现值
6			P1、P2	P1	850	291
7		互斥项目	P3、P4、P5	P2	580	204
8			P3、P6	P3	670	193
9				P4	730	203
10				P5	470	107
11				P6	590	163
13	结果输出					
14		项目	选择	项目互斥判断		
15		P1	0	P1、P2	1	
16		**P2**	1	P3、P4、P5	1	
17		P3	0	P3、P6	1	
18		**P4**	1			
19		P5	0			
20		**P6**	1			
22		实际使用资金	1900			
23		最大净现值	570			

图 14-11 存在互斥项目的总量有限时资本分析模型

本模型运用到规划求解加载项,图 14-12 所示为"规划求解参数"对话框,其中:

(1) C23 单元格是目标值,设定目标值为最大净现值。

(2) 单元格区域 C15:C20 为可变单元格,即需要求解选择的项目。

(3) 约束条件包括:①单元格区域 C15:C20 的值为二进制数;②C22≤C5(资金总量有限的约束);③F15≤1,项目 P1 和 P2 互斥的约束;④F16≤1,项目 P3、P4 和 P5 互斥的约束;⑤F17≤1,项目 P3 和 P6 互斥的约束。

本模型工作表中计算公式的设置如下:

F15 单元格输入公式"= C15 + C16"。

F16 单元格输入公式"= C17 + C18 + C19"。

F17 单元格输入公式"= C17 + C20"。

C22 单元格输入公式"= SUMPRODUCT(C15:C20,F6:F11)",计算所选项目的实际使用资金总额。

C23 单元格输入公式"= SUMPRODUCT(C15:C20,G6:G11)",计算所选项目的最大净现值。

图 14-12　规划求解参数的设置

六、固定资产更新投资决策模型

▶ 问题导入

华辰公司有一条已使用 4 年的轮胎生产设备,工程技术人员提出更新要求,有关数据如表 14-12 所示。

表 14-12　新旧设备项目对比表　　　　　　　　　　　　金额单位:万元

项目	旧设备	新设备
原值	2 200	2 400
预计使用年限	10	10
已经使用年限	4	0
最终残值	200	300
变现价值	600	2 400
年运行成本	700	400
资本成本	15%	

要求：分析判断是继续使用旧设备还是购买新设备。

模型构建

根据上述资料，构建如图 14-13 所示的模型。通过计算，在不考虑货币时间价值的情况下，选择购买新设备；在考虑货币时间价值的情况下，选择使用旧设备。

	A	B	C	D
1				
2		固定资产更新决策案例		
3				
4		数据输入		
5		项目	旧设备	新设备
6		原值	2200	2400
7		预计使用年限	10	10
8		已经使用年限	4	0
9		最终残值	200	300
10		变现价值	600	2400
11		年运行成本	700	400
12		资本成本	15%	
13				
14		方案输出		
15			旧设备	新设备
16		年平均成本 （不考虑货币时间价值）	766.67	610.00
17		年平均成本 （考虑货币时间价值）	835.69	863.43

图 14-13　固定资产更新决策案例

本模型工作表中计算公式的设置如下：

C16 单元格输入公式"=（C11*（C7-C8）+C10-C9）/（C7-C8）"，并填充复制到 D16 单元格，计算不考虑货币时间价值时两种情况的年平均成本。

C17 单元格输入公式"=-PMT(＄C＄12,(C7-C8),(-PV(＄C＄12,(C7-C8),C11)+C10-(-PV(＄C＄12,(C7-C8),,C9))))"，并填充复制到 D17 单元格，计算考虑货币时间价值时两种情况的年平均成本。

知识链接

固定资产更新是对技术上或经济上不宜继续使用的旧资产用新的资产更换，或用先进的技术对原有设备进行局部改造。

固定资产更新决策主要研究两个问题：一个是决定是否更新，即继续使用旧资产还是更换新资产；另一个是决定选择什么样的资产来更新。实际上，这两个问题是结合在一起考虑的，如果市场上没有比现有设备更适用的设备，那么就继续使用旧设备。

由于旧设备总可以通过修理继续使用，所以更新决策是继续使用旧设备与购置新设备的选择。

1. 更新决策的现金流量分析

更新决策不同于一般的投资决策。一般说来,设备更换并不改变企业的生产能力,不增加企业的现金流入。更新决策的现金流量主要是现金流出。即使有少量的残值变现收入,也属于支出抵减,而非实质上的流入增加。由于只有现金流出,而没有现金流入,就给采用折现现金流量分析带来了困难。

经过分析,较好的分析方法是比较继续使用和更新的年成本,以较低者作为好方案。

2. 固定资产的平均年成本

固定资产的平均年成本,是指该资产引起的现金流出的年平均值。如果不考虑货币的时间价值,它是未来使用年限内的现金流出总额与使用年限的比值。如果考虑货币的时间价值,它是未来使用年限内现金流出总现值与年金现值系数的比值,即平均每年的现金流出。

3. 使用平均年成本法时要注意的问题

(1) 平均年成本法是把继续使用旧设备和购置新设备看成两个互斥的方案,而不是一个更换设备的特定方案。

(2) 平均年成本法的假设前提是将来设备再更换时,可以按原来的平均年成本找到可代替的设备。

(3) 固定资产的经济寿命。通过固定资产的平均年成本概念,我们可以很容易发现,固定资产的使用初期运行费比较低,以后随着设备逐渐陈旧,性能变差,维护费用、修理费用、能源消耗等运行成本会逐步增加。与此同时,固定资产的价值逐渐减少,资产占用的资金应计利息等持有成本也会逐步减少。这样必然存在一个最经济的使用年限,即使固定资产的平均年成本最小的那一年限。

第三节 投资项目风险分析与控制

一、投资项目敏感性分析模型

问题导入

华辰公司有一个投资项目甲,固定资投资 5 000 万元,其中,第 0 年和第 1 年投资额分别占总投资的 75% 和 25%。

项目从第 2 年年初开始经营,需要投入铺底流动资金 100 万元,预计第 2~10 年每年销售 3 000 万元,年固定性费用为 1 200 万元。

经营期末固定资产处置净收益为 200 万元,固定资产折旧按直线法,不考虑残值。所得税税率为 25%,项目折现率为 15%。

要求:

(1) 计算项目的净现值、内部收益率、静态回收期、动态回收期。

(2) 分别计算分析固定资产投资额、经营期年销售收入和经营期年固定费用 3 个因素在增减 10% 和 20% 时的净现值，并计算相应的敏感系数。

模型构建

根据上述资料，构建如图 14-14 所示模型。在单元格区域 B36 和 C39 显示项目的净现值、内部收益率、静态回收期、动态回收期的计算结果；在单元格区域 B42:H49 显示固定资产投资额、经营期年销售收入和经营期年固定费用三个因素在增减 10% 和 20% 时的净现值和相应的敏感系数。

甲投资项目敏感性分析模型

净现值-NPV（万元）	1,344.47
内含报酬率-IRR	20.92%
静态投资回收期（年）	4.46
动态投资回收期（年）	7.14

敏感系数

变动幅度	投资额	净现值	年销售收入	净现值	年固定费用	净现值
		1,344.47		1,344.47		1,344.47
20%	6,000.00	480.81	3,600.00	3,211.61	1,440.00	597.62
10%	5,500.00	912.64	3,300.00	2,278.04	1,320.00	971.04
0	5,000.00	1,344.47	3,000.00	1,344.47	1,200.00	1,344.47
-10%	4,500.00	1,776.30	2,700.00	410.90	1,080.00	1,717.90
-20%	4,000.00	2,208.13	2,400.00	-522.67	960.00	2,091.33
敏感系数		-3.21		6.94		-2.78

图 14-14　甲投资项目敏感性分析模型

本模型工作表中关于计算净现值、内部收益率、静态回收期、动态回收期的公式的设置，前述案例已有介绍，对于敏感系数的计算可以运用 Excel 模拟分析中的模拟运算表功能。

以计算固定资产投资额的敏感系数为例，在单元格区域 B44:B48 区域输入 20% 至 −20%，单元格区域 C44:C48 输入随着变动幅度对应的投资额，单元格 D43 输入公式"=C36"，然后选中单元格区域 C43:D48，再调出模拟运算表对话框，其中："输入引用行的单元格"的框内为空，"输入引用列的单元格"的框内输入"C5"（即"固定资产的投资额"），设置如图 14-15 所示。

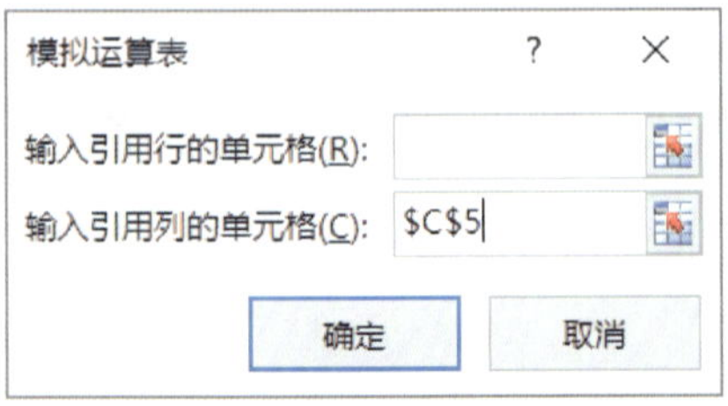

图 14-14 所示模型工作表中计算敏感系数的公式设置如下：

单元格 C49 设置公式"=((D44−D46)/D46)/B44"，计算固定资产投资额的敏感系数。

单元格 E49 设置公式"=((F44−F46)/F46)/B44"，计算销售收入的敏感系数。

单元格 G49 设置公式"=((H44−H46)/H46)/B44"，计算年固定费用的敏感系数。

图 14-15　模拟运算表参数设置

> 知识链接

敏感分析是投资项目评价中常用的一种研究不确定性的方法。它在确定性分析的基础上,分析不确定性因素对投资项目最终经济效果指标的影响及其程度。

一般可选择主要参数(如销售收入、经营成本、生产能力、初始投资、寿命期、建设期、达产期等)进行敏感分析。若某参数的小幅度变化能导致经济效果指标的较大变化,则称此参数为敏感因素,反之则称其为非敏感因素。

1. 敏感分析的作用

(1) 确定影响项目经济效益的敏感因素。寻找出影响最大、最敏感的主要变量因素,进一步分析、预测或估算其影响程度,找出产生不确定性的根源,采取相应有效措施。

(2) 计算主要变量因素的变化引起项目经济效益评价指标变动的幅度,使决策者全面了解建设项目投资方案可能出现的经济效益变动情况,以减少和避免不利因素的影响,改善和提高项目的投资效果。

(3) 通过各种方案敏感度大小的对比,区别敏感度大或敏感度小的方案,选择敏感度小的,即风险小的项目作为投资方案。

(4) 通过可能出现的最有利与最不利的经济效果变动范围的分析,为决策者预测可能出现的风险程度,并对原方案采取某些控制措施或寻找可替代方案,为最后确定可行的投资方案提供可靠的决策依据。

2. 敏感分析的方法

敏感分析是一项有广泛用途的分析技术。投资项目的敏感分析通常是在假定其他变量不变的情况下,测定某一个变量发生特定变化时对净现值(或内含报酬率)的影响。

敏感分析主要包括最大最小法和敏感程度法两种分析方法。

(1) 最大最小法。

最大最小法的主要步骤是:①预测每个变量的预期值。计算净现值时需要使用预期的原始投资、营业现金流入、营业现金流出等变量。这些变量都是最可能发生的数值,称为预期值。②根据变量的预期值计算净现值,由此得出的净现值称为基准净现值。③选择一个变量并假设其他变量不变,令净现值等于0,计算选定变量的临界值。如此往复,测试每个变量的临界值。

通过上述步骤,可以得出使项目净现值由正值变为0的各变量最大(或最小)值,可以帮助决策者认识项目的特有风险。

(2) 敏感程度法。

敏感程度法的主要步骤如下:①计算项目的基准净现值(方法与最大最小法相同)。②选定一个变量,如每年税后营业现金流入,假设其发生一定幅度的变化,而其他因素不变,重新计算净现值。③计算选定变量的敏感系数,公式如下:

$$\text{敏感系数} = \frac{\text{目标值变动百分比}}{\text{选定变量变动百分比}} \tag{14-23}$$

它表示选定变量变化1%时导致目标值变动的百分数,可以反映目标值对于选定变量变化的敏感程度。④根据上述分析结果,对项目的敏感性作出判断。

二、基于挣值管理技术的项目进度和成本控制模型

▶ 问题导入

华辰公司外胎生产线改造项目计划从 20×5 年 1 月 1 日开始正式启动到 20×6 年 3 月 31 日完工。该项目由 A、B 和 C 三个子项组成：A 子项计划投资额为 1 400 万元，工期从 20×5 年 1 月 1 日到 20×5 年 7 月 31 日；B 子项计划投资额为 1 800 万元，工期从 20×5 年 4 月 1 日到 20×5 年 12 月 31 日；C 子项计划投资额为 1 800 万元，工期从 20×5 年 10 月 1 日到 20×6 年 3 月 31 日（C 子项 20×6 年度的计划投资额为 900 万元）。

该项目总的计划投资额为 5 000 万元，其中 20×5 年度计划投资额为 4 100 万元，20×6 年度计划投资额为 900 万元。该项目月度计划投资额如表 14-13 所示。

表 14-13　该项目月度计划投资额　　　　　　　　　　　　　　　单位：万元

项目	计划值(PV)			计划工期(15 个月)													
	全部	20×5 年	20×6 年	20×5 年												20×6 年		
				1	2	3	4	5	6	7	8	9	10	11	12	1	2	3
A 子项	1 400	1 400	—	200	200	200	200	200	200	200								
B 子项	1 800	1 800	—				200	200	200	200	200	200	200	200	200			
C 子项	1 800	900	900										300	300	300	300	300	300
合计	5 000	4 100	900	200	200	200	400	400	400	400	200	200	500	500	500	300	300	300

现经过测算得知：截至 20×5 年 12 月 31 日实际完成投资计划（EV）为 4 000 万元，实际发生成本（AC）为 4 300 万元。

要求：通过挣值管理的方法，对该项目 20×5 年度有关成本和进度执行情况进行分析，包括：

（1）成本偏差。
（2）成本绩效指数。
（3）进度偏差。
（4）进度绩效指数。
（5）预计完成项目所需的成本（判断是否会超支）。
（6）预计完成项目所需的时间（判断是否会延迟）。

▶ 模型构建

根据上述数据资料，构建如图 14-16 所示的模型，对成本和进度执行情况进行分析。
模型中计算公式的设置如下：
E17 单元格输入公式"=E13-E1"，计算的成本偏差为 -300 万元。
E18 单元格输入公式"=E13/E14"，计算的成本绩效指数为 93.02%。
E19 单元格输入公式"=E13-SUM(F11:Q11)"，计算的进度偏差为 -100 万元。
E20 单元格输入公式"=E13/SUM(F11:Q11)"，计算的进度绩效指数为 97.56%。
E21 单元格输入公式"=C11/E18"，计算预计完成项目所需要总成本为 5 375 万元。

A	B	C	D	E	F	G	H	I	J
2			基于挣值管理技术的项目进度和成本控制模型						
16	结果输出								
17	成本偏差（CV）			-300					
18	成本绩效指数（CPI）			93.02%					
19	进度偏差			-100					
20	进度绩效指数			97.56%					
21	预计完成项目所需的成本			5375					
22	预计超支(+)节约(-)			375					
23	预计完成项目所需的时间			15.375					
24	预计延迟(+)提前(-)			0.375					

图 14-16　基于挣值管理技术的项目进度和成本控制模型

E22 单元格输入公式"= E21 - C11"，计算结果为预计超支 375 万元。

E23 单元格输入公式"=(Q7 + T7)/E20"，计算预计完成项目所需的时间为 15.375 月。

E24 单元格输入公式"= E23 -(Q7 + T7)"，计算结果为预计延迟 0.375 月。

▶ 知识链接

挣值管理(Earned Value Management，EVM)是一种综合了项目范围、进度、资源，度量项目实际绩效的一种方法。它对一个项目的范围、进度和成本 3 个因素进行量化的分析，比较计划工作量、实际挣得多少与实际花费成本，以决定成本与进度绩效是否符合原定计划。

挣值管理技术最初由美国国防部开发，用于监视大规模风险性系统的采购，1996 年美国国防部建立了称为 EVMS 的"挣值管理系统"。

1998 年美国国防部和国家标准学会将"挣值管理系统"颁布为标准，美国航空航天局、国税局、联邦调查局等机构实施了这套系统。

随后，澳大利亚、加拿大、英国、瑞典等国也相继把 EVMS 订入政府和工业界的标准。日本则规定公共工程于 2004 年开始全面采用这套管理方法。

1. 挣值管理原理

挣值管理并不难理解，但必须熟悉与挣值管理密切相关的计划值、挣值和实际成本之间的相互关系，以及完工预算、完工估算和完工尚需估算之间相互关系。

计划值(PV)：在规定的时间内在工作上将要花费的获得批准的成本估算部分(一般以获得批准的概算或预算为依据作为计划值)。

实际成本(AC)：在规定时间内完成工作所花费的实际成本(直接和间接成本的总额)。

挣值(EV)：实际完成工作的价值。

这三个值的综合使用可以提供评价工作绩效好坏的尺度。最常用的尺度如下：

$$成本偏差(CV) = EV - AC \tag{14-24}$$

$$进度偏差(SV) = EV - PV \tag{14-25}$$

需要注意的是,这是根据美国项目管理学会的偏差含义做出的推断,与我国工程监理投资控制中的偏差定义正好相反。

CV 和 SV 这两个值,可以转化为效率指示器,反映任何工作项的成本与进度计划绩效。

$$成本绩效指数(CPI) = EV/AC \qquad (14\text{-}26)$$

$$进度绩效指数(SPI) = EV/PV \qquad (14\text{-}27)$$

CPI 被广泛用于预测完成项目所需的成本,SPI 用于预测完成项目所需的时间:

$$预计完成项目所需成本 = \frac{总预算(总概算)}{CPI} \qquad (14\text{-}28)$$

$$预计完成项目所需时间 = \frac{计划完工时间}{SPI} \qquad (14\text{-}29)$$

对应用挣值管理进行分析,如图 14-17 所示。

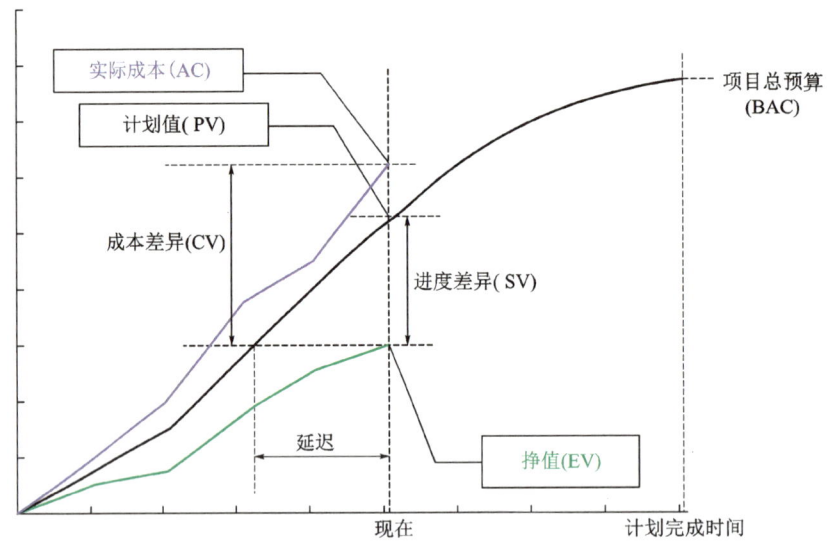

图 14-17 挣值管理分析图示

2. 挣值管理案例

下面通过一个简单的例子来理解挣值管理。

比如,某项目子项工程的计划完工时间为 20 天,其主要任务包括基坑开挖、桩基施工,预计投资费用 500 万元。在工程进展到第 20 天时,通过测算得知实际完成的工作价值为 466 万元,所花费的实际成本 437.8 万元,即 PV = 500 万元,EV = 466 万元,AC = 437.8 万元。

分析如下:

(1) 成本偏差(CV) = EV - AC = 466 - 437.8 = 28.2(万元)(说明实际消耗低于预算费用)。

(2) 成本绩效指数(CPI) = EV/AC = 466 ÷ 437.8 = 1.064。

(3) 进度偏差(SV) = EV - PV = 466 - 500 = -34(万元)(说明工期延迟)。

（4）进度绩效指数(SPI) = EV/PV = 466÷500 = 0.932。

即：预计项目所需的成本 = 500÷1.064 = 469.92(万元)(预计可节余 30.08 万元)；预计完成项目所需的时间 = 20÷0.932≈21.5(天)(预计延迟约 1.5 天)。

需要注意的是在实际工作中如果仅仅从挣值管理的角度来对项目成本与进度绩效进行分析还是不够的，因为往往一个工程项目的建设许多问题不是项目承建单位所能解决的，比如：①建筑项目的征用土地的拆迁问题；②投资资金是否能及时足额到位；③原定设计方案的变更可能会造成已确定的投资预(概)算的增加或减少等。因此，在运用挣值管理对项目绩效进行分析时，需要考虑到这些客观因素的影响，以挣值分析的结果为依据进行修正。

第十五章 金融资产投资决策

第一节 普通股投资价值评估

一、固定增长的股票价值的评估模型

▶ 问题导入

华辰公司拟在二级市级对某上市股票进行短期投资,该上市公司本年度的利润分配方案是每 10 股派发现金股利 20 元,预计公司股利可以 3% 的速度稳定增长,股东要求的收益率为 10%。

要求:

(1) 对该公司的股票进行价值评估。

(2) 分析在股东要求的收益率为 5% 至 12%,每提高 0.5% 时,该股票的价值。

▶ 模型构建

根据上述数据资料,构建如图 15-1 所示的模型,评估该公司股票价值为 29.43 元。

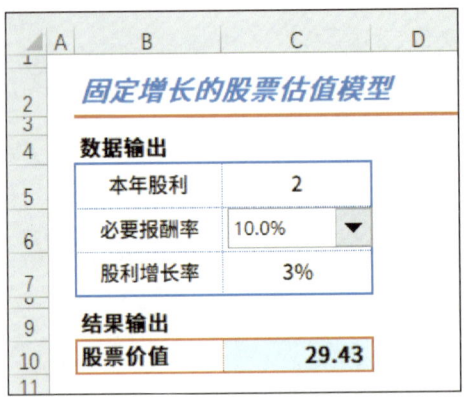

图 15-1　固定增长的股票估值模型

模型中 C10 单元格输入公式"= C5 * (1 + C7)/(C6 - C7)",计算股票的价值,组合框控件控制的必要报酬率为 5%、5.5%、6%、…、12%,每间隔 0.5%,图 15-2 所示选择的必要报酬率为 10% 时,股票价值为 29.43 元。

必要报酬率为 5%、5.5%、6%、…、12%,每间隔 0.5% 时,对应的股票价值和图形如图 15-2 所示。可以看出,随着必要报酬率的提高,股票价值呈下降趋势。

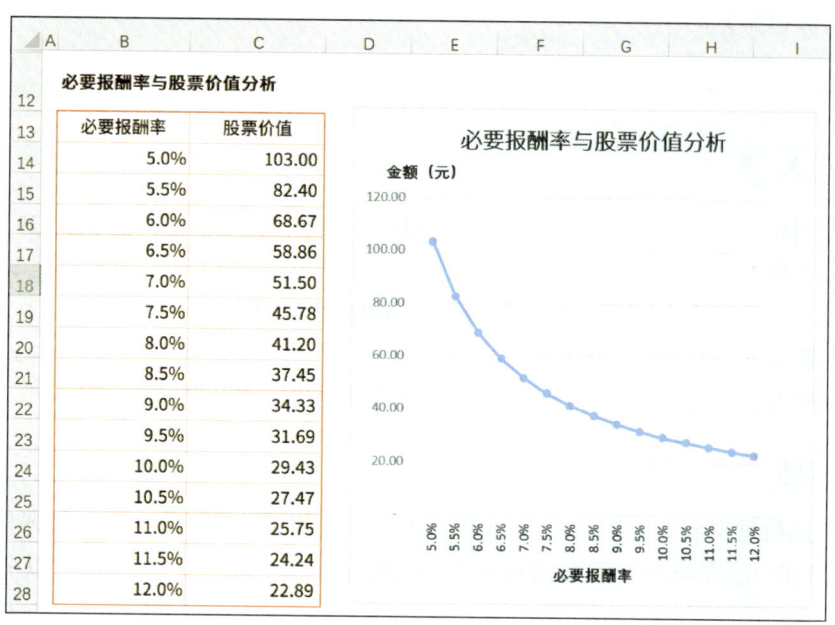

图 15-2 必要报酬率与股票价值分析

图 15-2 中计算股票价值计算公式设置如下：C14 单元格输入公式"＝＄C＄5＊(1＋＄C＄7)/(B14－＄C＄7)"，并填充到 C28 单元格，将返回必要报酬率对应的股票价值。

> 知识链接

普通股是指股份公司依法发行的具有表决权和剩余索取权的一类股票。普通股价值是指普通股预期能够提供的所有未来现金流量的现值。

1. 基本模型

普通股价值模型如下：

$$\text{普通股价值} = \text{未来各期股利收入的现值} + \text{未来售价的现值} \tag{15-1}$$

2. 零增长股票

假设未来股利不变，其支付过程是一个永续年金，股票价值为：

$$V_0 = \frac{D}{r} \tag{15-2}$$

3. 固定增长股票

股利是不断增长的，假设其增长率是固定的。

$$V_0 = \frac{D_1}{r_s - g} \tag{15-3}$$

4. 非固定增长股票（两阶段增长股票）

在现实生活中，有的公司股利是不固定的。例如，在一段时间里高速增长，在另一段时间里正常固定增长或固定不变。在这种情况下就要分段计算，才能确定股票的价值，这种股票也叫两阶段增长股票。

二、两阶段增长的股票价值的评估模型

问题导入

华辰公司拟投资 ABC 公司的股票，目前投资必要报酬率为 15%，预期 ABC 公司未来 3 年股利增长率为 10%，在此以后增长率为 5%。ABC 公司最近支付的股利是 2 元。

作为华辰公司的财务经理，请你对 ABC 公司的股票进行价值评估：

(1) 计算 ABC 公司股票的价值。

(2) 分析当前的股利在 1～5 元时，ABC 公司股票的价值。

模型构建

根据上述数据资料，构建如图 15-3 所示的模型。在本年股利为 2 元时，评估该公司股票价值为 23.87 元，在模型中添加滚动条控件，设置控制区间为 1～5 时，可以分析股利在 1～5 元时，该公司股票对应的价值。

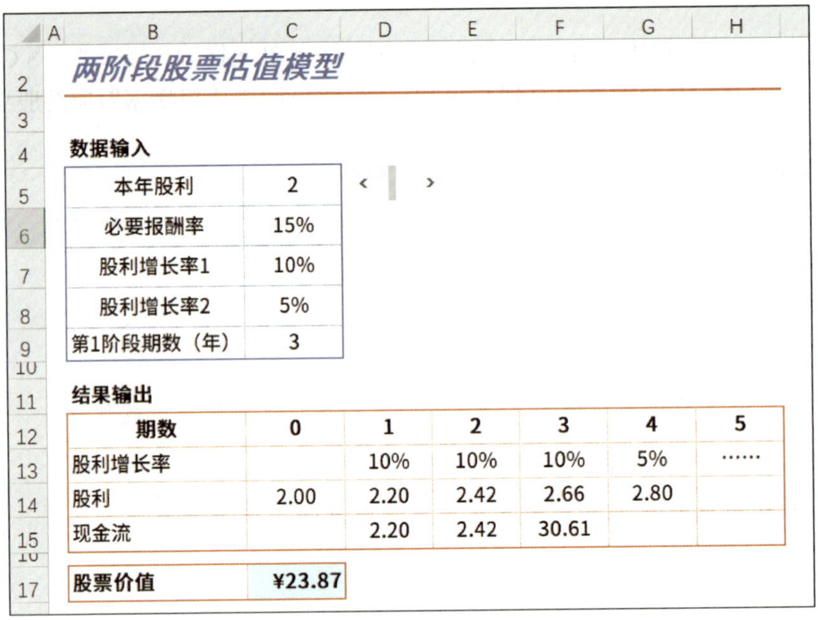
两阶段股票估值模型

数据输入

本年股利	2
必要报酬率	15%
股利增长率1	10%
股利增长率2	5%
第1阶段期数（年）	3

结果输出

期数	0	1	2	3	4	5
股利增长率		10%	10%	10%	5%	……
股利	2.00	2.20	2.42	2.66	2.80	
现金流		2.20	2.42	30.61		

股票价值	¥23.87

图 15-3　两阶段股票估值模型

本模型工作表中计算公式的设置如下：

D14 单元格输入公式“=C14*(1+D13)”，并填充复制 G14 单元格，计算对应期数的现金股利。

F15 单元格输入公式“=F14+F14*(1+C8)/(C6-C8)”，计算第 3 期期末股利现金流，包括第 3 期的现金股利和从 3 期开始计算的永续现金流。

C17 单元格输入公式“=NPV(C6,D15:F15)”，计算股票的价值。

三、股票收益率测算模型

问题导入

某上市公司股票目前市价为 20 元,该股票本年股利为每股 2 元,股利增长率为 3%。
要求:
(1) 计算按目前市价投资该公司股票的收益率。
(2) 分析若该公司股票市价为 15~25 元,每增加 1 元时的股票收益率。

模型构建

根据上述数据资料,构建如图 15-4 所示模型。
本模型工作表中计算公式的设置如下:
C10 单元格输入公式"= C6 * (1 + C7)/C5",计算股利收益率。
C11 单元格输入公式"= C7",计算股利增长率。
C12 单元格输入公式"= C10 + C11",计算股票收益率。

模型需要添加复选框控件,控制股票市价的区间为 15~25 元,如图 15-5 所示,选择的股票市价为 20 元,股票收益率为 18.45%。

图 15-5 所示为股价为 15~25 元时,每间隔 1 元时,对应的股票收益率列表和图形。可以看出,随着股票价格的提高,股票收益率呈下降趋势。

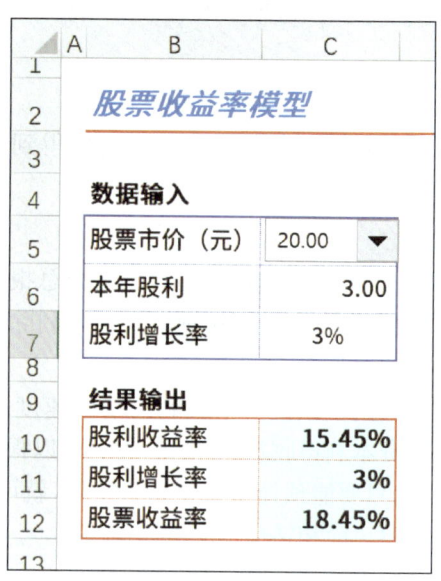

图 15-4 股票收益率模型

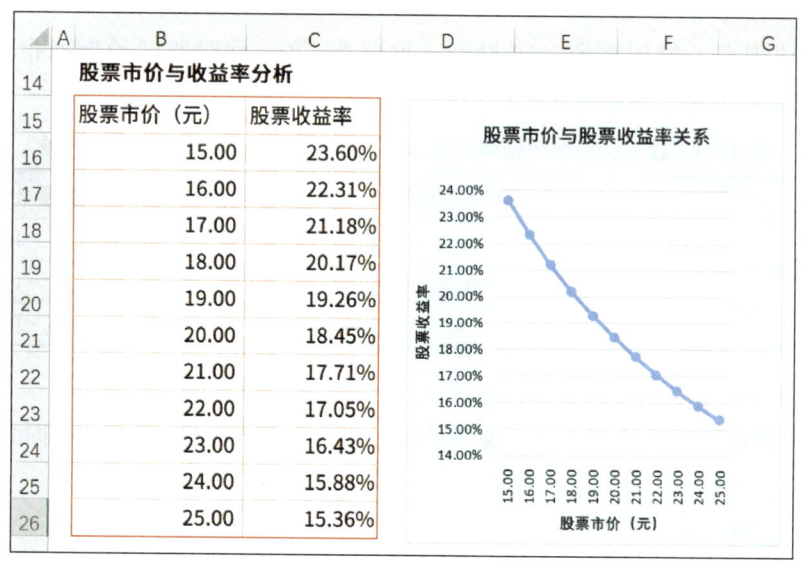

图 15-5 股票市价与收益率分析

图 15-5 中计算股票收益率的计算公式设置如下：

C16 单元格输入公式"＝＄C＄6＊(1＋＄C＄7)/B16＋＄C＄7"，并填充到 C26 单元格，将返回股票市价对应的股票收益率。

知识链接

假设股票价格是公平的市场价格，证券市场处于均衡状态；在任一时点证券价格都能完全反映有关该公司的任何可获得的公开信息，而且证券价格对新信息能迅速做出反应。在这种假设条件下，股票的期望报酬率等于其必要报酬率。

根据固定增长股利模型，我们知道

$$P_0 = \frac{D_1}{r_s - g} \quad (15\text{-}4)$$

如果把公式移项整理，可以得到

$$r_s = \frac{D_1}{P_0} + g \quad (15\text{-}5)$$

这个公式告诉我们，股票的总报酬率可以分为两个部分：第一部分是 D_1/P_0，叫作股利收益率，它是根据预期现金股利除以当前股价计算出来的。第二部分是增长率 g，叫作股利增长率。

由于该模型下股利的增长速度也就是股价的增长速度，因此，可以解释为股价增长率或资本利得收益率。g 的数值可以根据公司的可持续增长率估计。P_0 是股票市场形成的价格，只要能预计出下一期的股利，就可以估计出股东预期报酬率，在有效市场中它就是与该股票风险相适应的必要报酬率。

四、股票投资最优组合决策模型

问题导入

华辰公司现有一笔闲置资金拟投资三种股票，该三种股票的预期回报、风险（标准差）以及股票之间的协方差如表 15-1 所示。

表 15-1 该三种股票的预期回报、风险（标准差）以及股票之间的协方差

股票	预期回报	风险（标准差）	投资组合	股票之间协方差
股票 1	18%	20%	1 与 2	0.05
股票 2	25%	36%	1 与 3	－0.004
股票 3	8%	6%	2 与 3	－0.02

该公司最低可接受的投资预期回报为 15%。

要求：选择在不低于预期回报情况下的最小投资风险时的投资组合（即每种股票投资的比例）。

模型构建

根据上述资料，构建如图 15-6 所示的模型。通过求解得到最优投资组合是股票 1、股

票 2 和股票 3 分别投资 18.36%、30.37%和 51.26%，此时满足最低预期回报的 15%，同时组合标准差（风险）为最小 11.34%。

股票投资最优组合决策模型

数据输入

	股票1	股票2	股票3
预期回报	18%	25%	8%
标准差	20%	36%	6%
协方差	股票1	股票2	股票3
股票1		0.05	-0.004
股票2			-0.02
最低可接回报		15%	

方案输出

	股票1	股票2	股票3	合计
投资组合比例	18.36%	30.37%	51.26%	100.00%
预期回报	15%			
组合标准差	11.34%			

图 15-6　股票投资最优组合决策模型

本模型运用到规划求解加载项，图 15-7 为“规划求解参数”对话框。其中：

（1）C17 单元格是目标值，设定目标值为最小风险（组合标准差）。

（2）单元格区域 C15:E15 为可变单元格，即需要求解的股票投资比例。

（3）约束条件包括：①单元格区域 C15:E15 大于等于 0；②单元格 C16 大于等于单元格 C11（最低回报的约束）；③F15 等于 1，即 3 种股票投资比例加起来为 100%的约束。

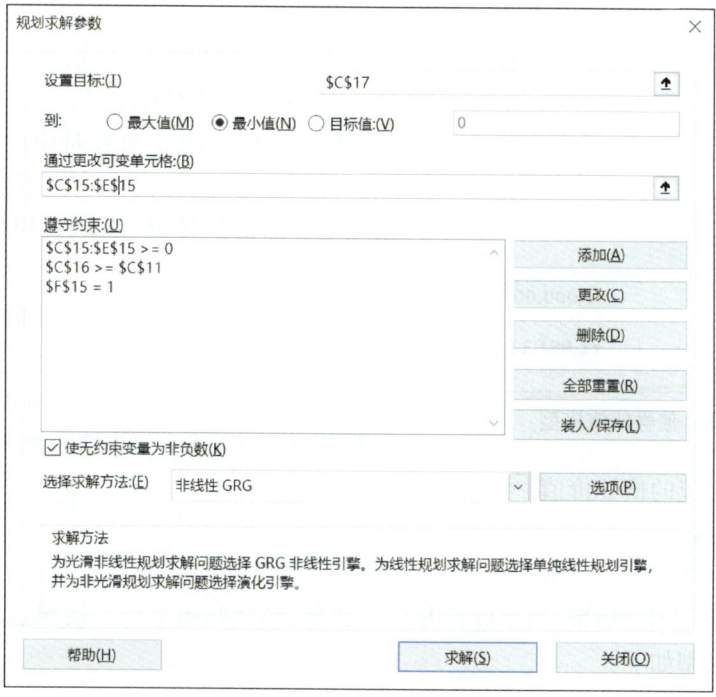

图 15-7　规划求解参数设置

本模型工作表中计算公式的设置如下：

C16 单元格输入公式"= SUMPRODUCT(C6:E6,C15:E15)"，计算预期回报。

C17 单元格输入公式"= SQRT((C7 * C15)^2 + (D7 * D15)^2 + (E7 * E15)^2 + 2 * D9 * C15 * D15 + 2 * E9 * C15 * E15 + 2 * E10 * D15 * E15)"，计算组合标准差。

第二节 债券投资价值评估

一、平息债券价值的评估模型

▶ 问题导入

某债券面值为 1 000 元，期限 5 年，票面利率为 10%，每半年支付一次利息。目前市场利率为 8%。

要求：

（1）分析该债券的期初价值。

（2）分析该债券每期的价值。

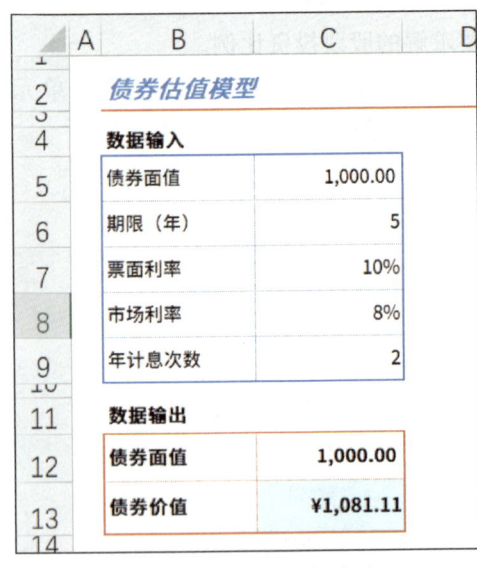

图 15-8 债券估值模型

▶ 模型构建

根据上述数据资料，构建如图 15-8 所示的模型，计算债券价值为 1 081.11 元。

本模型计算债券价值的计算公式设置如下：

C13 单元格输入公式："= - PV(C8/C9,C6 * C9,C5 * C7/C9,C5)"。

图 15-9 为债券期数对应的债券价值和图形。可以看出，随着债券越接近到期日，债券价值和债券面值越接近，当债券到期时，债券价值等于债券面值。

图 15-9 中计算债券价值的计算公式设置如下：

D17 单元格输入公式"= ＄C＄6 * (1 + ＄C＄7)/B16 + ＄C＄7"，并填充到 D27 单元格，将返回不同期数对应的债券价值。

▶ 知识链接

典型的债券是固定利率、每年计算并支付利息、到期归还本金。按照这种模式，债券价值计算的基本模型如下：

$$债券价值 = 每年利息的现值 + 债券到期面值的现值 \quad (15-6)$$

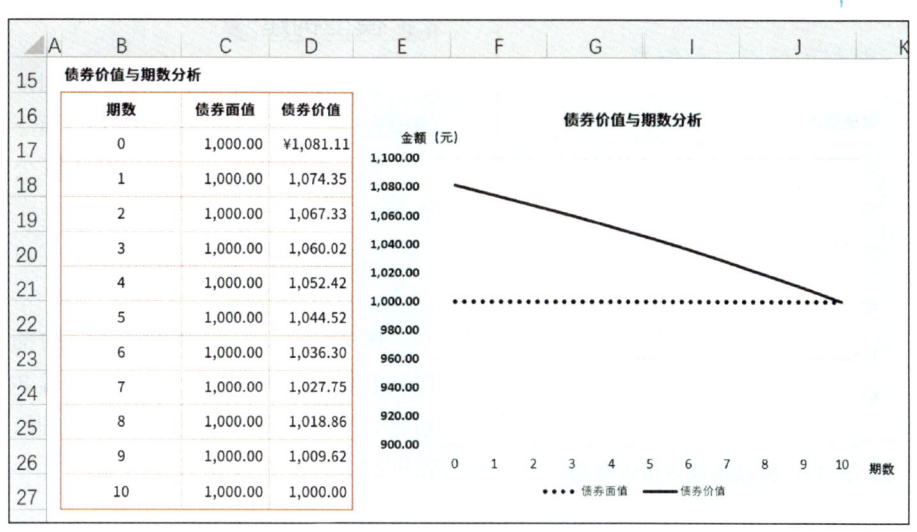

图 15-9 债券价值与期数分析

式中的折现率采用的是当前等风险投资的市场利率,而"每年利息的现值"可以看成"复利年金现值",每年的利息相当于"年金"。

债券的基本模型包括以下几种:

(1) 平息债券模型。平息债券是指利息在期间内平均支付的债券。支付的频率可能是一年一次、半年一次或每季度一次。平息债券价值计算的模型如下:

$$债券价值 = 每期利息的现值 + 债券到期面值的现值 \qquad (15-7)$$

式中的折现率采用的是当前等风险投资的市场利率除以年计息次数,而"每期利息的现值"可以看成"复利年金现值",每期的利息相当于"年金"。

(2) 纯贴现债券模型。纯贴现债券是指承诺在未来某一确定日期按面值支付的债券。这种债券在到期日前购买人不能得到任何现金支付,因此,也称为零息债券。纯贴现债券的价值计算的模型如下:

$$纯贴现债券的价值 = 债券到期面值的现值 \qquad (15-8)$$

式中的折现率采用的是当前等风险投资的市场利息。

二、纯贴现债券价值的评估模型

问题导入

有一纯贴现债券,面值 1 000 元,20 年期。假设折现率为 10%。

要求:

(1) 分析该债券的期初价值。

(2) 分析该债券每期的价值。

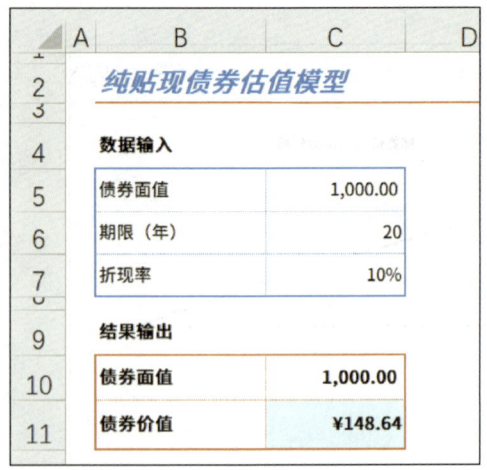

图 15-10　纯贴现债券估值模型

模型构建

根据上述数据资料,构建如图15-10所示的模型,计算债券价值为 148.64 元。

本模型计算债券价值的计算公式设置如下:

C11 单元格输入公式"＝C5/(1＋C7)^C6"。

图 15-11 为债券期数对应的债券价值列表和图形。可以看出,随着债券越接近到期日,债券价值和债券面值越接近,当债券到期时,债券价值等于债券面值。

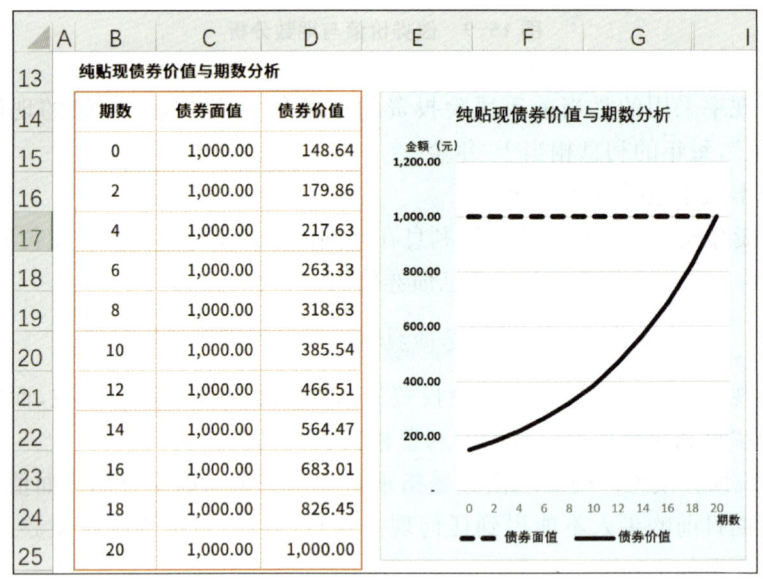

图 15-11　债券价值与期数分析

图 15-11 中计算债券价值的计算公式设置如下:

D15 单元格输入公式"＝＄C＄6＊(1＋＄C＄7)/B16＋＄C＄7",并填充到 D25 单元格,将返回不同期数对应的债券价值。

三、债券收益率测算模型

问题导入

某债券面值 1 000 元,期限 5 年,票面利率为 10%。假设该债券每年计息 2 次,于每年 6 月末和 12 月末支付利息,现市价为 1 050 元。

要求：

（1）按市价1 050元购买该债券，计算到期收益率。

（2）分析该债券购买价购从950元到1 050元，购买价每增加10元时的到期收益率。

▶ 模型构建

根据上述数据资料，构建如图15-12所示的模型。在模型中添加滚动条控件，设置控制区间为950元到1 050元的购买价格，可以分析与此对应的债券到期收益率。

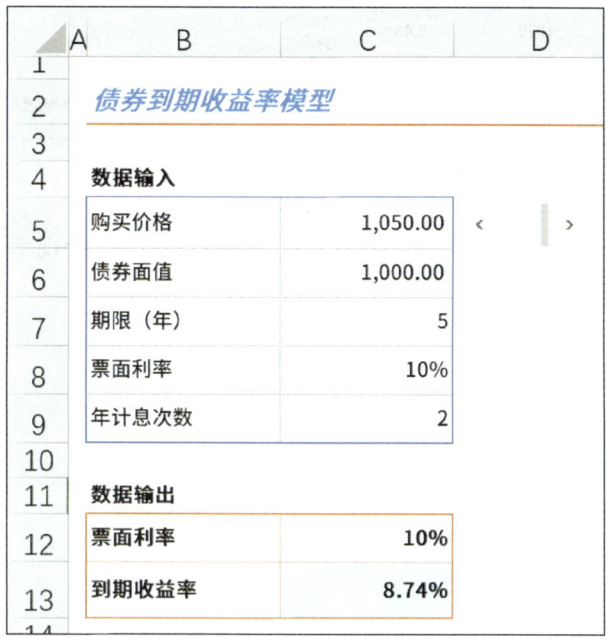

图15-12 债券到期收益率模型

本模型计算到期收益率的计算公式设置如下：

C13单元格输入公式"＝C5/(1＋C7)^C6"。

图15-13为债券期数对应的债券价值列表和图形。可以看出，债券购买价格越高，到期收益率越低，债券购买价格越低，到期收益率越高。

图15-12中计算债券到期收益率的计算公式设置如下：

C17单元格输入公式"＝＄C＄6＊(1＋＄C＄7)/B16＋＄C＄7"，并填充到D27单元格，将返回不同购买价格对应的到期收益率。

▶ 知识链接

债券的期望报酬率通常用到期收益率来衡量。到期收益率是指以特定价格购买债券并持有至到期日所能获得的报酬率。它是使未来现金流量现值等于债券购入价格的折现率。计算到期收益率的方法是求解含有折现率的方程，即

$$购进价格＝每年利息的现值＋债券到期面值的现值 \qquad (15-9)$$

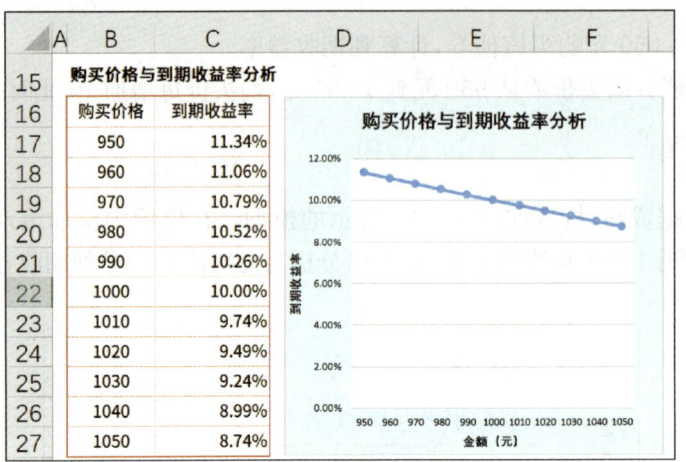

图15-13 购买价格与到期收益率分析

其中:购进价格为已知,每年利息按债券的票面利率计算,折现率是未知数,求解该折现率即为债券的到期收益率。

第十六章 财务报表分析

第一节 财务报表分析

一、财务报表比率分析

问题导入

现有华辰公司 20×8 年 12 月的资产负债表和利润表,如表 16-1 和表 16-2 所示。

表 16-1 华辰公司资产负债表

编制单位：华辰公司　　　　　　　　20×8 年 12 月 31 日　　　　　　　　单位：万元

资产	期末余额	上年年末余额	负债和所有者权益	期末余额	上年年末余额
流动资产：			流动负债：		
货币资金	440.00	250.00	短期借款	600.00	450.00
交易性金融资产	60.00	120.00	交易性金融负债	280.00	100.00
衍生金融资产	—	—	衍生金融负债		
应收票据	140.00	110.00	应付票据	50.00	40.00
应收账款	3 980.00	1 990.00	应付账款	1 000.00	1 090.00
应收款项融资	—	—	预收账款	100.00	40.00
预付账款	220.00	40.00	合同负债	—	
其他应收款	12.00	220.00	应付职工薪酬	20.00	10.00
存货	1 190.00	3 260.00	应交税费	50.00	40.00
合同资产	—		其他应付款	370.00	380.00
持有待售资产	—		待有待售负债	—	
一年内到期的非流动资产	770.00	110.00	一年内到期的非流动负债	250.00	220.00
其他流动资产	80.00	—	其他流动负债	530.00	50.00
流动资产合计	7 000.00	6 100.00	流动负债合计	3 000.00	2 200.00
非流动资产：			非流动负债：		
债权投资	—	450.00	长期借款	4 500.00	2 450.00

（续表）

资产	期末余额	上年年末余额	负债和所有者权益	期末余额	上年年末余额
其他债权投资	—	660.00	应付债券	2 400.00	2 600.00
长期应收款	—	—	租赁负债	—	—
长期股权投资	300.00	—	长期应付款	500.00	600.00
其他权益工具投资	—	—	预计负债	—	—
其他非流动金融资产	—	—	递延收益	—	—
投资性房地产	—	—	递延所得税负债	—	—
固定资产	12 380.00	9 010.00	其他非流动负债	—	150.00
在建工程	180.00	350.00	非流动负债合计	7 400.00	5 800.00
生产性生物资产	—	—	负债合计	10 400.00	8 000.00
油气资产	—	—	所有者权益（或股东权益）：	—	—
使用权资产	—	—	实收资本（股本）	1 000.00	1 000.00
无形资产	60.00	80.00	其他权益工具	—	—
开发支出	—	—	资本公积	100.00	100.00
商誉	—	—	减：库存股	—	—
长期待摊费用	50.00	150.00	其他综合收益	—	—
递延所得税资产	—	—	专项储备	—	—
其他非流动资产	30.00	—	盈余公积	600.00	400.00
非流动资产合计	13 000.00	10 700.00	未分配利润	7 900.00	7 300.00
			所有者权益（或股东权益）合计	9 600.00	8 800.00
资产总计	20 000.00	16 800.00	负债和所有者权益（或股东权益）总计	20 000.00	16 800.00

表 16-2　华辰公司利润表

编制单位：华辰公司　　　　　20×8 年 12 月 31 日　　　　　单位：万元

项目	本年金额	上年金额
一、营业收入	30 000.00	28 500.00
减：营业成本	26 440.00	25 030.00
税金及附加	280.00	280.00
销售费用	220.00	200.00
管理费用	460.00	400.00
财务费用	1 100.00	960.00

(续表)

项目	本年金额	上年金额
加：其他收益	—	—
投资收益（损失"－"号填列）	60.00	—
净敞口套期收益（损失"－"号填列）	—	—
公允价值变动收益（损失"－"号填列）	—	—
信用减值损失（损失"－"号填列）	—	—
资产减值损失（损失"－"号填列）	—	—
资产处置收益（损失"－"号填列）	—	—
二、营业利润	1 560.00	1 630.00
加：营业外收入	450.00	720.00
减：营业外支出	10.00	—
三、利润总额	2 000.00	2 350.00
减：所得税费用	640.00	750.00
四、净利润	1 360.00	1 600.00
（一）持续经营利润	1 360.00	1 600.00
（二）终止经营净利润	—	—
五、其他综合收益的税后金额	—	—
（一）不能重分类进损益的其他综合收益	—	—
（二）将重分类进损益的其他综合收益	—	—
六、综合收益总额	1 360.00	1 600.00
七、每股收益		
（一）基本每股收益（元/股）	略	略
（二）稀释每股收益（元/股）	略	略

要求：根据财务报表数据对该公司偿债能力、营运能力、盈利能力和成长能力等相关财务比率进行分析，具体分析指标如表 16-3 所示。

表 16-3　具体分析指标明细表

财务比率分析指标			20×8 年	20×7 年	差异
偿债能力	短期	流动比率			
		速动比率			
		现金比率			
	长期	资产负债率			
		利息保障倍数			
		产权比率			
		权益乘数			

(续表)

财务比率分析指标		20×8 年	20×7 年	差异
营运能力	应收账款周转率(次)			
	存货周转率(次)			
	流动资产周转率(次)			
	非流动资产周转率(次)			
	总资产周转率(次)			
盈利能力	销售净利率			
	总资产净利率			
	权益净利率			
成长性能力	营业收入增长率			
	净利润增长率			
	总资产增长率			

模型构建

首先,将上述资产负债表和利润表导入 Excel 工作簿中,然后添加"财务比率分析汇总表"工作表,通过引用资产负债表和利润表有关项目的数据,按照财务比率计算分析方法,在相关的单元格中设置公式,计算相应的财务比率分析指标,如图 16-1 所示。

华辰公司财务比率分析汇总表

财务比率分析指标			20X8年	20X7年	差异
偿债能力	短期	流动比率	2.33	2.77	-0.44
		速动比率	1.58	1.22	0.36
		现金比率	0.167	0.168	-0.001
	长期	资产负债率	52.00%	47.62%	4.38%
		利息保障倍数	2.82	3.45	-0.63
		产权比率	1.08	0.91	0.17
		权益乘数	2.08	1.91	0.17
营运能力		应收账款周转率(次)	7.54	14.32	-6.78
		存货周转率(次)	25.21	8.74	16.47
		流动资产周转率(次)	4.29	4.67	-0.38
		非流动资产周转率(次)	2.31	2.66	-0.35
		总资产周转率(次)	1.50	1.70	-0.2
盈利能力		销售净利率	4.53%	5.61%	-1.08%
		总资产净利率	6.80%	9.52%	-2.72%
		权益净利率	14.17%	18.18%	-4.02%
成长性能力		营业收入增长率	5.26%	/	/
		净利润增长率	-15.00%	/	/
		总资产增长率	19.05%	/	/

图 16-1　华辰公司财务比率分析汇总表

> 知识链接

财务比率分析包括偿债能力、营运能力、盈利能力和成长性能力4个方面的分析。

1. 偿债能力分析

债务一般按到期时间分为短期债务和长期债务,偿还能力分析也由此分为短期偿债能力分析和长期偿债能力分析两部分。

1) 短期偿债能力分析

分析短期偿债能力的指标包括流动比率、速动比率和现金比率。

(1) 流动比率。

流动比率是流动资产与流动负债之比,公式如下:

$$流动比率 = \frac{流动资产}{流动负债} \tag{16-1}$$

(2) 速动比率。

构成流动资产的各项目,流动性差别很大。其中,货币资金、交易性金融资产和各种应收账款等,可以在较短的时间内变现,成为速动资产;另外的流动资产,包括存货、预付账款、1年内到期的非流动资产及其他流动资产等,称为非速动资产。

非速动资产的变现金额具有较强的不确定性,因此,将可以偿债资产定义为速动资产,计算短期债务存量比率更可信。

速动资产与流动负债的比值,称为速动比率,公式如下:

$$速动比率 = \frac{速动资产}{流动负债} \tag{16-2}$$

(3) 现金比率。

速动资产中,流动性最强、可直接用于偿债的资产称为现金资产。现金资产包括货币资金、交易性金融资产等。

现金资产与流动负债的比值称为现金比率。公式如下:

$$现金比率 = \frac{货币资金 + 交易性金融资产}{流动负债} \tag{16-3}$$

2) 长期偿债能力分析

从理论上讲,企业长期偿债能力的强弱,与企业盈利能力的高低成正相关。

(1) 资产负债率。

资产负债率是总负债与总资产的比率。公式如下:

$$资产负债率 = \frac{负债总额}{资产总额} \times 100\% \tag{16-4}$$

(2) 产权比率。

产权比率反映债权人与股东提供的资本的相对比例,反映企业的资本结构是否合理、

稳定,同时表明债权人投入资本受到股东权益的保障程度。公式如下:

$$产权比率 = \frac{负债总额}{所有者权益} \tag{16-4}$$

(3) 权益乘数。

权益乘数反映资产总额相当于股东权益的倍数。该比率越大表明企业负债的程度越高,所有者投入企业的资本占全部资产的比重越小,企业负债的程度越高;反之,该比率越小,表明企业的负债程度越低,所有者投入企业的资本占全部资产的比重越大,对债权人来说,其权益受保护的程度越高。公式如下:

$$权益乘数 = \frac{资产总额}{所有者权益} = 1 + 产权比率 \tag{16-5}$$

上述的资产负债率、产权比率和权益乘数是反映企业财务杠杆水平的指标。

(4) 利息保障倍数。

利息保障倍数是指息税前利润对利息费用的倍数。公式如下:

$$利息保障倍数 = \frac{息税前利润}{利息费用} \tag{16-6}$$

2. 营运能力分析

营运能力比率是衡量企业资产管理效率的财务比率。常见的有应收账款周转率、存货周转率、流动资产周转率、非流动资产周转率和总资产周转率。

(1) 应收账款周转率。

应收账款周转率是销售收入与应收账款的比率。公式如下:

$$应收账款周转次数 = \frac{销售收入}{应收账款} \tag{16-7}$$

$$应收账款周转天数 = \frac{365}{应收账款周转率} \tag{16-8}$$

(2) 存货周转率。

存货周转率是销售收入与存货的比率。公式如下:

$$存货周转次数 = \frac{销售收入}{存货} \tag{16-9}$$

$$存货周转天数 = \frac{365}{存货周转率} \tag{16-10}$$

(3) 流动资产周转率。

流动资产周转率是销售收入与流动资产的比率。公式如下:

$$流动资产周转次数 = \frac{销售收入}{流动资产} \tag{16-11}$$

$$流动资产周转天数 = \frac{365}{流动资产周转率} \tag{16-12}$$

(4) 非流动资产周转率。

非流动资产周转率是销售收入与非流动资产的比率。公式如下：

$$非流动资产周转次数 = \frac{销售收入}{非流动资产} \tag{16-13}$$

$$非流动资产周转天数 = \frac{365}{非流动资产周转率} \tag{16-14}$$

(5) 总资产周转率。

总资产周转率是销售收入与总资产的比率。公式如下：

$$总资产周转次数 = \frac{销售收入}{总资产} \tag{16-15}$$

$$总资产周转天数 = \frac{365}{总资产周转率} \tag{16-16}$$

3. 盈利能力分析

(1) 销售净利率。

销售净利率是指净利润与销售收入的比率。公式如下：

$$销售净利率 = \frac{净利润}{销售收入} \times 100\% \tag{16-17}$$

(2) 总资产净利率。

总资产净利率是指净利润与总资产的比率。公式如下：

$$总资产净利率 = \frac{净利润}{总资产} \times 100\% \tag{16-18}$$

(3) 权益净利率。

权益净利率是净利润与股东权益的比率。公式如下：

$$权益净利率 = \frac{净利润}{股东权益} \times 100\% \tag{16-19}$$

4. 成长性能力分析

企业成长性能力，亦称企业的发展能力，是指企业通过自身的生产经营活动，不断扩大积累而形成的发展潜能。对于企业的相关利益者来说，它们关注的不仅是企业目前的、短期的盈利能力，更关注企业未来的、长期和持续的成长能力。

(1) 营业收入增长率，计算公式如下：

$$营业收入增长率 = \frac{本年营业收入 - 上年营业收入}{上年营业收入} \times 100\% \tag{16-20}$$

(2) 营业利润增长率，计算公式如下：

$$营业利润增长率 = \frac{本年营业利润 - 上年营业利润}{上年营业利润} \times 100\% \tag{16-21}$$

(3) 总资产增长率,计算公式如下:

$$总资产增长率 = \frac{本年总资产 - 上年总资产}{上年总资产} \times 100\% \qquad (16-22)$$

二、财务报表结构分析

▶ 问题导入

华辰公司打算对公司资产和负债的结构进行优化,以及进一步分析销售利润率以及各项费用率的情况,公司 20×8 年度期末×和 20×7 年度期末财务数据参见本章第一节财务报表分析的"一、财务报表比率分析"部分的华辰公司财务报表数据。

要求:构建"资产负债表结构分析模型"和"利润表结构分析模型"。

▶ 模型构建

首先将华辰公司 20×8 年资产负债表和利润表导入"财务报表结构分析"工作簿,然后分别新建"资产负债表结构分析模型"和"利润表结构分析模型"工作表,如图 16-2 和图 16-3 所示。

资产	20X8年度	20X7年度	负债和所有者权益	20X8年度	20X7年度
流动资产:			流动负债:		
货币资金	2.20%	1.49%	短期借款	3.00%	2.68%
交易性金融资产	0.30%	0.71%	交易性金融负债	1.40%	0.60%
衍生金融资产	0.00%	0.00%	衍生金融负债	0.00%	0.00%
应收票据	0.70%	0.65%	应付票据	0.25%	0.24%
应收账款	19.90%	11.85%	应付账款	5.00%	6.49%
应收款项融资	0.00%	0.00%	预收账款	0.50%	0.24%
预付账款	1.10%	0.24%	合同负债	0.00%	0.00%
其他应收款	0.60%	1.31%	应付职工薪酬	0.10%	0.06%
存货	5.95%	19.40%	应交税费	0.25%	0.24%
合同资产	0.00%	0.00%	其他应付款	1.85%	2.26%
持有待售资产	0.00%	0.00%	持有待售负债	0.00%	0.00%
一年内到期的非流动资产	3.85%	0.65%	一年内到期的非流动负债	0.00%	0.00%
其他流动资产	0.40%	0.00%	其他流动负债	2.65%	0.30%
流动资产合计	35.00%	36.31%	流动负债合计	15.00%	13.10%
非流动资产:			非流动负债:		
债权投资	0.00%	2.68%	长期借款	22.50%	14.58%
其他债权投资	0.00%	3.93%	应付债券	12.00%	15.48%
长期应收款	0.00%	0.00%	租赁负债	0.00%	0.00%
长期股权投资	1.50%	0.00%	长期应付款	2.50%	3.57%
其他权益工具投资	0.00%	0.00%	预计负债	0.00%	0.00%
其他非流动金融资产	0.00%	0.00%	递延收益	0.00%	0.00%
投资性房地产	0.00%	0.00%	递延所得税负债	0.00%	0.00%
固定资产	61.90%	53.63%	其他非流动负债	0.00%	0.89%
在建工程	0.90%	2.08%	非流动负债合计	37.00%	34.52%
生产性生物资产	0.00%	0.00%	负债合计	52.00%	47.62%
油气资产	0.00%	0.00%	所有者权益(或股东权益):		
使用权资产	0.00%	0.00%	实收资本(或股本)	5.00%	5.95%
无形资产	0.30%	0.48%	其他权益工具	0.00%	0.00%
开发支出	0.00%	0.00%	资本公积	0.50%	0.60%
商誉	0.00%	0.00%	减:库存股	0.00%	0.00%
长期待摊费用	0.25%	0.89%	其他综合收益	0.00%	0.00%
递延所得税资产	0.00%	0.00%	专项储备	0.00%	0.00%
其他非流动资产	0.15%	0.00%	盈余公积	3.00%	2.38%
非流动资产合计	65.00%	63.69%	未分配利润	39.50%	43.45%
			所有者权益(或股东权益)合计	48.00%	52.38%
资产总计	100.00%	100.00%	负债和所有者权益(或股东权益)总计	100.00%	100.00%

图 16-2 华辰公司资产负债表结构分析模型

图 16-2 所示的模型工作表中计算公式设置如下：

C6 单元格输入公式"＝资产负债表！B5/资产负债表！＄B＄40"，并填充复制到 C41 单元格，计算 20×8 年资产各项目的占比；

D6 单元格输入公式"＝资产负债表！C5/资产负债表！＄C＄40"，并填充复制到 D41 单元格，计算 20×7 年资产各项目的占比；

F6 单元格输入公式"＝资产负债表！E5/资产负债表！＄E＄40"，并填充复制到 F41 单元格，计算 20×8 年负债和所有者权益各项目的占比；

G6 单元格输入公式"＝资产负债表！F5/资产负债表！＄F＄40"，并填充复制到 G41 单元格，计算 20×7 年负债和所有者权益各项目的占比。

图 16-3 所示的模型工作表中计算公式设置如下：

C5 单元格输入公式"＝利润表！B4/利润表！＄B＄4"，并填充复制到 C23 单元格，计算 20×8 利润表各项目占营业收入的百分比；

D5 单元格输入公式"＝利润表！C4/利润表！＄C＄4"，并填充复制到 D23 单元格，计算 2×7 利润表各项目占营业收入的百分比。

华辰公司利润表结构分析模型

项目	20X8年度	20X7年度
一、营业收入	100.00%	100.00%
减：营业成本	88.13%	87.82%
税金及附加	0.93%	0.98%
销售费用	0.73%	0.70%
管理费用	1.53%	1.40%
财务费用	3.67%	3.37%
加：其他收益	0.00%	0.00%
投资收益（损失以"－"号填列）	0.20%	0.00%
净敞口套期收益（损失以"－"号填列）	0.00%	0.00%
公允价值变动收益（损失以"－"号填列）	0.00%	0.00%
信用减值损失（损失以"－"号填列）	0.00%	0.00%
资产减值损失（损失以"－"号填列）	0.00%	0.00%
资产处置收益（损失以"－"号填列）	0.00%	0.00%
二、营业利润	5.20%	5.72%
加：营业外收入	1.50%	2.53%
减：营业外支出	0.03%	0.00%
三、利润总额	6.67%	8.25%
减：所得税费用	2.13%	2.63%
四、净利润	4.53%	5.61%

图 16-3 利润表结构分析模型

> 知识链接

财务报表结构分析(也称作垂直分析)是指对报表项目的构成情况进行分析,一般是以某个财务报表中的总指标作为比较基准,设定为100%。比如以资产负债表中的总资产、利润表中的营业收入作为总指标,再计算出各个组成项目占总指标的百分比,通过比较各个项目百分比的变动,以此来对公司财务结构的合理性和变化趋势进行判断。

1. 资产负债表结构分析

资产负债表结构分析,是针对资产负债表项目的结构进行的分析,资产是企业的经济资源,资源要能最大限度地发挥其功能,就必须有一个合理的配置,而资源配置的合理与否,主要是通过资产负债表的各类资产占总资产的比重和各类资产之间的比例关系即资产结构分析来反映的。

企业合理的资产结构,是有效经营和不断提高盈利能力的基础,是应对财务风险的基本保证。通过资产负债表结构分析可以:①从总体了解资产负债表各项目占资产、负债或权益总额的比重;②分析各项目结构的变动情况及变动的合理性。

2. 利润表结构分析

利润表结构分析,即利润表的比较结构百分比分析法。此分析方法将利润表转换成结构百分比报表,以营业收入为100%,分析利润表的各项目占收入的比重,发现是否有显著问题的项目,揭示进一步分析的方向。

3. 现金流量表结构分析

现金流量结构分析,是指根据分析的目的,选择现金流量表中特定项目的金额作为基数,比如以"现金及现金等价物净增加额作为100%",计算各个项目占其比重,以分析现金流量表中各项目的相对地位和总体结构之间的关系。现金流量结构分析包括流入结构、流出结构和流入流出比例分析。

第二节 财务综合分析

一、杜邦分析体系模型

> 问题导入

华辰公司拟采用杜邦分析体系,利用各主要财务比率之间的内在联系,对公司财务状况和经营成果进行综合评价。华辰公司20×8年度期末和20×7年期末财务数据参见本章第一节财务报表分析的"一、财务报表比率分析"部分的华辰公司20×8年度资产负债表和利润表。

要求:根据华辰公司的财务数据构建杜邦分析体系模型。

> 模型构建

首先,建立杜邦分析体系模型工作簿,在工作簿中插入"杜邦分析体系数据"工作表,将财务报表中与杜邦分析体系有关的数据填列到该工作表,如图16-4所示。

	A	B	C	D
1		财务报表部分数据		
2		项目	20X7年	20X8年
3		营业收入	30,000.00	28,500.00
4		营业成本	26,720.00	25,310.00
5		销售费用	220.00	200.00
6		管理费用	460.00	400.00
7		财务费用	1,100.00	960.00
8		其他利润	500.00	720.00
9		所得税	640.00	750.00
10		长期资产	13,000.00	10,700.00
11		现金有价证券	500.00	370.00
12		应收账款	3,980.00	1,990.00
13		存货	1,190.00	3,260.00
14		其他流动资产	1,330.00	480.00
15		负债总额	10,400.00	8,000.00

图16-4 财务报表部分数据

在工作簿中插入"杜邦分析体系模型"工作表,并按照杜邦分析体系图示的样式建立模型框架和设置适合勾稽关系的公式,再从"杜邦分析体系数据"工作表引用相关数据,完成如图16-5所示模型。

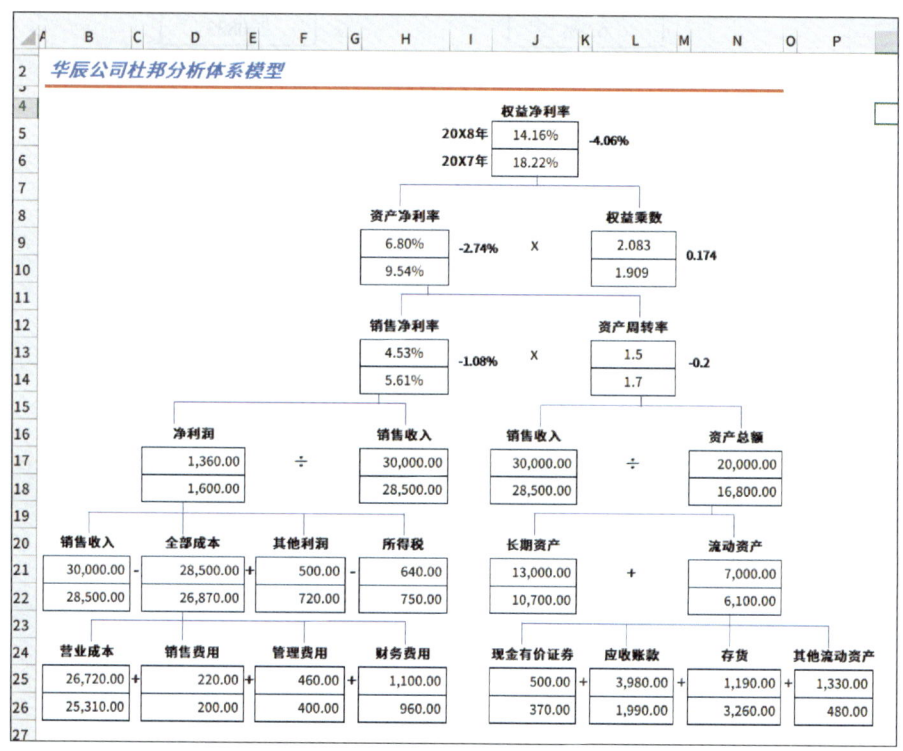

图16-5 华辰公司杜邦分析体系模型

> 知识链接

随着财务理论研究的发展,对企业财务报表进行综合分析的方法也越来越多,其中主要的也是应用比较广泛的是杜邦分析体系。

1. 杜邦分析体系简介

杜邦分析法是由美国杜邦公司的财务经理唐纳德森·布朗于20世纪20年代提出的一种著名的财务比率分析体系,也称为杜邦财务分析体系。该分析体系虽然已经有90多年的历史,但是仍然被人们广泛使用。

杜邦分析体系以权益净利率为龙头,以资产净利率和权益乘数为分支,重点揭示企业获利能力及杠杆水平对权益净利率的影响,以及各相关指标的相互作用关系。

权益净利率不仅有很好的可比性,而且有很强的综合性。

基本公式如下:

$$权益净利率 = \frac{净利润}{所有者权益} = 总资产净利率 \times 权益乘数 \qquad (16-23)$$
$$= 销售净利率 \times 总资产周转率 \times 权益乘数$$

2. 杜邦分析体系的基本框架

杜邦分析体系的基本框架如图16-6所示。

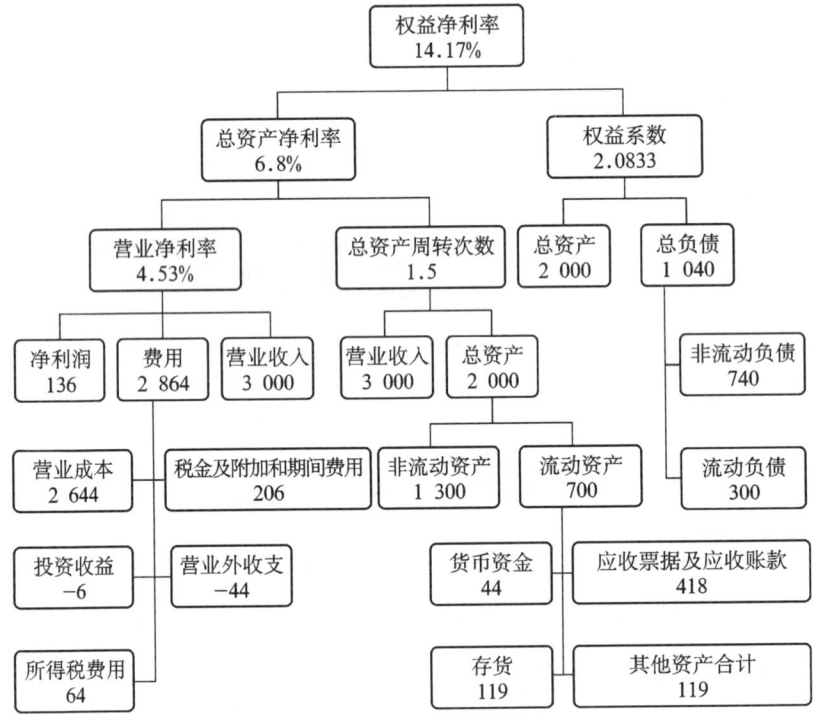

图16-6 杜邦分析体系的基本框架

3. 杜邦分析体系的应用

杜邦分析体系的基本框架图示提供了下列主要的财务指标关系的信息。

（1）权益净利率是一个综合性最强的财务比率，是杜邦分析系统的核心。它反映所有者投入资本的获利能力，同时反映企业筹资、投资、资产运营等活动的效率。决定权益净利率高低的因素有三个方面——权益乘数、销售净利率和总资产周转率。权益乘数、销售净利率和总资产周转率三个比率分别反映了企业的负债比率、盈利能力比率和资产管理比率。

（2）权益乘数主要受资产负债率影响。负债比率越大，权益乘数越高，说明企业有较高的负债程度，给企业带来较多的杠杆利益，但也给企业带来了较多的风险。

（3）资产净利率也是一个重要的财务比率，综合性也较强。它是销售净利率和总资产周转率的乘积，因此，要进一步从销售成果和资产营运两方面来分析。

销售净利率反映了企业利润总额与销售收入的关系，从这个意义上看提高销售净利率是提高企业盈利能力的关键所在。要想提高销售净利率：一是要扩大销售收入；二是降低成本费用。而降低各项成本费用开支是企业财务管理的一项重要内容。通过各项成本费用开支的列示，有利于企业进行成本费用的结构分析，加强成本控制，以便为寻求降低成本费用的途径提供依据。

企业资产的营运能力，既关系到企业的获利能力，又关系到企业的偿债能力。一般而言，流动资产直接体现企业的偿债能力和变现能力；非流动资产体现企业的经营规模和发展潜力。两者之间应有一个合理的结构比率，如果企业持有的现金超过业务需要，就可能影响企业的获利能力；如果企业占用过多的存货和应收账款，则既会影响获利能力，又会影响偿债能力。为此，就要进一步分析各项资产的占用数额和周转速度。对流动资产应重点分析存货是否有积压现象、货币资金是否闲置，应收账款中分析客户的付款能力和有无坏账的可能；对非流动资产应重点分析企业固定资产是否得到充分的利用。

二、沃尔比重评分法模型

问题导入

华辰公司拟采用沃尔比重评分法对公司综合财务状况进行评价。华辰公司 20×8 年度财务数据参见本章第一节财务报表分析的"一、财务报表比率分析"部分的华辰公司 20×8 年度资产负债表和利润表。

要求：构建华辰公司沃尔比重评分法模型。

模型构建

首先，建立沃尔比重评分法模型，在工作簿中建立"沃尔比重评分法模型"工作表，将华辰公司 20×8 年资产负债表和利润表导入该工作簿，然后通过引用资产负债表和利润表有关项目的数据，按照财务比率计算方法，在"沃尔比重评分法模型"工作表的"指标的实际值"栏次的对应单元格设定公式进行计算，最后根据每个指标的分配的权重、指标的标准值和指标的实际值计算选定指标的实际得分，进行汇总得到综合得分。

华辰公司沃尔比重评分法模型详如图 16-7 所示。

华辰公司沃尔比重评分法模型

选定的指标	分配的权重 ①	指标的标准值 ②	指标的实际值 ④	实际得分 ⑤=④÷②×①
一、偿债能力指标	20			
1.资产负债率	12	60%	52%	10.40
2.已获利息倍数	8	10	2.82	2.25
二、获利能力指标	38			
1.净资产收益率	25	25%	14%	14.17
2.总资产报酬率	13	10%	7%	8.84
三、运营能力指标	18			
1.总资产周转率	9	2	1.5	6.75
2.流动资产周转率	9	5	10	18.00
四、发展能力指标	24			
1.营业增长率	12	25%	5%	2.53
2.资本累积率	12	15%	9%	7.27
五、综合得分	100			70.21

图 16-7 华辰公司沃尔比重评分法模型

> **知识链接**

沃尔比重评分法是指将选定的财务比率用线性关系结合起来,并分别给定各自的分数比重,然后通过与标准比率进行比较,确定各项指标的得分及总体指标的累计分数,从而对企业的信用水平作出评价的方法。

1. 沃尔比重评分法简介

1928 年,亚历山大·沃尔(Alexander Wole)出版的《信用晴雨表研究》和《财务报表比率分析》中提出了信用能力指数的概念。他选择了 7 个财务比率,即流动比率、产权比率、固定资产比率、存货周转率、应收账款周转率、固定资产周转率和自有资金周转率等,分别给定各指标的比重,然后确定标准比率(以行业平均数为基础),将实际比率与标准比率相比,得出相对比率,将此相对比率与各指标比重相乘,确定各项指标的得分及总体指标的累积分数,从而对企业的信用水平做出评价。

2. 沃尔比重评分法的基本步骤

沃尔比重评分法的基本步骤有以下 5 个步骤。

1) 选择评价指标

由于原始的 7 个指标的选取没能得到证明是一定合理的,所以演变到今天指标的选取要根据实际的情况和行业特点进行适当的选择,不能一直沿用最初的 7 个指标。经调整的沃尔比重评分共有 8 项指标,包括:

(1) 偿债能力指标:资产负债率、已获利息倍数。

(2) 盈利能力指标:净资产收益率、总资产报酬率。

(3) 运营能力指标:总资产周转率、流动资产周转率。

(4) 发展能力指标：营业增长率、资本累积率。

2) 分配指标权重

按重要程度确定各项比率指标的评分值(权重，下同)，评分值之和为100：

(1) 偿债能力指标为20：资产负债率为12、已获利息倍数为8。
(2) 获利能力指标为38：净资产收益率为25、总资产报酬率为13。
(3) 运营能力指标为18：总资产周转率为9、流动资产周转率为9。
(4) 发展能力指标为24：营业增长率为12、资本累积率为12。

3) 确定各项比率指标的标准值，即各该指标在企业现时条件下的最优值

(1) 偿债能力指标：资产负债率为60%、已获利息倍数为10倍。
(2) 获利能力指标：净资产收益率为25%、资产报酬率为10%。
(3) 运营能力指标：总资产周转率为2次、流动资产周转率为5次。
(4) 发展能力指标：营业增长率为25%、资本累积率为15%。

4) 计算企业在一定时期各项比率指标的实际值

相关公式如下：

$$资产负债率 = \frac{负债总额}{资产总额} \times 100\% \tag{16-24}$$

$$已获利息倍数 = \frac{息税前利润}{利息费用} \tag{16-25}$$

$$净资产收益率 = \frac{净利润}{加权平均净资产} \times 100\% \tag{16-26}$$

$$总资产报酬率 = \frac{净利润}{平均资产总额} \times 100\% \tag{16-27}$$

$$总资产周转率 = \frac{营业收入}{平均资产总额} \tag{16-28}$$

$$流动资产周转率 = \frac{营业收入}{平均流动资产余额} \tag{16-29}$$

$$营业增长率 = \frac{报告期营业收入 - 基期营业收入}{基期营业收入} \times 100\% \tag{16-30}$$

$$资本累积率 = \frac{报告期股东权益增加额}{期初股东权益余额} \times 100\% \tag{16-31}$$

5) 形成评价结果

沃尔比重分析法的计算公式如下：

$$实际分数 = \frac{实际值}{标准值} \times 权重 \tag{16-32}$$

根据上述公式计算的实际分数，形成评价结果。

附录　108个模型明细表

序号	模型名称	所在章
1	市场调查分析模型	第五章
2	销售量移动平均预测模型	第五章
3	销售量回归预测模型	第五章
4	季节性销售量回归预测模型	第五章
5	销售区域选择决策分析模型	第五章
6	配送中心合理选址决策分析模型	第五章
7	销售业绩滚动分析模型	第五章
8	销售业绩多维分析模型	第五章
9	新产品目标成本分析与决策模型	第六章
10	价值工程法优化新产品成本决策分析模型	第六章
11	亏损产品是否停产决策分析模型	第六章
12	零配件自制还是外购决策分析模型	第六章
13	特殊订单是否接受决策分析模型	第六章
14	产品是否进一步深加工决策分析模型	第六章
15	约束资源利润最大化生产排产决策模型	第六章
16	质量管理帕累托分析图模型	第六章
17	最优质量成本决策分析模型	第六章
18	最佳现金持有量存货模式分析模型	第七章
19	最佳现金持有量随机模式分析模型	第七章
20	经济订货批量及其扩展决策分析模型	第七章
21	保险储备决策模型	第七章
22	存在商业折扣的最优订货量模型	第七章
23	仓库容量受限时的最优采购量决策分析模型	第七章
24	产品最优生产量的报童问题决策分析模型	第七章
25	存货最优采购量的蒙特卡罗决策分析模型	第七章

（续表）

序号	模型名称	所在章
26	建立存货 ABC 分类管理体系	第七章
27	应收账款信用标准决策模型	第七章
28	应收账款信用条件决策模型	第七章
29	应收账款收账政策决策模型	第七章
30	应收账款账龄分析模型	第七章
31	应付账款筹资决策分析模型	第七章
32	短期借款决策分析模型	第七章
33	单产品本量利分析模型	第八章
34	多产品本量利分析模型	第八章
35	非线性本量利分析模型	第八章
36	随机本量利分析模型	第八章
37	单因素敏感性分析模型	第八章
38	多因素敏感性动态分析模型	第八章
39	成本加成定价决策分析模型	第八章
40	盈亏平衡定价决策分析模型	第八章
41	基于作业成本法定价决策分析模型	第八章
42	收入最大化定价决策	第八章
43	降价决策分析	第八章
44	高低点法预测成本模型	第九章
45	因素成本法预测成本模型	第九章
46	目标利润法预测成本模型	第九章
47	多元回归预测多产品成本模型	第九章
48	生产成本结构分析模型	第九章
49	生产成本趋势分析模型	第九章
50	变动成本法与完全成本法对比模型	第九章
51	标准成本及其差异分析模型	第九章
52	作业成本法与完全成本法对比模型	第九章
53	基本电费的计费方式决策分析模型	第九章
54	材料利用最优下料模型	第九章
55	最短项目工期人员调配分析模型	第九章
56	最优人力成本排班决策分析模型	第九章
57	预算报表填报体系设计	第十章

(续表)

序号	模型名称	所在章
58	销售预算的编制	第十章
59	生产预算的编制	第十章
60	直接材料预算的编制	第十章
61	直接人工预算的编制	第十章
62	制造费用预算的编制	第十章
63	产品成本预算的编制	第十章
64	销售费用和管理费用预算的编制	第十章
65	现金预算的编制	第十章
66	利润表预算的编制	第十章
67	资产负债表预算的编制	第十章
68	资金需求销售百分比法分析模型	第十一章
69	资金需求高低点法分析模型	第十一章
70	风险调整法估计债务资本成本模型	第十一章
71	股利增长模型估计股权成本	第十一章
72	可比公司法估计项目资本成本模型	第十一章
73	资本成本比较法分析模型	第十一章
74	每股收益无差别点分析模型	第十一章
75	企业价值比较法分析模型	第十一章
76	长期借款筹资动态分析模型	第十二章
77	债券发行定价决策模型	第十二章
78	附认股权证债券筹资成本分析模型	第十二章
79	可转换债券筹资成本分析模型	第十二章
80	租赁筹资与长期借款比较分析模型	第十二章
81	固定资产租赁与购买比较分析模型	第十二章
82	现金流量预测分析模型	第十三章
83	现金流量折现模型	第十三章
84	市盈率模型	第十三章
85	市净率模型	第十三章
86	市销率模型	第十三章
87	投资项目建筑工程费用造价分析模型	第十四章
88	国产非标设备造价分析模型	第十四章
89	进口设备造价分析模型	第十四章

(续表)

序号	模型名称	所在章
90	投资项目盈利能力评价指标测算	第十四章
91	互斥项目优选共同年限法决策分析模型	第十四章
92	互斥项目优选等额年金法决策分析模型	第十四章
93	总量有限时资本分配模型	第十四章
94	存在互斥项目的总量有限时资本分配模型	第十四章
95	固定资产更新投资决策模型	第十四章
96	投资项目敏感性分析模型	第十四章
97	基于挣值管理技术的项目进度和成本控制模型	第十四章
98	固定增长的股票价值的评估模型	第十五章
99	两阶段增长的股票价值的评估模型	第十五章
100	股票收益率测算模型	第十五章
101	股票投资最优组合决策模型	第十五章
102	平息债券价值的评估模型	第十五章
103	纯贴现债券价值的评估模型	第十五章
104	债券收益率测算模型	第十五章
105	财务报表比率分析	第十六章
106	财务报表结构分析	第十六章
107	杜邦分析体系模型	第十六章
108	沃尔比重评分法模型	第十六章

参考文献

[1] 中国注册会计师协会. 财务成本管理[M]. 北京：中国财政经济出版社,2022.
[2] 中国注册会计师协会. 公司战略与风险管理[M]. 北京：中国财政经济出版社,2022.
[3] 全国造价工程师职业资格考试培训教材编审委员会. 建设工程造价管理[M]. 北京：中国计划出版社,2021.
[4] 全国造价工程师职业资格考试培训教材编审委员会. 建设工程计价[M]. 北京：中国计划出版社,2021.
[5] 全国造价工程师职业资格考试培训教材编审委员会. 建设工程造价案例分析[M]. 北京：中国城市出版社,2021.
[6] 孙茂竹,支晓强,戴璐. 管理会计学[M]. 第9版(立体化数字教材版). 北京：中国人民大学出版社,2020.
[7] 谭洪益. 基于Excel的财务管理综合模拟实训[M]. 北京：清华大学出版社,2018.
[8] 程翔. 财务决策模型——应用场景与Excel实现[M]. 北京：清华大学出版社,2015.
[9] 温素彬. 管理会计——基于Excel的决策建模[M]. 北京：电子工业出版社,2015.
[10] 周一虹. 财务管理咨询[M]. 北京：经济科学出版社,2010.
[11] 包凤达,李竹宁. Excel在管理技术中的应用与拓宽[M]. 北京：清华大学出版社,2010.
[12] 肖淑芳,吴仁群. Excel财务量化分析[M]. 北京：中国人民大学出版社,2003.
[13] 李宗明. 一本书学会做数据分析[M]. 北京：人民邮电出版社,2010.
[14] 杨光霞,谢华. Excel财务与会计应用从新手到高手[M]. 北京：清华大学出版社,2013.
[15] 杨增凡,李烨冰. Excel建模与财务管理[M]. 北京：经济科学出版社,2020.
[16] 温斯顿. 精通Excel2007数据分析与业务建模[M]. 北京：清华大学出版社,2008.
[17] John Walkenbach. Excel图表宝典[M]. 北京：电子工业出版社,2005.
[18] 叶向. 实用运筹学[M]. 北京：中国人民大学出版社,2007.
[19] 阿拉斯泰尔·戴. 基于Excel的财务建模——实践者指南[M]. 北京：中国人民大学出版社,2004.
[20] 安维默. 用Excel管理和分析数据[M]. 北京：人民邮电出版社,2003.
[21] 潘飞. 决策分析[M]. 北京：经济科学出版社,2020.
[22] 肖星. 肖星的财务思维课[M]. 北京：机械工业出版社,2022.
[23] 国家发展改革委. 建设部. 建设项目经济评价方法与参数[M]. 北京：中国计划出版社出版,2006.
[24] 斯切克. 精通Excel 2007动态图表[M]. 北京：清华大学出版社,2011.
[25] 詹姆斯·埃文斯. 高效商业分析[M]. 北京：电子工业出版社,2015.
[26] 财政部会计资格评价中心. 高级会计实务[M]. 北京：经济科学出版社,2021.